中国出版史話

方 厚枢
前野昭吉＝訳

新曜社

中国出版史話
方厚枢
北京：人民出版社（© 1996 年 8 月）
Japanese translation rights arranged with
through Japan UNI Agency, Inc., Tokyo.

序

呉　道弘

明確な筆跡できちんと書かれた方厚枢同志の『中国出版史話』の膨大な原稿の山を目にしたとき、厚枢同志がわが国の出版史を研究して収めた成果に心から興奮するとともに、敬服した。それと同時に、本書の序文を記すことに不安を感じた。出版史についてたいした知識ももちあわせていないのに、どうして序文など書けよう。しかし、旧友が真摯であるので、うやうやしく従うほかなく、いささか感想を述べざるをえない。

わたしは編集者であり、新中国に育成された第一世代の出版工作者である。青年時代から初老にいたるまで、四十五年間ずっと出版社で働いてきた。すなわち、出版戦線では老兵といえる。しかし、まだやり残していることがたくさんある。わたしが出版史に関心を寄せ学習を始めたのは、八〇年代の中期以後のことである。偶然にも、一九九一年、『新聞出版報』社や中国出版科学研究所などが「第一回全国出版科学研究論文評価奨励」活動を展開し、わたしは出版史関係の論文の評定工作に責任を負うよう指名された。そのとき、評定を行うために、論文を読むだけでなく、厚枢同志ともたびたび意見を交換する機会に恵まれた。一九九二年、中国編輯学会が北京で結成され、その下部組織として研究小組がいくつか設置された。わたしはまたもその出版史研究工作委員会の責任を負うよう指名された。これらのことからわかるとおり、出版史研究の面では、わたしは新兵、しかも「壮丁狩り」にあった新兵なのである。

書籍と出版をはじめ、それらと関連のある事物や現象の歴史を研究することは、内容が広範にわたる非常に詳しく深い学問なのである。わが国の目録学、校勘学〔書物の内容や字句の異同などを調べ研究する学問〕、文献学、図書館学などには長い歴史があり、優れた伝統と豊富な典籍がある。前漢代以来、

劉向《りゅうきょう》〔前七七？―前六？〕の『別録』

晁公武〔一一〇五？―八〇〕の『郡斎読書志』

陳振孫〔一一八三？―？〕の『直斎書録解題』

葉徳輝〔一八六四―一九二七〕の『書林清話』

をはじめ、さまざまな書話〔書物に関する随筆〕などがあるものの、これらは出版史という角度から図書を研究したものではない。近代的な出版業が勃興したのち、それに伴って印刷史や出版史の研究が始まった。厳密にいえば、わが国の出版史研究は始まったのがかなり遅く、基盤が脆弱である。しかし、

張静廬〔一八九八―一九六九〕輯注の『中国近代出版史料』の初編、二編

同じく『中国現代出版史料』の甲編、乙編、丙編、丁編

劉国鈞〔一八九九―一九八〇〕著『中国書史簡編』

など、既刊の資料、著作のなかには、現在でも価値のあるものがある。

一九八〇年代以来、わが国の出版に関する科学的、理論的研究の進展と影響のもと、わが国の出版史の研究工作

は新たな発展の時代を迎えた。出版史を研究する重要な意義は、認識の面で大きく前進した。科学としての出版史は、出版工作の発展の歴史を総括、研究し、出版工作の法則性を明らかにする必要があるばかりか、必然的に時代と社会の科学、文化、精神文明の情況を反映し、解明しなければならない。出版史は文化史の一部であり、社会の文明史でもあることに疑問の余地はない。外国の出版界や学界も出版史の研究をきわめて重視している。ここ十五年来（一九九四年まで）、わが国でも、

張召奎著『中国出版史概要』（一九八五年）
吉少甫（一九一九—　）主編『中国出版簡史』（一九九一年）
宋原放（一九二三—　）・李白堅共著『中国出版史』（一九九一年）
張煜明編著『中国出版史』（一九九四年）

など、あいついで出版史の著作や書店史、出版人の伝記をはじめ、史料、回想録が出版されている。このたび出版される方厚枢の『中国出版史話』も出版史の著作である。

厚枢同志は、半世紀もの長きにわたって編集出版工作に従事しており、かなり早くからわが国の出版史の研究を始めるとともに、影響力を有するごく少数の研究者の一人でもある。また、『中国大百科全書』「新聞出版」巻の「中国出版史」部分の主編をつとめ、その後、『中国出版百科全書』の「中国出版史」の主編を経て、長年にわたって『中国出版年鑑』の編集の責任を負ってきた。それらの書物を編集する過程で、わたしは厚枢同志と心から協力し合ってきた。方厚枢同志が数十年一日のごとくわが国の出版史料の収集や研究を重視してきたことは、よく知られている。長年にわたって国家の出版指導機関で工作してきたので、信頼しうる多数の出版資料に接する機会に恵まれていた。「文化大革命」期（一九六六—七六年）の出版史料などは、とりわけ入手しがたいものである。それゆ

え、本書は、古代から一九八九年、つまり建国四十周年にいたるまでの最初の出版通史になりえたのである。

本書には、著者が長年にわたって史料を蓄積してきた堅実な基礎と、骨身を惜しまない研鑽のすばらしい成果が充分に反映されている。一九四九年以後の出版史の部分は、史料が信頼できるうえ豊富な点で、また叙述が明晰で全面的である点で、まず第一に指を屈すべきである。著者は、「新中国の出版事業の四十年」という論文で一九九一年に第一回全国出版科学優秀論文賞を受賞している。また、少なからぬ研究成果は、『光明日報』、『出版工作』、『出版史料』、『編輯之友』などの新聞や雑誌に発表されたのち、出版界や図書館界の大きな関心を惹き、新聞や雑誌に転載、抄録され、好評を博したものが少なくない。

厚枢同志は、史料の操作や分析に秀でているし、研究工作でも先人の見解を重視し、内外の専門研究者の研究成果を充分に吸収、利用している。とりわけ、かつて論争の的になった問題（研究者のあいだの相異なる意見を含めて）については、読者が全面的に理解しやすいよう、あらゆる意見を紹介することに努めている。たとえば、殷代における簡冊の有無、紙と木版印刷術の発明の時期などの問題では、研究者の相異なる意見を同時に紹介している。

本書は、学術的な研究書として、史話形式で書かれている。書中の「中国出版史年表」は、体裁と精粗に特色があるが、内容の面で本文の史話と補い合っており、しかも引きやすく、読者のさまざまな要求を満足させることができる。

特に意義があると感じたのは、著者が広範囲にわたって収集し、心を打ち込んで整理した「中国出版史研究書誌目録」が、出版史の研究書のかなり完璧なリストを提供し、出版史の初学者や研究者にきわめて価値のあるものになっていることである。この目録がはじめて『出版史料』に発表されたときに、出版史のある古参研究者は、「非常に大きな功績である」と称讃した。しかも、本書に収録するときに、大幅な増補を行っている。出版史に関する書誌目録として、ほとんど集め尽くしているといえよう。

これと同じように意義があるのは、「統計数字から見た中国の図書出版」という論文である。古今の公私の出版統計の数字を集めて一つにまとめ、そのなかから数千年にわたる中国の図書出版の発展の概観を見て取ることができ、やはり価値あるものになっている。

東方出版社は、近年、編集出版業務に関する書籍を何点か出版し、編集出版工作者の学習と研究の用に供しているが、本書もそれらの書籍の一点にほかならない。本書の原稿を読む機会に恵まれ、わたしは少なからず啓発され、得るところが多かった。ここに私見を記し、読者と著者の御叱正を請うしだいである。あわせて、編集出版工作者、とりわけ青年編集者に、研究的な入門書である本書を一読するよう心から希望する。編集者は出版史を理解する必要がある。

一九九五年六月　杭州、康賓楼にて

［人民出版社編審（編集者のなかで最高の職称）、中国出版工作者協会常務理事、副秘書長兼学術工作委員会主任、中国編輯学会副会長兼出版史研究工作委員会主任］

目次

装丁――難波園子

1章　中国文字の起源と初期の文字記載

1　中国文字の起源と変遷

中国は世界で文化がもっとも早く発達した国家の一つであり、文字で記した四千年ちかい歴史を有する。早くも千八百年前に、中国人はすでに製紙法を発明している。千三百年前に木版印刷を発明し、八百年前には活字印刷も発明している。製紙法と印刷術の発明は、人類が思想を交流し文化を伝播するために中国人が行った重大な貢献であり、人類の文化の進歩を推進する巨大な役割を果たしている。

中国には豊かな文化遺産があるが、その大半は書籍に依拠して保存、伝承されてきた。

書籍が生まれる基本的条件は文字であり、文字がなければ書籍がこの世に現れる可能性もなかった。

文字は、原始氏族社会が一定の段階まで発展したときに、人びとの生産労働と生活の必要から産み出されたのである。最初、人類は結んだ縄や絵文字（さまざまな符号を含む）を簡単な事物を記憶する手助けに使っていたが、この時期にはまだ「文字」と言語にはあまり密接な関係はなかった。長期にわたる「醸成期」を経て、絵文字のなかに表音的要素（形声、仮借）が加わり始めたのち、やっと徐々に発展して今日われわれがいう文字になったのである。文字で記録された言葉は遠方や後世まで伝えることができるので、言葉の空間的、時間的な制約を突き破った。

中国の文字〔漢字〕の起源については、古書でさまざまな言い方をされている。たとえば、『易経』の「繋辞伝(下)」に、

上古は縄を結んで治まれり。後世の聖人、之を易《か》うるに書契を以てし、百官以て治め、万民以て察《あき》らかなり。

——上古には、人々は約束のしるしに縄を結ぶだけで、人々がよく治まった。後世の聖人がこれを変えて、文字を用いるようにした。これによって百官が治まり、万民が明敏になった。

とあり、前漢代の孔安国は「『尚書』序」で、

上古のこと、伏羲が天下に王者として臨むと、始めて八卦を画き文字を作って、従来の結縄の政に代えた。これから書籍が現われるようになった。

と述べている。しかし、戦国時代の韓非〔前二八〇?—前二三三〕の『韓非子』、前漢代の劉安〔前一七九—前一二二〕の『淮南子《えなんじ》』、後漢代の許慎〔五八?—一四七?〕の『説文解字《せつもんかいじ》』には、文字は倉頡《そうけつ》〔蒼頡〕が造ったとある。では、倉頡とはいかなる人物であろうか。古代の帝王だという人もいるし、黄帝〔神話伝説上の帝王〕の記録官だという人もいるし、さらに四つ目で、生まれ落ちたときから書に秀でていたという人もいる。倉頡が文字を造ったとき、「天が粟の雨を降らせ、鬼が夜泣きした」〔『淮南子』「本経訓」〕というのは、倉頡が天地の秘密を漏らしたからである。

その実、伏羲造字であれ、倉頡造字であれ、ともに信ずることはできない。というのは、文字は、言葉と同じように、人びとが長期にわたる労働や生活のなかで、無から有へ、少数から多数へ、多面的な試用から社会的な公認へと、徐々に発展して形成されたのであって、一個人がある日、突然、造り出したものではないからだ。早くも戦国時代に、荀子《じゅんし》〔荀況。前三一三？—前二三八？〕は異説を提起している。

故に書を好む者は衆《おお》きも、而《しか》も倉頡のみ独り伝わる者は壱なればなり。

——そこで、文字を愛好する者は古くから多くいるが、倉頡だけが特に有名なのは専心集中したからである。

（『荀子』「解蔽」）

荀子は、倉頡に文字を整理した功労があることを認めているだけで、唯一の造字者とは認めていない。魯迅先生〔一八八一—一九三六〕も『且介亭雑文』所収の「門外文談」で、

倉頡も一人だけではなかった。ある者は刀の柄に図を刻し、ある者は門の扉に絵を描き、たがいの意思を通い合わせ、口づてに伝達し合って、文字がしだいに増え、史官がそれらの字を集めると、まにあわせに記録することができたのである。中国の文字の由来も、おそらくこの例からもれないであろう。(1)

と活き活きと述べ、まさしく、文字は人民大衆が集団的に創造し、長期にわたる実践を通じて社会的に公認されたものであると指摘している。

われわれが現在目にしうる最古の漢字は殷代の甲骨文字で、おおよそ三千年の歴史を有する。甲骨文字は、象形文字に属するものが多いが、形声〔漢字の構成原理に指事、象形、形声、会意、転注、仮借の六つ（六書《りくしょ》）がある。形声は、

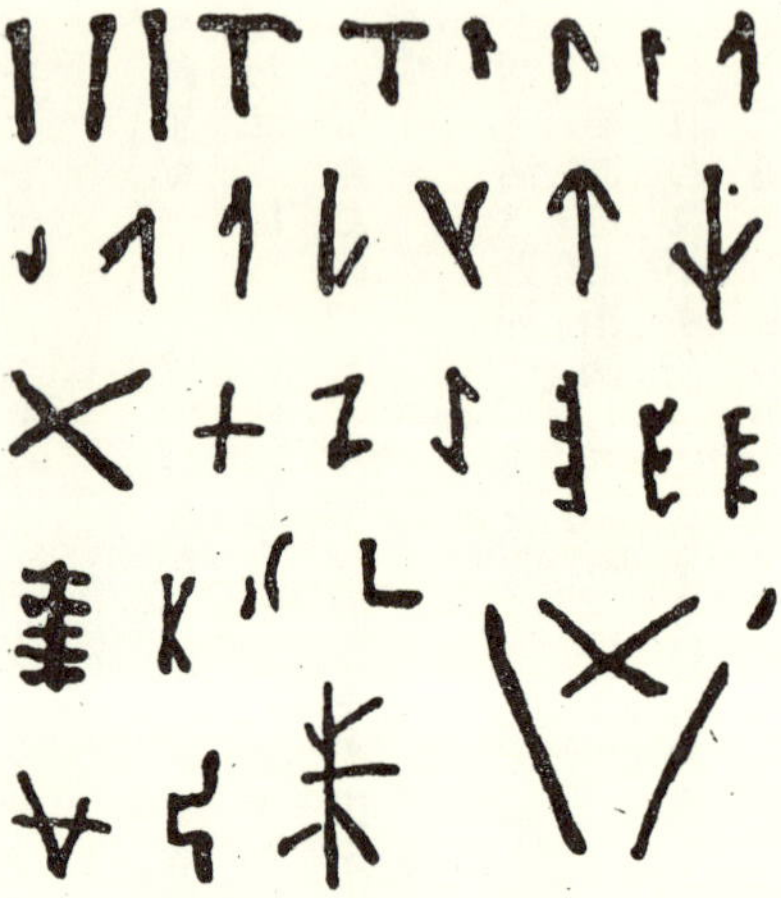

図1　西安半坡などの遺跡から出土した彩色陶器に刻まれていた符号

字の意味を示す要素（形旁、意符）と発音を示す要素（声旁、音符）からなる」、会意（二つの文字を組み合わせ、それぞれの意味を合成することによって全体の字義を示す方法）、仮借《かしゃく》（ある意味を、その言葉と同音の文字を借りて表現する方法）など、進歩した方法がすでに普遍的に利用されており、当時の文字が基本的に成熟した段階にまで発展していたことを物語っている。したがって、漢字の源が甲骨文字よりもはるかに古いことはまちがいない。

近年の考古学的な発掘の結果にもとづく専門家の研究によれば、中国の漢字の源は六千年前までさかのぼることができる。最古の文字は、西安の半坡などで発見された刻画符号と山東の大汶《だいぶん》口《こう》で発見された陶器の象形文字ということができる。

半坡など、仰韶文化早期に属する遺跡で出土した彩陶（新石器時代の上絵《うわえ》を施した陶器）の鉢の口の周りには、さまざまな形の刻画符号がみられる（図1）。おおよそ百余りのサンプルがあり、五十種余りに達する。[2] それらの符号は、いずれも環底鉢の口の周りの黒色紋様のなかに刻されている。刻画符号は単純で、規則正しく、しかも刻されている器物の位置、刻し方、符号の形状がすべて似かよっている。その大半は陶器が焼かれるまえに刻されたものであるが、使用中に刻されたものもある。この種の陶器の出土地点がきわめて広範囲にわたるので、広大な地域のさまざまな部族で同じ意味を表していたことを物語っている。郭沫若（一八九二―一九七八）は、

彩陶の刻画記号は、中国の文字の源か、原始的な文字の痕跡と認められる。

と指摘している。(3) 放射性の炭素14（C14）による年代測定によれば、半坡遺跡は六千年ほど前のものであるので、中国の文字の源はすでに六千年ほどの歴史を有することになる。

山東の莒《きょ》県と諸城で出土した大汶口文化の(4)陶器にみられる刻画符号は、内外の古文字研究者の大きな関心を呼び起こしている。それらの符号の形体が殷代の青銅器の銘文に非常に似かよっているので、文字と見なす古文字研究者が少なくない。これまでに発見されている大汶口文化の陶器の符号はあわせて六個である。そのうちの一つは「𠦪」という字（中国音は忽と同じ）で、花の蕾の形をしており、大汶口遺跡出土の灰陶（灰色の彩陶）の壺に赤い顔料で描かれている。そのほかの五個はいずれも灰陶の器物の口の周りに刻され（図2）、そのうちの四個は莒県の陵陽河遺跡から出土している。中国の有名な文字研究者の唐蘭教授（一九〇一―七九）は、そのうちの一個は「戉」の字で、人を殺すのに用いる大斧にかたどり、別の一個は「斤」の字で、手斧にかたどり、別の一個は「⿱炅山」（中国音は熱と同じ）の字で、上部は太陽、中間は火、下部は五つの峰からなる山であり、厳しい陽射しのもとで山上で火災が起こっている情景にかたどり、別の一個は「炅」の字で、上述の字から下部の山が省かれた簡略体であると説明している。さらに、諸城の前寨遺跡出土の陶缸の

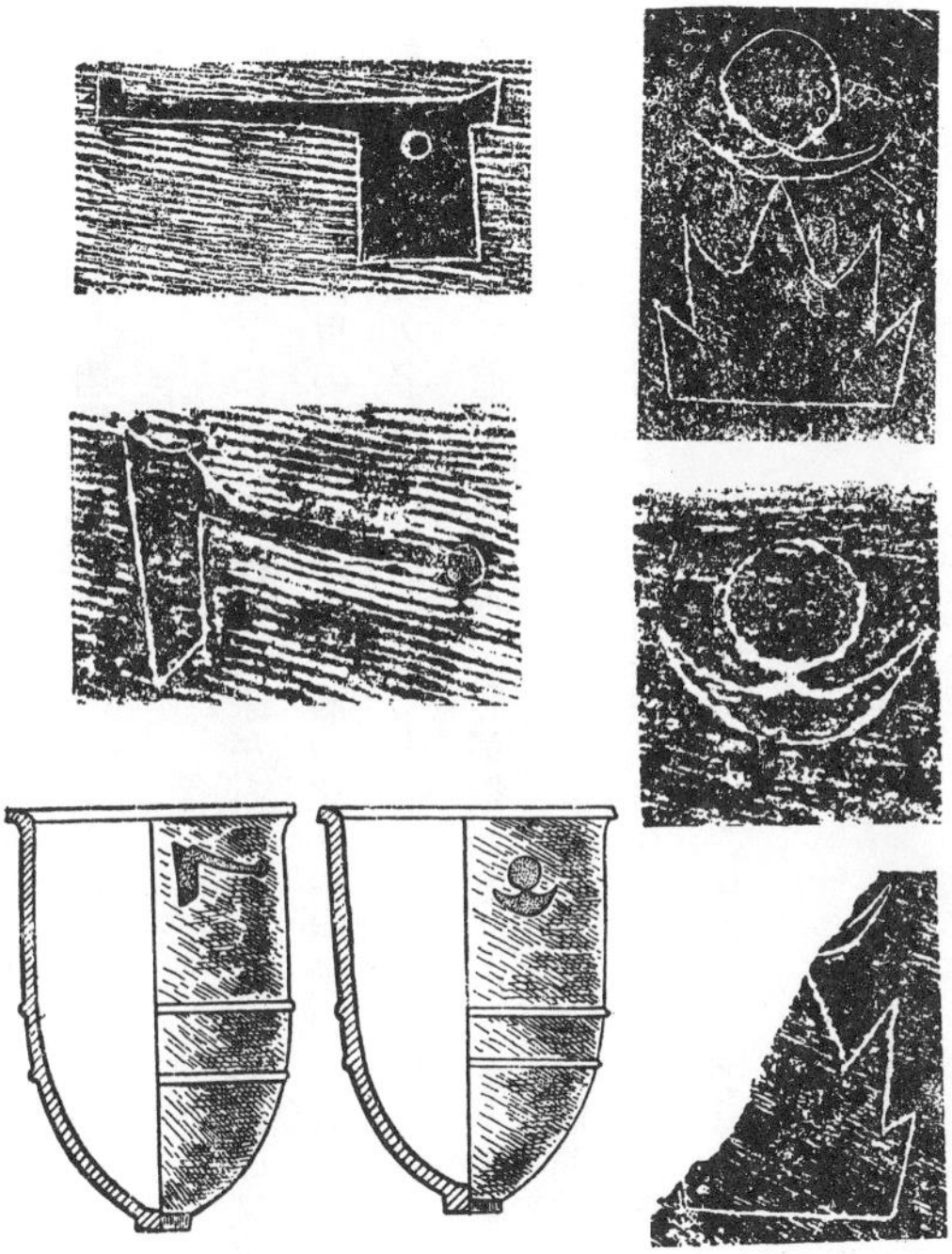

図2　大汶口文化遺跡から出土した灰陶瓶に書かれていた意符文字

破片に刻されているのも「炅」の字で、莒県出土のものと筆画の構造がまったく同じで、しかも筆画のなかが紅色に塗られており、唐蘭教授は、

殷代の甲骨文字にもこの種の現象がみられる。この種の文字の発見はあまり多くないけれども、第一に、これらの文字は、後世の殷周代の青銅器の銘文や甲骨の卜辞をはじめ、陶器、玉器、石器の文字と一脈相通じるものがあり、中国の文字の遠い祖先で、中国で現在までに発見されている最古の文字であり、第二に、これらの文字はすでにきわめて進歩しており、形が整っているうえ、規範にかなっており、後世の秦朝が制定した小篆、唐朝が制定した楷書にいささか似ているとともに、すでに簡略体もあって、最初に創造された文字ではなく、整理や統一を経た文字であることを物語っており、第三に、これらの文字は広大な地域ですでに広範囲にわたって通用する文字になっていた。この三点から、これらの文字はすでにかなり強大な部族か国家の文字になっていたと断定することができる。(5)

と指摘している。

世界の最古の文字――古代の南西アジアの楔形文字とエジプトの象形文字――の源は、五千余年も前のものである。しかし、この二種の最古の文字は、いまから二千年ほど前からすでに使われていない。しかし、中国の文字は、甲骨文から金文へ、さらに小篆、隷書、楷書へと、つぎつぎに変遷し、脈々と受け継がれ、途絶えることがなかった(図3)。世界の文字で、古代から現在までずっと書面語の形式で四千年ちかく中断せずに持続することができたのは、中国の漢字だけである。

数千年来、中国の文字は、難から易へ、繁から簡への変革を経ており、その結果、書写が便利になり、書籍の執筆や出版にも便宜を提供することになった。

図3　漢字字体の変遷

2　初期の文字記録

紙が発明される前、中国古代の人びとは、文字を記すのに、亀甲、獣骨、青銅器、石、竹簡、木板、絹布など、さまざまなものを用いた。歴史上、それぞれ甲骨文、青銅器銘文（金文）、石刻、簡策（簡冊）、帛書といい、そのうち簡策と帛書が著作に用いられ、はじめて中国の最古の書籍が生まれた。

(1)　甲骨文

甲骨文は、「卜辞」、「契文」、「亀版文」、「貞卜文」、「亀刻文」、「殷墟文字」などともいい、殷朝（前十六—前十一世紀）の王室が占卜を行ったときに亀甲や獣骨に刻した卜辞であるが、ごく少数ながら事実の経過を記した刻辞もある。それらの卜辞は、当時の生産情況、生活動態、自然現象、地域、物産、上部構造、イデオロギー、科学技術などについて記録しており、非常に得がたい原始資料である。

甲骨文は、河南の安陽の北西部、洹《えん》水のほとりの小屯村で集中的に出土している。史書によれば、この地域は商代（殷代）には「殷」とよばれ、商朝（殷朝）の後期の国都であった。周の武王が殷朝を滅ぼすと、徐々に荒れ果てていき、廃墟に変じ、後世の人びとは「殷墟」とよんでいた。地中に深く埋もれていた甲骨文は、一八九八年（清の光緒二十四年）になってやっと発見された。翌年、山東の濰県（現在の濰坊市）の古物商の范維卿が甲骨文を北京に携えていき、金石学者の王懿栄（一八四五―一九〇〇）に重要な古代の遺物と鑑定され、はじめて人びとに重視されるようになった。

殷の支配者は心から鬼神を妄信し、祭祀、戦争、漁猟、収穫、風雨、晴雨、災害、疾病、禍福から、子供の出産や養育などにいたるまで、各種の生産活動や政治活動を問わず、なにごとも神に願をかけたり占ったりして、ときには同じことについて何度も占卜を行うこともあった。占卜を行うには、まず亀甲や獣骨に手を加え、鋸で削って平らに磨き、ついで甲骨の裏面に刀や錐で一連の浅い凹みを刻すが、その凹みを「鑽鑿《さんさく》」という。占卜には一定の儀式があり、卜者が火で甲骨の「鑽鑿」を炙る。そうすると、甲骨の表面に「卜」字形の亀裂が走るが、それを「兆」といい、占卜を行う者はその亀裂にもとづいて吉凶を判断する。かなり完璧な卜辞は、一般に四つの部分からなる。

(1)「前辞」（「序辞」ともいう）は、占卜の日付と占卜者の名前を記す。
(2)「命辞」（「貞辞」ともいう）は、命亀（占卜の目的を亀に告げること）の辞にほかならず、占卜する事柄を記す。
(3)「占辞」は、卜兆を調べて成否や吉凶を予測した言辞にほかならない。
(4)「験辞」は、事後に記録した霊験にほかならない。

出土している卜辞を見ると、かならずしもこの四つをすべて含んでいるわけではなく、一つか二つしかないものが非常に多い（図4）。

甲骨文が一八九九年に学者に認識されたのち、八十余年来、不完全な統計であるが、中国で公私に収蔵されているものが九万余片、台湾と香港に三万余片、そのほか日本、カナダ、イギリス、アメリカ、フランスなど十余か国の二万余片を加えると、すでにあわせて十五万片以上が出土している。(6) すでに出土している甲骨には、重複しない

図4　（左）亀腹甲の卜辞，（右）獣骨の卜辞

文字が五千個前後あり、そのうち識別しうるものが千五百個前後であるが、専門家に公認されているものは千個よりやや多いにすぎない。(7) 文字の構造からみると、甲骨文字はすでに象形、会意、形声、仮借などの造字法を使用している。李孝定が「六書」の原理を利用して、すでに公認されている千二百二十六個の甲骨文字を分析した結果によれば、

会意字が三二パーセント
形声字が二七パーセント
象形字が二三パーセント
仮借字が一一パーセント
指事〔事柄を抽象的、記号的に表現して漢字を造る方法〕字が二パーセント

を占めており、(8) 甲骨文字が基本的に中国の文字のあらゆる構成要素を具え、体系的な記録言語の機能と思想を表現する機能を具えていたことを物語っている（図5）。

甲骨文によって、殷代の社会構造をかなり詳細に考察することができる。殷代はかなり発達した奴隷社会であり、とりわけ紀元前十三世紀に〔第十九代〕殷王の盤庚が殷に遷都したのち、さらに奴隷

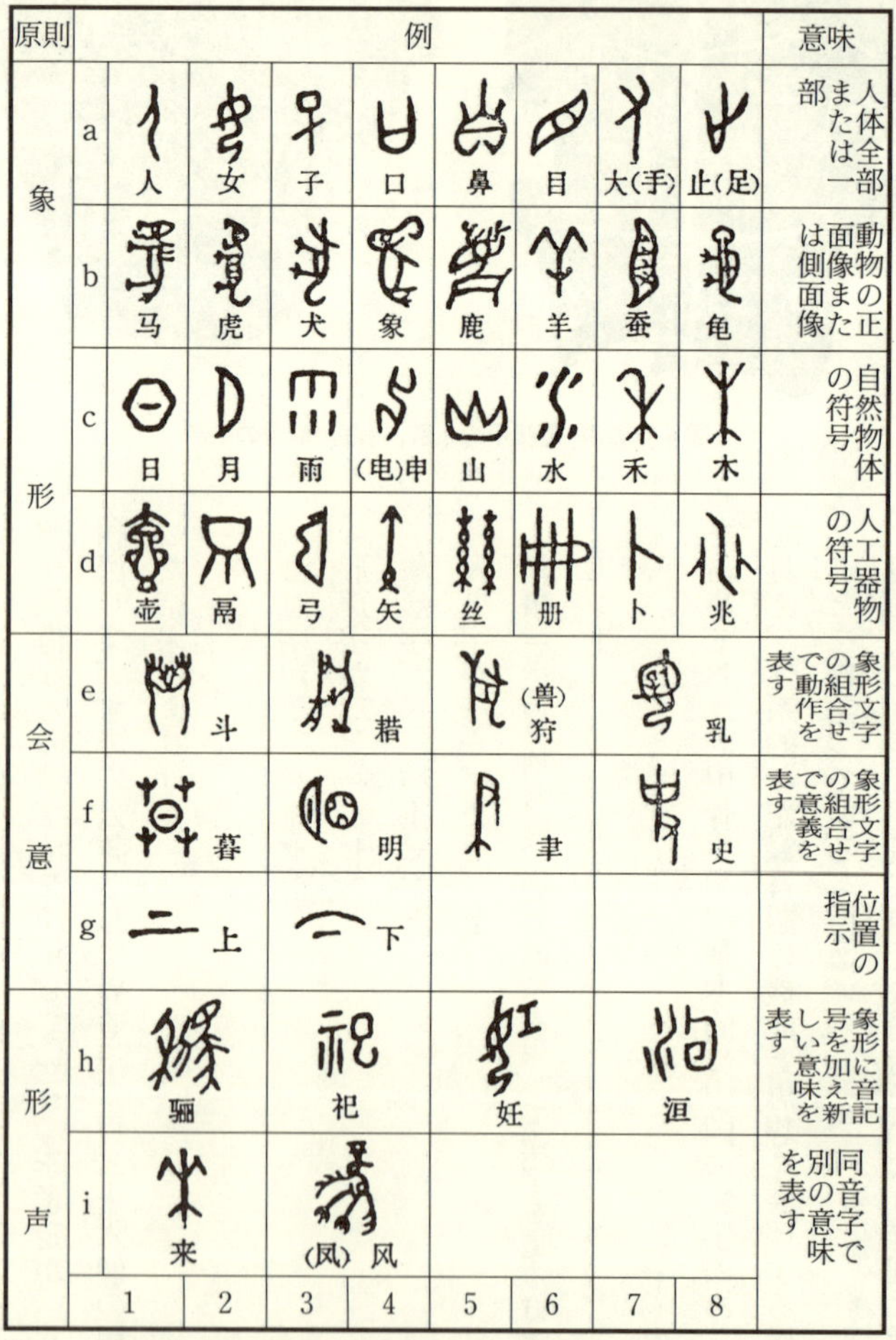

図5　**甲骨文字の構造原理**（銭存訓『印刷発明前的中国書和文字記録』印刷工業出版社 1988 年版から引用）

制の隆盛期を迎えた。奴隷主は生前に奴隷の労働の成果を掠め取るだけでなく、死後もひきつづき奴隷を使役しようとたくらんでいた。小屯村で発掘した王室の墳墓では、家畜と同じように殺されて犠牲として祭られた奴隷の白骨が数多く発見されている。現存の甲骨文によれば、人祭に関する甲骨があわせて千三百五十片、卜辞が千九百九十二か条あり、いずれも人を殺して祭ったものとして推計すれば、少なくとも一万四千百九十七人以上にのぼり、一回の祭祀で殺された奴隷はもっとも多い場合には五百人に達する。これら「犠牲」にされた奴隷は、首を斬られたり、焼き殺されたり、解体して切り刻まれたり、生き埋めにされたり、水中に沈められて溺死させられたりしている。このことから、殷代の奴隷主階級の奴隷に対する暴虐ぶりの一斑をうかがうことができる。(9)

甲骨文には、奴隷大衆が奴隷主階級に反抗した記録が少なくない。武丁〔殷朝の第二十二代の王〕の時代の二片の亀甲には、武丁が逃亡した奴隷を追跡して捕獲するよう命じたことが詳しく記録されている。占卜をしたときには、三日で捕獲して帰ってくることができると予測したが、逃亡した奴隷の反抗によって、武丁の予言は実現せず、十五日目にやっと逃亡した奴隷を捕獲することができたのである。武丁が一再ならず占卜を行うとともに、みずから捕獲を指揮していることからみると、逃亡した奴隷は多数にのぼり、捕獲に向かった武丁の軍と激戦を展開したにちがいない。

殷代にはすでに学校があり、甲骨文にはすでに「学」の字と「教」の字がみられる。当時の学校は貴族の子弟だけのものであった。殷王と貴族たちは後継者の育成をきわめて重視し、子弟を入学させるときには、往々にして事前に占卜を行い、その期日の吉凶を占っている。殷王はまた自分の信頼する官吏を選び、教育の責任を負うよう督促している。学校ではすでに読む、書く、数えることを教えていたが、当時は字を書くには刀で刻しており、出土している甲骨のなかから、表面に字が五行刻され、「甲子」から「癸酉」までの十個の干支が刻されている骨片が発見されている。そのうちの一行だけはきちんと刻されているものの、そのほかの四行は字がゆがんで刻されているが、そのなかにきちんと刻された字も二、三個まじっている。これはおそらく当時の学生の教科書で、きちんと

図6　甲骨文字「伐」

刻されている字は教師の刻した手本、そのほかの四行は学生が刻したものであり、学生の四行にまじっている数個の字は、教師が手を加えて形を整えたものかもしれない。

甲骨文の研究成果によって、伝統的な漢字学の字形解釈の少なからぬ誤りが正されている。たとえば、後漢代の許慎（五八？—一四七？）は『説文解字』で「伐」の字を「人の戈を持つに从《したが》う」（会意文字）と解釈しているが、甲骨文字の「伐」の字の形象は人の首を戈に掛けているもので、戈で人の首を斬ることを意味しており（図6）、『説文解字』の解釈が誤りであることを裏づけている。また、『説文解字』の「追」の釈文は「逐なり」、「逐」の釈文は「追なり」であり、古書でもこの二つの字の用法にいかなる相違があるのかわからないが、専門家の研究によって、甲骨文の「追」の対象はかならず人であり、「逐」の対象はかならず獣であることが明らかになり、この二つの字の本来の意味には差異があったが、のちに混同して区別しなくなったことを物語っている。[10]

甲骨文の大量出土によって、中国の古代史や文献学、文字学の研究は異彩を放つにいたった。二千余年前の孔子（前五五一—前四七九）は、殷朝の滅亡からおおよそ五百年しかたっておらず、われわれよりも殷代にはるかにちかかったのに、文献の不足を慨嘆しており、殷代の情況があまりよくわからなかった。[11]前漢代の司馬遷（前一四五か前一三五—？）は『史記』を著しているが、おおよそ六百年の歴史を有する殷朝について、わずか二千八百六十字で「殷本紀」を書いているが、その理由もおそらく殷代の史料を充分に理解することができなかったからであろう。しかし、われわれはいまや、甲骨文という史料を有するので、殷代の情況について孔子や司馬遷よりもはるかによくわかっている。甲骨文の記述を古文献、考古学的発掘、その他の史料と結び付ければ、殷代の社会情況をかなり具体的に描き出すことができる。

(2)　青銅器の銘文

青銅器に鋳込んだり刻したりした文字を「銘文」といい、「金文」ともいう。「金文」は「吉金文字」の略称であるが、「吉金」という名称の由来は、青銅器の銘文につねに「吉金を易《か》う」とか「其の吉金を択ぶ」という句があることによる（「吉」は、非の打ちどころがない、あるいは、しっかりしているという意味である）。青銅製の楽器では鐘、礼器〔祭や客をもてなすのに使う器物〕では鼎がもっとも多いので、金文を「鐘鼎文」や「鐘鼎彝器〔酒器〕銘文」ともいう。

銘のある青銅器の多くは、春秋時代の遺物である。殷代の青銅器にも銘文のあるものがあるけれども、銘文の長いものは非常に少なく、一般に数字しかなく、得られる情報量は甲骨文の豊富さに及ばない。それゆえ、学術界では習慣的に甲骨文を殷代の文字の代表、金文を春秋時代の文字の代表にしている。

青銅は、銅と錫か鉛との合金で、銅が主体で、青灰色を呈するので、青銅という。赤銅〔純銅〕より融点が低く[12]、硬度が大きく、鋳造性能がかなりよく、使用上も純銅よりいっそう広範な適応性を具えているので、青銅鋳造法の発明と青銅器の使用は、中国の歴史において時代を画する役割を果たした。

中国における青銅器の出現は非常に早く、『春秋左氏伝』の「宣公三年〔前六〇六年〕」に、夏朝がはじめて、

金を九牧に貢せしめ、鼎を鋳て物を象る。

――金を九州の長官に命じて献上させ、鼎を鋳造して、それに地方から献上した風物をきざんだ。

とあり、墨翟《ぼくてき》〔前四六八?―前三七六?か、前四七八?―前三九二?〕の『墨子』の「耕柱」に、

むかし、夏后開が蜚廉《ひれん》に命じて山川から銅を採り、昆吾の地で鼎を陶鋳させた。

とある。「陶」は陶范〔陶器製の鋳型〕のこと、「鋳」は鋳造にほかならず、昆吾は鋳型を焼成して青銅器を鋳造するのに秀でていた部族のことである。一九五九年、河南の偃師の南西部の二里頭で、はじめて殷代初期の宮殿遺址〔おおよそ三千六百年前のもの〕を発掘し、銅を精錬した坩堝の破片、鉱滓、陶范が発見され、一群の青銅器が出土した。一九七三年から一九七四年にかけて、同じ遺址で青銅製の爵〔祭祀に用いる酒杯〕が四個発見された。中国でそれまでに発掘された青銅器ではもっとも古いもので、その形制〔形と構造〕は殷代初期の陶製爵とまったく同じで、化学分析の結果、銅の含有量が九二パーセント、錫が七パーセントであり、夏代末期から殷代初期にかけて青銅器時代に入ったことが裏づけられた。

殷代晩期には、青銅鋳造技術がすでに高度の水準に発展していた。一九三九年、河南の安陽で出土した后母戊〔司母戊ともいう〕の大鼎は、もっとも有名な代表作である。第二十八代殷王の文丁〔文武丁〕が母を祭るためにわざわざ鋳造したもので、造型が重厚、紋様が華麗で、通高百三十三センチ、横百十センチ、幅七十八センチ、足高四十六センチ、厚さ六センチで、重量が八百七十五キロもあり、これまでに中国で発見されている青銅器ではもっとも大きく、もっとも重い。当時の条件のもとでは、二、三百人が緊密に協力しなければ鋳造することができなかったものであり、殷代の鋳造技術が高度の水準に到達していたことを物語っている。

青銅器の種類は、用途によってだいたい礼器および生活用具、生産工具、兵器の三種類に分けることができる。そのうち、礼器および生活用具がもっとも多い。周代になると、一部の青銅器〔おもに鼎〕は、彝器や礼器という、日常生活の需要から遊離してもっぱら祭祀や饗宴の使用に供される器具に徐々に変じた。このたぐいの青銅器はすでに政権と礼治の象徴であり、支配階級に重んじられる「重器」になり、長期にわたって保管されなければならず、紛失してはならないことを示している。青銅器はこのように重視、保護されていたので、当時の貴族は、長期にわたって保存すべき重要文献が書かれたり、いつまでも記念すべき重大事件が発生したりすると、器具を鋳造し、その表面に文献を鋳込み、「子子孫孫に永く宝用」させた。春秋時代の鄭と晋は法律を鼎に鋳込んで公布し、それを「刑書」、「刑鼎」といった。春秋・戦国時代に他の国を滅ぼすと、かならず「其の家廟を毀《こぼ》ち、其の重器を遷《うつ》した」ことは、支配階級がそれらの青銅器を重視していたことを反映している。

青銅器上の文字の大多数は器具を鋳造するときに模子（陶製の鋳型）を使って鋳込んだものであるが、ごく少数ながら、鋳造後に刻したものもある。

殷代の青銅器銘文の重要な内容は人名であるが、器物の所有者の名を示しているのかもしれない。絵画のような銘文もあり、標識としての族章であるか、一定の意思を表明している可能性がある。たとえば、殷代の「獣面紋鼎」の銘文（図７）には、物を売りに行く途中の奴隷主の形象が活き活きと描かれている。一人が貝を担いで船中に立ち、もう一人がその後方で手で船を漕いでおり、この二人がよそに出かけて交換活動に従事することを示している。この銘文は、殷代には奴隷主の生活上の必要から商業がすでに発展していたことを物語っている。河南の安陽の殷墟で多数の玉器や貝、真珠貝の貝殻などが出土しているが、当時、安陽やその付近ではこれらのものを産出していなかった。このことからも、この銘文が反映する内容の真実性を示している。

図７　殷代の獣面紋鼎の簡単な銘文拓本

西周代、特にその中・後期になると、青銅器の銘文は字数が徐々に増え、内容もいっそう広範囲にわたり、ときにはもっぱら一篇の銘文を鋳込むために一つの青銅器を鋳造しているので、銘文が歴史を記す役割を担っていたこともある。銘文のある周代の青銅器は三、四千点以上あり、それらの青銅器の銘文は、だいたい祀典の記録、戦功の讃美、功臣への報奨、盟約の締結、百官への訓戒、祖先の顕彰などが含まれている。銘文の字数は三、四百字にのぼるものもあり、もっとも長いものは西周代末年（厲《れい》王）の毛公鼎で、四

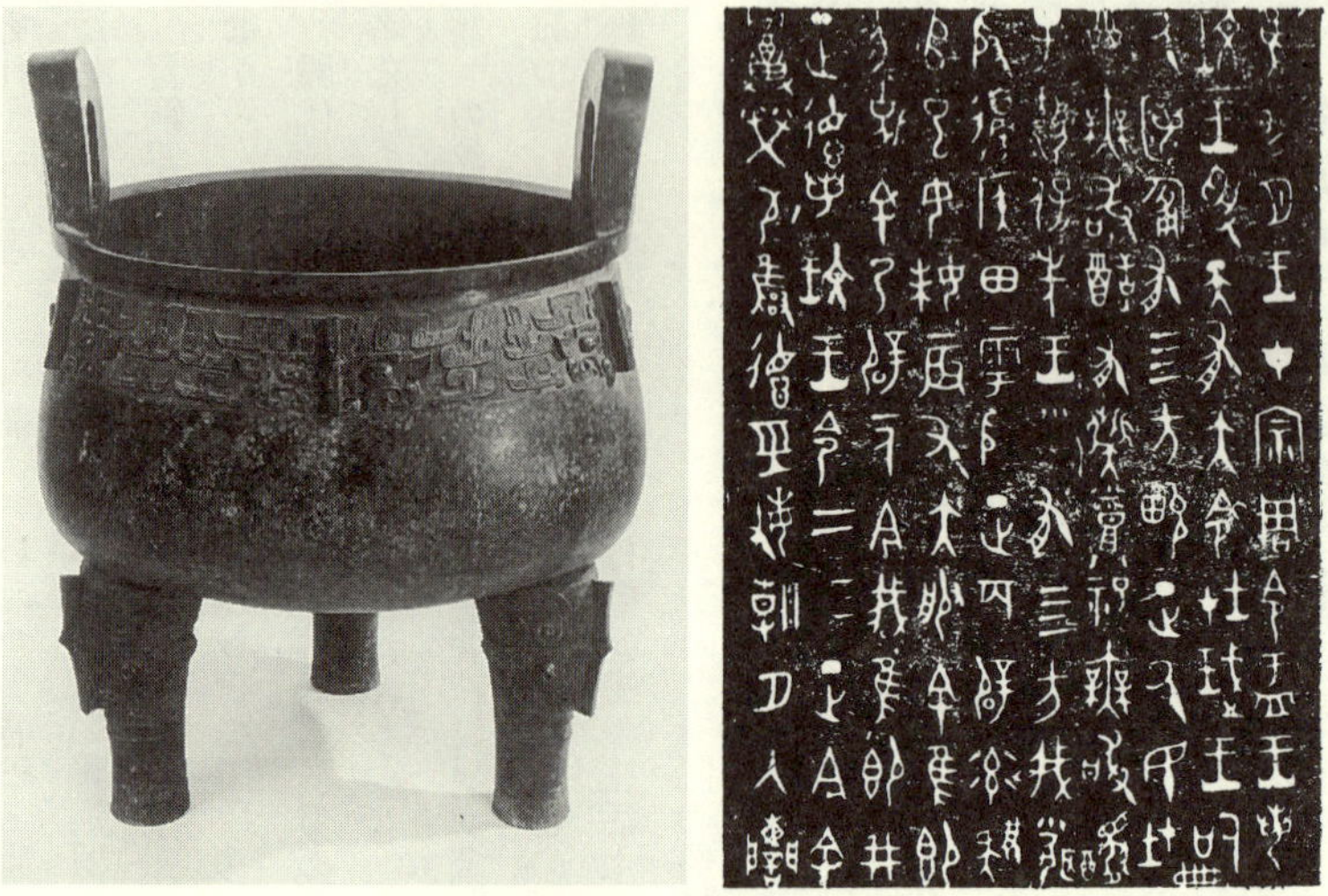

図８　「大盂鼎」と銘文（部分）

百九十七字である。

代々伝えられてきたり、殷・周代の遺跡から出土したりした大量の青銅器とその銘文には、史書の記載を補足しうるものが少なくない。たとえば、周代初期の「小盂鼎」の銘文は、康王（第三代）の時代（おおよそ紀元前十一世紀）に盂が康王の命を奉じて異民族の鬼方を征伐した戦争で、一度に三人の酋長を生け捕りにし、一万三千八十一人の士兵を捕虜にしたことを記しており、その戦争の規模が大きかったことがわかる。銘文はさらに、捕虜にした酋長を尋問し、酋長が自民族の言葉で回答する情景を詳しく記している。この大規模な戦役については、史書には記載されていないが、「小盂鼎」から理解することができる。

西周代の一部の青銅器の銘文から、周朝における奴隷制の情況を理解することができる。たとえば、西周の康王の時代の「大盂鼎」の二百九十一字の銘文は、康王があるとき貴族の盂に千七百九人の奴隷と大量の車馬や衣服などを恩賞として下賜した事情を記している（図８）。

西周代は中国の古代文明が発展、興隆した時期にあたっていたので、周代の文化は殷代よりも進んでいて、青銅器の銘文には文体が優美なものもあり、古代文学史上もっとも早く現れた散文形式の一つということができる。陝西の宝鶏の虢川司《かくせん》で出土した有名な「虢季子白盤」は、中心にあわせて百十一字の銘文を鋳込み、虢季子白が周王の命を奉じて匈奴の侵犯に反撃したことを韻文で記している。その大意はつぎのとおりである。公明正大な子白は、雄々しく勇壮で、大きな功績があり、全国土を保持し、匈奴を洛水の東方で撃退し、五百人の敵の首を斬り落とし、五十人の俘虜を捕らえ、全軍の先鋒をつとめた。威風堂々たる子白は、敵の耳たぶを切り取って王に献上した。王は周廟の宣榭《せんしゃ》〔武を講ずるところ〕で宴会を催し、大々的に子白を褒め讃えた。また、白馬四頭を与えて、いっそうよく王室を補佐することができるようにし、さらに彩色を施した光り輝く弓矢と大鉞《だいえつ》を賜与して、それで蛮方を征伐させた。

不完全な統計ながら、いままでに出土している銘文のある殷・周代の青銅器の総数は五千余点であり、銘文に使われている字はおおよそ三千五百個で、そのうちすでに解読できたものはおおよそ二千個である。銘文は、社会、政治、経済、軍事、法律、文化など多方面にわたる多数の歴史的事件について記しており、殷・周代の歴史研究のもっとも信頼しうる史料であるので、古代史研究者に重視されている。[13]

(3)　石刻文字

甲骨と青銅のほかに、古人は石にも文字を刻した。

中国古代の石刻文字の起源もかなり古い。『墨子』の「明鬼（下）」に「金石に鏤す」とあり、春秋・戦国時代に石に刻することがすでにかなり流行していたことを物語っているが、それらの古代の石刻はいまのところまだ発見されていない。

唐代初期に陳倉〔現在の陝西省宝鶏市〕で発見された十個の石鼓[14]が、中国に現存する最古の石刻である。この十個の石鼓には大篆の書体で四言の韻詩が一首ずつ刻されており、全文でおおよそ七百余字で、秦朝の貴族の狩猟生活を詠じているので、古人は「猟碣《りょうけつ》」〔碣は頭部の丸い石碑〕と名づけた。冒頭の数句は、

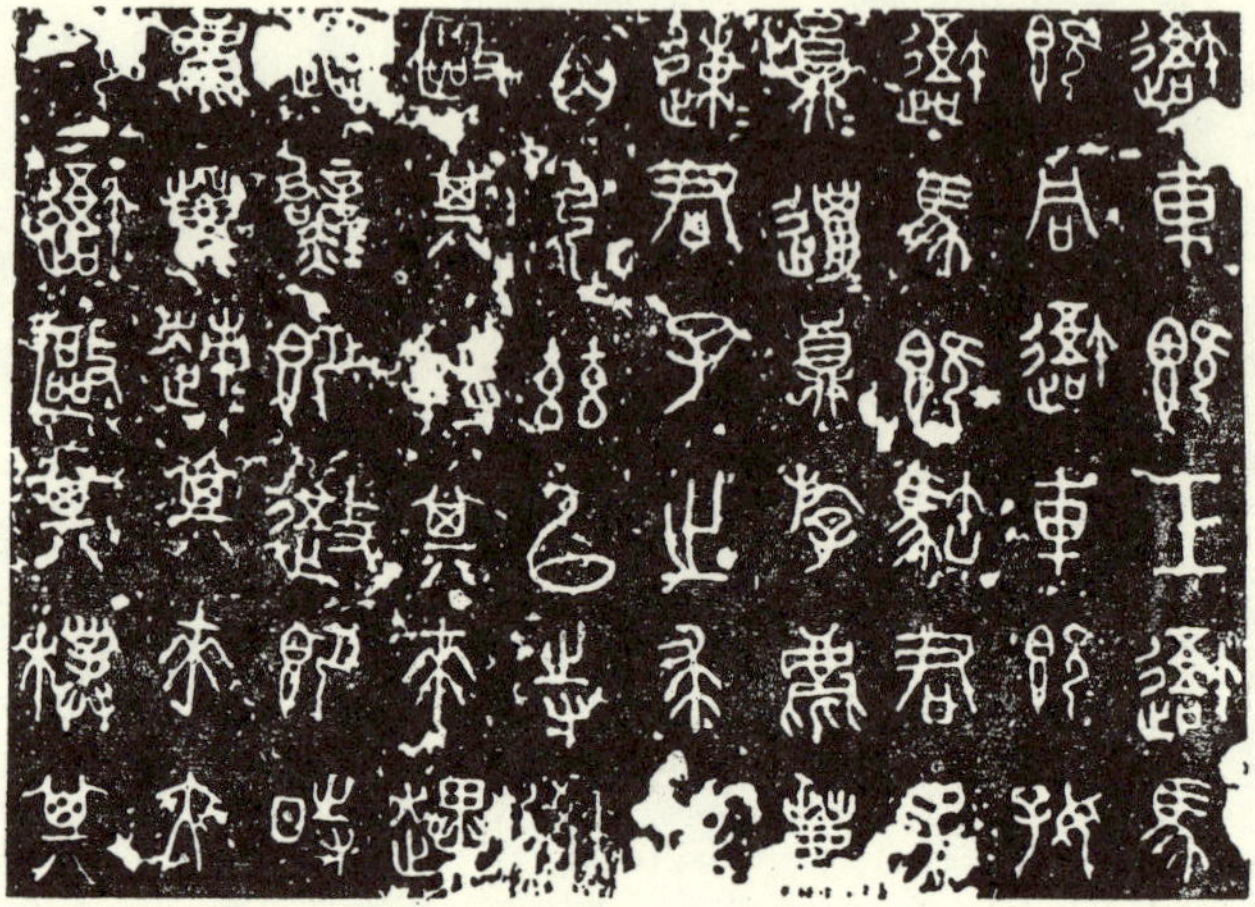

図9　石鼓文（北宋代の拓本）

吾車既工、吾馬既同。
吾車既好、吾馬既皁。

――われわれの車両はすでに準備がととのい、われわれの馬匹もすでに選び終わっている。
われわれの車両は最高のもので、われわれの馬匹は勇猛かつ高大である。[15]

である。石鼓文は実際には十首の詩で、各石鼓に一首ずつあり、いずれも四言四句であり、詞や韻の使い方、情緒や風格は、『詩経』の詩と一致している。十首というのも、十首を一「什」とする『詩経』の「小雅」や「大雅」の構成と同じである（図9）。

「石鼓文」が石に刻された絶対年代については、昔から諸説紛々で、研究者の考証や意見はまだ一致していないが、春秋時代の秦のものとするのが多数意見である。この十個の石は、唐代初期に発見されたのち、文字、詩歌、書道を問わず、歴代の著名な文学者や書家らに推奨、重視されてきた。唐代の有名な書論家の張懐瓘《ちょうかいかん》は『書断』で、

体象卓然とし、今と殊にし古と異なる。落落たる珠玉にして、

飄飄たる纓組なり。倉頡の嗣にして、小篆の祖なり。名づけて書と称するを以て、跡を石鼓に遺す。
と称讃し、唐代の散文の大家である韓愈〔七六八―八二四〕は「石鼓の歌」で、

鸞翱《か》け鳳翥《とびた》ちて衆仙下り、
珊瑚碧樹　枝柯を交う。
――鸞や鳳が空をかけって仙人たちが天降《あま》るようでもあり、
珊瑚や碧樹が枝を交えているようでもある。

と心から褒め讃え、北宋代の大詩人の蘇軾〔一〇三七―一一〇一〕も「石鼓の歌」で、

娟娟たる欠月　雲霧に隠れ、
濯濯たる嘉禾《かか》　稂莠《ろうゆう》に秀でたり。
百戦に漂流して　偶然に存し、
千載に独立して　誰と与《とも》にか友たらん。
上《かみ》は軒、頡を追うて相唯諾し、
下《しも》は冰、斯《し》に揖《ゆう》して鷇瞉《こうどう》を同じうす。
――（たとえていえば）たおやかな片割れ月が雲間に見え隠れするありさま、
めでたい瑞祥の稲が雑草の間からぬきんでている（といったふうである）。
（この石鼓は）何百回かの戦乱に出会っていながら、不思議にも生き残り、

何千年ものあいだ、さびしく、ただひとりで、友となるべきものもなかった。

（その字のすばらしさは）遠い古《いにしえ》の黄帝、蒼頡のあとを追うて答え合うほどであるし、

また、李斯や李陽冰など後世の書家に対しては、子を養う親鳥の関係にある。

と詠じている。清代の康有為〔一八五八―一九二七〕は、

（石鼓文は）金鈿の地に落ち、芝草の雲を団《あつめ》るが如くして、套裁を煩わさずして、自ずから奇采有り。

と讃えている。

秦の始皇帝〔前二五九―前二一〇。在位前二四六―前二一〇〕は、前二二一年に中国を統一したのち、各地を巡幸し、石に刻してその功を讃えたが、山東の鄒城の嶧《えき》山、泰山、芝罘、琅邪台、浙江の会稽山などにその刻石があり、各刻石に数百字ずつ、三句一韻で刻されており、その年代は始皇の二十八年（前二一九年）から三十七年（前二一〇年）までである。漢代以後、刻石はいっそう盛んになり、種類も増え、長方形のものを「碑」、円頭のものを「碣」、巌に刻したものを「摩崖」と名づけた。刻した文字は大半がなにかを記念したもので、事績や功績を記している。古人は、石に字を刻するほかに、玉石にも字を刻したり書いたりした。一九六五年の冬、山西省文物工作委員会の侯馬工作站の考古学工作者が、侯馬の晋の遺址の南東部で、古代文字が書かれた大量の玉片と石片を発掘した。その数は五千余点にのぼり、そのうち解読しえたものは六百余点である。玉片の文字は盟誓公約で、当時は「載書」といい、「盟書」ともいった。

盟誓は春秋時代に盛んに行われた政治行動で、諸侯や卿大夫は盟誓の儀式を行い、たがいに団結し、共同で敵に対する意志を表明したが、実際には一定の制約的機能の具わる聯盟であり、当時の政局に影響を及ぼす勢力の組み

合わせである。

「侯馬盟書」は、二千四百余年前の晋の盟誓書である。この盟書が出土した侯馬地区は、まさに晋の晩期の都城であった「新田」（汾河と澮河の合流点）である。記されている地区は同一の地区であり、記されている年数は十年前後である。文字は毛筆で書かれ、一般に朱紅色であるが、少数ながら墨で書かれたものもある。盟辞は長さが一定せず、もっとも少ないものはわずか十余字、もっとも多いものは二百二十余字にのぼる。盟書の字体は多様で、形態も複雑である。字体の構造には一定の規範がない。当時は、

諸侯が割拠している局面のもとで、「文字が形を異にする」現象がきわめて顕著で、地区によって文字の形体に非常に大きな差があったばかりか、同一の地区であっても、字形は統一されておらず、異体字がどんどん増えた(16)。

のである。

侯馬盟書は、秦の始皇帝が中国の文字を統一するまえに、晋の古文字で書かれたもので、晋が奴隷制から封建制へ移行する春秋時代の晩期における複雑かつ先鋭な階級闘争、社会情況、盟約制度などを反映している史料である。

古人が石に刻した字や玉に記した字は、甲骨文や青銅器の銘文と同じように、いずれも古代史研究の重要資料であり、今日では書籍の役割を果たしている。しかし、本来の機能についていえば、メモ的な書類にすぎず、知識の伝播を目的とする書籍ではない。

2章　中国最古の書籍

中国の古代に最初に現れた正式の書籍は、製紙技術の発明以前に竹簡や木簡に書かれた簡策と絹帛に書かれた帛書である。古書に、

先王〔昔の聖王〕は国を治める理《ことわり》を竹や帛《きぬ》に書き残した。（『韓非子』「安危」）

竹帛に記録し、後世の子孫に伝え残した。（『墨子』「明鬼（下）」）

などの記事があり、早くも春秋・戦国時代に、竹帛がすでに字を書いて書を著す主要な材料になっていたことを物語っている。後漢代の許慎〔五八？―一四七？〕は『説文《せつもん》解字』の「叙」でいっそう明確に、

竹帛に箸《あらわ》す、之を書と謂う。

と述べている。中国の書籍は、ここにいたってやっと形が定まり、竹帛に書かれた書籍が中国の正式の写本の嚆矢であった。

1　竹や木に書かれた書籍——簡策

中国古代の人びとは、竹や木を細長く切って札を作り、その表面を削って滑らかにしたのち、文字を書いた。単独の竹片や木片を「簡」といい、細い紐で綴じ合わせた簡を「策」といった。「策」は「冊」ともいい、現在、本を数えるのに使う数詞の「冊」の起源である。古人はかなり幅の広い長方形の木版にも字を書き、それを「版牘《はんとく》」といい、おもに官庁の文書や名簿、あるいは通信、絵図などを書くのに使った。

簡策がいつごろから中国で使われ始めたのかについては、学術界にさまざまな意見がある。書籍史に関する著作や研究論文には、中国に現存する最古の書籍の一つである『尚書』(『書経』)の「多士」に、

惟《こ》れ爾《なんじ》、惟れ殷の先人、冊有り典有りて、殷夏の命を革《あらた》めしを知らん。

——さて、なんじらは、殷の先人に冊や典がいて、殷が夏の天命を革めたことを知っているであろう。

とあるのを例としてあげて、周朝が殷朝を滅ぼしたのちに殷朝の遺民に与えた教訓であり、殷朝の祖先に冊や典がおり、殷朝の湯が夏朝の桀を打倒し、桀にとって代わった史実を記しており、この記事は、早くも殷代初期に竹簡や木簡がすでに官庁文書として使われていたことを示していると見なす人が少なくない。

『尚書』の「冊」の字の本来の意味はなにであったのであろうか、細い紐で綴じ合わせた竹簡という意味であったのであろうか。許慎は『説文解字』で「冊」について、

符命〔天から天子に下るめでたいきざし〕なり。諸侯、進みて王者に受くるなり。其の札一は長く一は短く、中に二編有るの形に象《かたど》る。

と述べている。後漢代の許慎ののち、歴代の古文字学者には、『尚書』にいう「冊」は竹簡にほかならないと主張する者が少なくない。最初に異説を提起したのは董作賓〔一八九五―一九六三〕で、出土した竹簡と木札が一つの冊のなかにあり、その大小、長短が同じであることなどにもとづいて、

〔『尚書』の「冊」の字は、〕亀版を編成した冊であり、「典」は両手でその亀冊を奉じて蔵する形である。(1)

と指摘している。近年にも、異議を提起した人がいる。すなわち、殷代には字を記す主要な材料は甲骨であり、これまでに十五万片以上も発見されており、甲骨文では「冊」の字はもはや珍しいものではなくなっているが、「簡」の字といっしょに記されていることはない。また、出土した甲骨には大きさの同じものはなく、大きさの異なる甲骨を細い紐で綴じ合わせれば、おのずから「一長一短」になる。さらに、使用されている技術からいえば、刀で亀甲に字を刻するほうが筆で簡冊に字を書くよりもはるかに骨がおれるので、殷代にすでに竹簡が使われていたとすれば、なぜ甲骨に文字を刻さなければならなかったのか。それゆえ、竹簡であることを裏づける実物や文献がない情況のもとでは、『尚書』の「冊有り典有り」という句の「冊」は「亀冊」と解さなければ実情に合わない。「それゆえ、殷代には簡冊はなかったと見なすことができる(2)」という。

古書によれば、春秋時代に簡策がすでに広く使われ、戦国時代から後漢代の末年までは、一貫して竹簡が書写材料として主要な地位を占めていた。簡策の出現は、中国の古代文化の発展に重要な役割を果たした。竹簡や木簡に

書写して書き留めるほうが、甲骨、青銅、玉石などに書き留めるよりも便利で、竹や木は価格が安く入手しやすいので、人びとの著作に便利であるし、長さが制約されないので、かなり長い文章を書くことができるし、細い紐で綴じ合わせて冊にすれば、閲読にも保管にも便利である。その結果、書籍の制作が従来よりもはるかに容易になった。中国の秦代以前の古書は、最初は簡策に書かれて伝えられていたのである。

考古学的発掘によって発見された簡策のうち、主要なものは戦国時代から秦・漢代にかけてのものであるが、もっとも多いのは漢代の簡策である。史書によれば、古代の簡策は何回も発見されているが、最初の発見は前漢の景帝年間（前一五六―前一四一年）のことで、魯の恭王（劉余）が孔子（前五五一―前四七九）の旧宅の壁のなかから発見した、古文字で書かれた簡策で、『尚書』、『礼記』、『論語』、『孝経』など、数十篇であった。それらの写本の内容は当時の伝世本といささか異なっており、そのうち、『尚書』は篇数が伝世本の篇数よりも多く、内容の差も非常に大きかった。同書のことを偽書と見なす学者が少なくなかったが、孔子の原本と見なす学者もいたので、今本『尚書』と古本『尚書』をめぐる論争が引き起こされた。西晋の咸寧五年（二七九年。太康元年か二年、つまり二八〇年か二八一年という説もある）に、もと魏の汲郡（現在は河南省）に属する古墓から車両数十台分の竹簡が出土し、西晋代の荀勗《じゅんきょく》（?―二八九）や束晳《そくせき》（二六一?―三〇〇?）らの考証と校訂ののち、古体字を当時通用していた楷書に書き換え、『紀年』（通称を『竹書紀年』という）、『易経』、『国語』、『穆《ぼく》天子伝』など十六点、あわせて七十五巻、十余万字に整理した。そのなかには史書、経書（儒教の経典）、小説（市井のおもしろい出来事に関する話）などが含まれていたが、いずれも、秦・漢代以来、伝世本のなかった書籍である。しかし、それらの簡策は後世の戦乱のなかで散逸してしまい、現在、見ることができるのは『穆天子伝』と『竹書紀年』だけである（『竹書紀年』は後世の人がほかの書籍から収集して採録したものである）。南北朝時代以後、古代の簡策の出土は非常に少なく、きわめて少数の書籍のなかに断片的な記述がみられるだけで、原物も伝えられていない。

十九世紀以後、中国の西北地区で少なからぬ漢―晋代の木簡が発見されているが、そのうち、出土数のもっとも多いのは、一九三〇年に西北科学考察団がエチナ河流域の黒城付近〔漢朝の居延郡の遺址〕などで発見した一万余枚の漢代の木簡である。その内容は当時の辺境の要塞の公文書類であるが、ごく少数ながら、経書、子書〔荀子、管子、荘子、墨子など、一家の学説を立てた人の著作〕と雑書〔経書、子書、史書、集書〔詩文の書籍〕のいずれにも属さない書籍〕の断簡もまざっている。しかし、それらの簡策とそれ以前に出土した大量の漢―晋代の木簡は、外国人に一つ残らず略奪されてしまった。

新中国の建国後、文物考古工作者は湖南の長沙、河南の信陽、甘粛の武威、湖北の江陵、山東の臨沂、甘粛の居延〔現在の内モンゴル自治区エチナ旗南東部のハラホト〕、湖北の雲夢などで、あいついで竹簡や木簡の大量の書籍を発掘しており、散逸して久しい大量の書籍が発掘され、ふたたびこの世に姿を現し、中国の古代史研究にきわめて貴重な資料を提供している。山東の臨沂の銀雀山一号墓から出土した『孫子兵法』、『孫臏《そんぴん》兵法』、『尉繚子《うつりょうし》』、『六《りく》韜《とう》』、『管子』など、秦代以前の大量の古典は、出土したときには竹簡が破損して散乱していたが、整理すると四千九百余片になった。そのうち、『孫臏兵法』は失われてから千七百余年たっており、『孫子兵法』全十三篇は漢代末期に偽書ではないかと疑った人がいたが、いまや二千余年前の古本『竹書』を参考にすることができるので、長年にわたって『孫子兵法』にまつわりついてきた歴史的懸案を解決しうる可能性が生まれた。また、銀雀山二号墓から出土した三十二片の竹簡は、前漢の武帝の元光元年〔前一三四年〕の暦で、内容は基本的に完璧であり、中国でこれまでに発見されているもっとも古く、もっとも整っている古代の暦である。湖北の雲夢の睡虎地にある秦の始皇帝〔在位前二四六―前二一〇〕時代の墓から出土した法律書は、千百五十余片の竹簡からなり、『編年紀』、『語書』、『秦律十八種』、『效律』、『秦律雑抄』、『法律答問』、『封軫《ほうしん》式』、『為吏之道』、『日書』〔甲、乙二種がある〕など、十種の書籍を含み、四万字ちかくにのぼり、内容が豊富で、秦朝が中国を統一する前後の社会、政治情況をはじめ、経済、文化情況などについて、重要な資料を提供している〔図10〕。

竹簡と木簡の大量の出土によって、実物の証拠が得られたので、古書の記事を参照することで、簡策の具体的な形制〔形と構造〕をかなり明確に理解しうるようになった。

古書によれば、簡策の長さは決められていて、戦国時代から両漢代にかけての簡は、もっとも長いものが二尺四寸、ついで一尺二寸、もっとも短いのは八寸で(3)、長いものは重要な経書や法律、短いものは諸子〔春秋戦国時代に輩出した思想家の著作〕や伝記など一般的な著作を記すのに使われた。後漢代の王充〔二七―九七?〕は『論衡』の「量知」で、

竹を筒に切り、割って札にし、墨筆の跡を加えると文字となり、大きい札は経といい、小さい札は伝記という。木を切って大版とし、これを裂いて版木とし、鉋をかけて平らにすると、上奏の書き付けとなる。

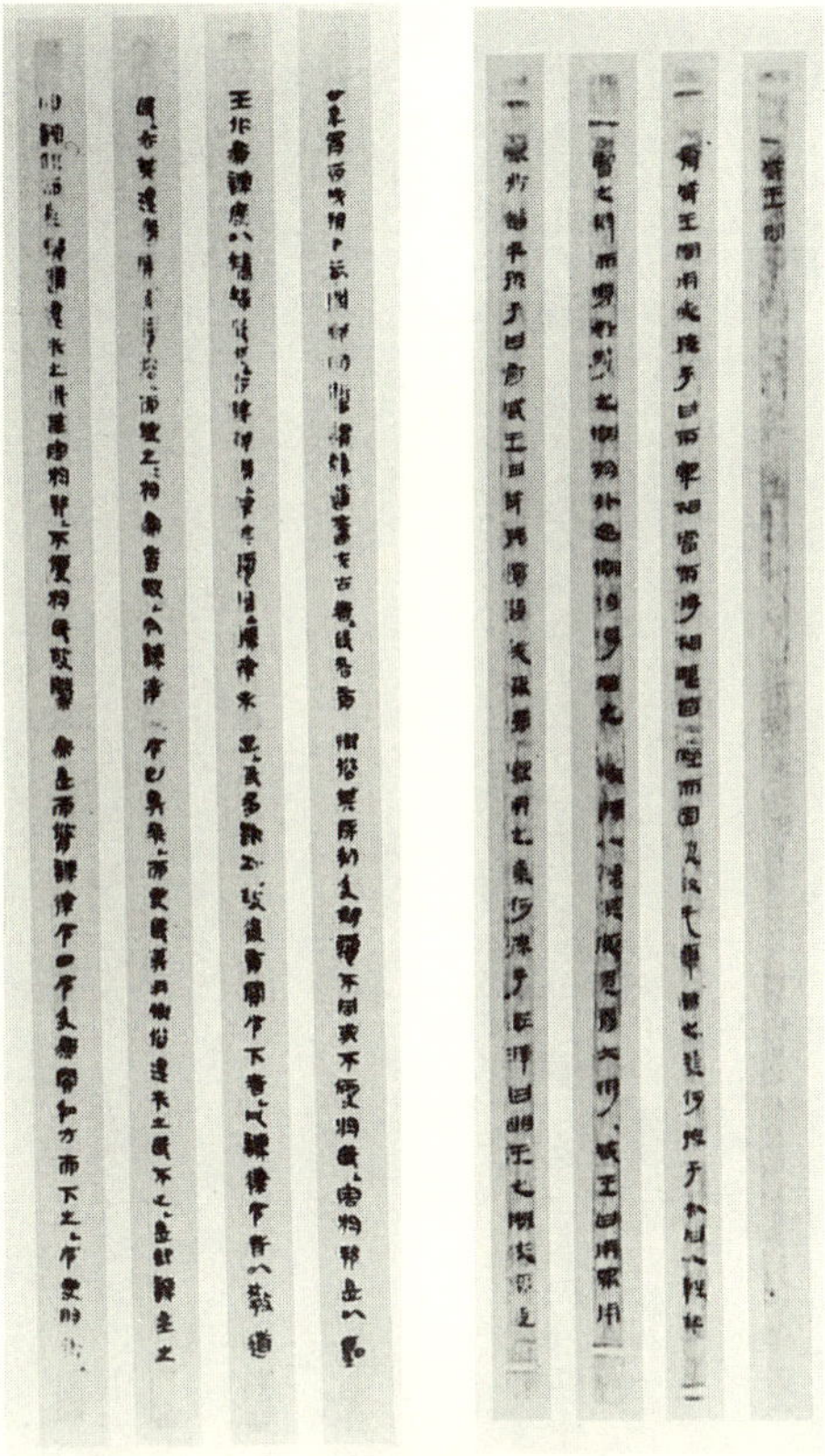

図10　(左) 秦代『南郡守騰文書』竹簡 (部分)，
(右) 西漢『孫臏兵法』竹簡 (部分)

と述べている。出土した竹簡をみると、長さがばらばらで、たとえば、睡虎地の秦代の墓の竹簡は長さ二十三―二十七・八センチで、秦尺のおおよそ一尺から一尺二寸にあたり、銀雀山漢墓の竹簡は長さ二十七・六センチであるが、漢の元光元年の暦は長さ六十九センチであり、河南の信陽などで出土した戦国時代の楚の竹簡には、長さ六十八センチ前後や長さ六十センチのものがあり、さら

に長さが二十センチに満たないものもある。

竹簡の字は、古書には刀で刻したり漆で書いたりしたとあるが、出土した実物をみると、いずれも墨で書かれている。刀で刻したという意見は信ずることができないが、実際には、書き間違えた竹簡の字は刀で削り取られており、河南の信陽の長台関一号墓から出土した竹簡には、刀で削り取られた痕跡のあるものがあり、三、四字削り取られたものも、半分削り取られたうえ、残っている筆跡もぼんやりしていて判読できないものもある。この墓からは文具箱も出土していて、毛筆と筆立てのほかに、青銅製の削刀、刻刀、鋸、小斧などが入っていたが、いずれも古人が竹簡や木簡に字を記すのに不可欠の用具である。

それぞれの簡に記されている字数は一定しておらず、多いものは四十字をこえるが、少ないものは十字に満たない。いくつかの段に分けて書かれているものもあり、秦簡の『編年紀』は上下二段、『為吏之道』は五段に分かれている。

古代の竹簡や木簡はなにで綴じ合わせたのであろうか。「縹絲縄」や「青絲」、つまり青白色の絹糸で連ねていたと記す古書の記事があるし、西晋代の荀勗は「『穆天子伝』序」で、当時、発掘された古代の竹書は「素絲」、つまり白い絹糸で綴じ合わせていたと述べている。『史記』の「孔子世家」に、

孔子は晩年に『易〔周易〕』の書を愛好し、「序〔序卦〕」、「彖《たん》」、「繋〔繋辞〕」、「象」、「説卦」、「文言」などの篇を作った。易をくりかえし読んだため、韋編が三度も切れたほどであった。

とある。ある注釈者は、後漢代の許慎が『説文解字』で「獣皮の韋」と解しているのにもとづいて、「韋編」を「熟牛皮縄」〔なめした牛皮の紐〕と解している。近年、ある専門家がこの注釈に異論を提起し、『説文解字』の「韋」に対する解釈にはもともと二つの意味があると指摘している。すなわち、一つは古代には「違」の字がなかったの

で「韋」の字を借用したものであり、もう一つは皮韋の「韋」のことで、木の板や棒が平らや真っ直ぐでない場合に、それらを縛って矯正するのに使った。「韋編」の「韋」は「緯」のもとの字であり、横糸の「緯」と発音すべきで、獣皮の「韋」とは発音しない。「韋編」は「緯編」のことで、竹簡を綴じ合わせる横糸にほかならない。竹簡は体積が非常に小さいので、綴じ合わせる紐は細くて柔らかくなければならず、その綴じ方は簡と簡との間で細い紐を交錯させ、簾《すだれ》を編む方法と似かよっており、皮紐では綴じ合わせることができない。皮紐で簡を綴じ合わせることができたとしても、皮のほうが簡よりも強靭であるので、おそらく簡が若干の皮紐を損なったとしても切断することはできず、どうして「三度も切る」ことになるであろうか（かつて「三」は「多数」を意味した）。新中国の建国後、あいついで出土した簡策をみると、絹糸の一部が残存していたものも、絹リボンで綴じ合わされていたものもあり、甘粛の居延などで出土した漢代の木簡は麻紐で綴じ合わされていたが、これまで皮紐で綴じ合わされた簡策はまだ出土したことがない。それゆえ、一連の実物にもとづいて、「韋編」を熟牛皮で綴じ合わせると解するのは誤解であることが裏づけられるという(4)。

孔子がくりかえし読んだ『易』は竹簡ではなく、甲骨であったという研究者もいる。すなわち、当時の条件のもとでは、牛皮の紐で甲骨を連ねるほうが、絹糸とか、麻やほかの繊維で連ねるよりも合理的に思われるので、「韋編が三度も切れた」の「韋」は「牛皮の紐」か「なめした牛皮の紐」と解釈するほうが正しいのだという(5)。

出土した実物にもとづいて検討すると、竹書は大半が竹簡を綴じ合わせてから字を記し、紐が通る部分を避けているが、字を記してから綴じ合わせたものもある。綴じ紐の本数は、残っている痕跡からみると、二本のものも、三本、四本のものもあるし、さらに、綴じ紐が安定し、滑ったり移動したりしないように、右側の紐の通る部分に三角形の小さな切れ込みのある竹簡もある。『孫子兵法』が出土したとき、竹簡の上に二枚の「半両銭」〔秦朝の貨幣で、「半両」の二字が鋳込まれている〕と一枚の「三銖銭」〔二十四銖が一両〕が置かれていたが、束ねやすいように竹簡の紐を通した可能性があり、後世の線装〔いわゆる「和綴じ」〕本の帙の爪と同じものである。

考古学的に発見された秦・漢代の簡策は、後世に伝えられた古書の考証や校訂に重要な意義を有し、まったく解決のしようがなかった問題の解決、ひいてはこれまであまり気づかなかった問題の解決にさえ役立つし、先人の研究成果を検証するのに役立ち、激しい論争の続く是非の問題に正しい判断を下すことができる。たとえば、『孫子』の現在の通行本に、

守は則ち足らざればなり、攻は則ち余り有ればなり。善く守る者は九地の下に蔵《かく》れ、善く攻むる者は九天の上に動く。故に能く自ら保ちて勝を全うするなり。

——守備をするのは戦力が足りないからであり、攻撃をするのは充分に余裕があるからである。守備の上手な人は大地の底の底にひそみ隠れ、攻撃の上手な人は天界の上の上で行動する。どちらにしても、その態勢をあらわさない。だから、身方を安全にして、しかも完全な勝利を遂げることができるのである。〔形篇〕

とあるが、銀雀山で発見された『孫子』の十三篇中の一部と照合すると、

守は則ち余り有ればなり、攻は則ち足らざればなり。昔の善く守る者は九地の下に臧（蔵）れ、九天の上に動く。故に能く自ら保ちて勝を全うするなり。

となる。「余り有ればなり」と「足らざればなり」の位置が、簡本は通行本とまったく逆である。また、簡本には「善く攻むる者」の三字がなく、「九地の下に蔵れる」と「九天の上に動く」の主語はともに「善く守る者」である。この二句の直前の文は、通行本によれば、

昔の善く戦う者は、先ず勝つべからざるを為《な》して、以て敵の勝つべきを待つ。勝つべからざるは己に在るも、勝つべきは敵に在り。……勝つべからざる者は守なり。勝つべきは攻なり。

——昔の戦いに巧みであった人は、まず身方を固めてだれにもうち勝つことのできない態勢を整えたうえで、敵が弱点をあらわしてだれでもがうち勝てるような態勢になるのを待った。だれにもうち勝つことのできない態勢を作るのは身方のことであるが、だれもが勝てる態勢は敵側のことである。……だれにもうち勝てない態勢とは守備にかかわることである。だれでもがうち勝てる態勢とは攻撃にかかわることである。

である。簡本の「守備をするには充分に余裕があるからであり、攻撃をするには戦力が足りないからである」は、同じぐらいの兵力であれば、守備に使えば充分に余裕があり、攻撃に使えば戦力が不足するという意味であり、直前の文に非常にぴったり符合する。「守備の上手な人は大地の底の底にひそみ隠れる」とは「まずだれにもうち勝つことのできない態勢を整える」ことにほかならず、「天界の上の上で行動する」とは敵を犯して「うち勝つことのできる」機を見出して出撃することであり、意味のうえでも直前の文と文脈が非常に通じている。通行本が簡本の「守備をするには充分に余裕があるからであり、攻撃をするには戦力が足りないからである」を「守備をするのは戦力が足りないからであり、攻撃をするのは充分に余裕があるからである」に改め、「大地の底の底にひそみ隠れる」ことと「天界の上の上で行動する」ことをそれぞれ「守備の上手な人」と「攻撃の上手な人」のことにしているのは、文脈的に直前の文と通じない。

『史記』の「項羽本紀」の「鴻門の宴」の一節は、樊噲《はんかい》〔?—前一八九〕が闖入したのちの情景を、

項王〔項羽。前二三二—前二〇二〕が、「壮士だ。斗卮《とし》の酒〔大杯の酒〕をとらせよ」と言ったので、斗卮の酒が与えられた。樊噲が一礼して立ち上がり、立ったままで飲みほすと、項王が、「彘肩《ていけん》〔豚の肩の肉〕をとらせよ」と

言い、生の彘肩が与えられた。樊噲は自分の盾を地に伏せて、彘肩をその上に置き、剣を抜いて切って食らった。

と活き活きと描いている。

司馬遷〔前一四五か前一三五―?〕は飲食を通じて樊噲の豪勇ぶりを記し、「斗卮の酒」と「生の彘肩」を対にしているが、斗卮はもちろん一斗の酒卮のことである。長いあいだ、この「斗」の字を衍字〔不要な字〕だという人が少なくなかったし、斗のことを酒器の名だという人も少なくなかった。各種の古文の選本〔原著から一部分を選んで編集した書籍〕をみると、「斗」のことを酒器の名と見なす人のほうが衍字と見なす人よりもはるかに多い。衍字と見なす人たちは、おそらく容量が一斗もある酒杯はありえないと考えていたのであろう。その実、秦・漢代の一斗は現在の二リットル前後にすぎず、斗卮はビールの二リットルのピッチャーに相当するので、けっしてありえないものではない。

一九七二年に長沙の馬王堆一号墓を発掘したとき、完璧な遣冊を発見したが、その百七十九号簡には「髹《きゅう》〔漆〕画斗卮二」と書かれていた。一九七三年に出版された『長沙馬王堆一号漢墓』上巻の「竹簡」の一節は、斗卮のことを一斗の酒を入れることのできる卮であると指摘するとともに、墓から出土した百三十五号漆卮は、実測によれば、容量が二千百ミリリットルであるとも述べている。その容量はまさに一斗前後にあたり、のちに発見された馬王堆三号墓の遣冊にも単に「斗卮」とあるだけである。このように強固な証拠が地中から出土したからには、「斗」の字の衍字説も酒器説もおのずから破綻してしまった。[6]

簡策の使用は殷代から後漢代にいたるまで、およそ千六、七百年間の歴史がある。封建制の文化が発展し、書籍が日益しに増えていくのに伴い、携帯に不便で、綴じ紐が切れやすいので閲読や保管に難があるなど、簡策そのものの欠点のために、もはや新しい要求に応じにくくなった。それゆえ、戦国時代には帛書が現われ、帛の応用によって紙の発明がもたらされ、最終的に紙がついに簡策にとって代わったのである。

2　縑帛に書かれた書籍——帛書

帛書の起源はもはや考証することができない。『墨子』の「明鬼（下）」に、

昔の聖王はかならず鬼神のことをその任務となし、鬼神のために務めることが手厚かった。そしてまた、後世の子孫がこのことがわからなくなることを恐れた。そこで、このことを竹帛に記録して後世の子孫に伝え残した。

とある。墨子〔前四六八?—前三七六?〕は戦国時代初期の国際人であるので、晩くとも春秋時代の末年には、帛書がすでに書籍の一形式になり、簡牘とともに使われていたことがわかる。

中国では世界でもっとも早く家蚕を飼って絹布を織っていた。甲骨文にもすでに「絲」、「帛」、「桑」などの字があり、殷代にはすでに蚕糸で絹布を織っていたことを示している。初期の絹布は貴族の衣服の用に供されていただけであるが、養蚕と絹織物の発展に伴い、絹織物の生産が徐々に増えたので、書写に使われるようになった。絹織物には帛、繒《そう》、縑《けん》、素などの名称があるので、帛書は「繒書」、「縑書」、「素書」ともいう。

帛書の出現は、書籍の材料に重大な変化をもたらした。絹布は軽くて薄く、柔軟で、字を書きやすく、携帯に便利で、保管しやすいし、文章の長短に従って裁断し、軸に巻いて一束にし、意のままに巻いたり拡げたりすることができ、閲読に便利である。一巻の書籍はおおよそ簡冊の一片か数片に相当するので、「巻」が書籍の数を数える単位の一つになった。

帛書が流行していた時期は、おおよそ前四世紀から後三世紀にいたるまでであり、すなわち、戦国時代から三国

時代にいたる六、七百年間の歴史を有する。秦・漢代には、帛書はもはや非常に多く、『漢書』の「芸文志」が記している宮廷の書庫の蔵書数によれば、篇と称しているものも、巻と称しているものもあるが、そのうち、巻で数えているものの大半は兵書、数術〔天文、暦、占いなどの術〕、方技〔方士の術。不老不死の術や、医薬、卜筮、占験などの技〕などのたぐいである。これらの書籍には、図で説明しなければならないものがあり、帛に図を描くほうがかなり便利であるので、少なくともこれらの書籍で巻で数えているものは、いずれも帛書である。後漢の献帝の初平元年（一九〇年）、董卓〔?—一九二〕が献帝〔在位一八九—二二〇〕を脅迫して洛陽から西方の長安〔現在の陝西省長安市〕に遷都したとき、それらの蔵書は台なしにされた。軍人が大きな帛書を綴じ合わせてテントや車の幌を作り、小さいもので行軍用の鞄や袋を作ったので、帛書は大きな被害を受けたのである。このことからも、当時、帛書の数量が非常に多かったことがわかる。

戦国時代の帛書制度について、古書には詳細な記事がみられない。後漢代に宮崇が順帝〔在位一二五—一四四〕に献上した『太平清領書』〔道家の『太平経』。現存のものはその端本〕全百七十巻は、すべて「縹素に朱介、青首、朱目を書す」であった。すなわち、青白色の絹布に紅色の縦罫が引かれ、青色の綾絹を巻頭に結ぶとともに、紅色で本文の小さな標題を書き、さらに黒字が加わり、非常に見栄えがよかった。このことから、帛書は装丁が非常に重んじられていたことがわかる。スタイン〔一八六二—一九四三〕は『西域考古図記』に、敦煌や、玉門、甘粛の西部で、もっぱら書を著したり絵を描いたりするのに供された漢代の絹織物を発見したと述べている。おそらく、漢代にはすでにもっぱら字を書くのに供される絹布があり、罫が描かれたり折り込まれたりしていて、紅色のものを「朱絲欄」、黒色のものを「烏絲欄」といっていたのであろう。

帛書がいったいどのようなものであったのか、かつては実物を目にすることがめったになかった。新中国の建国前後に、新疆の楼蘭遺址と長沙の楚墓で帛に描かれた絵が発見されたが、本物の帛書ではないうえに、すでに朽ち果てた断片であった。一九七三年、湖南の長沙で前漢の文帝〔前一八〇—前一五七〕の時代に埋葬された馬王堆三号墓を発掘したときに帛書が出土したので、われわれははじめて帛書について具体的な感性的認識を得るにいたった。

馬王堆三号漢墓から出土した帛書には、『老子』の写本が二部（『老子甲本』、『老子乙本』と命名）と、戦国時代の蘇秦（?—前二八四）や蘇代（蘇秦の族弟）の言行を記した逸書二十八篇（『戦国縦横家書』と命名）が含まれていた。そのほかにも、『周易』、『左伝』、『医経』、『相馬経』など二十余種、あわせて十万余字が含まれていた。これらの帛書には、おおよそ二千年前に消失してしまった逸書がいくつかあり、その内容が中国古代の哲学思想、歴史、地理、軍事、天文、暦法、医学などにわたり、戦国時代から秦・漢代にかけての歴史や科学技術の成果の研究に、重要な価値を有する。たとえば、『老子』の甲本の末尾と乙本の巻頭には三万字ちかい数篇の逸書が書かれており、前漢代初期の支配階級が崇拝していた「黄老思想」の本質と儒家の五行説の研究に、きわめて貴重な資料を提供している。『戦国縦横家書』の一万一千余字の内容は、大半が通行本の『戦国策』と『史記』にはみられないもので、当時の歴史の研究に大量の新史料を補充した。『五星占』の帛書は、二千百年前（秦の始皇帝の元年から前漢の文帝のときまで）に人びとが五大惑星の運行を長期にわたって観察した成果を記録しているが、そのうち、惑星の動態の描写と数値や、形態をそれぞれ異にする彗星を描いた図譜は、中国古代の天文学が高いレベルに到達していたことを示している。逸書には古地図も二枚あり、これまでみられた「華夷図」と「禹跡図」の石刻（一一三六年）よりも千三百余年も古く、これまでに発見されたもののうちでもっとも古い古地図である。帛書の『五十二病方』は、五十余種の病気に対する三百種の治療法を収集しており、内科、外科、婦人科、小児科、五官（目、耳、鼻、舌、皮膚）科の各種の疾病のさまざまな治療法が含まれている。さらに、導引（呼吸法と運動を結び付けた医療体操）図もあり、四十四人の男女による各種の運動の形態が描かれ、それぞれの運動がおもに治せる疾病の名称が記されており、体育保健運動も中国で悠久の歴史を有することを物語っている。

馬王堆で出土した帛書は、大半が高さ四十八センチの帛に描かれ、表面に非常に細い朱絲欄が引かれている。内

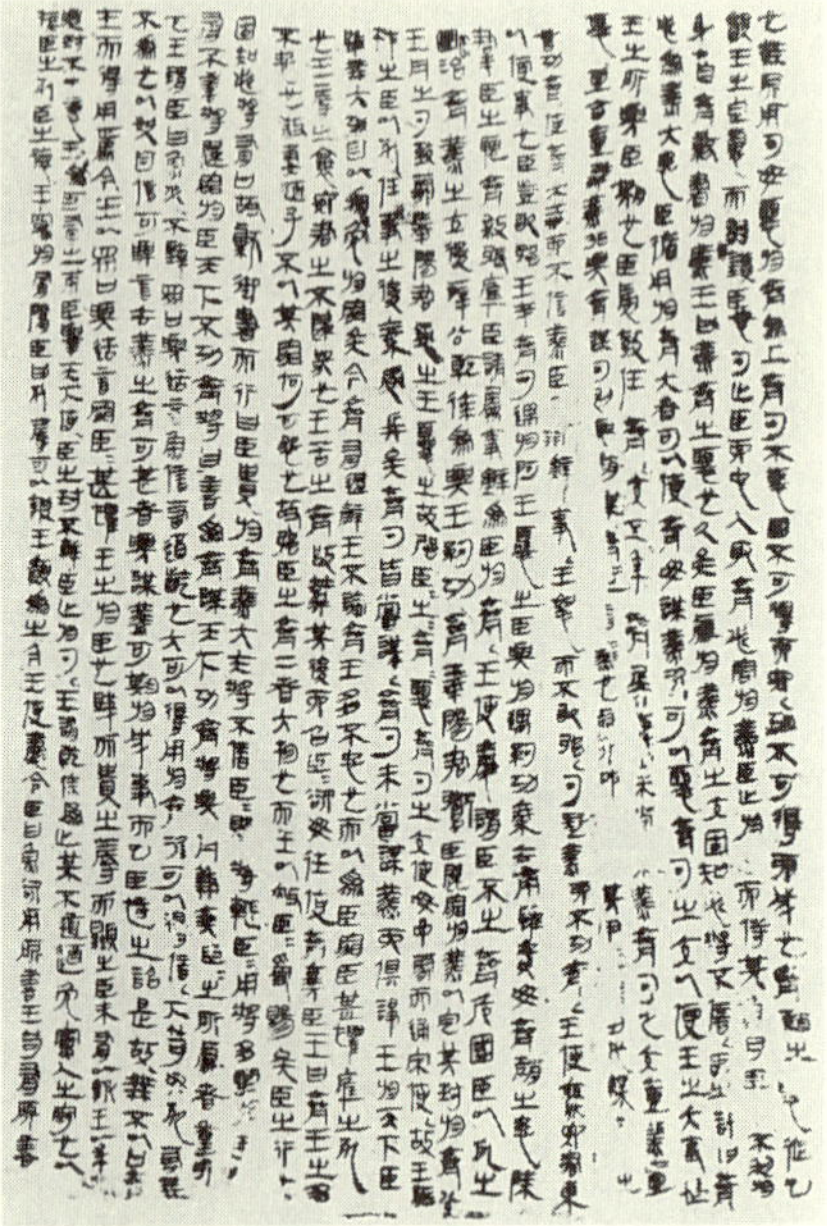

図11　湖南長沙出土の前漢帛書『戦国縦横家書』

容をみると、書き間違えたり書き漏らしたりした部分があり、その字数が木簡や竹簡の字数と一致することが多いので、簡策から書き移されたものであることがわかる。数種の書籍を書き移した帛もあり、それぞれの書籍の最初の行の頭に標識として墨で印を付し、書籍の冒頭であることを示し、書籍の末尾に署名と字数を明記している。たとえば、『老子』乙本の「称」はあわせて千六百字で、末尾に「称千六百」と書かれ、「道原」はあわせて四百六十四字で、末尾に「道原四百六十四」と書かれている（図11）。

これまで帛書はすべて軸に巻く形式と考えられてきたが、馬王堆で出土した帛書は、大半が長方形に折り畳まれ、漆箱のなかに収められていたが、ある帛には数種の書籍が書かれ、まず二つ折りにし、さらに二回折り畳まれていた。また、高さ二十四センチのものもあったが、折り畳まず、細長い木片に巻き付けてあった。ということは、帛書には、軸に巻く形式のもののほかに、折り畳む形式のものもあったことを物語っている。

縑帛は、簡牘よりも簡便で保管しやすく、とりわけ幅がかなり広く、絵を描くにも適しているので、簡策にとって代わられたあとも、依然として長年にわたって絵を描くのに使われていた。しかし、価格が高いので、民衆のあいだには普及することができなかった。漢代の一匹（二・二×四十漢尺）の帛の価格は六百余銭、白素《しろぎぬ》は八百余銭で、当時の米価で換算すると、一匹の帛は六石（七百二十漢斤）の米に相当し、一般の読書人は使うことができなかったので、「貧にして素に及ばず」〔貧しくて白素にまでは手が届かない〕という言葉が生まれた。

帛は、書籍の発達史に一定の影響を及ぼし、軸に巻く制度をもたらしたばかりか、さらに重要なことは、人びとが帛の特徴もあり安価で普及しやすい書写材料を探し求めるべく努めるよう促したことである。人びとはついにそのような材料を手に入れた。それこそ、植物繊維で製造する紙にほかならない。

3章　秦代以前の重要著作

中国の古代には、「学術は王官に統《す》べらる」、つまり、あらゆる文献と書籍は史官〔記録係の役人〕が管理し、代々伝え、貴族の諮問と使用に供した。古書によれば、周代には書物を管理する役人、つまり大史、小史、内史、外史をわざわざ置き、それぞれ分業させていた。東周代には、書籍の数がすでに多く、とりわけ各国の史書が非常に多く、言い伝えによれば、墨子〔前四六八？—前三七六？〕は列国を周遊し、百か国の『春秋』〔年代誌〕を目にしたという。しかし、それらの古書はのちに散逸してしまった。

春秋時代には、社会の生産の発展と生産関係の変動に伴い、奴隷制に依拠していた「士」〔当時の知識人〕に徐々に分化が生じ、新たな社会階層が形成された。知識は、もはや奴隷主階級とその史官が壟断することができなくなった。春秋時代の末期には、個人の邸宅で学を講ずる風潮が徐々に盛んになったが、孔子〔前五五一—前四七九〕はもっとも早く私立学校を創設し、後世に非常に大きな影響を与えた一人である。

春秋時代には、魯の文化はかなり発達しており、孔子は魯の貴族の出身で、司寇〔法務大臣〕をつとめたことがあり、各種の文献や史料を収集する条件を有していた。言い伝えによれば、孔子の教えを受けた学生は前後して三千人で、そのなかには礼、楽、射、御、書、数〔礼制、音楽、弓術、馬術、書道、算術〕の「六芸《りくげい》」に精通した者が七十二人いたという。講義の必要から、『詩』、『書』、『礼』、『楽』、『易』、『春秋』の六点の古書を整理、編集し、学生の教科書にした。孔子は、それらの古書を整理するときに、周朝や魯、宋、杞などの文献や史料を利用した。「述べて作らず」（古いことにもとづいて述べて創作はしない。『論語』「述而」）と自称し、実際に編集を行い、既存の材料を審査し、取捨、改訂を加え、いまいう編集技術による加工を行ったのである。それゆえ、孔子は中国の歴史において有名な思想家、教育者であるとともに、中国の最初の編集工作者でもあったといえる。

孔子が、当時目にした多数の古書はのちに大半が散逸してしまったが、孔子の整理した六点の古書は、『楽』のほかは、いずれも儒家の師弟の伝写や授受に助けられて伝えられ、今日われわれが目にすることのできる中国の最古の書籍になっている。

『詩』は、詩歌の最古の選集である。最初は『詩』とか『詩三百』、『三百篇』などとよばれていたが、のちに『詩経』とよばれるようになった。[1] おおよそ春秋時代に編まれ、西周代の初期（前十一世紀）から春秋時代の中期（前七世紀）までの五百年間に創作された詩歌が収録されており、現存する作品は三百五篇である。それらの詩は、いずれも当時唱うことができたもので、楽曲の違いにもとづいて配列され、「風」、「雅」、「頌」の三部に分けられている。「風」は地方の楽曲で、あわせて十五か国の風があるが、ほとんどが民衆のあいだで唱われていた歌謡である。「雅」は「大雅」と「小雅」に分かれているが、ともに朝廷の「正楽」に属し、「大雅」は国家の大典の儀式、「小雅」は宮廷の一般の宴会に使われた。「頌」は周朝の廟堂音楽で、祖先や神がみの祭祀に用いられた。「頌」は「容」にほかならず、舞容（舞う姿）のことであり、その詩は歌舞で祖先や神がみを楽しませたときの歌詞にほかならない。『詩経』の「国風」の少なからぬ民歌は、当時の政治の暗黒と混乱、貴族支配集団による人民に対する抑圧と搾取を暴露し、光明を求め抑圧に反対する勤労人民の願望を反映し、人民の労働と愛情生活をも反映しているものが多く、言葉が素朴で、描写が活き活きとしており、韻律が調和し、芸術的な感銘に満ちあふれており、思想的内容と芸術的形式に非常に高い価値があり、後世の文学的創作に深遠な影響を及ぼしている。

『書』は、『尚書』にほかならず、『書経』ともいい、中国のもっとも古い歴史文献を集めたものである。「尚」とは上、上古のことで、「書」とは記録のことであり、『尚書』は上古の文字記録にほかならない。その内容はおもに殷、周という奴隷制王朝の支配者の通告文書であり、また、そのうちの主なものは演説の記録であり、東周代や戦国時代に古伝説にもとづいて潤色、編纂された舜や禹〔ともに神話伝説上の帝王〕の時代の物語も含まれている。古文と今文に分かれ、今文『尚書』は、秦の始皇帝〔在位前二四六―前二一〇〕による焚書〔前二一三年〕ののち、漢代初期の経師〔経典の書写に従う人〕によって保存され、当時通用していた隷書で書かれたものであり、古文『尚書』は、前漢の武帝〔在位前一四一―前八七〕のときにあいついで発見された古書で、古文字で書かれていた。現存する『尚書』はあわせて五十八篇で、今文と古文の双方にある三十三篇のほかは、東晋代に偽造された古文『尚書』である。文章は奥深くて理解しがたいが、内容は豊富で、殷・周代の歴史の重要な研究資料である。

『礼』は、『礼経《れいけい》』とか『士礼』、『儀礼《ぎらい》』ともいい、春秋・戦国時代の礼制の一部を集めたものである。戦国時代に編まれた『周礼《しゅらい》』、前漢時代に編まれた『礼記《らいき》』とともに、「三礼《さんらい》」と総称し、儒家思想と戦国時代以前の制度や器物を研究するには重要な資料である。

『楽』は、『楽経』ともいう。『楽』にはもともと経典があったが、ある古書に秦朝の焚書で失われてしまったとある。一説に、『周礼』の「大司楽」の章こそ儒家の伝えた『楽経』にほかならないともいう。また、「楽」は古人が音楽を演奏するときの楽譜にすぎず、もともと伝えられていなかったという人もいる。

『易』は、『周易』にほかならず、『易経』ともいい、「経」と「伝」の二つの部分からなる。「経」は卦〔易で筮竹を操作して得る、陰爻と陽爻を三つ重ねた形のこと〕、爻《こう》〔易の卦を組み立てるもとになる符号で、陰爻（⚋）と陽爻（⚊）がある〕の二種の符号と、卦を占うのに使う卦辞と爻辞からなる。「伝」は十篇からなり、「十翼」ともいい、儒家が経文に対して行ったさまざまな解釈である。『易経』は、占筮の書であるけれども、宗教や迷信というコートの下に、中国古代の人民の素朴な弁証法思想を保存しており、中国の最古かつ完璧な哲学書といえる。卦辞や爻辞には殷代の優美な詩歌や詩歌にちかい作品も少なからず保存されており、上古の文学史の貴重な研究資料でもある。

『春秋』は、中国の現存最古の編年体の史書であり、一年ごとに編まれているので、一年の四季のうちの「春」、「秋」の二字を取って命名した。この種の断代の編年史は、西周代の少なからぬ国で編纂されていたが、魯のこの『春秋』を除いて、いずれも失われてしまった。この『春秋』には、魯の隠公元年（前七二二年）から哀公の十四年か十六年（前四八一年か前四七九年）までの二百四十余年間にわたる歴史が記録されている。魯の歴史の編年体の記録に基づいているけれども、記事の範囲は当時の中国全体にあまねく及び、多数の諸侯の国の歴史にも触れている。

『春秋』の文章は非常に簡潔で、二百四十余年間にわたる歴史をわずかおおよそ一万八千字で記しており、史実の単なる大綱を記しているにすぎない。のちに、史実を補足して叙述し論評を行った人がおり、それらの叙述と論評を「伝」という。『春秋』の「伝」を書いた人は三人いるが、戦国時代の斉の公羊高のものを『春秋公羊伝』（略称を『公羊伝』という）、魯の穀梁赤のものを『春秋穀梁伝』（略称を『穀梁伝』という）、春秋時代末期の魯の史官の左丘明のものを『春秋左氏伝』（略称を『春秋左伝』、『左伝』という）といい、この三伝をあわせて「春秋三伝」という。『公羊』、『穀梁』の両伝は、おもに『春秋』の文章を詳しく解説し、まったく史実を補足していない。最初は口頭で伝承され、おおよそ前漢代の初年にいたってはじめて書写されて書籍になった。『左伝』は叙述を主とし、史実で『春秋』を解釈している。近代の研究者によれば、戦国時代の初期に一部の史官が各国の史料にもとづいて編纂したもので、けっして左丘明一人の著作ではないという。あわせて十九万六千余字で、『春秋』の十倍余りの字数である。叙述が詳細かつ完璧な中国で最初の歴史書であり、それと同時に優秀な文学作品でもある。文章は構成が厳密で、記事は簡潔で要を扼《おさ》え、人物の形象を活き活きと描き、とりわけ複雑で錯綜している戦争や事件の描写に秀でており、中国の文学史において重要な位置を占めている。

春秋時代から戦国時代にかけては、中国史上の一大転換期である。社会経済、政治、文化がますます発展したので、階級関係にも根本的な変化が生じ、それぞれの階級を代表する思想家が相異なる立場から自己の主張を提起し、「百家争鳴」の活き活きした局面が現れた。この時期に、儒家、墨家、道家、法家、陰陽家、名家、農家、縦横家、兵家、雑家などの学派と多数の著名な思想家が輩出し、あいついで書籍を著して自説を主張したので、大量の著作が世に問われ、のちに「子書」とよばれた。そのうちの重要なものに、『論語』、『老子』、『墨子』、『荘子』、『孟子』、『荀子』、『管子』、『韓非子』、『公孫龍子』をはじめ、『商君子』、『孫子兵法』、『孫臏兵法』、『呂《りょ》氏春秋』などがある。

この時期には、『国語』、『戦国策』、『楚辞』などの歴史や文学の名著も現われた。

『国語』は、左丘明の著として伝えられ、全二十一巻で、西周代の末期から春秋時代にいたる周朝や魯、斉など八か国の史実を記し、「邦国の成敗、嘉言と善語」の記述に重きを置いているので、『国語』という。中国の現存最古の国別史で、原史料をかなり豊富に保存し、史実の記述もかなり詳細で活き活きとしている。もともと『左伝』と照合することができるので、『春秋外伝』ともいわれている。

『戦国策』は、『国語』の体裁にちかく、後世の人が編纂して書籍にしたもので、戦国時代後期の縦横家〔蘇秦(?―前二八四)、張儀(?―前三一〇)ら、合縦または連衡の策を諸侯に説いてまわった一派〕の言論の記録が主な内容である。

『楚辞』は、戦国時代の後期に南方の楚に現れた新しい抒情的な詩歌の様式で、楚の民衆の言葉の精華を吸収し、民歌の優秀な伝統を継承しており、中国古代のリアリズムとロマンチシズムを結合した傑作である。そのうち、もっとも有名で、後世に重大な影響を及ぼしたのは、屈原〔前三三九―前二七八?〕の「離騒」、「九歌」、「天問」などである。

生産の発展に伴い、自然に対する人びとの認識が向上した。戦国時代には、農学、天文学、数学、物理学、自然地理学、医学などの面でも、少なからぬ成果がみられた。呂不韋〔?―前二三五〕の『呂氏春秋』の「上農」、「任地」、「弁土」、「審時」の四篇は、中国の秦代以前の農学の断片を保存しており、中国の現存最古の農学書である。戦国時代の楚の甘徳の『星占』と魏の石申の『天文』は、百二十の恒星の方位と北極星からの度数をかなり精確に記述しており、世界最古の恒星表である。のちに両書を合わせて『甘石星経』とし、歴代の天文学者に重視されている。『考工記』(のちに『周礼』の「冬官」にあてられている)に収録されている、相異なる六種の成分を配合する青銅合金の処方は、合金成分の法則の総括としては世界で最初のものである。

戦国時代に完成した『山海経《せんがい》』は、中国でもっとも古い地理書であり、中国最初の神話集でもある。のべ三万字にすぎないが、四十か国、五百五十の山岳、三百の河川、百余人の歴史的人物について記している。中国古代の地理、歴史、神話、民族、動植物、鉱産資源、医薬、宗教などにわたっており、中国の古代社会研究の重要文献である。

『内経《だいけい》』(『黄帝内経』)は、中国に現存するもっとも古く、もっとも価値のある医学書である。春秋・戦国時代から秦・漢代にいたる医学の成果を総括し、中国の古代医学の発展の基礎を築いた。中国の最古の人体解剖知識を記述し、世界でもっとも早く血液循環の理論を提起している。

要するに、春秋・戦国時代(前七七〇―前二二一年)に、中国は哲学、文学、史学などの分野で輝かしい成果を獲得し、少なからぬ重要な著作が世に問われ、科学技術の面では当時の世界で最前列をいく発明と発見もあったのである。

4章　文字の統一と書籍売買の芽生え

1　文字の統一

前二二一年、秦の始皇帝〔前二五九―前二一〇、在位前二四六―前二一〇〕が中国を統一し、中国の歴史においてはじめて多数の民族からなる中央集権的な封建制国家を樹立した。そして、政権を強固にするため、全国的な規模で封建制の経済や文化を発展させる一連の措置を講じたが、文字の統一はそのうちの重要な改革の一つにほかならなかった。

戦国時代、それぞれの侯国の文字は甲骨文字から変遷してきたけれども、長期にわたる分裂と割拠によって、形を異にする文字が生まれ、一字多体という複雑かつ紊乱した情況によって、政令の推進と文化の伝播に重大な障害がもたらされた。秦朝は、全国を統一したのち、各国の古文字や地方的な異体字を廃し、丞相の李斯〔?―前二一八〕らがもともと秦で使用されていた大篆〔籀文ともいう〕を参照し、筆画がかなり簡素で画一的な文字に整理し、秦篆〔小篆ともいう〕と命名し、政府の標準文字として全国に公布した。また、李斯に『倉頡篇』、中車府令の趙高〔?―前二〇七〕に『爰歴篇《えんれき》』、太史令の胡母敬に『博学篇』を編纂させ、小篆体で書写したのち全国に普及させ、学生が字を覚える教科書にして、字体を教えるばかりか、それと同時に語法をも教えた。のちに、程邈が当時民衆のあいだで使われていた字体にもとづいて、いっそう簡便な新しい字体――隷字――に整理し、日用の文字として全国に普及させた。隷書は、草篆ともいい、篆字を簡単にした字体で、おもに篆字の円滑な弧形の筆画を方形の筆画に改めている。また、古文字の形象的な要素を取り除き、後世の方形の漢字の形体と構造の基礎を築いた。秦代以前の古文字は、この整理を経て、字体の構造が簡略化するとともに定形化され、書写しやすくなったので、書籍の執筆と伝播、文化や学術の発展を促進するのに重要な役割を果たした（図12）。

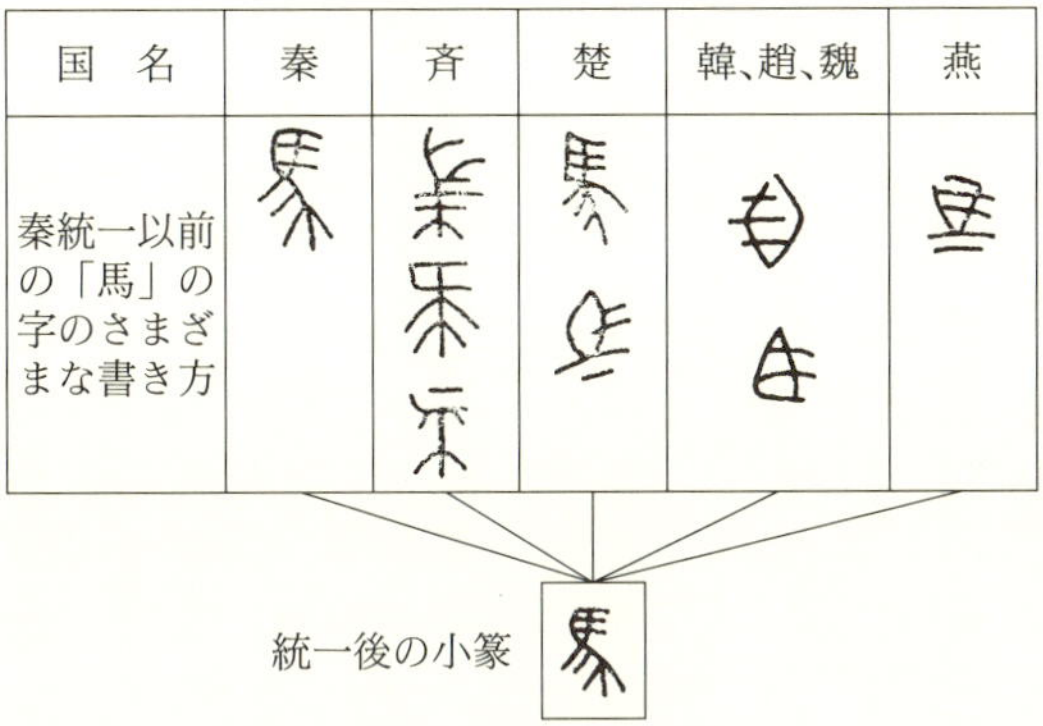

図12　秦の統一文字

秦の始皇帝が推進した、統一を強固にし封建的な中央集権を強化する一連の措置は、封国建藩（皇帝が皇帝領以外の領地を与えて諸侯を置き、それぞれの国を治めさせること）思想を抱く人びとの反対にあった。前二一三年、秦の始皇帝は、儒者が『詩』、『書』、諸子百家の語を引き合いに出して朝政を非難するのを防止するために、李斯の建議を受け入れて、博士（古今に通じ、学識博通の学士を任じた）の蔵書と秦の史書を除き、あらゆる『詩』、『書』、百家の語録や史書は一律に官府に引き渡させて焼却し、医薬、卜筮、種樹（農業）の書籍だけは焼却しなかった。発令後三十日以内に引き渡さない者は黥刑（顔に刺青を入れる刑）に処すとともに、四年間、長城築造の労役を科し、あえて集まって『詩』や『書』について談ずる者は死刑に処し、古《いにしえ》にもとづいて今を非とする者は一族を皆殺しにし、私学を禁じ、法令を学びたい者は官吏を師とすべきであるなどという挟書律を施行した。翌年、また、専制的な集権支配に不満を抱く儒生、方士（不老不死の術や、医薬、卜筮、占験などの術を行う者〕ら四百六十人余りを咸陽〔秦朝の都城〕で生き埋めにした。これこそ、歴史上有名な「焚書坑儒」事件である。この事件は古代文献の保存と学術の伝授に非常に大きな被害をもたらし、秦代以前の多数の書籍が失われてしまった。さらに、前二〇五年、項羽〔前二三二―前二〇二〕は、咸陽に入城すると、ほしいままに宮殿に火を放ったので、大量の蔵書もすっかりなくなってしまった。

2 国家の蔵書の整理

前漢代初年には、高祖〔在位前二〇六―前一九五〕は秦朝の挟書律をひきつづき実行し、儒学と儒者を蔑視し、恵帝の四年〔前一九一年〕にいたってやっと蔵書を禁ずる法令を廃したので、民間でも公然と書籍を蔵することができるようになり、諸子百家の学説が勢いを盛り返した。武帝〔在位前一四一―前八七〕のときに「百家を罷黜《はいちゅつ》し、独り儒術のみを尊ん」だので、封建的な経済の発展をふまえ、儒学の伝授が隆盛する局面がもたらされた。儒学の発展と同時に、書籍を探求、収集し、整理するブームが巻き起こった。武帝は、書籍を徴集し、「広く書を献ずる路を開く」よう命じ、国家の蔵書機関ともっぱら書籍を書写する官をわざわざ設けた。これは、中国の歴史上、政府による最初の書籍の収集であり、中国の国立図書館の起源でもある。成帝の河平三年〔前二六年〕、陳農を各郡や各国に派遣して散逸してしまった書籍を探し求めさせた。武帝から成帝〔在位前三三―前七〕にいたる「百年のあいだに、書の積もること丘山の如し」であった。成帝は、収集した大量の書籍を、国家の蔵書とともに、当時の学者の劉向《りゅうきょう》〔前七七?―前六?〕、軍事学者の任宏、医学者の李柱国、天文数学者の尹咸に整理、校訂させた。各書籍の校訂を終わるごとに、劉向は叙録〔書籍の巻頭か末尾にその書籍の綱要などを記したもの〕を記して、校訂の経過、依拠した文章や書籍、確定した篇目を説明するとともに、著者の経歴とその書籍の主要内容をかいつまんで記したのち、皇帝に報告した。劉向は二十余年にわたって校訂に従い、その死後は息子の劉歆《りゅうきん》〔?―二三〕が引き継ぎ、中

国の歴史上最初の図書分類目録――『七略』――を編纂した。その内容は、

(1)「輯　略」――諸書の総論と分論
(2)「六芸略」――小学（文字学）を含めて、儒家の経と伝あわせて九種
(3)「諸子略」――儒、道、陰陽、法、名、墨、縦横、雑、農、小説の十家
(4)「詩賦略」――賦四種、詩一種
(5)「兵書略」――権謀、形勢、陰陽（天象、気候、迷信）、技巧など四種
(6)「術数略」――天文、暦譜（算術を含む）、五行、蓍亀《しき》（卜筮）、雑占（おもに夢占い）、形法（輿地形勢および人と物の形相を看《み》る）の六種
(7)「方技略」――医経、経方、房中、神仙の四種

からなる。

『七略』は散逸してしまったが、のちに後漢代の班固（三二―九二）は、『漢書』を編纂するときに、『七略』にもとづいて改編して「芸文志」とするとともに、六略、三十八種、五百九十六家、一万三千二百六十九巻の書籍を記載した。『七略』は、西周代以来、とりわけ戦国時代以来の文化遺産を総括し、保存に値しない書籍をすべて廃棄した。収録されている書籍は、いずれも選択、校勘、分類、編目、定本の作成を経るとともに、学術的な総論と各論を付している。中国の目録学と校勘学の嚆矢であるばかりか、さらに重要なことは、『七略』がきわめて貴重な古代文化史であり、後世に深遠な影響を及ぼしていることである。われわれが、今日、目にする秦代以前の古書は、大半がこのときの整理を経て伝えられてきたものなのである。

後漢朝は石室、蘭台、東観、仁寿閣などに豊富な蔵書を有していたが、後漢代末期の動乱ですべて灰塵に帰して

しまった。西晋朝〔二六五―三一六年〕がまたも書籍を探求、収集し、秘書監の荀勖《じゅんきょく》〔?―二八九〕が秘書閣の当時の蔵書を整理し、分類方法を甲、乙、丙、丁の四部に改めたが、あわせて二万九千百四十五巻の書籍が存していた。しかし、東晋朝〔三一七―四二〇年〕が長江の南岸に逃れたのち、李充が政府の蔵書を整理したときには、わずか三千十四巻しか残っていなかった。南北朝時代、宋朝〔四二〇―四七九年〕と南斉朝〔四七九―五〇二年〕の国家の図書目録には、一万数千点前後が記載されていた。梁代〔五〇二―五五七年〕の任昉〔四六〇―五一八〕が編んだ国家の蔵書目録には、仏教の経典を除いて、二万三千百六巻が記載されており、それ以前よりもやや増加している。梁の元帝〔在位五五二―五五四〕が江陵〔現在の江蘇省南京市〕に蔵していた書籍は七万余巻にのぼっていたが、北周朝〔五五七―五八一年〕の軍隊が江陵に攻め入ったときに、またもすべて焼きはらわれてしまった。

3　書籍売買の萌芽

前漢代には、武帝が「独り儒術のみを尊ぶ」政策を実行して以来、官学であれ私学であれ、空前の発展を遂げるとともに、中央と地方の学校制度が徐々にととのえられた。中央の官学は太学であり、地方の官学はいわゆる郡や国の学校にほかならなかった。前一二四年、武帝は董仲舒〔前一七九―前一〇四〕や公孫弘〔前二〇〇―前一二一〕らの建議を受け容れ、五十人の博士弟子員〔太学の学生〕を置いたが、これが前漢朝がはじめて正式に太学を設置した嚆矢である。社会、経済、政治の変化に伴い、太学も急速に発展し、元帝のときにはすでに太学の学生は千人に、成帝のときには三千人に増えた。平帝〔在位前一―後五〕のときには、王莽〔新朝の創始者。前四五―後二三、在位八―二三〕が国政を補佐していたが、元始四年〔四年〕に学生のために一万人を収容できる校舎を建設した。後漢の順帝〔在位一二五―一四四〕のときにいたって京師の太学を拡大し、それ以後、太学の学生は三万人余りに増えた。後漢代には、経典を伝習する私学もきわめて発達し、少なからぬ有名教授が輩出し、学生を受け容れて教授し、学生数の多いところはつねに数百人ないし数千人、一万人余りにのぼっていた。「独り儒術のみを尊ん」でから、儒家の経典や、学者が利益や名誉をむさぼるのに必読の書籍は、需要がきわめて増加した。当時の書籍は大半が竹や木で作られた簡策で、書籍を手に入れるには、さまざまな人びとの手を経たものから書き写し、自分で書き写して自分で使わなければならなかった。その後、たがいに経書の写本を交換し合う市場が出現し、唐代の欧陽詢〔五五七―六四一〕ら編の『芸文類聚』に引く南北朝時代の『三輔黄図』に、

前漢の平帝の元始四年、明堂〔天子の廟堂〕に辟擁〔太学〕を設け、博士の宿舎を三十区作り、会市を開いた。槐の木が数百列並んでいるだけで、学生が毎月一日と十五日にこの市に会し、おのおの自分の郡の産物や経書を持ち寄ってたがいに売買し合い、和やかに会釈して譲り、のびのびと楽しんだ。

とあり、前漢代に、長安の太学の付近で、毎月二回ずつ、書籍を売買する市場が開かれていたことを物語っている。太学の学生による経書の売買は、当初は依然として有無相通ずる性質のものであったが、のちに書籍を書き写して売り出す人が現れ、書籍が商品になり始めた。書籍の需要と供給は日益しに増えていき、書籍を売ることを生業《なりわい》にする書店が現れた。前漢代の有名な文学者の揚雄〔前五三―後一八〕の『法言』の「吾子篇」に、

書を好むも諸《これ》を仲尼に要《もと》めず、書肆なり。

とある。つまり、書籍が好きであるが、仲尼〔孔子の字《あざな》〕の指導どおりに学ぶことができなければ、書を読む〔学ぶ〕のではなく書店を開くのだという意味で、古書における、書店に関する最初の記述である。このことから、早くも二千年前の前漢代に、中国の書籍売買の萌芽がみられたことがわかる。

農業や手工業の発展に伴い、漢代は商業が日益しに盛んになり、新興の商業都市がたえず生まれた。洛陽、邯鄲、臨淄《りんし》〔現在の山東省淄博市臨淄区〕、宛〔現在の河南省南陽市〕、成都〔当時、これらを五都と総称した〕、番禺などが全国の主要な都市で、各地の書店も徐々に増えてきた。『後漢書』の「王充伝」は、

〔王充（二七―九七？）は若いころ、〕家が貧しく書籍がないので、つねに洛陽の市場を歩きまわり、売っている書籍を読み、一読すればたちまちそらんずることができ、ついにさまざまな学派や思想家の言に精通してしまった。

と明記している。当時の大都市では、書店がすでに普遍的に存在し、書籍の種類も多く、「棚に並べ売っており」、読者は気の向くままに目を通してもかまわなかったので、王充のような貧しい家の出である知識人は、書店で売っている書籍を読んで「さまざまな学派や思想家の言に精通する」のを助けられ、広くて深い学識を掌握し、のちに傑出した思想家になることができたことがわかる。

5章　製紙法の発明

漢代には、学校の発達と文化事業の勃興によって、書籍に対する需要が日をおって増加した。士人が経典を書き写して師の学説を伝えるために、また学術文化交流が日益しに拡がっていくために、大量の書写材料が必要になった。当時の人びとは竹簡や帛に字を書くことが多かったが、竹簡は重く、帛は高価であったので、非常に都合が悪く、軽量で安価な書写材料が切実に求められていた。紙はこのような要求のもとで生まれたのである。長いあいだ、人びとは范曄《はんよう》〔三九八―四四六〕の『後漢書』にもとづいて、製紙法は後漢朝の宦官の蔡倫〔?―一二一〕が発明したと見なしてきた。『後漢書』〔四二五年に完成〕の「蔡倫伝」に、

古くから、書契〔木や竹、甲や骨に刻した文字〕は竹簡を綴じることが多く、縑帛を用いたものを紙といっていた。縑は高価で、簡は重いので、手軽に使えなかった。そこで、蔡倫は造意し、樹皮や麻屑、布屑や漁網で紙を作り、元興元年〔一〇五年〕に皇帝に献上した。皇帝が紙のよさを認めたので、それ以来、みんなが紙を使うようになった。それゆえ、天下の人びとはみな「蔡侯紙」とよんだ。

とある。范曄は、蔡倫以前に存在していた紙は絹織物の縑帛であり、真正の紙は蔡倫のときにやっと作られるようになったと述べている。「造意」には発明や創造という意味があるので、この説にもとづいて、蔡倫が後漢の和帝〔在位八八—一〇五〕に紙を献上した年を製紙法を発明した年にしている内外の著作もある。

実のところ、紙は蔡倫以前からすでに使われ始めていた。紙の使用に関する古書の記事は、かなり早くからみられる。たとえば、

(1) 清代の張澍〔一七八一—?〕の『三輔旧事』に、衛太子の劉拠が、父親である前漢の武帝〔在位前一四一—前八七〕が病気になったとき、宮殿に赴いて見舞おうとすると、武帝がふだんから太子の鼻が大きすぎるのを厭い、太子を嫌っていたので、江充〔?—前九一〕がこの機会に衛太子に害を加えようとして、「紙を持ってその鼻をおおって入りなさい」と教えたので、太子は江充の忠告を聴き容れ紙で鼻をおおって入ったところ、武帝は激怒したとある。この事件が起こったのは前九一年である。

(2) 『漢書』の「趙皇后伝」に、前一二年、成帝の寵妃の趙昭儀が後宮の曹偉能を殺害しようとして、毒薬と「赫蹏《けきてい》書」を届けさせ、曹偉能に服毒自殺を迫ったとある。後漢代の応劭の解釈によれば、「赫蹏」は薄い小さな紙にほかならない。

(3) 後漢代の応劭の『風俗通義』に、後漢の光武帝〔在位二五—五七年〕が長安から洛陽に遷都したので、宮廷の蔵書を運ぶとき、「素、簡、紙の経典を載せると、およそ二千輌であった」とある。

(4) 『後漢書』の「賈逵伝」に、七六年、章帝〔在位七五—八八〕は、賈逵〔三〇—一〇一〕に命じて学生に『春秋左氏伝』を講義させ、賈逵に「簡と紙の経と伝をそれぞれ一通ずつ」給したとある。

などである。これらの紙の使用に関する記事は、いずれも一〇五年以前のものである。

范曄は『後漢書』を著すとき、大半の史料は後漢朝の官撰の国史である『東観漢記』から取った。同書は隋代には依然として完本があったが、唐代以後、徐々に欠けていき、元代以後に散逸してしまったが、その輯録本から原状をうかがうことができる。隋代の虞世南〔五五八―六三八〕の『北堂書鈔』、唐代の欧陽詢〔五五七―六四一〕らの『芸文類聚』、徐堅〔六五九―七二九〕らの『初学記』などの類書〔各種の書籍から事項ごとに採録したものを、内容によって分類、編集して検索の便をはかった書物〕に引用されている、『東観漢記』のいずれの「蔡倫伝」にも、

宦官の蔡倫は、尚方の製紙を典作した。いわゆる「蔡侯紙」である。

とあるが、「典」は「主管する」という意味であるので、「蔡倫は尚方の製紙を主管した」という意味であって、けっして紙を「発明した」という意味ではない。「蔡侯紙」の前に「いわゆる」とあるのは、おそらく、蔡倫が、当時、宮中で尚方令〔皇帝の使う各種の器物の製造を監督する皇室の手工業作房の責任者〕を兼任していて、尚方で作る紙を朝廷に献上し、ついに普及することができたからなのであろう。

唐・宋代以後、蔡倫が紙を発明したという説に異論を提起する人が現れた。たとえば、南宋代末期の顧文薦の『負暄雑録』に、

思うに、紙は古《いにしえ》にもあった。蔡倫は紙を作るのに非常に秀でていたのであって、発明したわけではない。

とあり、南宋代末期から元代初期にかけての胡三省〔一二三〇―一三〇二〕は『資治通鑑音注』で、北宋代の司馬光〔一〇一九―八六〕主編の『資治通鑑』巻四十八に対する注に、

後漢代の蔡倫は漁網や樹皮で紙を作っていたけれども、俗に紙は蔡倫が発明したといわれているのは誤りである。

という南宋代の毛晃の言を引用している。唐代の張懐瓘は『書断』で、

漢朝が興ると、紙が作られて簡にとって代わったが、〔後漢の〕和帝〔在位八八―一〇五〕のときにいたって、紙を作るのに巧みな蔡倫が現れた。

と述べている。いずれも蔡倫が紙の発明者であることを否定し、蔡倫が製紙に秀でていたことを認めているだけである。

この半世紀ちかくのあいだに、中国の考古学者はあいついで新疆、甘粛、内モンゴル、陝西などで、前漢代と後漢代の紙の断片を何回も発見し、中国の製紙の起源の研究に価値ある実物資料を提供している。

一九五七年五月八日、陝西の西安の郊外の灞橋にある煉瓦工場の作業現場で、崩壊している古墓が発見された。墓内から出土した遺物には、麻布に包まれている銅鏡の下に積み重なっていたあわせて八十八片の古紙の断片もあった。紙の表面は淡い黄褐色を呈し、大きさが大小さまざまで、もっとも大きいものは十×十センチ、もっとも小さいものは三×四センチであった。考古学者は墓内から出土した「半両銭」、青銅製の剣、銅鏡などにもとづいて年代を考証し、この墓は前漢の武帝の元狩五年（前一一八年）以前のものとしているので、灞橋の紙の年代も前一一八年以前と確定することができる。また、この古紙を化学分析したところ、おもに大麻と少量の苧麻の繊維で作られていることが確認され、紙の厚さは〇・一三一―〇・一五三ミリ（平均〇・一三九ミリ）で、普通の五十二グラム新聞用紙（厚さが平均〇・〇九〇ミリ）よりやや厚く、一定の堅牢さと強靭さがあった。これら晩くとも武帝のと

きに作られた前漢代の紙は、蔡倫の献上した紙の年代よりも二百年余り早いはずで、いまや二千年余りの歴史を有する。世界でこれまでに発見された古紙のうち、灞橋の紙の年代がもっとも古いことは、中国が世界でもっとも早く製紙法を発明した国家であり、現存する植物繊維の紙の世界最古の標本を有する国家でもあることを力強く示している。

一九三三年から一九七八年十二月にかけて、中国の考古学者はあいついで四回にわたって前漢代の紙を発見し、中国の製紙の起源と蔡倫の功績に対する見直しを迫り、さまざまな意見を提起している。

後漢代の許慎〔五八？—一四七？〕の『説文解字』（一〇〇年に完成）の解釈にもとづいて、古代の文献で言及される蔡倫以前の紙は、いずれも絲質の纖維で作られたもので、絲を水のなかで打って白くするときの副産物であったという意見がある。(1) 灞橋で出土した前漢代の紙について、目的意識をもって一定の生産工程を経てわざわざ作られた植物纖維の紙ではなく、麻などを水に漬けて腐らせる加工過程における副産物であったと見なし、蔡倫が樹皮、麻屑、布屑、漁網などで作った紙は、世界ではじめて専門的な方法によって、目的意識をもって作られた植物纖維の紙である。それゆえ、植物纖維による製紙法の発明は、依然としてその功を蔡倫とその工匠たちに帰すべきであるという人もいる。(2) 灞橋の紙は紙ではなく、麻の絮〔綿毛〕や屑などが自然に堆積したものが、長期にわたって放置されたものであると見なし、これまでに四回にわたって発見された前漢代の紙は、いずれも書写に使われていないか、生地が粗雑で書写には向いていないので、紙の雛形ということができ、蔡倫とその工匠たちは、先人が絮を水のなかで打って白くして紙の雛形を作っていたことを基礎に、原料と生産技術の面から紙の生産を独立した生業の段階に引き上げ、書写に使った、それゆえ、紙の雛形が出土している今日でも、蔡倫を中国の製紙法の発明者かその代表的人物と評価するのは依然として正しいと見なす人もいる。(3)

また、つぎのような見解もある。前漢代初期の紙が出土する以前には、一般に蔡倫以前の古紙を、許慎の『説文解字』の解釈にもとづいて、絲の絮を原料とし、絮を水のなかで打って白くする原理にもとづいて作った絮紙である。考古学の成果によれば、これまでに発掘によって出土した両漢代の紙はいずれも麻のたぐいの植物繊維の紙である。ということは、歴史上、絮紙はけっしてなかったという結論が得られる。中国の前漢代の勤労人民は、はじめて原始的な紙を作ったときから、麻のたぐいの植物繊維を使い、のちに木本の韌皮（樹木の外皮の下にある柔らかくて強韌な皮）や竹類の茎の繊維をも使うようになった。「紙」という字は、最初は植物繊維の薄い膜状物質（真正の紙）に対する美称であった可能性がある。許慎は「紙」という美称を紙の定義にし、誤った解釈をした。それゆえ、前漢代以後の古書にいう「紙」は、すべて植物繊維の紙と理解すべきである。蔡倫と製紙法との関係の評価については、蔡倫を製紙法の発明者（麻で紙を作ろうとした）と見なす人もいるし、製紙法の改良者（絮による製紙を麻による製紙に改良した）と見なす人もいるが、両者はともに麻による製紙は蔡倫が始めたことを認めている。現在の考古学の成果は、蔡倫より二世紀余りも前の前漢代にすでに麻紙があったことを裏づけており、蔡倫がはじめて麻で紙を作ったという説は成立しがたい。製紙法の発明は、まさにその他の古い科学技術の発明と同じように、ある日、ある一人の天才的人物の個人的努力によって実現するのは不可能であり、勤労大衆によって集団的に行われたのである。製紙法を発明したのは前漢代の勤労人民であり、後漢代の勤労人民が前漢代の製紙技術を受け継いだのち、改良、発展、向上がなされた。蔡倫の製紙史上における歴史的役割については、

(1) 品質のかなり高い植物繊維の紙（まずは麻紙）の生産の組織者、推進者として、歴史の舞台で活躍した。
(2) 大衆による創造をふまえて、樹皮（韌皮の繊維）による紙の生産を組織した。
(3) 製紙を普及して、簡と帛にとって代わらせるよう主張した。

ことに帰すことができる。蔡倫のこれらの活動は客観的に製紙法の発展に役立ったので、蔡倫のこれらの面における役割は軽はずみに否定することはできない。(4)

前漢代に製紙法が発明された直後には、生産量が限られ、産地が拡がらず、品質を改良する必要があったので、この麻紙にはしばらくのあいだ簡や帛との競争力が欠けていた。後漢代に、樹皮の繊維による製紙が出現するとともに、アルカリ液で蒸煮する技術などを採用し、紙の生産と品質の向上を推進した。魏・晋・南北朝の時期になると、製紙業はすでにかなり発展し、製紙原料の供給源がたえず拡大し、製紙設備も改良され、新たな技術が産み出され、紙の生産地がますます増え、紙がますます普及し、紙作りの名人が輩出し、表面が平坦かつ滑らかで、形の整っている真っ白な紙が大量に作られるようになった。もともと紙を使うことを潔しとせず、縑帛を使うことを高尚と見なしていた士大夫のなかにも、実際に紙を使ううちに紙が優れていることを実体験する人が現れ、文人のあいだでも紙を題材にする者が現れ、少なからぬ詩賦を詠じている。たとえば、西晋代の傅咸〔二三九—二九四〕が「紙の賦」で、

夫れ其の物を為し、厥《そ》の美珍す可し、
廉方にして則あり、体潔く性貞しく、
含章蘊藻、実に斯文を好む。
彼の弊を取りて、以て此を新と為す。
之を攬《と》れば則ち舒《ひろ》げ、之を舍《お》けば則ち巻き、
屈す可きも伸ぶ可く、能く幽なるも能く顕る。(5)

と詠じている。漢代には、書写したり書き留めたりする材料としては、簡、帛、紙が併用されていたが、晋代になると、簡と帛を主とする局面に根本的な変化が生じ、人びとは徐々に喜んで紙を使うようになり、最終的に紙が書写材料として支配的な地位を占めるにいたった。東晋朝の豪族の桓玄〔三六九—四〇四〕は、四〇三年に安帝〔在位

三九六—四一八〕を廃し、みずから帝を称するや、ただちに、簡牘の使用を停止し、黄紙に代えるよう命じた。〔桓玄は、劉裕（南朝の宋朝の創始者。三五六—四二二、在位四二〇—四二二）らに敗れ、逃亡する途中で討たれたが、〕それ以後、簡牘の文書は二度と現れず、ほとんど紙を使用するようになった。

植物繊維の紙の発明とその普及によって、書籍や文献資料の急増と科学や文化の普及が強力に促された。科学や文化と書籍出版事業の発展によって、いっそう多くの紙を作らなければならなくなり、製紙技術の発展も促された。その後、製紙法は徐々に世界各地に伝えられ、中国の勤労人民の知恵の結晶は世界人民の共有の文化的財産になり、世界文化の伝播に大きく貢献した。

6章　秦・漢・魏・晋・南北朝時代の重要著作

1　経学と哲学

漢朝の樹立直後には、支配階級は道家の「清静無為」〔道教の教義の基本的概念で、清心寡欲、無為和静という意味〕を政治の指導思想とし、「黄老の学」、つまり戦国時代の道家のなかの黄帝老子学派の主張を崇拝し、儒学は崇敬しなかった。高祖〔在位前二〇六—前一九五〕は儒生を嫌い、儒生の帽子を奪い取って「そのなかに小便をした」ことがある。景帝〔在位前一五七—前一四一〕の母親の竇太后は黄老を崇拝し、博士の轅固が『詩経』を研究し、儒学を崇めていることを耳にすると、召してまみえ、儒家と道家の高低について議論した。轅固がためらうことなく、『老子』の言はすべて卑俗な者の言で、論ずるに値しないとして斥けると、激怒して、轅固を猪《いのしし》と格闘させるよう命じた。幸いにも、景帝が轅固に名刀を与えたので、博士は猪に噛み殺されずにすんだ。武帝〔在位前一四一—前八七〕のときになると、国家が数十年間にわたって休養して鋭気を養ったので、社会や経済が全面的に回復し、全国の分封割拠の局面にも統一の傾向が現れた。封建による統一という政治的必要に適応するために、武帝は董仲舒〔前一七四—前一〇四〕の提起した「百家を罷黜《はいちゅつ》し、独り儒術を尊ぶ」政策を採用した。儒家の『詩』、『書』、『礼』、

『易』、『春秋』が「経」〔聖賢の不変の真理を述べた書〕として崇拝され、それ以来、経学は中国の二千年余りにわたる封建社会の文化の正統になった。

漢代の学者が伝え述べた儒家の経典は、秦代以前の古文の旧本がほとんどなく、戦国時代以来、学者が師弟や父子のあいだで伝授してきたもので、当時の通用字である隷書で書かれていた。その後、秦代以前の古文字で書写された経書が発見されたが、そのなかにはそれまで伝えられてこなかったものもあり、内容が通用本と異なるものもあった。隷書で記録された経書を今文経、秦代以前の古文で書写されたものを古文経という。今文や古文を研究する人びとは二派に分かれ、ともにそれぞれ師弟相伝の「家法」を有し、経書の文字の訓詁と内容に対する解釈に少なからぬ差異があった。

今文経学でもっとも有名な大家は董仲舒で、もっぱら『春秋公羊伝』を研究し、著書に『春秋繁露』などがある。秦代以前の儒学と陰陽五行およびその他の迷信的な思想をこね合わせ、前漢朝の支配者が集権を強化するための一連の理論的根拠を提供した。大々的に孔学中の唯心論を発展させ、天道〔自然現象による吉凶禍福の兆し〕にことよせて人事〔世間の出来事〕を説き、天には目的も意志もあるのだといいなした。また、君王の行為に誤りがあれば、天は災異〔異常な天災地変〕によって警告を行うと説いた。これが「天人感応」論で、董仲舒の唯心論哲学思想の核心をなしている。この一連の理論は、まさに当時の歴史的発展の情況に適応し、武帝の意向に迎合していたので、今文経学は官学と認定された。当時、設置された経学博士が使うのは、すべて今文の経書であった。経書を伝授する過程においても、きわめて多数の学派が徐々に形成された。たとえば、『詩』には魯、斉、韓の三家、『書』には欧陽、大夏侯、小夏侯、『礼』には大戴と小戴、『易』には施、孟、梁丘、のちに京氏、『春秋』には公羊と穀梁が生まれ、前漢代にあいついで博士になった。武帝から前漢代末年までの百年余りのあいだに、経学を講義した大家は千人余りにのぼる。

今文経派は、孔子〔前五五一―前四七九〕ののちにはじめて経が生まれ、経書には多数の「微言大義」〔含蓄のある言葉に含まれている奥深い道理〕が秘められており、いずれも後世の支配者が遵守すべき制度であると見なした。研究方法においては、経文のなかの「大義」を発展させ、こじつけて拡大解釈を行い、迷信的な思想を宣揚し、権力を握る支配者階級に奉仕することに重きを置いた。経書の章句に対する解釈も非常に細かすぎて煩わしく、たとえば、『尚書』の大家である秦延君〔秦恭〕は「堯典」〔『尚書』の一篇〕という二字を解釈するのに十余万字を費やし、「曰若《えつじゃく》、古《いにしえ》を稽《かんが》う」というわずか四字にも三万字を費やしている。一冊の経書の章句を解釈するのに多ければ百万字も費やし、少ないものでも数十万字を費やしている。『漢書』の「芸文志」に、

　幼童でありながらすでに一芸を固守し、白髪の老年にいたってはじめて一家言をいうことができる。

とあり、形象的に今文経学の弊害を説明している。

古文経派は、最初は大半が儒家の経典を古代の史料と見なし、「六経」は孔子以前にすでに存在していたと主張した。研究方法では、章句の訓詁を重んじたが、今文経派ほど煩わしくはなかった。しかし、その主張が当時の支配者の要求にかなっていなかったので、長期にわたって朝廷に承認されず、民衆のあいだで私人によって伝授されるしかなかった。

前漢代の中期以後、今文経派は徐々に衰退に向かった。後漢代の初年に、王莽〔前四五—後二三、在位八—二三〕の政治的措置を改めるために、今文経の博士を置くことを復活させたが、じきに廃されてしまった。その後、馬融〔七九—一六六〕と鄭玄《じょうげん》〔一二七—二〇〇〕が今文学説と古文学説の双方の影響を受けたので、経学上の流派は融合に向かった。馬融は後漢代の有名な経学の大師で、学識が深く、各経典に通じ、その門下生がつねに千余人いた。『周易』、『尚書』、『毛詩』、「三礼《さんらい》」〔『儀礼』、『周礼』、『礼記』〕、『論語』、『孝経』などに注解を施し、古文経学を成熟した境地に到達せしめた。鄭玄は馬融の門下生で、その声望が師よりもいっそう高かった。古文経学をふまえて今

文経学を吸収し、師から伝えられた伝統を打破し、広くさまざまな説を採り入れ、さまざまな経典にあまねく注解を施し、漢代の経学を集大成し、今文経学と古文経学との争いに基本的に終止符を打った。この今文経学と古文経学を融合させた経学を「鄭学」という。

古文学派には進歩的な歴史上の人物が数多く輩出しているが、そのうちきわめて有名なのは後漢代の王充〔二七―九七?〕と南朝の斉・梁代の范縝〔四五〇?―五一〇?〕である。王充は死ぬまで全力を尽くして宗教的神秘主義と目的論に反対し、古代の唯物主義を守り、発展させた。三十年間にわたって心血をそそいで『論衡』を書き上げたが、「衡」は秤の古称であり、『論衡』という書名には、古今のあらゆる思潮と学説を論評、評価し、その真偽を見きわめ、軽重を定めるという意味がこめられている。董仲舒の「天人感応」論をはじめ、伝統的な観念、讖緯《しんい》迷信を力強く批判し、さらに「問孔」、「刺孟」両篇をも著して、儒家の経典を教条に変えることに反対するとともに、孔子と孟子〔前三七二?―前二八九?〕の自己矛盾する論点を暴露し、反駁して斥け、権威を恐れない戦闘精神を表している。范縝は中国古代の傑出した無神論者で、その「神滅論」は、問答体で有神論者のさまざまな謬論、とりわけ仏教の「神不滅論」に対して、一か条ずつ力強く批判、反駁している。この二千字にも満たない論文が発表されると、仏教を護身符にしていた支配者は驚き慌ててどうしていいのかわからなくなった。『梁書』と『南史』によれば、当時、「この論が世に出ると、朝野ともに騒然となった」ので、梁の武帝の蕭衍〔在位五〇二―五四九〕は詔を発して、王公や権勢があり身分の高い者を六十余人動員し、あいついで七十余篇の文章を書かせて包囲攻撃を行ったが、范縝は「衆口を弁摧し、日に千人を服させ」、強力な論証で反撃したという。

印刷術が発明されるまで、書籍はすべて書写に依拠していた。儒家の経書は漢朝の国学の教科書であり、国家の官吏登用試験の命題の拠りどころであった。当時、太学の学生は、試験において、席次の上下を争うために、たがいに告発し合い、他人の答案についてどの経書の章句に合っていないと攻撃し合うことが少なくなかった。書き写した経書は写し間違いを免れられないので、文本〔テキスト〕に食い違いが生ずる情況のもとで、経師〔経書をおしえる教師）たちがそれぞれ一つの言葉にこだわり、自分こそ正しいと見なし、言い争って譲らなかった。この種の言い争いは、政府の所蔵する文本を基準にして正誤を判断する必要があった。自分の文本の正しさを証明するために、蘭台（国家の蔵書処）の書籍の保管者に賄賂を贈り、保管している文本をひそかに塗改（白い粉を塗って書き直す）させ、自分の文本に合わせさせる者もいた。この種の弊害を途絶するために、後漢の霊帝の劉宏（在位一六八－一八九）は蔡邕《さいよう》（一三二－一九二）に、一部の学者とともに今文の『魯詩』、『尚書』、『周易』、『春秋』、『公羊伝』、『儀礼』、『論語』の七点の経典の文字を校勘し、蔡邕が隷書で書き、石碑に刻して洛陽の太学の門外に建てるよう命じた。熹平四年（一七五年）から始め、八年がかりで完成させ、あわせて四十六基の石碑を刻したが、俗に「熹平石経」といい、「一字石経」ともいった（図13）。中国史上、最初の官定の儒家の経書であり、太学の学生のために基準となる教科書を提供したばかりか、書道の手本と標準の字体をも提供したので、石経が公布されると、全国の各地からやって来て書き写し、経書を校勘する人びとが非常に多く、太学の門外は、毎日、何百という車両がひしめき、道路がふさがった。

三国時代の魏の明帝も正始二年（二四一年）に、洛陽の太学に籀（古文）、小篆、漢隷の三種の字体で『尚書』、『春秋』、『左伝』を石碑にして建てた（『左伝』は完結しなかった）。そのときに刻した石経

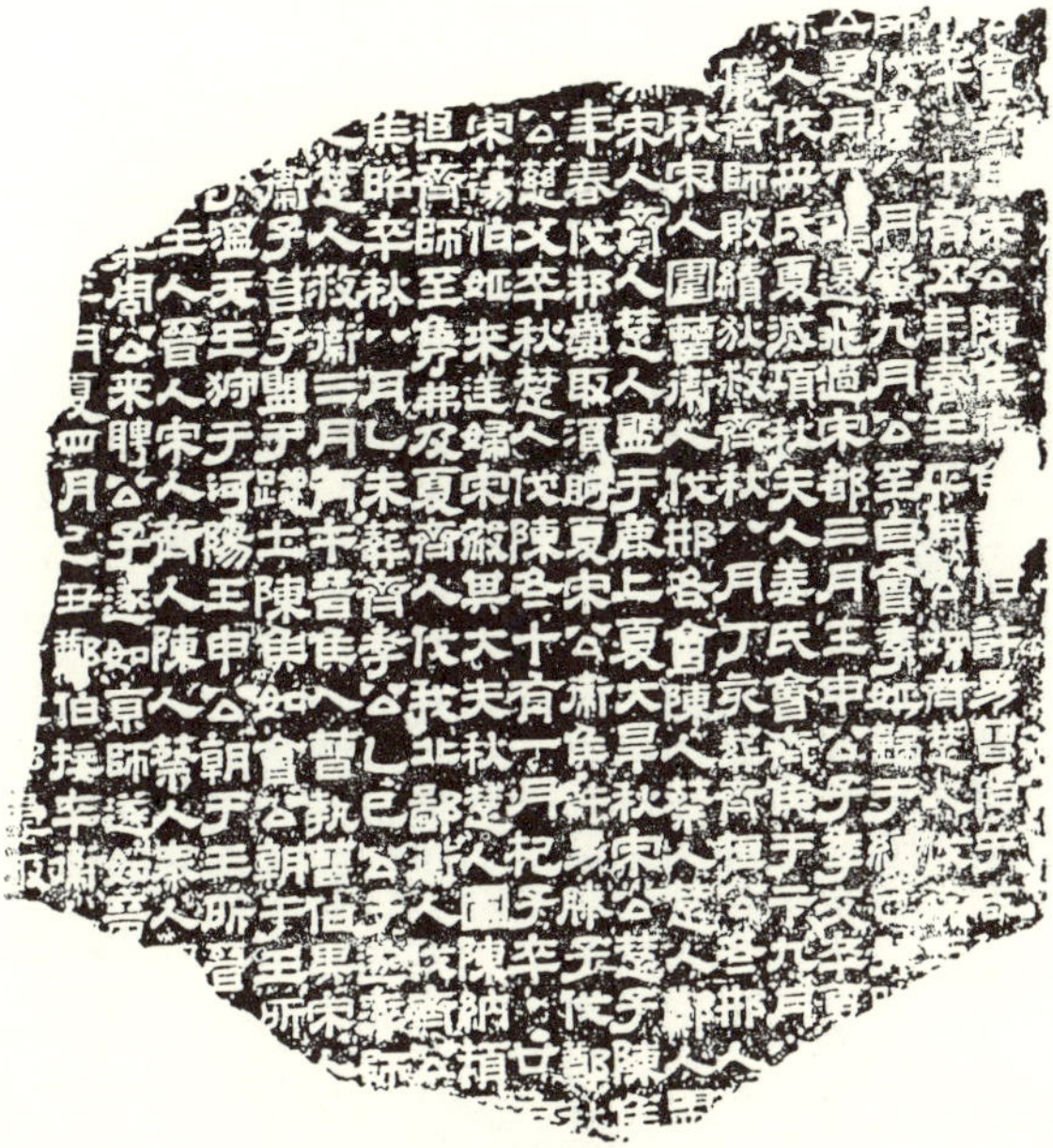
図13　熹平石経の一部

を俗に「正始石経」とか「三体石経」といった。

石経の出現によって、拓本をとる方法が考案され、後世における印刷術の発明に重要な啓示をもたらし、木版印刷術の先駆になった。

秦代以前の古書の文字は、漢代になるともはや時代遅れになり、篆文も徐々に隷書にとって代わられ、かてて加えて言葉と文字の発展、変化によって、一般人にはもはや理解できない古い発音や古い意味が多くなったので、訓詁の学の発展が促された。漢代には、儒家の経書に注解を施した著作が大量に著されたばかりか、言葉の意味を解釈する訓詁の専門書も生まれたが、そのうちもっとも著名なものが『爾雅』と『説文解字』である。

『爾雅』は中国で最初に言葉の意味を解釈した専門書で、漢代の初期の学者が周代から漢代までのさまざまな書籍の旧文を集め、少しずつ増やして編んだものである。春秋・戦国時代から秦・漢代までの中国の訓詁研究の豊かな成果を集め、体系的に整理して、古今の奇妙な言葉や方言や俗語の特殊な言葉を解釈したうえ、各種の物の名称と具体的な形態を分類して説明しており、後世の経学者が儒家の経義を解説するのに用いられることが多く、唐・宋代にいたって「十三経」に組み入れられた。

後漢代の許慎〔五八?―一四七?〕の著した『説文《せつもん》解字』は、体系的に字形を分析し、字源を考究した中国で最初の字書である。許慎はもともと今文経を学んだが、のちに賈逵〔三〇―一〇一〕から古文経を学び、古書に精通していることで知られていた。『説文解字』を著したのは、おもに「たくみに邪辞を説く」今文経学の非を正し、「六芸〔礼、楽、射〔弓射〕、御〔馬車を御すること〕、書、数〕の群書のすべての字句の意味を解釈する」ためにほかならず、前後二十二年間を費やし、一〇〇年に完成した。世に問われてから、歴代の学者に重視され、中国の文字学を研究したり、字書を編集したりするためのきわめて重要な拠りどころの一つになった。

『爾雅』と『説文』についで、さらに訓詁の専門書が数多く世に問われたが、そのうちかなり重要なものに、前漢代の揚雄〔前五三―後一八〕の『方言』
後漢代の劉熙の『釈名』
後漢代の服虔の『通俗文』
三国時代の魏の張揖の『広雅』
晋代の呂忱の『字林』
南朝の陳の顧野王〔五一九―五八一〕の『玉篇』

などがある。そのほかにも、先人の訓詁の専門書を研究し注解を施した人がおり、そのうちかなり大きな成果を収めているのは西晋代の郭璞〔二七六―三二四〕で、著書に『爾雅注』、『方言注』、『三蒼解詁』がある。

音韻反切〔魏・晋代から始まった漢字の発音の表示法で、ある字の発音を、他の二字の上の字の頭の子音と下の字の韻とを組み合わせて示す〕の学も、この時期にめざましい成果を収めている。後漢代の末年から、中国の文士はサンスクリット語の表音方法の影響を受け、反切を創始して字音に注を施し始めた。三国時代の魏の孫炎の『爾雅音義』は、反切で『爾雅』の字音に注を施したものにほかならない。三国時代以後、反切はいっそう盛んに行われ、専門書が少なからず世に問われた。

2　史学と地理学

両漢代に、史学は重要な成果を収めている。前漢代の司馬遷〔前一四五か前一三五―?〕の『史記』と後漢代の班固〔三二―九二〕の『漢書』が、この時期に出た名著にほかならない。

『史記』は中国の最初の通史で、もと『太史公書』といい、『太史公記』ともいい、おおよそ後漢代以後にはじめて『史記』とよばれるようになった。あわせて百三十篇、五十二万六千余字で、「十二本紀」、「十表」、「八書」、「三十世家」、「七十列伝」からなり、古きは伝説中の黄帝から、新しきは前漢の武帝〔在位前一四一―前八七〕にいたる三千余年の歴史を記している。多数の歴史上の人物や歴史的事件について記すとともに、さらに歴代の政治、経済、文化、交通、宗教、風俗習慣など各方面の情況をも伝えており、きわめて内容が豊富である。『史記』が創始した人物の伝記を中心とする紀伝体の史書は、中国の封建社会における史書編纂の模範になり、後世の歴史学の発展に深遠な影響を及ぼしている。上は帝王、大将、宰相から、下は社会の下層の人物にいたるまで、歴史上の多数の人物について、まるで生きているかのように、形象を鮮明に描いており、中国の文学発展史上でも重要な地位を占めている。それゆえ、魯迅先生〔一八八一―一九三六〕は『漢文学史綱要』第十篇「司馬相如と司馬遷」で、

史家の絶唱であり、無韻の「離騒」〔『楚辞』の一篇で、屈原〔前三三九―前二七八？〕の作〕とするにふさわしい。

と称讃している。

『漢書』は、中国の最初の紀伝体の断代史〔一つの時代や王朝についてだけ記した歴史書〕で、『前漢書』ともいう。著者の班固の父親である班彪〔三―五四〕が、『史記』を引き継いで『後伝』六十五篇を著した。『漢書』は『史記』とその『後伝』をふまえて著され、その「八表」と「天文志」は、完成しないうちに班固が世を去ったので、妹の班昭〔四九？―一二〇？〕と馬続《ばしょく》が引き継いで完成させた。前漢の高祖の元年〔前二〇六年〕から王莽の地皇四年〔二三年〕にいたる前漢朝の二百三十年間の歴史を記し、「十二紀」、「八表」、「十志」、「七十列伝」のあわせて百篇からなり、のちに百二十巻に分けられた。だいたい『史記』の体裁を踏襲しているが、内容はいっそう緻密である。歴史学からいえば、『漢書』の精華は「十志」にあり、内容が『史記』の「八書」より豊富で、新たに「刑法」、「五行」、「地理」、「芸文」の四志を加え、史書が収録する史料の範囲を拡大した。班固が儒家思想の大きな影響を

受けていたので、『漢書』の思想的な内容は『史記』に及ばない。しかし、収録している歴史資料はかなり豊富で、とりわけ武帝の中期以後の前漢朝の歴史については、現存の史書のうちでは『漢書』がもっとも完備している。『漢書』が創始した紀伝体による断代史の体裁は、適時に史料を整理、保存するのに適しており、後世の各王朝の正史の編纂に採用されている。「二十四史」のうち、通史である『史記』を除けば、いずれも紀伝体の断代史である。

後漢代末年に、荀悦（一四八―二〇九）が、『春秋』と『左伝』の体裁にならい、『漢書』の内容に依拠し、前漢代の編年史である『漢紀』を編纂した。後漢朝の史官が編纂した『東観漢紀』は、後漢代の歴史資料について記しており、さまざまな人びとの編纂した『後漢書』の重要な拠りどころになっている。後漢代には地方誌の体裁の史書も現れたが、そのうち趙曄《ちょうよう》の『呉越春秋』は春秋・戦国時代の呉、越両国の史実を記しているし、『越絶史』（著者は未詳であるが、袁康という説もある）は、呉、越、楚の史実を記している。

魏・晋・南北朝時代には、歴史学がかなり発達し、個人が歴史を記す風潮が非常に盛んになり、一つの王朝について記す史書が往々にして二、三十点にものぼった。当時、世に出た史書のうち、もっとも有名なものは、西晋代の陳寿（二三三―二九七）の『三国志』と南朝の劉宋代の范曄《はんよう》（三九八―四四六）の『後漢書』である。この両者は『史記』、『漢書』とあわせて「四史」といわれている。この時期に著された史書で、のちに「二十四史」に組み入れられたものに、梁代の沈約（四四一―五一三）の『宋書』、蕭子顕（四八九―五三七）の『南斉書』、北斉代の魏収（五〇六―五七二）の『魏書』がある。陳寿の『三国志』は、魏、蜀、呉の三国の史書を合わせたもので、材料の選択が精密周到で、文章が簡潔でよく練れているが、叙述はかなり簡略である。南朝の劉宋代の裴松之（三七二―四五一）が施した注は、群書を広く引用するとともに、その異同についても注を施しており、注が本文の数倍もあり、原書の内容を豊かにしていて、事実上、『三国志』の補編になっている。

この時期には、人物の伝記や地方誌にも重要な著作が世に出ている。梁代の釈慧皎《えこう》（四九七―五五四）の『高僧伝』は、後漢代から南北朝時代までの二百五十人の伝記であり、仏教史を研究するための重要史料である。東晋代の常璩の『華陽国志』は、太古から東晋の穆帝の永和三年（三四七年）にいたるまでの巴と蜀（現在の四川省と重慶市）の史実、とりわけ蜀漢の事績と晋代における蜀の史実については『三国志』やその他の史書よりも精確で、中国の西南地区の歴史や地理を研究するには重要な著作である。

地理学の方面でもっとも有名な著作は、北魏代の酈道元《れきどうげん》（四六六か四七二―五二七）の『水経注』全四十巻と楊衒之（?―五五五）の『洛陽伽藍記』全五巻である。『水経』は、河川や水系に関する中国の最初の専門書で、著者は漢代の桑欽とされていたが、清代の学者の考証によって、おおよそ三国時代の著作と見なされている。中国の河川と水系あわせて百三十七本について記している。酈道元は『水経』に注を施し、千二百五十二本の河川や水系について記述を補充し、あわせて四十巻、三十万字ちかくにまで増やし、注は本文の二十倍にものぼった。それぞれの水路についてその源流を究め、沿岸の山川や都市、歴史的な遺跡、風土や人情から神話伝説などにいたるまで記述しており、北魏代以前の数千年間にわたる中国の故事旧聞の概略をうかがうことができる。『水経注』というのは、名称は注釈であるが、実際には新たな著作であり、六世紀以前の中国のもっとも全面的かつ体系的、総合的な地理学の著作である。西晋代の陳寿（二三三―二九七）の『三国志』に対する南朝の宋代の裴松之（三七二―四五一）の注、南朝の梁の昭明太子（五〇一―五三一）編の『文選』に対する唐代初期の李善（六三〇?―六九〇）の注とともに、中国古典に対する「三大名注」と総称されている。『水経注』は、文章が絢爛優美で、山水風景に対する描写が活き活きとして真に迫っており、紀行文と写景文の濫觴と見なしている文学史の研究者が少なくない。

『洛陽伽藍記』は、都市地理学の専門書である。著者は、北魏朝の全盛期における洛陽城内外の伽藍（サンスクリット語で仏教寺院のこと）の盛況ぶりを回想し、宮廷の変乱、諸王の廃立など、北魏の孝文帝（在位四七一―四九九）以後の史実の一部をも記している。北魏代の宋雲が仏法を求めて西方へ旅行する（五一八―五二二年）くだりは、六世紀初頭における中央アジアの交通路や中国とアフガニスタン、パキスタン、インドなどとの文化交流を理解するための重要史料である。文章が優美、用語が簡潔でよく練れており、『水経注』と同じように北朝文学の代表作である。

3　文　学

両漢・魏・晋・南北朝時代は、中国の文学が大いに発展した時代で、文壇には傑出した文学者と優秀な作品が少なからず登場した。

漢代の文学で主要なものは、賦、散文、民歌に由来する楽府《がふ》の詩〔楽府は音楽をつかさどる役所で、民衆が音楽に合わせて唱っていたのを楽府が採集した詩のこと〕である。賦は、前漢代に勃興した文体で、文彩、修飾、韻律を重んじ、詩歌と散文の性質を兼ね具えている。

前漢代の賈誼〔前二〇〇―前一六八〕の「屈原を弔う賦」と「鵩鳥の賦」
枚乗《ばいじょう》〔?―前一四〇〕の「七発」
司馬相如〔前一七九―前一一七〕の「子虚の賦」と「上林の賦」
揚雄〔前五三―後一八〕の「羽猟の賦」

などは、漢代の賦の名篇である。漢代の散文には非常に大きな成果がある。

前漢代初年の賈誼の「政事を陳《の》ぶる疏」と「過秦論」
晁錯〔前二〇〇―前一五四〕の「粟を貴ぶことを論ずる疏」

図 14　北斉の図書校閲図

などの政論は、議論が明解で、感情が満ちあふれ、文章が文彩に富み、後世の散文の発展に大きな影響を及ぼしている。司馬遷（前一四五か前一三五—？）の『史記』は、漢代の散文の最高の傑作である。漢代の楽府の詩は、民間の優秀な作品に由来するものが多く、当時の社会生活を広く深く反映しており、非常に高い思想性と芸術性を具えた作品が少なくない。後漢代に、楽府の民歌の影響のもとで、楽府の詩を模倣して作られた五言詩が現われた。「古詩十九首」は五言詩のもっとも古い代表的作品である。

魏・晋・南北朝時代の文学でもっとも成果があったのは、詩歌である。建安年間（一九六—二二〇年）の曹氏父子（曹操、曹丕、曹植）と「建安七子」（孔融、陳琳、王粲、徐幹、阮瑀、応瑒、劉楨）は、五言詩の分野で非常に大きな成果を収めている。その少なからぬ作品は、漢代の楽府の民歌から栄養分を吸収し、社会の動乱と人民の離散、流浪の苦痛を反映し、国家の統一を求める願望を体現し、意気が高らか、言葉が剛健で、後世の人びとは「建安の風骨」といった。建安以後に文学でかなり大きな成果を収めたのは、東晋代の陶淵明（陶潜。三六五—四二七）である。その詩文は、言葉が質朴自然、風格が高潔平淡と称讃されている。代々伝えられてきた詩は百二十余首で、田園生活を詠じたものが多いので、「田園詩」といわれている。田園詩は、中国詩史のなかで一大流派を形成しているが、陶淵明はその開拓の功、最高の成果によって、田園詩の開祖とみられている。

詩文が発展するのと同時に、奇怪な伝聞や文人の逸話を記す小説も徐々に盛んになった。東晋代の干宝の『捜神記』は志怪小説の代表作、宋朝の臨川王の劉義慶〔四〇三―四四四〕の『世説新語』は逸話小説の代表作である。この二種の小説は短篇の故事〔物語〕から構成され、封建的、迷信的な内容のものが少なくないが、すばらしい民衆の故事や人に深く反省を迫る逸聞や逸話が少なからず収録されており、後世の筆記小説の発展にかなり大きな影響を及ぼしている。

この時代には、文学批評と文学理論の研究も発展し、名作が世に問われた。もっとも古いものに、三国時代の魏代の曹丕〔一八七―二二六〕の『典論』の「論文」、西晋代の陸機〔二六一―三〇三〕の「文の賦」、摯虞《しぐ》〔？―三一二〕の「文章流別論」などである。梁代の劉勰《りゅうきょう》〔四六六？―五三八〕の『文心雕龍』全十巻は、中国の最初の総合的な文学理論と文学批評の専門書で、あわせて五十篇からなり、文学の内容と形式に関するさまざまな問題を詳細に検討し、自己の文学理論を体系的に発展させており、中国古代の文学理論の基礎を築いた。梁代の鍾嶸《しょうこう》〔？―五一八？〕の『詩品』は、詩体の源流を論述し、両漢代の古詩から梁代の沈約〔四四一―五一三〕らにいたる百二十余人の詩人の芸術的な風格と成果を評論しており、漢・魏代以来の古体の五言詩の総括的な著作で、後世の詩評に一定の影響力を有している。

文学作品の豊富な蓄積、文学批評の発展によって、詩文集〔多数の人びとの作品を集めた作品集〕の編纂が促された。南朝の梁朝の蕭統〔昭明太子〕が編纂した『文選』〔『昭明文選』ともいう〕は、中国に現存する最古の詩文集で、秦代以前から南北朝時代にいたる七、八百年間の、七百篇余りの詩文や辞賦を三十八類に分け、代表性を具えた多数の作品を収録しており、後世の文学の発展に非常に大きな影響を及ぼしている。『文選』はもともと三十巻であったが、唐代の李善が注を施し、一千余種の古書を引用し、豊富な資料を付け加え、六十巻に増やしており、そのために現在まで保存されてきた古代の著作が少なくない。

南朝の陳代の徐陵〔五〇七―五八三〕が編纂した『玉台新詠』全十巻は、『詩経』と『楚辞』を引き継いだ詩歌集で、漢・魏代から梁代までの詩歌のうち、男女の交情に関する作品あわせて七百六十九篇を選別、収録し、そのなかには軽薄淫靡な作品がすこぶる多いが、価値のある優秀な作品も収録されている。たとえば、古代の民間叙事詩の傑作である「古詩　焦仲卿の妻の為に作る」（つまり「孔雀東南飛」）は、本書に最初に収録され、代々伝えられてきた。

4　科学技術

秦・漢・魏・晋・南北朝時代は、経済と文化の発展に伴い、科学技術の水準が前代を大きく凌駕したばかりか、当時の世界でもかなり先進的な成果をも収めている。農学、天文学、数学、地図学、医薬学などの分野で、重要な著作が少なからず世に出た。

農　学　前漢代の氾勝之《はんしょうし》の『氾勝之書』（『種植書』ともいう）は、中国に現存する最古の農学専門書で、およそ前一世紀の後半に完成した。中国古代の黄河流域における農業生産の経験を総括し、耕作の原則と多数の農作物の栽培技術を記しているが、そのうち、区〔分〕田法、溲〔浸〕種法、穂選法、嫁接〔接ぎ木〕法、調節稲田水温法や、多毛作、輪作、間作、混作などに関する記事は、いずれも中国では最古のもので、二千余年前の中国の農業生産技術がすでにかなり高い水準にあったことを示している。

後漢代の崔寔《さいしょく》〔?—一七〇?〕の『四民月令《がつりょう》』全一巻は、中国最古の農家暦である。当時の士、農、工、商の「四民」が月をおってなすべき生産と生活の活動を記し、農事を中心に、稲の田植え、果樹の挿し木による繁殖などに関する記事は中国で最古のものである。特に指摘すべきは、漢代の勤労人民がすでに植物の性別と繁殖との関係を、ヨーロッパよりも千五百年余りも早く発見していたことである。

『氾勝之書』と『四民月令』の原書はともに宋代にすでに散逸してしまい、現在、伝えられているのは後世の人による輯逸本〔散逸した本を、別の本の引用部分から集めて再構成したもの〕である。中国の古農書で完全な形で伝えられてきた最古のものは、北魏代の賈思勰《かしきょう》の『斉民要術』である。『斉民要術』は、おおよそ五三三—五四四年に完成され、中国だけでなく、世界でも最初の、多方面の知識にかかわる農学書である。あわせて九十二篇からなり、十巻に分かれ、十二万字にちかく、各種の農作物の耕作方法、遺伝育種、土壌肥料、果樹蔬菜、牧畜獣医、養魚養蚕や農業副産品の加工など、さまざまな面について、かなり体系的な記述と総括を行っている。関連する科学知識は農学にとどまらず、化学、生物学、生物化学、医薬学、天文気象学などにも及び、百科全書式の著作である。賈思勰は「序」で、執筆の経過について、

ここに経や伝の文を採り集め、歌謡をも採り入れ、老成の人にたずねたり、農事の実際に試したりした。

と述べている。古代の文献と民衆のあいだで流行していた諺語や歌謡を広く探し求めて参照し、経験豊富な老農を訪れて調べるとともに、自己の観察と実験とを結び付け、真に厳粛な科学的態度で前代と当時の生産の経験を科学的に総括している。言及している技術およびその原理の発明や発見は、外国よりも早いものが少なくなく、ひいてはヨーロッパよりも一千年以上も早いものさえある。『斉民要術』は、世に問われてから、中国国内で一再ならず書写、刊行されたばかりか、のちには国外にも伝えられ、少なからぬ科学者の関心を引き起こしている。たとえば、農作物、家禽、家畜の優良品種の選別や品種改良の重要性と方法について、詳しい説明と記述をしているが、ダーウィン（一八〇九—一八二）は『種の起源』で、中国の古代の優良品種の選別の成果と原理について、

古代中国の百科全書に選択の原理がはっきり書かれている。(1)

と称讃している。専門家の分析によれば、ダーウィンが引用している書籍は、『斉民要術』である可能性が大きい

という。

この時期には、特定の部門の専門書も何点か生まれている。たとえば、前漢代の『陶朱公養魚経』は中国および世界で最古の養魚の専門書、西晋代の嵇含〔二六三―三〇六〕の『南方草木状』全三巻は、華南地区の八十種の植物を記載しており、中国に現存する最古の地方的な植物誌、晋代の戴凱之の『竹譜』は、中国古代の竹栽培の歴史、竹の用途、各種の竹の形状などを記しており、中国古代の最初の植物譜である。

天文学と数学　農業生産をするには、農事の季節を正確に把握しなければならないので、農業生産の発展によって、天文や気象に対する研究が促された。天文学は数学と切り離せないので、天文学の発展に伴い、数学に対する人びとの知識もたえず豊かになり、重要な著作が少なからず世に出た。

漢代には、天文学や数学などの分野で新たな成果がみられた。後漢代のもっとも有名な科学者である張衡〔七八―一三九〕は、天文暦算学の研究に打ち込み、世界でもっとも早く水力を利用して回転する渾象儀〔「渾天儀」ともいう〕〔天文観測器〕と地震を測定する地動儀〔候風地動儀〕を発明した。地動儀の発明は、ヨーロッパが類似の地震儀を作るよりも千七百年余りも早かった。張衡の天文学の著作には、『渾天儀図注』と『霊憲』がある。前者は自分が発明した渾天儀のために執筆した説明書であり、後者の書名の意味は、「霊」は霊台〔天文台〕、「憲」は法則で、天然現象の法則である。同書では独創的な見解を少なからず提起し、日食と月食の原因を科学的に説明しており、人間の観察する天体の範囲は有限であるが、宇宙は無極無限であると指摘している。それと同時に、中国の最初の星図を描き、中原地区〔古代中国の中央部〕で見ることのできる星の総数はおおよそ二千五百個であると指摘している。現代の天文学は、夜空に肉眼で見ることのできる星の総計はおおよそ六千個であるが、同一時間に同一地点で見ることのできる星は二千五百個にすぎないことを裏づけており、この傑出した天文学者による星象の観察の入念さと正確さがわかる。張衡の天文学における輝かしい成果によって、現在、月には張衡の名にちなんで命名した環形の山があり、宇宙には張衡の名にちなんで命名した星がある。張衡は後漢代の著名な文学者でもあり、賦を作るのに秀で、また、絵画にも長じ、当時の六大名画家の一人であった。一九五六年に郭沫若同志〔一八九二―一九七八〕は張衡のために碑文を書き、

このように全面的に才能を開花した人は、世界史のなかでもめったにいない。千年も万年も、人びとに仰ぎ見られよう。

と讃えている。

天文演算の必要から、晩くても前漢の武帝のころに、中国で最初の天文暦算の著作である『周髀』が登場し、おもに「蓋天説」〔中国古代の宇宙構造学説〕と四分暦法について解説している。標竿〔測量竿〕で日影を測って日の高さを求める方法を記しているが、標竿は股〔不等辺直角三角形の直角を構成する辺の長いほうの辺〕で、股は「髀」ともいうことができ、日影は勾〔不等辺直角三角形の直角を構成する辺の短いほうの辺〕である。また、周公が算法について問うくだりがあるので、『周髀』と命名された。勾股の定理〔ピタゴラスの定理〕を運用して天文の計算をすることをはじめて記しており、さらに、かなり複雑な分数の計算法も載っている。唐朝の国子監〔中央政府の教育機関〕内に算学館が設置され、十点の算学の教科書が選定されたとき、本書は「算経十書」の首位に選定されたので、『周髀算経』とよばれることになった。

漢代でもっとも重要な算学の著作はおおよそ一世紀前後に完成した『九章算術』で、周・秦代から漢代にいたる中国の算学の発展を総括している。九章に分かれ、二百四十六問の応用問題とその解法からなるが、算術、初等代数、初等幾何などにわたる。平方根と立方根の開き方、一般の一元二次方程式の解法などは、世界的意義を有する成果である。多元一次方程式の解法に関する記事は世界最古のもので、インドよりも四百余年、ヨーロッパよりも千三百余年早い。分数の四則運算、比例の算法および負数の概念、正数と負数の加減法の運算法則も、当時の世界

ではもっとも先進的な成果である。

魏・晋・南北朝時代は、算学の分野における成果がもっとも大きく、とりわけ円周率の研究で突出した成果を収めている。魏・晋代の数学者である劉徽は『九章算術注』全九巻と『重差』全一巻（唐代初期に『海島算経』に改称）を著しているが、ともに総括的な古代数学の名著である。『九章算術注』で少なからぬ創見を提起しているが、とりわけ円周分割法で円周率を計算する発想は、極限の概念を含んでおり、劉徽の最大の独創である。劉徽以後は、晋代の夏侯陽と北魏代の張丘建がともに『算経』を著しているが、算学でもっとも大きな成果を収めているのは南朝の祖沖之（四二九—五〇〇）である。劉徽の研究成果をふまえていっそう精確さを求め、さらに一歩すすめて円周率の値を三・一四一五九二六と三・一四一五九二七とのあいだにあると推算しているが、世界で最初に算出された円周率の精確な数値であり、ヨーロッパの数学者は千年後になってやっとこの数値を算出している。祖沖之の数学の著作には『綴術』と『九章術義注』があるが、ともにすでに散逸してしまった。天文学の面でも、祖沖之は突出した成果を収めている。祖沖之の編制した『大明暦』は、歳差（月、太陽、惑星の引力の影響で、地球の自転軸の方向が変わり、春分点が恒星に対し、毎年、五十余秒ずつ西方へ移動する現象）、交点月（月がその軌道の交点をあいついで二回通過するのに要する時間、つまり二十七日五時五分三十六秒）、新しい閏年率など、天文学上の新たな成果を応用しており、精度が従来の暦法をはるかにこえている。その算出した一年の日数は三百六十五・二四二八一四八一一日で、近代の科学的測量による日数との誤差は六十万分の一にすぎない。また、月が地球を一周する時間を二十七・二一二二三日と推定しており、近代の科学的測量との差は一秒にも満たない。

地図学　一九七三年に長沙の馬王堆三号西漢（前漢）墓から出土した三幅の地図は、中国に現存する最古の地図であり、そのうちの長沙国の南部（現在の湖南、広東、広西三省の省境地区）の地形図に描かれている主要な都市、河川、山脈は実際の情況と基本的に一致し、山脈は現代の等高線画法に相当する画法を採り入れており、漢代の地図学がすでにかなり高い水準に到達していたことを物語っている。

『晋書』によれば、西晋代の地図学者の裴秀〔二二四―二七一〕は、当時の行政区画にもとづいて『禹貢地域図』という中国の歴史地図を描き、それと同時に格子縮尺画法を発明し、十里を一分で表し、もとは八十匹の縑を使って描いていた『天下図』を縮尺して『天形方丈図』を作成した。そのほか、歴代の地図作成の経験を総括し、分率、準望、道里、高下、方邪、迂直、つまり地図を作成する比例尺、方位、距離などの原則を定め、「製図六体」と命名した。経度と緯度がないことを除けば、現代の地図学の主要な問題をすべて提起するとともに、要領を得た説明を行っている。それゆえ、地理学界は中国の伝統的な地図学理論の創始者に推しているし、世界の地図学史でも重要な地位を占めている。

医薬学　漢代は、中国の伝統医学の成立にとって重要な時期である。後漢代の末年に、著名な医学者の張仲景〔張機。二世紀中葉―三世紀〕は先人の医療の成果を総括するとともに、自分の臨床経験と結び付け、医学の名著である『傷寒雑病論』全十六巻を著した。後世の人〔西晋代の王叔和〔三世紀〕〕が同書を整理して『傷寒論』全十巻と『金匱要略』〔『金匱要略方論』〕全三巻の二書に分かち、それぞれ外感熱病〔風、寒暑、湿気などによる熱病〕の発生と発展の法則を論述し、四十余種の雑病〔内科の病症を主とする〕の治療経験を紹介し、弁証論治〔病症に応ずる治療〕の原則を確立し、中国の医学理論と治療方法を豊富にし発展させて、後世の中国医学の発展のために重要な基礎を築いた。

漢代には、薬物の研究についても非常に大きな成果を収めた。前漢代の末年に完成した『神農本草経』全三巻は、三百六十五種の薬物の品種と効能を収録、掲載しており、中国に現存する最古の薬物学の専門書である。

魏・晋・南北朝時代には、臨床医学、中国薬学、調剤学などがいっそう大きく発展し、少なからぬ名著が生まれた。西晋代の王叔和の著した『脈経』全十巻は、初期の脈学を総括した書物である。脈の生理、病理の変化と疾病との関係を二十四種の脈象に帰納し、脈拍と鼓動の法則にもとづいて各種の疾病の種類を判断しており、診断学の発展に大きく貢献した。十七世紀の末期にヨーロッパに伝えられ、翻訳出版されたのち、ヨーロッパの医学界に一定の影響を及ぼした。王叔和と同時代の皇甫謐〔二一五―二八二〕が編纂した『黄帝三部針灸甲乙経』（略称を『甲乙経』という）全十二巻は、中国に現存する最古の針灸の専門書であり、古代の針灸資料をもっとも早く、もっとも多く収集、整理した重要文献でもあり、おもに『黄帝内経』の「素問」と「霊枢」、『明堂孔穴針灸治要』の三書から材料を採っている。のちに、さまざまな国の言葉に翻訳されて国外に伝えられ、針灸学の発展にかなり大きく貢献している。南斉代の龔慶宣の『劉涓子鬼遺方』全十巻は、現存する最古の外科の専門書である。東晋代の葛洪〔二八四―三六四〕の著した『金匱薬方』（『玉函方』ともいう）全百巻は、さまざまな書籍を収録した処方書で、のちに携帯と使用の便宜のために、著者自身が常用部分を抜粋して『肘后備急方』全八巻を著した。「肘后」とは肘の後ろで携帯できる小型の書物という意味で、現代のいわゆる「袖珍本」にあたる。南朝の梁代の陶弘景〔四五六―五三六〕は同書に修訂と補充を行い、『補闕肘后百一方』と改称した。有効であることが証明されているさまざまな民間の処方を収集しているが、使う薬の種類が少なく、利用しやすい。結核と恙虫病〔「沙虱」〕に関する記事は、ともに世界最古のものである。陶弘景はさらに漢代から伝えられてきた『神農本草経』にかなり大幅な増補を施し、『本草経集注』全七巻を編纂し、『神農本草経』の二倍にあたる七百三十種の薬物を収録、記載している。各種の薬物の効能、形状、産地などに関することを述べているばかりか、採取する時間および薬物の製造方法をも紹介するとともに、それぞれの薬物の用量の規格をも定めている。薬物の自然の属性と医療の属性に基づく分類法を創始し、七百余種の薬物を七大類に分けている。この分類法は後世の薬物分類の基準になり、一千年余りのあいだ、ずっと踏襲され、たえず補充されてきた。北斉代の徐之才〔四九二―五七二〕の著した『薬対』は、七方〔大、小、緩、急、奇、偶、復〕十剤〔宣、通、補、泄、軽、重、渋、滑、燥、湿〕の学説を解き明かしており、後世の医家は本書を薬の使い方の基準にすることが少なくない。南朝の劉宋代の雷斅《らいがく》の編纂した『炮炙論』は、炮〔生薬を熱した鍋に入れて炒め炙りながら細かくする〕、炙、煨〔煮詰める〕、炒など、十七種の製薬方法を記しており、中国に現存する最古の薬剤学の専門書である。

化　学　後漢代の魏伯陽の『周易参同契』全三巻は、世界に現存する最古の煉丹術〔辰砂、水銀などに熱を加えて不老長生、不老不死の薬である丹を作るという道士の術〕の専門書である。汞〔水銀〕は揮発性であるとともに、硫黄と化合することができるという指摘は、二種の元素による化合物の合成に関する最古の記事である。多数の鉱物や化合物の特性を記しており、世界の化学史上で一定の地位を有する。東晋代の葛洪〔二八四—三六四〕の著した『抱朴子』は内、外両篇に分かれているが、内篇全二十巻はおもに煉丹の知識を記し、鉱物を用いて丹薬を作ったり、金や銀を作ったりすることを検討し、植物で疾病を治療する記述もあり、古代の化学と製薬学の発展に一定の貢献をしている。

7章　木版印刷術の発明

1　木版印刷術の発明

紙が発明され、普遍的に使われるようになったのち、書籍の伝播は簡策の時代よりもはるかに便利になった。しかし、手作業による書写にだけ頼っていたのでは、時間と手間がかかるばかりか、写し間違いも生じやすく、文化の伝播は依然として非常に大きく制約されていた。封建社会の文化が発達するにつれ、書籍に対する人民大衆の需要が日益しに増えてきたので、書籍の生産量を増やす方法をなんとしても探し求めるよう促された。われわれの祖先は長期にわたる模索と実践のすえ、ついに木版印刷術を発明した。

木版印刷術は中国古代の印章と石刻を基礎に発展したもので、捺印と拓本という二種類の文字複製法を結合、統一して出来上がった。木版印刷の書籍は、書写本の欠点を克服し、書籍の大量出版を促したので、科学と文化の発展を推進した。中国古代の大量の文献や書籍が現在まで伝えられてきたのは、木版印刷術の不滅の功績であり、木版印刷術は中国だけでなく、全世界の科学文化の伝播、人類社会の発展にも、計り知れないほど大きな役割を果たしている。

木版印刷術がいかなるときに発明されたのかについては、長年にわたって諸説紛々としており、後漢代、東晋代、南北朝時代であるという人もいるし、隋・唐代という人もいるし、ひいては五代という人もいる。そのうち、五代という説は、印刷された唐代の書籍がすでに発見されているので事実によって覆されているし、後漢代、東晋代、南北朝時代に発明されたという説も人を納得させられる拠りどころがない。隋・唐代に発明されたと主張する学者がかなり多い。

木版印刷が隋代に発明されたと最初に主張したのは、明代の陸深〔一四七七―一五四四〕で、著書の『河汾燕閒録』で、

隋の文帝は開皇十三年十二月八日〔五九四年一月五日〕に詔を発して、廃像〔聖賢の廃れた像〕と遺経《いけい》〔聖賢の残した経典〕をことごとく雕撰にした。これが書籍の印刷の始まりである。

と述べている。同じ明代の胡応麟〔一五五一―一六〇二〕は『少室山房筆叢』で、「雕撰」を「雕板」に改めるとともに、

雕本〔版本〕は隋代に始まり、唐代に盛んになり、五代に拡がり、宋代に優れたものになった。

と述べている。陸深と胡応麟の二人の説は、ともに隋代の費長房の『歴代三宝記』を拠りどころにしているが、『歴代三宝記』の原文は「像を雕り、経を撰ず」という意味であって、けっして経典の版木を彫らせたという意味ではない。それゆえ、隋代に木版印刷を発明するのは不可能ではなかったけれども、まだ人を納得させるのに充分な拠りどころは今日まで見つかっていないと考える学者もいる。

この数十年来、木版印刷は唐代から始まったと主張する人がかなり多いが、唐代の三百年ちかい歴史のなかで、具体的にいつごろ始まったのかについては、依然として意見を異にしている。明代の史学者の邵経邦が『弘簡録』巻四十六で、唐の長孫皇后〔六〇一―六三六〕が『女則』全十巻を編み、皇后の死後に太宗〔在位六二六―六四九〕が「梓行〔印刷、発行〕せしめた」と述べていることにもとづいて、貞観十年〔六三六年〕を最初に木版印刷で書籍を発行した年であると見なしている人がいる。しかし、『新唐書』、『資治通鑑』、『太平御覧』などは、長孫皇后編の『女則』を「梓行せしめた」ことに触れていない。それゆえ、唐代初期に印刷を発明したという説は、根拠が充分ではなく、まだ承認することができないという人もいる。

中国の現存する文献で書物を最初に印刷した時期として指摘されているのは、唐の穆宗の長慶四年十二月十日〔八二五年一月二日〕である。すなわち、元稹〔七七九―八三一〕が『白氏長慶集』の「序」で、当時、揚州、越州〔現在の浙江省紹興市を中心とする地域〕一帯のいたるところで、白居易〔七七二―八四六〕と自分の詩の「繕写模勒」が街頭で売られたり、茶や酒と交換するのに使われていたと述べているのである。清代の趙翼〔一七二七―一八一四〕はこの史料を引用するときに「模勒」を「刊刻」と解釈しているが、王国維〔一八七七―一九二七〕は『観堂集林』巻十七所収の「両浙旧刊本考序」でこのことに言及し、

石を刻することも摹勒《ぼろく》ということができる。しかし、書を作って鬻売《いくばい》するには、いうまでもなく版を雕らなければならない。

と述べている。南宋代の毛晃の『増韻』〔『増修互注礼部韻略』〕や後漢代の劉熙の『釈名』によれば、「勒、刻なり」であるので、「繕写模勒」は書写と木版を彫ることという意味である。

元稹よりもいっそう明確に述べているのは、『旧唐書』巻十七（下）の「文宗紀」の、

太和九年十二月壬申朔〔八三五年十二月二十九日〕、……詔して、道や府〔ともに地方の行政区画〕が私《ひそ》かに暦日の版木を置くことを禁じた。

という記事である。この詔は剣南東川〔現在の四川省三台県を中心とする地域〕節度使の馮宿の要求にもとづいて発せられたものである。馮宿は上奏文で、当時、剣南東川、剣南西川〔現在の四川省成都市を中心とする地域〕、淮南〔現在の江蘇省揚州市を中心とする地域〕では、毎年、政府が新暦を配布するまえに、日暦を木版印刷して市で売り出す者がいると指摘している。これが中国史上ではじめてはっきり印刷に言及した記事である。

明確に日付を印刷してある現存最古の木版印刷物は、一九〇〇年に敦煌で発見された『金剛経』の巻子〔巻物になっている書籍〕で、唐の懿宗の咸通九年〔八六八年〕に印刷されている。この貴重な印刷物は、木版印刷術の発展史、中国古代の書籍の出版史、版画の木版印刷の発展史、書籍の木版印刷の格式および挿図、装丁の形式のいずれの研究においても、非常に高い価値を有する。現物は、一九〇七年にイギリス人のスタイン〔一八六二―一九四三〕に掠め取られ、イギリスの大英博物館に現存する。数十年来、この印刷物をしばしば紹介したり引用したりする書籍が少なくないが、大半は他の書籍からの引用か、巻頭の扉絵と巻末の、

咸通九年四月十五日、王玠が両親のために敬しんで造り普《あまね》く施す。

という落款〔書画に、筆者が完成の意味で署名や雅号を記すこと〕を紹介するだけであり、その全貌はうかがいがたい。しかし、一九八六年九月、北京図書館の李致忠同志が大英博物館の招請に応じ、ロンドンに赴いて講義を行ったときに、この『金剛経』を専門的に研究し、全面的かつ正確に紹介している。

経典の装丁は巻子である。巻頭の扉絵は高さ二十四センチ、幅二十八・五センチである。本文の前に口業《くごう》〔口から生ずる罪業〕を浄める真言があわせて五行ある。本文は、巻頭と巻末の題名をも含めて、およそ二百八十七行で、末尾に四行の真言があり、最後に一行の落款がある。あわせて二百九十六行、一行が十九字か二十字で、あわせておおよそ五千字である。本文は高さ二十四センチ、長さ四百六十三センチである。巻頭の扉絵の二十八・五センチを加えると、全長四百九十一・五センチである。

巻頭の扉絵に描かれているのは、釈迦牟尼仏が祇樹給孤独園《ぎじゅぎっこどくおん》に坐して長老の須菩提や多勢の僧に法を説いた故事である。すなわち、釈迦牟尼仏が中央に端坐し、荘厳な姿形で、胸に宇宙の万物を秘め、心が和らいで満足している表情をしている。長老の須菩提が右肩をあらわにし、右膝を地に着け、合掌してうやうやしく釈迦牟尼仏に話をしている。釈迦牟尼仏の左右には、尚武の精神をみなぎらせ、威厳のある表情をしている護法天神が威儀を正して屹立している。周りには多くの僧や施主が取り囲んで立ち、敬虔なおももちで謹んで聴き入っている。そよ風がそよぐなか、幡幢が漂い動き、二人の仙女が祥雲に乗って左右から飄然とやって来る。それに下から呼応し、経筵〔経書を講ずる席〕の前に二頭の勇猛な獅子が横たわり、いまにも走りだしたいような表情をしているが、仏法に囚われ、どうしようもないという感じがする。二十二人の人物と二頭の獅子に加えて、経筵、経幢、祥雲、甎地、蓮座、仏光が交錯して複雑な絵柄を形成しているが、中心が突出し、構成が明白で、入り乱れていておもしろい。人物は形象がおのおの異なり、顔の表情や立居振舞いが非常に生き生きとしていて自然である。さまざまな線が伸びやかで明快である。扉絵は全体的に素朴かつ古風で上品である。

本文は端正な楷書で書かれ、質朴重厚で、気力が満ちあふれている。木版の彫りが安定し、行が整然としてい

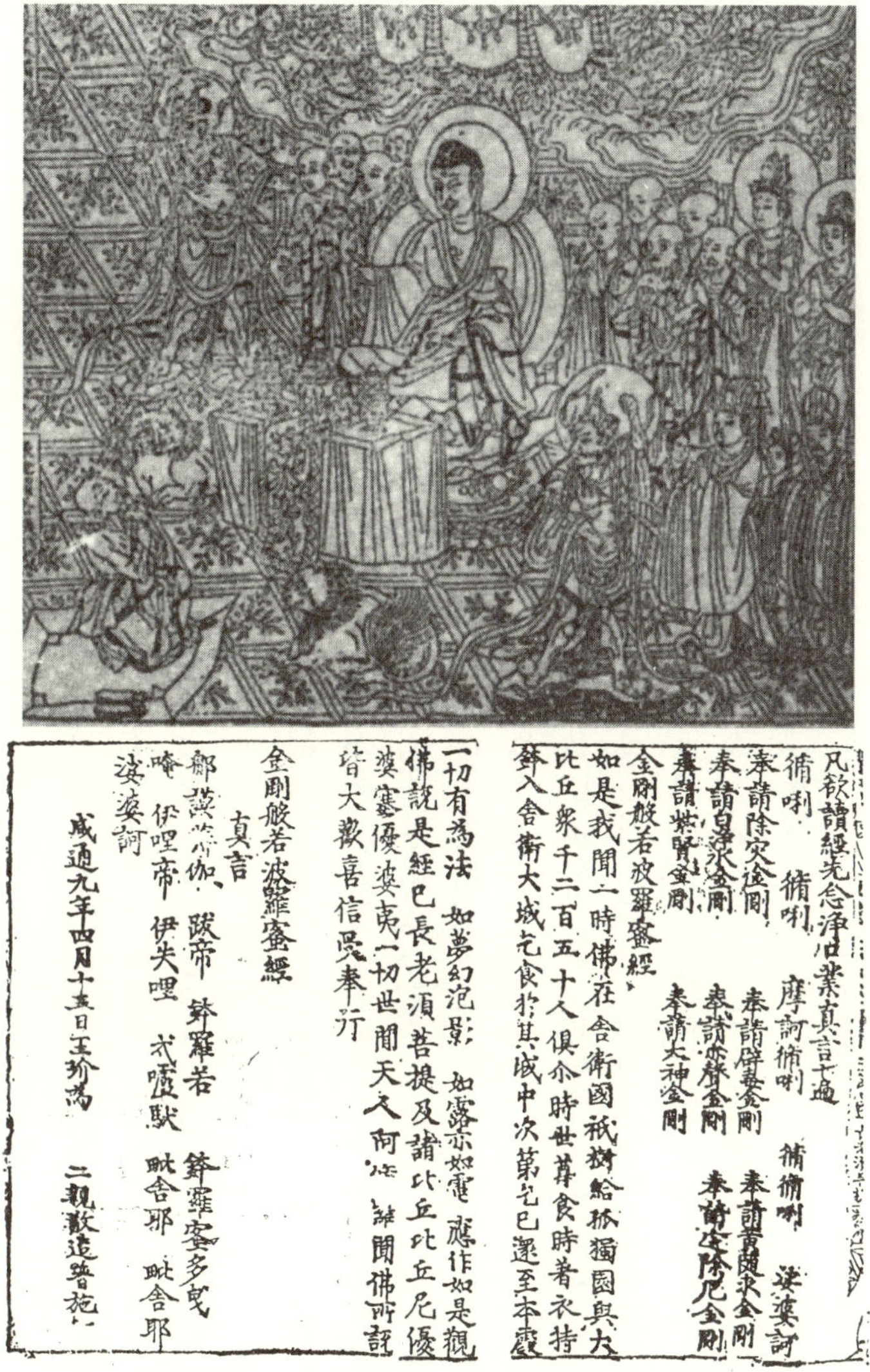
凡欲讀經先念淨口業真言一遍
脩唎脩唎　摩訶脩唎　脩脩唎　娑婆訶
奉請除災金剛　奉請辟毒金剛　奉請黃隨求金剛
奉請白淨水金剛　奉請赤聲金剛　奉請定除災金剛
奉請紫賢金剛　奉請大神金剛
金剛般若波羅蜜經
如是我聞一時佛在舍衛國祇樹給孤獨園與大
比丘衆千二百五十人俱尒時世尊食時著衣持
鉢入舍衛大城乞食於其城中次第乞已還至本處

一切有為法　如夢幻泡影　如露亦如電　應作如是觀
佛說是經已長老須菩提及諸比丘比丘尼優
婆塞優婆夷一切世間天人阿修羅聞佛所說
皆大歡喜信受奉行
金剛般若波羅蜜經
真言
那謨薄伽跋帝　鉢羅若　鉢羅蜜多曳
唵　伊哩帝　伊失哩　戍嚧駄　毗舍耶　毗舍耶
莎婆訶
咸通九年四月十五日王玠為　二親敬造普施

図15　唐咸通9年（868年）に木版印刷された『金剛経』

る。麻紙に印刷されていて、墨の色は混ざりけがない。周りの枠の彫りはおおざっぱであるが、行間の罫線は彫られていない。全体から見ると、すでにかなり完全な木版印刷物である。(1)（図15）

敦煌で発見された版本には、印刷の時期が『金剛経』よりも晩い乾符四年（八七七年）と中和二年（八八二年）の暦本もある。それゆえ、中国の書籍史や印刷史に関する既刊書は、大半が八六八年に印刷された『金剛経』を明確な日付のある、世界に現存する印刷した最古の書籍にしているが、この貴重な文物はすでに国外に流出してしまっている。

現在、中国国内に収蔵されている最古の木版印刷物は、成都の古墓で発見された繭紙（繭で作る紙）に印刷された『陀羅尼経』である。おおよそ一尺四方で、大半がサンスクリット語の経文で、中央と周囲にそれぞれ小さな仏像を印刷するとともに、「成都府成都県龍坊の卞家が印売せる呪本（仏教密宗の真言集）」と書いてあり、現物は四川省博物館に現存する。成都はもと蜀郡といったが、唐の粛宗の至徳二年（七五七年）に成都府に昇格したので、この『陀羅尼経』が印刷された時期を七五七年以後と推定している人がいる。

一九六六年十月、韓国の南東部に位置する慶州の仏国寺の釈迦塔で『無垢浄光大陀羅尼経』が発見された。韓国の関連する資料や報道によれば、この経典の巻紙は長さ六百七十センチ、高さ六・五センチで、上下に枠取りの線がある。一般に一行が八字であるが、六字、七字、九字の場合もあり、行の高さはおよそ五・四センチである。十二枚の楮紙に印刷し、貼り合わせて一巻にしている。巻頭と巻末にそれぞれ木軸があり、その両端に朱漆が塗られている。経典の名称は巻頭には欠けているが、巻末に残っている。ただし、紀年はない。経文は楷書の写経体で、筆運びが力強く雄渾、字の上に明白な木目があり、彫りが整っており、武則天（則天武后。六二四―七〇五、在位六九〇―七〇五）の制定した則天文字が四字使われている。(2)

この発見は、国際的にあまねく重視された。専門家の研究によれば、この経典は、中央アジアの吐火羅（覩貨邏とも表記する）〔アフガニスタンの最北部、現在のバルフを中心にしていたトハラ〕国の僧侶の弥陀山が唐の高宗の永隆元年（六八〇年）から武則天の長安四年（七〇四年）まで長安に逗留していたときに沙門の法蔵らと共訳したもので、別に実叉難陀《じっしゃなんだ》〔六五二—七一〇〕の訳本もあったが、散逸してしまった。それゆえ、この経巻の印刷年代は、その経典が翻訳された七〇四年より早いことはありえず、下限も釈迦塔を建立した七五一年より晩いことはありえず、唐代の武則天の長安四年から玄宗の天宝十年〔七五一年〕までに相当し、『金剛経』の版本よりも少なくとも百二十年前後早い。中国の木版印刷術は、発明されたのち、対外的にはまず朝鮮に伝えられ、それと同時に朝鮮の学生もたえず留学しに中国にやって来ていた。この『大陀羅尼経』はいったい中国で印刷されたのち朝鮮に伝えられたものなのであろうか、それとも朝鮮人が中国で木版印刷の技術を習得したのち帰国して印刷したものなのであろうか。この問題について、内外の学者は相異なる見解を有している。国際的な学術界で有名な学者で、長年にわたって書籍、製紙、印刷史などの研究に携わってきた銭存訓教授〔一九〇九— 〕は、この経典は中国の唐代に印刷されたものと認定しているが、その主な理由としてつぎの三点をあげている。

(1) この経典は楮紙で印刷され、字体が南北朝時代や唐代の写経体にちかく、則天文字が四字使われている。楮紙、字体、則天文字がいずれも中国に源があり、普遍的に使用されていることも、中国で作られたものの特徴であり、大量の文献や実物によって、新羅か日本で使われていたとしても、新羅よりも唐代の中国で作られた可能性のほうがはるかに大きいことを裏づけている。

(2) 新羅時代の文献には印刷に関する記事がなく、朝鮮の最古の印刷物は十一世紀初頭の高麗時代にはじめて印刷されたもので、四百年も隔たっている。この経典が新羅で印刷されたものであれば、その他の印刷物の記事や実物が現われておらず、この経典が孤立して存在することはありえない。

(3) 当時、唐朝と新羅は文化交流が頻繁に行われ、新羅の遣唐僧が何回も何百何千巻という大量の仏教経典を携えて帰国しており、この『大陀羅尼経』は「遣唐僧が持ち帰るか、中国の寺院が新たに釈迦塔を建立する記念品として仏国寺に寄贈したと推定するほうが合理的である」(3)。

中国書の目録学の研究者として有名な日本の長澤規矩也〔一九〇二―八〇〕は『和漢書の印刷とその歴史』〔吉川弘文館、一九五二年〕で、日本は中国のトルファンで出土した『妙法蓮華経』一巻を蔵しているが、その内容は「分別功徳品第十七」で、黄麻紙〔詔勅を記す紙〕が使われ、一行十九字であり、武則天の制定した則天文字が使われているので、韓国で発見された『無垢浄光大陀羅尼経』と同一時代に属する可能性があると述べている。

これらのことは、中国の木版印刷術の起源が、韓国で発見された『大陀羅尼経』が印刷された時期を起点にさらに大きくさかのぼることを示している。

2　初期の木版印刷の書籍

木版印刷術が発明されたのち、数百年に及ぶ歴史過程のなかで、印刷技術が向上し、徐々に成熟していき、印刷刊行される書籍の数が増えていき、書籍の取り扱う範囲が日益しに広範になっていった。各種の印刷物に対する民衆の需要の増大に伴い、正式の出版業もはじめて現れた。唐代中葉以後、現在の四川、江蘇、浙江、安徽、陝西などでは、書籍の木版印刷と発行に従事する出版業者が少なくなかった。

木版印刷の発展史では、布教しようとする宗教の意欲が非常に大きな推進力になった。唐朝の支配階級は、全国の政治的大統一と封建的な専制支配の必要に適応するために、儒教を政治倫理思想の正統とし、それと同時に仏教と道教をも強力に提唱し、とりわけ仏教を尊重した。そのため仏教は空前の活況を呈し、朝廷は大規模な訳経場を設置し、大量の仏教経典を翻訳した。とりわけ則天武后と憲宗〔在位八〇五―八二〇〕が提唱したので、国の上下をあげて仏教を信奉する熱気がほとんど白熱化するほど高まった。当時、社会では経典を読誦したり書写したりすることを功徳とし、経典の需要が増大したので、書写に頼っているだけではその需要を満たしにくく、木版印刷術が発明されるや、またたくまに教義を宣伝する手段として利用された。

唐代に流行した仏教の宗派は非常に多いが、影響力のかなり大きいものに天台宗、華厳宗、禅宗などがあった。各宗派は自宗派の依拠する経典の優秀さを宣伝した。天台宗は「法華宗」ともいい、依拠する経典は『法華経』で、西晋代から隋代までに三種類の漢訳本があったが、もっとも有名なのは後秦代に鳩摩羅什〔三四四―四一三か、三五〇―四〇九〕の訳した『妙法蓮華経』全七巻で、あわせて六万九千五百五字からなる。華厳宗の依拠する経典は『大方広仏華厳経』で、『雑華経』ともいい、東晋代から唐代にかけて前後して六十巻本と八十巻本の二種類の漢訳が行われた。禅宗は南朝の宋代末期に菩提達摩《ぼだいだるま》が天竺から中国にやって来て禅法を伝授して創始し、第五世弘忍〔六〇一―六七四〕の門下にいたって、南、北両宗に分かれ、のちに南宗の慧能《えのう》〔六三八―七一三〕の「頓悟説」によって盛んになり、

不立《ふりゅう》文字〔真理は文字に表せない〕、
教外《きょうげ》別伝〔言葉や文字に頼る教説のほかに、心から心に伝えられるものがある〕、
直指人心《じきしにんしん》〔いたずらに目を外界に向けることなく、自己の心をまっすぐつかむ〕、
見性《けんしょう》成仏〔自己自身が実は仏そのものであったことを徹底して知り、そのまま仏になる〕。

を主張した。禅宗は、通俗的で簡単かつ容易な修養法によって、他の宗派の煩瑣な義学〔体系的な教義に関する学問〕に取って代わり、日益しに盛んになり、中国の仏教史上でもっとも長く伝えられ、もっとも大きな影響力を有する宗派になった。禅宗の南宗派は『金剛経』を重要な拠りどころにしている。『金剛経』は、正しくは『金剛般若波

羅蜜経』といい、もともと『大般若経』全六百巻のなかの一巻で、釈迦牟尼仏の高弟の阿難が著したものである。その名称は、煩悩を断ち切ることができる効用を有する智慧を金剛〔ダイヤモンド〕にたとえるのに由来する。主として、般若〔智慧〕は具体的に事相〔はたらきのすがた〕を現わさない〔無相〕、すなわち情の拠りどころがない〔無住〕ことを説いている。前後して七種類の漢訳本があるが、通用本は鳩摩羅什の訳したもので、全一巻、五千二百八十七字からなる。当時の中国の民情に適応し、僧、俗を問わず、文字がわかるかいなかを問わず、坐禅を行う必要がなく、『金剛経』をくりかえし誦経しさえすれば、「仏とともにあり、仏の加護を受け、病を除き災いを免れる」ことができるので、またたくまに朝野、上下に重視され、一気にもろもろの経典の上に位置することになった。道教を重んじ仏教を抑えた玄宗〔在位七一二―七五六〕でさえ、「むかしは『孝経』に従い」、「最近はまた『道徳経』〔『老子』〕を讃えた」のち、「来請に順《したが》い」、『金剛経』に注を施した。[4]招福や功徳のために、あいついで『金剛経』を書写、誦読する士大夫もいた。北宋代の李昉〔九二五―九九六〕編の『太平広記』につぎのような故事が収録されている。

揚州の司戸曹の司馬喬卿は、母親が世を去ったため、「嘆き悲しんで痩せ衰え、刺血して二巻の『金剛経』を写した」。

閬中《ろうちゅう》県の県丞の呂文展は、「熱心に『金剛経』を読誦し、三万回余りに及んだ」。

楊希古は自分の家に道場を設け、僧侶を住まわせ、毎朝、床にひれ伏し、僧侶を自分の体の上に坐らせ、『金剛経』を三回読誦させた。

ある人は父母が亡くなったのち、もっぱら謹んで『金剛経』を写し、寺院や仏塔などに送って供養し、父母の冥福を祈った。

木版印刷術は、このような需要に適応して非常に大きな便宜を供した。

敦煌で発見された書籍には、印刷された『金剛経』のほかに、唐の昭宗の天復二年（九〇二年）から後晋の出帝の天復八年（九四三年）にかけて書写された『金剛経』も十余巻あり、その巻頭に「西川印出本」、「西川真印本」、「西川過家真印本」などに依拠して書写したとあり、唐代から五代にかけて、四川ではすでに木版印刷された『金剛経』が少なからず街で売られていたことがわかる。

唐代に木版印刷された仏像や経典に関する古書の記事としては、唐代末期の馮贄《ふうし》が『雲仙散録』巻五で、

玄奘（六〇二―六六四）は回鋒紙に普賢菩薩の像を印刷し、四衆（僧、尼、善男、善女）に施し、毎年、五頭の馬に運ばせるほど作ったが、一枚も余らなかった。

と述べている。玄奘法師は貞観三年（一説に元年）（六二九年）にインドに向かい、貞観十九年（六四五年）に長安に戻っており、仏像を木版印刷したのは帰国後に布教する過程のことであったはずである。

唐代の詩人の司空図（八三七―九〇八）の『司空表聖文集』（『一鳴集』ともいう）巻九に、「東都敬愛寺の講律僧の恵確が化して雕刻律を募る為の疏」という一文があり、その題の下に「印本（版本）あわせて八百紙」という注があり、その文中に、

洛陽がいい時に出会わず、印本を燃やしてしまって以来、散逸してしまうのを徐々に恐れるようになり、あらた

めて彫ろうとした。

とある。向達〔一九〇〇―六六〕は「唐代刊書考」で、この文章がおおよそ唐の懿宗の咸通年間〔八六〇―八七四〕の末年から僖宗の乾符六年〔八七九年〕のあいだに書かれたことを考証している。しかし、文中で言及されているのは武宗の会昌五年〔八四五年〕に仏教を禁止したときに、「印本を燃やしてしまった」ので、いままた徳化を慕って資金を調達し、「さらに彫ろうとし」ていることであり、唐代中期にすでに仏教の経典が大量に印刷されていたことがわかる。

唐代の范攄《はんちょ》は『雲渓友議』巻下で、

尚書の紇干泉〔正しくは紇干衆〕は、十五年余りものあいだ龍虎の丹〔不老不死の薬〕をひたすら探し求めていた。江右〔現在の江西省〕に赴任するや、方術〔不老不死の術や医薬、卜筮、占験などの技〕の士の作った「劉泓伝」を大いに広めるため、数千冊を木版印刷し、朝廷や社会で焼煉〔丹の制作〕に精出している者に贈った。(5)

と述べている。呉廷燮《ごていしょう》〔一八六五―一九四七〕の「歴代方鎮表」によれば、紇干泉は大中元年から同三年まで〔八四七―八四九年〕江南西道〔略称を江西といい、現在の江西、湖南両省一帯〕の観察使であった。范攄の文章は、九世紀の中葉に、道家の著作もすでに木版印刷で刊行され、しかも一度に数千冊も印刷されていたことを物語っており、当時、江西で木版印刷が盛んであったことがわかる。

唐代初期の木版印刷物のうち、民間で印刷、発売される暦書は印刷数がかなり多かった。暦書は農業生産と人民の日常生活の必需品で、紙幅が多くなく、需要が非常に多かったので、民間の出版業者は群がって印刷し、時間を争って出版した。中国の歴代の封建王朝は、天象の観察と節気〔一年を二十四季に分けた一くぎり〕、暦法の推算を主管する官職を設け、秦・漢代以来、太史令に天象をつかさどらせてきたが、唐朝は太史局を設け、のちに司天台と改称した。年ごとの新しい暦は、司天台が皇帝に上奏し、頒布したのち、はじめて印刷することができた。暦書はタイミングがきわめて重要であったので、京城からかなり遠いところでは、政府が新しい暦を正式に頒布するのを待ち切れず、民間の出版業者が自分で節気や時令〔季節〕を推算し、さきを争って印刷、出版した。文宗の太和九年（八三五年）に、東川節度史の馮宿は、朝廷に提出した上奏書で、当時、剣南東川、剣南西川および淮南〔おおよそ現在の四川省と、江蘇、安徽両省一帯〕で印刷される日暦が非常に多く、「毎年、司天台が新しい暦をまだ上奏し頒布しないうちに、印刷された暦が天下に満ちあふれ、謹んで授ける道に背いている」と指摘し、民間が暦書を印刷するのを禁止するよう要求した。(6) 文宗〔在位八二六—八四〇〕はただちにこの上奏を承認し、「詔して、道や府が私《ひそ》かに暦日の版木を置くことを禁じた」。これは、木版印刷術の発明後、中国の中央政府が出版に関する法令を頒布した最古の記事である。

中和元年（八八一年）、僖宗〔在位八七三—八八八〕は、黄巣の蜂起〔山東省の塩の闇商人の黄巣（?—八八四）らが八七五年に蜂起し、八八〇年に長安を攻略するなど、八八四年まで十年間にわたって、ほとんど中国全土を戦乱に巻き込み、唐朝の支配に決定的打撃を与えた〕のために長安〔現在の陝西省長安市〕から成都に避難したので、司天台はもはや新しい暦書を配布することができなかった。「私かに暦日の版木を置くことを禁ずる」という禁令が有名無実になり、民間が出版する暦書がまたも増えた。北宋代の王讜《おうとう》の『唐語林』巻七に、

〈江東〔江左ともいい、現在の江蘇省南京市を中心とする地域〕の二軒の出版社が出版する暦書は、朔日と晦日がたがいに異なり、月初と月末が一日ずつずれるので、論争が生じ〉地元の役人が捕らえて役所に送ると、執政は、「月の大小を争わなければだめなのか、いっしょにやれ。一日とか半日とかは、とりわけ小事にすぎない」と言い、叱責した。

とある。ということは、九世紀の後半には、江東では暦書が出版されているばかりか、一種にとどまらなかったことがわかる。

唐代に出版された暦書でいまなお残っているものは三種類にすぎず、いずれも敦煌で発見されたもので、大英博物館に現存する。そのうち、具体的な日付が印刷されているのは八八二年に印刷された『中和二年具注暦日』で、文字は四行しか残っていないが、ありがたいことに、「剣南西川成都府樊賞家暦」という文字と中和二年という年代を留めている。

もう一つの暦書は、年頭の正月のところしか残っていないので、どの年にどの業者が印刷したのかわからないが、書中の「推丁酉年五姓起造図」から、唐の乾符四年（八七七年）〔丁酉年〕に出版されたものと推定することができる。この暦書は巻子本で、枠の高さ二十四・八センチ、全長九十六センチである。周りに囲みの線があり、しかも二重で、図と文があり、麻紙に印刷されている。字体に風格があり、板刻や印刷の技術などが、中和二年の暦書に似ている。世界に現存する、印刷された暦書でもっとも古く、もっとも完璧なものということができる。

そのほか、大英博物館東洋部には「上都（現在の陝西省西安市）東市大刁《ちょう》家」が木版印刷して出版した暦書の断片もあるが、八門図のうち火門、風門、木門、金門の四つの方位しか残っていない。その風格と印刷用紙からみると、これは九世紀のもののようである。

古代の文献資料の記事と現存する実物による考証と研究によれば、木版印刷術の発明直後の発展情況をだいたいうかがうことができる。

一、唐代は中国の封建社会の全盛期であり、とりわけ七五五年に安史の乱〔安禄山（?―七五七）と史思明（?―七六一）らが起こした反乱で、七六三年まで持続し、唐代史のみならず、中国社会の発展史上の分岐点として重要な意味を有する〕が起こるまでの百数十年間は、唐朝の最盛期であり、各方面で強大さと繁栄を謳歌していた。経済が発展し、科挙制度が完備するのに伴い、書籍の需要も大幅に高まった。その需要に応ずるために、木版印刷事業が徐々に発展し、正式の出版業が出現した。文献資料と一部の実物から、初期の出版業は家庭を単位とする手工業者であったことがわかる。それらの業者が出版する印刷物にはすべて「某某家」という名義が記されている。現在すでに名を知られているものに、

四川の「成都府成都県龍池坊卞家」の印刷した呪本
「剣南西川成都府樊賞家」の印刷した暦書
「西川過家」の印刷した『金剛経』
長安の「京中李家が東市において印刷した」『新集備急灸経』
「上都東市大刁家」の印刷した暦書

などがあり、これらの業者は中国の出版史上で信頼しうる、名のある最古の出版社ということができる。

二、初期の出版業者が印刷した書籍は、大半が民衆が必要とする暦書、字書、小学〔文字の形、音、意味を研究する学問〕、詩歌集をはじめ、呪経、陰陽雑記、占夢、相宅、九宮五緯〔卜筮〕のたぐいの雑書で、いずれも紙幅は少ないが、需要が多く、印刷技術に対する要求も高くないので、当時の家内手工業の生産水準にかなっていた。九世紀にも、成都の出版業はかなり分厚い工具書を出版している。たとえば、唐代の孫愐《そんめん》の『唐韻』全五巻、梁代の顧野王〔五一九―五八一〕の『玉篇』全三十巻で、ともに咸通六年〔八六五年〕に日本の留学僧の宗叡が長安から帰国するときに持ち帰っている。

三、印刷の質からみると、唐代の木版印刷はすでに逸品を産み出している。たとえば、咸通九年の『金剛経』は、字体が明晰、絵の構図が複雑、彫りが精細で、円熟しており、墨の色が濃厚かつ均一で、初期の木版印刷物の逸品ということができる。当時、民間の出版業者が出版する書籍は、板刻したのち市場の需要にもとづいて増刷さ

れているが、質はいうまでもなく私人が出資して印刷したものほど精緻ではなかった。唐代末期の中和三年（八八三年）に、柳玭《りゅうひん》が成都の書店で見つけて買った木版印刷の書籍が「染みのためによくわからなかった」ことが、そのことを物語っている。そのほか、現存する唐代の印刷物（韓国で発見された『大陀羅尼経』を含む）の字体の風格は、唐代の人びとの写経の味わいが明確であり、板刻の技術からみても木版印刷の初期の段階にあることを見て取ることができる。

四、唐代初期の出版業者の出版した書籍には、自家で印刷し自家で売りさばくものもあった。たとえば、成都龍池坊の卞《べん》家の印刷した呪本には、「卞家印売呪本」と印刷されていた。出版業が発展するにつれ、書籍の発行を兼業したり専業にしたりする書店も徐々に生まれてきた。長安、成都、蘇州、揚州など、出版業がかなり発達していたところでは、書籍の取引が盛んに行われた。八二五年に、元稹は『白氏長慶集』に書いた「序」で、

（白居易の詩歌が大衆に非常に人気があり、その詩集を書写したり印刷したりして、）市井で売られ、……いたるところでみられる。

と述べている。また、その「序」にみずから、

揚州から越州にかけて楽天や私の雑詩を木版印刷した書籍をたくさん作り、街の店で売っている。

と注を付しており、一般的であったことがわかる。柳玭は、唐代末期に僖宗とともに成都に逃れたが、「『柳氏家訓』序」で、当時、書店で売られていた書籍の情況について、

中和三年癸卯の夏は、鑾輿《らんよ》〔天子の乗物〕が蜀に赴いて三年目で、私は中書舎人であった。旬休〔十日ごとに一度の休日〕には、この奥深い街の南東部で本を読んで過ごしたが、陰陽雑記、占夢、相宅、九宮五緯のたぐいが多く、字書、小学もあった。おおむね木版印刷であったが、染みのためによくわからなかった。(7)

と述べている。柳玭は、蔵書家の柳仲郢の息子であったので、書籍に非常に気を配っていたのである。これは、唐代の書籍発行についてかなり具体的に触れている古書の記事である。この記事は、唐代末期の成都の書店で売られていた書籍は、大半がすでに版本であったことを裏づけている。

五、木版印刷術は、発明の直後には、民間や寺院が利用するだけで、上層の支配階級には重視されず、文宗は命令を発して、民間が勝手に暦の版木をもつことを禁止した。唐代全体の出版事業についていえば、書写した書籍が依然として主流であり、木版印刷の書籍は発展の初期段階にあったにすぎない。五代になって、木版印刷が大量に普及し、無視できない役割を果たし、影響を及ぼすようになったのち、はじめて政府に重視され、儒教の経典を印刷するのに利用され、書写の時代からやっと徐々に印刷された書籍が中心をなす時代に移行していったのである。

8章　五代十国時期の出版

九〇七年に唐朝が滅亡したのち、中国は分裂状態に陥り、黄河の流域とその南方には五代十国の割拠政権が出現した。五代とは、あいついで中原〔古代中国の中央部〕を占拠した後梁〔九〇七―九二三年〕、後唐〔九二三―九三六年〕、後晋〔九三六―九四六年〕、後漢〔九四七―九五〇年〕、後周〔九五一―九六〇年〕の五つの王朝の時代のことである。南方の各地と北方の山西の軍事集団もたえまなく一地方に割拠して、前後して、あるいは同時に呉〔八九二―九三七年〕、前蜀〔九〇七―九二五年〕、呉越〔九〇七―九七八年〕、楚〔九〇七―九五一年〕、閩〔九〇七―九四六年〕、南漢〔九〇七―九七一年〕、荊南（南平）〔九〇七―九六三年〕、後蜀〔九三四―九六五年〕、南唐〔九三七―九七五年〕、北漢〔九五一―九七九年〕のあわせて十個の割拠政権を樹立したので、歴史上、十国という。

五代十国の時代は、政権が頻繁に交代し、戦乱が蜿蜒と続き、わずか五十二年のあいだに五つの王朝が交代した。しかし、中国の出版事業の発展史では、重要な時代である。その重要な象徴は、木版印刷が民間から官府に進出し、それ以来、政府の主宰する出版事業が生まれたこと、また私人の出資による書籍の印刷もかなり大きく発展したことである。その後、歴代の出版事業は、基本的に官庁、私人、書坊〔旧時書物を印刷し発売した店〕の三者がたがいに影響を及ぼし合い、たがいに促進し合って発展してきたのである。

1　政府主宰の出版事業の端緒

木版印刷術が発明されたのち、十世紀の初期になると、民間の出版業はかなりの規模に発展し、出版される書籍の数量も日益しに増えたが、儒教の経書は依然として伝統的な書写本を主にしており、印刷されたものはまだ現れなかった。その原因は、第一に、このたぐいの書籍は紙幅がかなりあり、出版するのに費用と時間がかさみ、印刷の周期がかなり長く、かなり多額な資金を必要とすること、第二に、品質に対する要求がかなり高く、かなり高度な書写、板刻、校訂、印刷の技術力が必要であったので、資金が乏しく、利を求めるのに急な書坊に手を出す勇気がなかったことである。そのほか、印刷された書籍の品質があまりよくなかったので、士大夫や支配階級が依然として書写した本を重んじて印刷された本を軽んじていたことも、原因の一つであった。

儒家の経書は学校の学生がかならず読むべき教科書であり、唐代の学校で学生が学習するよう定められていた講義には、大経（『礼記』、『春秋左氏伝』）、中経（『毛詩』、『周礼』、『儀礼』）、小経（『周易』、『尚書』、『春秋公羊伝』、『春秋穀梁伝』）と、共通必修課目の『孝経』と『論語』があった。学習する年限は、『孝経』と『論語』があわせて一年、『尚書』、『公羊伝』、『穀梁伝』がそれぞれ一年半、『易』、『詩』、『周礼』、『儀礼』がそれぞれ二年、『礼記』と『左氏伝』がそれぞれ三年であった。卒業の基準は、二経（大経と小経のそれぞれ一つか、中経の二つ）、三経（大経、中経、小経のそれぞれ一つ）、四経（大経の二つ、中経と小経のそれぞれ一つ）に精通することであった。

学校の試験は読と講であった。読は、学生が経文をしっかり記憶するよう要求し、博士（教師）が経書の前後の二行をおおい隠し、中間の一行しか残さず、さらにその一行のうちの三つの字に紙を貼って、学生にその三字を当てさせた。このような試験方法を「帖経」といった。貞観四年（六三〇年）、唐の太宗（在位六二六—六四九）は顔師古（五八一—六四五）に「五経」（『周易』、『尚書』、『毛詩』、『礼記』、『春秋左氏伝』）の経文を校訂させた。六三三年、新たに校訂した五経を公布、施行し、それ以来、経文は定本を有することになった。講は、生徒が経義〔経書の趣旨〕に精通するよう要求し、博士が口頭で経書の数か条について質問し、学生が一条ずつ回答した。

太宗は国子監祭酒〔最高学府の学長〕の孔穎達《くようだつ》〔五七四—六四八〕らに「五経」の疏を編纂させ、六四二年に完成すると、『五経正義』と命名した。永徽四年〔六五三年〕、高宗〔在位六四九—六八三〕が『五経正義』を全国に公布、施行し、それ以後、経義は定められた基準を有するにいたった。大和七年から開成二年にかけて〔八三三—八三七年〕、文宗〔在位八二六—八四〇〕は長安で石経を刻させ、経書の標準的な文本〔テキスト〕にした。そのとき刻したものには、上述の学生必読十一種の経書のほかに、経書の語義を解釈した訓詁の専門書である『爾雅』もあった。「十二経」の字体は楷書、表題は隷書で、あわせて二百二十七個の石に刻し、長安の務本坊の国子監太学に建てた。俗に「開成石経」といい、「唐石経」ともいう。[1]

「十二経」は総計六十五万余字で、書写が盛んな時代には、学生は書籍を読むために、大量の日時を費やして国定の標準的な文本を一つ一つ書写するか、書写したものをかなり高額な代価を払って書肆で買わなければならず、非常に重い負担であったことはまちがいない。まさに、社会的に経書の標準的な文本に対する切実な需要と勃興してきた民間の木版印刷事業に促され、五代の後唐朝の政府は儒家の経書を出版することを決定した。歴史上はじめての儒家の経典の出版であり、最初の大規模な書籍の出版でもあったが、この事業をまっさきに提唱し、主宰したのは後唐の宰相の馮道《ふうどう》〔八八二—九五四〕である。

馮道は、瀛州の景城〔現在の河北省交河県の北東部〕の出身で、字を可道といい、長楽老と号した。後唐の長興三年〔九三二年〕二月に、「諸経の舛謬《せんびゅう》〔誤り〕」を理由に、宰相の李愚とともに明宗〔在位九二六—九三三〕に上奏し、国子監に「九経」を校訂させ、出版して売り出すよう請うた。その上奏文で、

漢の時は儒を崇め、「三字石経」を刻して立てました。唐朝も国学〔国子監〕で〔「開成石経」を〕刻しました。聖

朝は多忙で、刻することができません。呉〔現在の江蘇、浙江両省〕や蜀〔現在の四川省〕の人びとが木版で印刷した文字を売っているのを目にしたことがあります。種類はきわめて多いものの、正統な経典には及びません。経典を校訂し、印刷して発行すれば、文教〔学問や道徳教育〕に大いに役立つことでしょう[2]。

と述べている。明宗はこの奏請をさっそく承認し、

詔して、国子監に、博士と儒徒を集め、西京の石経にもとづき、それぞれ専門とする経書を句読を付して書写し、注を付し、仔細に点検したのち、字を彫ることのできる匠人を雇い入れ、それぞれ経書ごとに印刷し、広く天下に頒布するよう命じた[3]。

という。同年四月に、またも、

さきごろ、あまねく石経に注を付して印刷をするために、国学に経書ごとに専門の博士と儒徒を五、六人ずつ選び、詳細に校勘〔数種の異本を比較し、その正誤異同を正して定める〕して注を付すよう委ねた。いま、さらに朝官〔一品以下の官吏で、朝廷に常参する者〕のなかから太子賓客の馬縞、太常丞の陳観、祠部員外郎兼太常博士の段《だん》顒《ぎょう》、太常博士の路航、屯田員外郎の田敏の五人を選んで校勘の官にあてる。朕は、正経は重要なものであるのに、もろもろの書が同じではないので、国学に官を選んで校勘して注を付すよう委ねたけれども、文字が非常に多いので、依然として誤りが生ずるのを恐れている。馬縞以下は、いずれも碩儒で、それぞれ経書を専門にしているので、さらに、詳しく校勘し、入念に検討するよう命ずる。あわせて、国子監に、選んださまざまな人のなかから、能書の者を集め、謹んで楷書で書かせ、ただちに匠人に渡して板刻させるよう命ずる[4]。

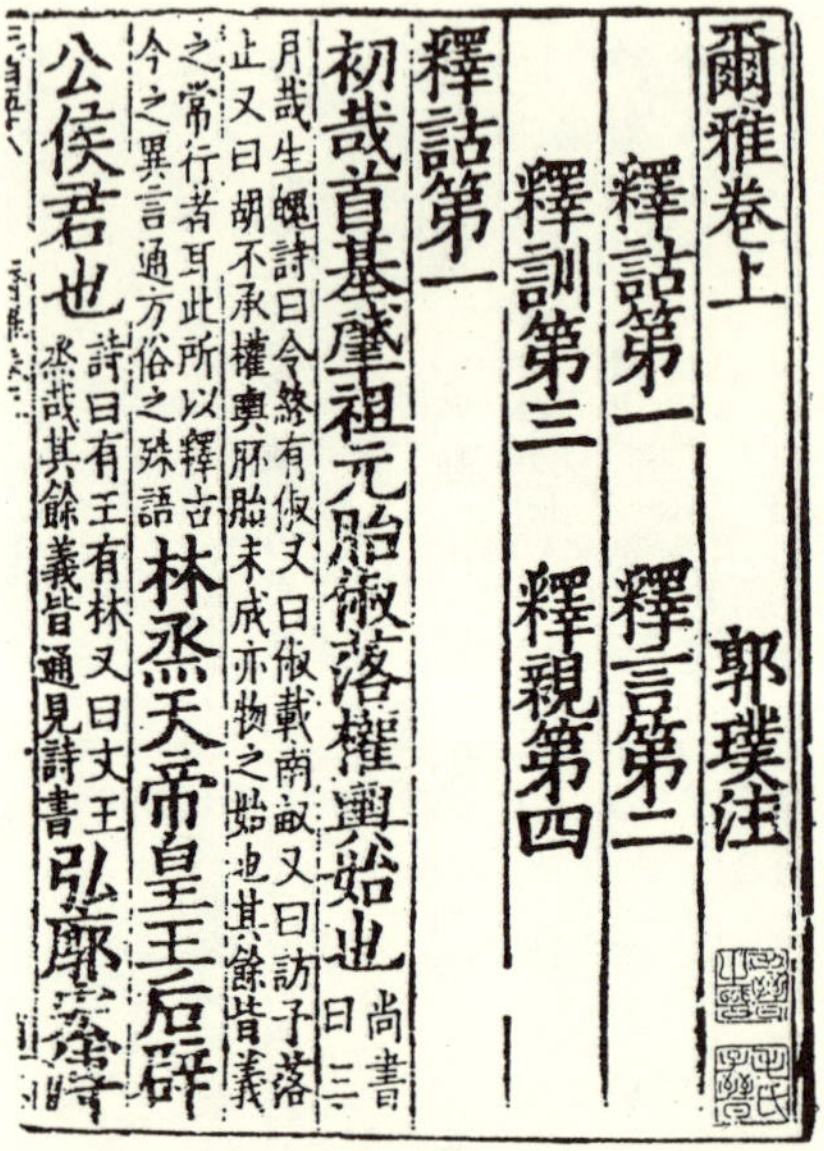
爾雅巻上　郭璞注
釋詁第一　釋言第二
釋訓第三　釋親第四
釋詁第一
初哉首基肇祖元胎俶落權輿始也　尚書曰三月哉生魄詩曰令終有俶又曰俶載南畝又曰訪予落止又曰胡不承權輿胚胎未成亦物之始也其餘皆義之常行者耳此所以釋古今之異言通方俗之殊語
林烝天帝皇王后辟公侯君也　詩曰有壬有林又曰文王烝哉其餘義皆通見詩書
弘廓

図16　宋代に復刻した五代『爾雅』の書影

という詔を発した。

　このときの経書の大規模な出版は、後唐の長興三年（九三二年）に始まり、十六年の歳月を経て、『周易』、『尚書』、『毛詩』、『礼記』、『春秋左氏伝』、『孝経』、『論語』、『爾雅』（図16）を出版した。後漢の乾祐元年（九四八年）四月に、国子監はひきつづき『周礼』、『儀礼』、『春秋公羊伝』、『春秋穀梁伝』の四経を出版するよう奏請し、後周の広順三年（九五三年）にいたって、「九経三伝」がすべて完成した。それと同時に、『五経文字』全三巻（唐代の張参の撰）と『九経字様』（『新加九経字様』）全一巻（唐代の玄度の撰）の両書をも出版した。後周の顕徳二年（九五五年）に、世宗（在位九五四—九五九）の準宰相が奏請して、「九経」の音義を解明する『経典釈文』（唐代の陸徳明（五五〇？—六三〇？）の撰）全三十巻を出版した。

　このときの儒家の経書の出版は、終始一貫して国子監が主宰したので、歴史上、五代監本「九経」という。唐代の「開成石経」は経文を刻しただけであるが、五代監本「九経」は「開成石経」の経文と世間に広まっていた経注本（「十三経」の本文と注）の注釈をいっしょに収録するとともに、入念に校訂し、本文と注釈の書写中の誤りを正したので、中国史上、はじめて多数の学生が書写の苦しみを免れ、なんの苦もなく標準的な文本の経書を読むことができるようになった。しかも、この巨大な規模の出版事業は、戦乱が頻繁に起こり、二十余年間に四つの王朝が交代する動乱のもとで完遂されたもので、その間に遭遇したなみならぬ困難は容易に想像することができる。

後周の広順三年〔九五三年〕六月、尚書左丞兼判国子監事の任にあった田敏は、太祖〔在位九五一—九五四〕に版本の「九経」と『五経文字』、『九経字様』をそれぞれ二部ずつ、あわせて百三十冊献上したが、その「書を進める表」で、

臣らは長興三年〔九三二年〕から「九経」の書籍を校訂、出版してきましたが、経と注はやたらに多く、非常に長い歳月を経ているので、書写を誤り、徐々にその本来の姿を失っていました。臣は、官学を守り、校訂をつかさどり、あまねく引用の典拠を求め、板刻の準備を進めてきました。幸いにも聖朝にめぐり会い、この大事業を完成し、文徳を広めて満ちあふれさせ、永遠に儒教を伝えていきます。謹んで御報告申し上げます。(5)

と述べている。

この出版事業で得られた成果は、もちろん、国子監の田敏らの学者および書写、板刻の工人の共同の努力によるものであるが、まっさきに出版を提唱し、終始一貫して全力で支持してきた馮道の功績も無視するわけにはいかない。馮道の生涯は、ほとんど五代と終始を共にした。あいついで五つの政権、十一人の君主に仕え、「三たび司空となり、両《ふた》たび中書にあり」(「長楽老自叙」)、二十余年の長きにわたって大臣の任にあった。馮道の生前には、「当世の士は、賢愚の別なく、馮道を元老と仰ぎ、好んで褒め讃えた」(6)。しかし、死後は名声が日益しに悪くなり、五つの王朝に仕えたので非難している史書が少なくない。たとえば、北宋代の欧陽脩〔一〇〇七—七二〕は、「恥を知る心がない者といえる」とあてこすり、司馬光〔一〇一九—八六〕は、「奸臣の最たる者だ」と罵っている。しかし、「経書を出版し、後世を潤す」ようまっさきに提唱した功績については、讃辞が少なくない。たとえば、北宋代の沈括《しんかつ》〔一〇三一—九五〕は、

木版で書物を印刷することは、唐の人たちはまだ盛んに行わなかった。馮道がはじめて「五経」を印刷してからのちは、主だった書籍はすべて木版本になった。(7)

と述べている。馮道の人となりを問題にしなかった胡三省〔一二三〇—一三〇二〕でさえ、馮道が「九経」を出版するよう提唱したという『資治通鑑』の記事の後ろに、

史書に、聖人の道が堕《お》ちないのは、史書がその方策を伝えているからだとある。(8)

と注を付している。

中国印刷史の著名な研究者であるアメリカのT・F・カーター〔一八八二—一九二五〕も、中国印刷史上における馮道の功績をかなり高く評価し、

中国における馮道とその協力者たちの印刷の仕事は、ヨーロッパにおけるグーテンベルク〔一四〇〇?—六八?〕のそれに比較されよう。グーテンベルク以前にも印刷術はあった。木版印刷はもちろん活字印刷への初歩的試みもまたなされた。しかし、グーテンベルクの『聖書』がヨーロッパ文明に新しい時代をもたらしたのである。同じように、馮道以前にも印刷はあったが、それは国の文化にほとんど影響を与えない漠然とした技術であった。馮道の経典は、宋代のルネッサンスを導く力を印刷術に与えた。(9)

と述べている。

国子監は、中国の封建時代の教育管理機関と最高学府で、晋の武帝の咸寧二年〔二七六年〕にはじめて設置され、

太学と併存した。南北朝時代には、国子監を設置したり、太学を設置したり、両者を同時に設置したりした。北斉代に「国子寺」と改称し、隋の煬帝〔在位六〇四―六一八〕のときに「国子監」と改名し、それ以後、歴代の王朝はみなこの名を使い、清の光緒三十一年（一九〇五年）になってやっと廃された。五代の後唐の明宗が国子監に書籍を出版させたのち、その後の歴代の国子監は出版機関をも兼ねた。馮道が、当時、国子監に「九経」を出版させるよう提唱した目的は、やはり漢、唐両代に石経を刻した狙いと同じで、おもに経書の写本の誤りを正して、科挙の受験者が標準的な文本の経書を読めるようにすることにあった。それゆえ、校訂にはとりわけ注意をはらった。しかし、当時、木版印刷術が民間に普及したために生じた機能と影響を目にしたので、「九経」を印刷して売り出すよう提唱して、書籍が広く流布するよういっそう大きな便宜を供与した。官刻本の経書の権威を維持し、内容が改竄されるのを防止するために、長興三年の勅令では、

経書を書き写すには、印刷された勅本にもとづかなければならず、雑本を入り交じらわせてはならない。(10)

と規定している。

民衆が学ぶときには、政府が審査、決定した標準的な文本どおりに書き写すことしかできなかった。経書は政府が指定した部門しか出版することができず、庶民が勝手に翻刻することは禁じられていた。この禁令は、北宋代の治平年間（一〇六四―一〇六七年）になっても有効であった。百余年のあいだ、「九経」の出版が政府に統制されていたのは、「国定標準教科書」の専売制度の濫觴といえよう。

五代に出版された監本「九経」は、学生の必読の教科書として、印刷部数は少なくなかったと思われるが、伝えられているものは非常に少なく、宋代にすでにあまりみられなくなった。たとえば、有名な蔵書家である陳振孫〔?―一二六二?〕家でも『九経字様』全一巻しかなく、同家の蔵書のうちでもっとも古く、「古京本」といわれて

いたことから、一般の情況を見て取ることができる。十九世紀の中葉に、日本で古印本の『爾雅』が発見された。楊守敬（一八三九―一九一五）は『日本訪誌書』で松崎明復（松崎慊堂《こうどう》。一七七一―一八四四）の所論にもとづいて、同書は日本の室町時代（中国の元代から明代初期に相当）に復刻されたものだと述べている。(11)一葉の半分ごとに八行、一行が大字は十六字、小字は二行に分かれてそれぞれ二十一字で、唐代の書写巻子本の格式に似ている。楊守敬は「蜀の大字本の翻刻」と見なし、黎庶昌（一八六四―一九二八）が校訂して刊行した『古逸叢書』は、この日本の翻刻本の『爾雅』を『影覆宋蜀大字本〈爾雅〉』と名づけて収録している。その巻末に「将仕郎守国子四門博士臣李鶚書」という一行があるが、李鶚は五代の監本「九経」の版木の主要な書写人の一人である。王国維（一八七七―一九二七）は「五代監本考」で、南宋の高宗（在位一一二七―六二）と孝宗（在位一一六二―八九）の諱を避けているので、南宋朝の国子監が五代監本を翻刻したものか、北宋代の翻刻本をさらに翻刻したものであると見なしている。(12)フランス人のペリオ（一八七八―一九四五）も晩年に王国維の見解に同調し、『古逸叢書』の影印した『爾雅』は、五代監本によるもので、蜀刻本とは関係がないと述べている。(13)

2　私人出版の勃興

五代十国の時期には、民間の出版業と官営の出版業がともに発展したのと同時に、私人が出資して書籍を出版する現象も起こった。

前蜀の武成二年（九〇九年）、成都の任知玄は「みずから俸銭を出し」て優秀な工人を雇い、唐代末期から五代にかけて道教の著作家として活躍していた杜光庭（八五〇―九三三）の『道徳真経広聖義』全三十巻を木版印刷した。五年の歳月をかけて、四百六十余枚の版木を彫り、龍興観に蔵し、印刷して流布させた。前蜀の乾徳五年（九二三年）、成都の曇域和尚は師の貫休和尚（八三二―九一三）(14)の千首の詩を収集し、『禅月集』と題して全二十五巻にまとめ、木版印刷して刊行した。清代の紀昀《きいん》〔一七二四―一八〇五〕は『四庫全書総目提要』で、唐代末期に出版された書籍には、まだ自刻の専集〔一作者の文章のみを集めた文集〕はなかった。自刻の専集は『禅月集』から始まった。

と述べている。

五代の文学者の和凝〔八九八―九五五〕は、字を成績といい、鄆《うん》州須昌〔現在の山東省東平県〕の出身で、後唐、後晋、後漢で翰林院学士、中書舎人、太子太保などを歴任し、後周の顕徳二年〔九五五年〕に世を去ったが、

いつも文章を書き、短い歌や情歌に秀で、とりわけ評判がよかった。全百巻の歌集があり、みずから版木を彫り、数百帙印刷し、人びとに分け与えた。(15)

という。すなわち、和凝は自分の百巻の作品を自分で版木に書き、工人を雇って刻させ、数百部印刷し人びとに贈ったのである。

五代のときのもっとも有名な私人の出版家は毋昭裔《かんしょうえい》である。蒲津〔現在の山西省永済市〕の出身で、若いときは家が貧しく、書物を買う金がなく、友人から南朝の梁代の昭明太子〔五〇一―五三一〕が編纂した『文選《もんぜん》』などを借りて読んでいたが、難色を示して貸したがらない者もいた。そこで、毋昭裔は発奮し、いずれ、志がかなったら、かならず木版印刷して天下の読書人の便宜をはかろうという決意を固めた。明徳二年〔九三五年〕に後蜀の宰相になるや、ただちにその決意を実践し、成都〔後蜀の都城〕で自分の学生である句中正〔九二九―一〇〇二〕と孫逢吉に『文選』、唐代の徐堅〔六五九―七二九〕らが編纂した『初学記』、唐代の白居易〔七七二―八四六〕の『白氏六帖』

を書写させ、工人を雇って夜を日に継いで版木を彫らせて印刷し、出版した。すなわち、

唐代末期から、いたるところで学校が廃絶してしまった〔ことに鑑みて、〕私財百万を投じて学館を営み、そのうえ「九経」を木版印刷するよう請うた。蜀主がそれに従ったので、蜀では文学がまた盛んになった。[16]

という。毋昭裔が出版した書籍はきわめて広範に売りさばかれ、九六五年に後蜀が亡びると、版木が北宋の都城の汴梁《べんりょう》〔現在の河南省開封市〕に運ばれ、ひきつづき刊行されたが、宋の太祖〔在位九六〇―九七六〕は、書籍の巻末に毋昭裔の名があるのを目にすると、毋昭裔が家財を投じて出版したことを理解し、版木を返還するよう命じた。毋昭裔の学生である孫逢吉は、毋昭裔が書籍を出版した経過について記したときに、

〔毋昭裔が木版印刷して出版した書籍は、〕広く国内に行き渡っている。しかし、はじめて蜀で版木を彫り始めたときには、嘲笑した人が非常に多かったが、のちに、毋家が千金を蓄え、子孫が俸給を得ていたので、嘲笑した者たちは金を借りることが多かった。[17]

と述べている。これは古書のなかで私人が出版業を経営して富を築いたことに言及している事例で、当時、出版される数量が多く、売りさばかれる地域が広かったことがわかる。

3　木版印刷による仏典と仏画の隆盛

五代十国の時期には、木版印刷した仏典と仏画は数量が非常に多かったが、今日まで伝わっている数量はきわめ

て少ない。かろうじて現存する数点の五代の印刷物は、大半が敦煌で発見されたものである。そのうち、具体的な印刷年代を明記しているものに、後晋の開運四年（九四七年）の『大聖毘沙門天王像』と『観世音菩薩像』（図17）、後漢の乾祐二年（九四九年）の『金剛般若波羅蜜経』があり、いずれも、当時、西北の敦煌地区の瓜州（沙州）に割拠していた曹元忠（?—九八〇）が出版したものである。

『大聖毘沙門天王像』と『観世音菩薩像』はともに開運四年七月十五日に出版され、唐の咸通九年（八六八年）に出版された『金剛経』についで二番目に出版年のある貴重品で、世界に現存する版画のうちでは年代のかなり古い印刷物である。この二枚の仏画はともに麻紙に印刷されていて、上が画像、下が文章という形式で、天王像の画像の下には十四行の文字を記しているが、そのなかに、

> 弟子の帰義軍節度使、特進検校、太傅で譙《しょう》郡の曹元忠、匠人に此の印板を雕らんことを請う。

などの文字があるし、観音像の下には十三行の文字を記しているが、そのうち特に注目に値するのは文末に「匠人雷延美」の五つの小文字があることで、この版画を彫った雷延美は、中国の印刷史上で名のわかる最初の彫版工人である。

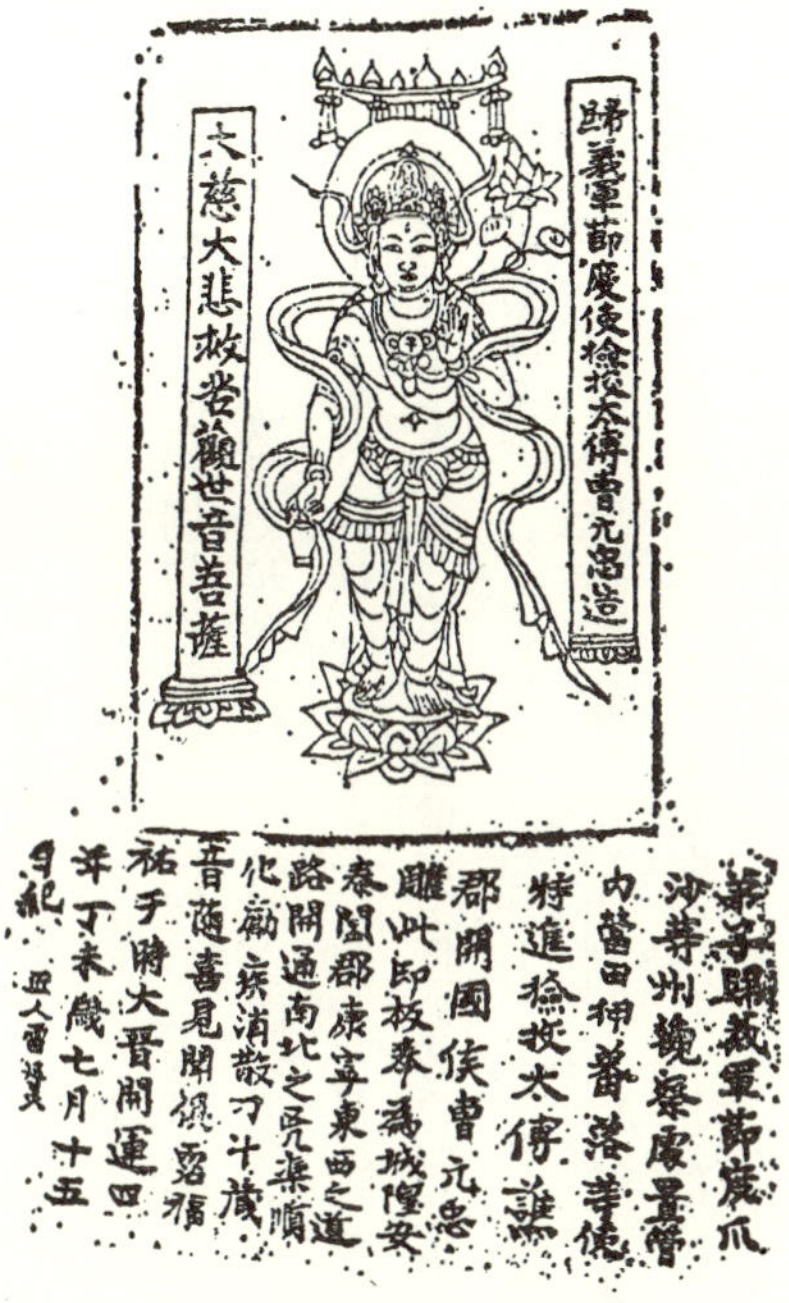

図17　後晋開運4年の木版画

天王像と観音像が印刷された年代は、『金剛経』の扉絵の「祇《ぎ》樹《じゅ》給《ぎっ》孤《こ》独《どく》園《おん》説法図」の印刷年代より

も七十九年晩く、『金剛経』の扉絵は芸術的に一定の特色があるけれども、版画の発展史からみると、表現技法については、天王像と観音像は線の構成と浮き彫りの工法の面で、ともに『金剛経』の扉絵よりもまとまりがあって安定しており、木版印刷術の発展と、民間の版画家の努力によって得られた進歩をも示している。さらに、興味をそそられるのは、敦煌で発見されたこの観音像が依然として「墨印彩絵本」、つまり、印刷したのちに手で色を塗っていることである。経幢〔仏の名や経文を刻した石柱〕、蓮花や衣、帯は紅色、ずぼんは白色、帯は緑色で、蓮花座は朱と墨がまじっている。この観音像は後世の多色刷り版画の先駆ということができる。

『金剛般若波羅蜜経』は略して『金剛経』ともいい、冊葉装〔冊頁装ともいい、書画を一枚ずつ表装したものを一冊に綴じ合わせたもの〕で、麻紙の片面にしか印刷していない。縦十三・六センチ、横十センチ、版面が縦十二・二センチ、横八・八センチで、現代の六十四開本〔B7判〕に相当する。四葉八面が現存するが、すべてそろっているわけではないようである。巻末に曹元忠の官職名と「天福十五年己酉歳五月十五日記」という出版年を記している。[18] 最初の一葉の印刷されていない裏面は、右半分が左に折り込まれ、前表紙にされ、最後の一葉の印刷されていない裏面は、左半分が右に折り込まれ、裏表紙にされている。それぞれの葉の間〔左側が小口〕がたがいに貼り付けられ、連なった折本になっている。のちに、書の背に集めたそれぞれの葉の端をたがいに貼り付け合わせて、片面印刷、合頁装丁の形式を形成している。この装丁は経折〔折本〕装の改造型で、五代のときに冊葉装丁が生まれたことをも力強く裏づけている。また、のちに生まれる蝴蝶装〔洋綴じに似て、開いたときに蝴蝶が羽根を拡げたようになる〕と包背装〔袋綴じ〕に対して、啓発的な価値を有している。

五代のときに印刷された仏典と仏像には、上述の数点のほかに、「阿弥陀仏像」、「文殊師利菩薩像」などがあり、現在、いずれもロンドンの大英博物館の東方部に収蔵されており、五代の出版史を研究するための数少ない実物資料である。[19]

中国に現存する五代の木版印刷物に、呉越国王の銭弘俶〔銭俶ともいう〕〔九二九—九八八、在位九四八—九七八〕が出版した仏教経典がある。一九一七年に浙江の湖州の天寧寺の石刻経幢から、『一切如来心秘密全身舎利宝篋印陀羅尼』数巻が発見された。巻頭の扉絵の前に、

天下都元帥にして呉越国王の銭弘俶、『宝篋印経』八万四千巻を印し、宝塔内に在りて供養す。顕徳三年丙辰（九五六年）の歳に記す。

とあり、一行が八、九字である。一九七一年に、安徽省の無為県中学にある宋代建立の舎利塔の下にある甎墓《せんぼ》の小さな木棺からも、同じような一巻が発見されている。無為県は呉越国の版図に属していなかったのに、銭氏の印刷した経典が発見されており、当時、版本が広範に流布していたことがわかる。

一九二四年に抗州の雷峰塔が倒壊したときに、中空の塔甎から黄綾包首の『宝篋印経』が発見されたが、巻頭に「仏説法図」があり、

天下兵馬大元帥にして呉越国王の銭俶、この経八万四千巻を造り、西関の甎塔に納め、永遠の供養に充てる。乙亥八月日記す。

と題している。乙亥年は北宋代の開宝八年（九七五年）であり、時代はすでに北宋代に入っていたが、そのとき、銭俶はまだ降服していなかったので、依然として五代の印刷物と見なすことができる。

呉越は現在の浙江と江蘇南部に位置し、太湖の流域と杭嘉湖（杭州、嘉興、湖州）平原を版図とし、政治的に長期にわたって安定し、経済的にかなり繁栄し、五代十国のなかではもっとも人口が多く、物資が豊富であった。良質の紙が盛んに作られ、著作が上梓され、条件がひときわ優れていたので、四川の成都と同じように、中国における

書籍印刷の重要な発祥地になった。張秀民先生（一九〇八－　）の集計によれば、五代のときに銭俶と、当時、高僧として知られていた延寿和尚（九〇四－九七五）が木版印刷した仏教の経典、画像、呪語は、数えられるものだけでも六十八万二千巻（あるいは本）にものぼり、その数量の多さは、中国の印刷史上で空前のものということができる。甲戌の年（九一四年）に出版した「二十四応観音像」は、素絹に二万枚刷られており、中国における絹に印刷した最古の版画である。[20]

五代十国の時期の出版事業を総合的にみると、つぎのような注意すべき特徴がある。

一、木版印刷は唐代よりはるかに発展し、書籍を印刷出版する地域は、四川、江浙（江蘇省と浙江省）、安徽、陝西、河南など、昔から盛んだった地域のほかに、南方の福州、北方の青州（現在の江蘇省連雲港市を中心とする地域）や、西北の瓜州（現在の甘粛省安西県を中心とする地域）、沙州（現在の甘粛省酒泉市を中心とする地域）など、当時、かなり安定していた地域にもほとんど及んでいる。木版印刷技術の普及と発達によって、唐代は書写を中心にする時代から徐々に版本を中心にする新たな時期に徐々に移行し、書籍の普及と文化の伝播に非常に大きな推進的な役割を果たした。

二、五代監本「九経」の刊行は、中国の出版史上ではじめて国家の政権の力を利用して、計画的かつ組織的に大規模な出版事業を行う端緒になった。政府が命令を発し、当代のもっとも優秀な学者を動員し、入念に校訂を行い、誤謬を正し、入念に校訂する官をわざわざ置いて、詳しく審査、決定してから、能書の者を選んできちんとした楷書で書かせてから、匠人に渡して彫らせた。五代監本「九経」は、校訂と木版印刷が非常に優れていたので、その後の歴代の経書印刷の祖本になった。五代の出版事業は後世の出版事業に深遠な影響を及ぼしており、印刷された書籍を蔑視する従来の文人の観念を打破し、中国の書籍の生産方式が新たな段階に突入したことを示している。

三、唐代初期の木版印刷物は字があまり整っておらず、当時は書写と彫版を同一の人がやっていた可能性がある。五代のときには、木版印刷が普及し、印刷出版される書籍の数量が増えたので、書写と彫版の二つの工程が明確な分業になる現象が生じた。この分業は、それぞれ職分を尽くすことで、印刷本の品質を向上させ、その地位を確立するのに、きわめて重要な役割を果たした。たとえば、五代監本の書写人で有名かつ信頼しうる者に、李鶚、郭嵠、朱延熙らがいたが、いずれも当時の書写の名手で、しかも李鶚は「将仕郎守国学四門博士」という役職名をもっていた。官営の出版事業が発展したので、官府に採用され、官府の主宰する木版印刷の管理者になった彫版工匠もいる。たとえば、敦煌で発見された五代の印刷物には「雕版押衙」という役職名がみられる。また、官府の主宰する大規模な出版事業自身も木版印刷に従事する熟練した工匠を少なからず養成しており、かなり熟練した木版印刷工匠の出現は、書籍印刷の品質の向上と、木版印刷技術のさらなる発展に、重要な役割を果たした。たとえば、呉越国王の銭弘俶は仏典や仏画を大量に木版印刷しており、徴用したり雇用したりした工匠の人数が非常に多かったことは容易に想像することができる。北宋代に杭州の木版印刷事業は全国でもっとも隆盛を極め、品質がもっともよかったが、その重要な要因の一つは、当時の木版印刷工匠にかつての呉越国の木版印刷工匠から伝授、指導されて成長した者が少なくなかったことにほかならない。木版印刷は五代十国まで発展を続けてきたが、これらはいずれも無視できない新たな情況である。

9章　隋・唐・五代の書籍と装丁

隋・唐両朝の建国後、支配者は伝統的な文化を継承することを重視して、さまざまな措置を講じ、逸書や異本を広く収集し、学者を糾合して整理と校訂を行い、貴重な書籍を選んで副本を書写して収蔵するとともに、各種の書籍目録を編纂し、国家が盛んに蔵書を行ったことを記録に留めている。文化の発達と著作の隆盛によって、出版事業の繁栄がますます促され、木版印刷の出現に伴い、書籍の装丁形式にも変化が生じ、巻物式の書籍が徐々に冊頁式の書籍に変わった。

1　隋代の書籍の収集、整理、収蔵

隋の文帝〔五四一―六〇四、在位五八一―六〇四〕は、五八一年に北周朝を滅ぼして隋朝を樹立し、五八九年に南方の陳朝をも滅ぼして中国を統一し、東晋朝から二百七十余年にわたった分裂と混乱の局面に終止符を打った。長年にわたって戦火が消えず、動乱が収まらなかったので、文化や古書は重大な損害をこうむった。隋代の初期に、秘書監の牛弘〔五四五―六一〇〕は当時の書籍の情況について、

そこで、北魏は本拠地を幽州〔現在の北京市の南西部を中心とする地域〕から伊州〔現在の河南省嵩県の北東部を中心とする地域〕や洛州〔現在の河南省洛陽市の北東部を中心とする地域〕に移したので、暇がなく、経典を欠いていた。北周は基礎を関右〔函谷関（現在の河南省霊宝市の北東部にあった）以西の地区〕に築いたが、兵車が停まることはなかった。保定年間〔五六一―五六五〕の初め、書籍は八千巻しかなかったが、のちに収集に努め、万巻を有するにいたった。北斉は山東に割拠し、やはり最初は収集に努めたが、その書目を調べると、欠本が依然として多かった。東夏〔現在の河南省商丘市〕をはじめて平定するに及んで、同地の経と史を手に入れたが、経、子、史、集の四部の書が入り交じっており、三万余巻あったが、役に立った古書は五千巻にすぎなかった。いま、あわせて一万五千余巻の単行本を出版したが、依然として欠本がある。往時の梁にくらべると、その半ばしかない。陰陽や「河図」〔伏羲のときに黄河から出てきた龍馬の背に描かれていた図で、易卦の基になったという〕、「洛書」〔禹王のときに洛水から出てきた神亀の背にあった文字〕の書、医学や図譜〔動植物などを実物の絵で説明し、分類したもの〕の書はますます少ない。[1]

と述べている。

当時、書籍が散逸していた情況に対して、牛弘は開皇三年〔五八三年〕に隋の文帝に「献書の路を開かれんことを請う表」を奉り、秦代以来の書籍の「五厄」を一つ一つ数えあげ、戦火と政治的動乱が書籍の散逸をもたらした主要な原因であることを説明している。かつて陸賈が漢の高祖〔在位前二〇六―前一九五〕に上奏した、

天下は馬上で得ることができても、馬上で治めることはできません。

という戒めを引用して、国家に対する古書の重要な役割を強調し、

国を治め政道を確立する方法は、二典〔『尚書』の「堯典」と「舜典」〕三謨〔同じく「大禹謨」、「皐陶謨」、「益稷」〕にございます。……国を作るもとは、これに勝るものはございません。

と述べている。また、

いま、秘蔵している現在の書でも開いて見るにはことに足りますが、一世の典籍は大いに備えなければなりません。王府にないものを私家が有するというのはよくありません。

と述べ、さらに、

〔書籍を士民から求めるには、〕皇帝の威光で強いても、多少は利益で誘わなければなりません。詔するとともに、賞金を懸けて求めれば、珍しい書籍がかならず集まり、観閣〔楼閣〕に積み上げられ、道を重んずる風潮が前世をこえますが、それもいいのではないでしょうか。(2)

と献策している。

文帝は、牛弘の献策を採用し、書籍を求める詔を発するとともに、従来の王朝が書籍を集めた経験を吸収、発展させ、それぞれ使者を各地に派遣して散逸した書籍や貴重な書籍を探させ、書籍を一巻献上すれば、絹を一匹報奨として与え、書写して校訂したのち持ち主に返還すると定めた。この方法を採用してきわめて良好な成果を収め、

「民間の貴重な書籍が出てくることが多かった」(3)。五八九年に陳を滅ぼしたのち、その蔵書は完全なかたちで保存されてきたが、それらの書籍は、「太建年間〔陳の宣帝の年号で、五六九―五八二年〕のものが多く、紙と墨がよくなく、書写も拙劣であった」(4)。文帝は人を派遣して秘書省の旧蔵の書籍と新たに手に入れた陳の書籍を整理させるとともに、「天下の書に巧みな士、つまり京兆の韋霈《いはい》、南陽の杜頵《ときん》らを召し」(5)、秘書省でさまざまな文本〔テキスト〕によって欠落のある書籍を完全なかたちにした。整理を経た書籍はいずれも正、副両本を書写し、一本を西京〔長安。現在の陝西省西安市〕の宮中に収蔵し、他の一本はそのまま秘書省の外閣〔皇帝の書物を蔵する宮中の書庫〕に留めた。こうして、蔵書は数年のあいだに三万余巻に増え、建国時のまるまる二倍になった。

六〇四年、隋の煬帝《ようだい》の楊広〔五六九―六一八、在位六〇四―六一八〕が即位した。楊広は、歴史上、暴虐、淫蕩、奢侈で有名であるが、「学を好み、好んで逸書を集めた」〔『旧唐書』「経籍志」の序〕。即位ののち、書籍の探究、書籍の装丁の重視、官府の蔵書の充実などの面でさまざまな措置を講じたので、隋代の蔵書の数量は前代未聞の多さに到達した。

煬帝が官府の蔵書を増やすために講じた重要な措置の一つは、副本を大量に増やすことであった。すなわち、秘閣の蔵書を書写して副本を五十部ずつ作らせ、それぞれ西京と東都〔洛陽〕の各官、省、官府に収蔵させたのである(6)。それとともに、書籍の内容にもとづいて上、中、下の三品に分け、色と材質の異なる巻軸で装丁して区別し、上品の書は紅瑠璃の軸、中品の書は紺〔やや紅がかった黒〕瑠璃の軸、下品の書は漆軸を用いた。数年後には、西京の嘉則殿の蔵書は三十七万巻に達したが、これは歴代政府の蔵書の最高記録である。煬帝はまた秘書監の柳《りゅう》䛒《べん》〔字は顧言〕〔五三七―六〇五〕を責任者にして、嘉則殿の蔵書を整理させ、「その重復、猥雑なものを取り除いて、正御本三万七千余巻を得た」(7)。いわゆる「正御本」とは、校訂後に皇帝に献上した正本にほかならず、東都の洛陽の修文殿に送られて保管された。

国家の書籍を収蔵するために、煬帝は、命令を発して副本を大量に書写させただけでなく、西京や東都などに数十か所の書庫を新設した。そのうち、東都の観文殿の書庫にもっとも意を尽くした。殿前に柱間《はしらま》十四間の書庫を建て、東棟の書庫に経、史両類、西棟の書庫に子、集両類の書籍を収蔵した。書庫の窓、寝台、書棚の幔〔カーテン〕や装飾などはきわめて華麗であった。三間ごとに方形の出入口があって、錦幔が垂れ下がり、出入口の上部に飛仙の像が二つずつ配され、扉の外の地面に仕掛けがしつらえられていた。皇帝が来て本を読むたびに、宮人が香炉を手にして先導するが、足で扉の前の仕掛けを踏むや、飛仙の像が落下して錦幔が徐々に巻き上がり、書庫の窓や書棚の錦幔が自動的に開き、皇帝が立ち去るともとのように閉まった。(8) 観文殿の背後に台〔高殿〕が二つ建っており、東台は妙楷台といい、古人の真筆を収蔵し、西台は宝蹟台といい、貴重な古画を収蔵していた。また、内道場に道教と仏教の経典を集めていた。(9)

隋代における書籍に対する校訂と整理は、官吏がもっぱら責任を負って学者とともに参与する方法を実行した。秘書省が書籍の収集、整理、分類、校訂、収蔵に責任を負う国家の専門機関で、監と丞を一人ずつ置いた。文帝のときに、校書郎十二人を置き、書籍の校訂の責任を負わせ、また、正字四人、録事二人を置き、文字の校正と書目の登録に責任を負わせた。煬帝のときに、書籍が大幅に増えたので、秘書省の官員を百二十人に増やすとともに、学士を補充した。牛弘、姚察〔五三三―六〇六〕、王劭〔五四四―?〕、許善心〔五五八―六一八〕、李文博、虞綽〔五六〇?―六一五?〕など、隋代のかなり有名な学者はみな秘書省で仕事をしていたことがある。そのほか、広く経や史の専門家も動員されて書籍の整理と校訂に参加した。たとえば、開皇十七年〔五九七年〕に、李文博、陸従典ら、十人余りの学者が集められ、「経や史の錯謬を正して定める」校訂と整理に参加したことがある。

隋代の古書の整理は、主としてつぎの五種からなっていた。

(1) 古書の真偽を考察、決定し、偽書を取り除く。そのうち、仏教経典に対する弁別がもっともきわだっていたので、経、史、子の書籍に対する弁別をももたらした。

(2) 儒家の経典と重要な史書の読音に対して校訂と注釈を行った。

(3)　古書に対して校訂を行い、多数の言葉を考証し、錯誤を糾正し、文字を訂正した。
(4)　経と史に訓詁を施し、正しい意味を説明し、古書に対して注疏を施した。
(5)　古書に対する総合的整理をふまえて、類書〔各種の書籍から事項ごとに摘録したものを内容によって分類、編集して検索の便をはかった書物〕を編纂したが、ここにはすでに散逸して伝えられていない隋代以前の少なからぬ古書を収録しており、後世における古書の校訂と輯録に対して重要な価値を有する。(10)

隋代には、大量に書籍を探究、収集するのと同時に、支配者は政治上の必要から、讖緯《しんい》の書籍に対しては厳しく禁止する措置を講じた。いわゆる「緯書」とは「経書」に対する名称で、神学を混合して儒家の経義に付会した漢代の書籍である。『詩』、『書』、『礼』、『楽』、『易』、『春秋』、『孝経』の七経の緯書があり、「七緯」と総称する。また、『論語讖』および「河図」、「洛書」などがあり、「讖緯」と総称する。これらの書籍の大半には神学的な妄信思想が充満しているが、なかには天文、暦法、地理方面の知識を記録するとともに、古代の神話伝説を数多く保存しているものもある。「緯書」は前漢代に生まれ、王莽〔新朝の創始者。前四五―後二三、在位八―二三〕が符命〔天が天子となるべき人物に降す祥瑞〕を好み、後漢の光武帝の劉秀〔前六―後五七、在位二五―五七〕が図讖〔吉凶の符験、徴候をみる予言書〕によって勃興したので、後漢代にいたってかなり盛んに行われ、その後の帝王の廃立はいずれも図讖を王朝交替の根拠や手段にした。支配者は図讖を利用してクーデターを起こして政権を獲得したので、他人が讖緯の説を利用して皇位を簒奪することを恐れ、それゆえ、「緯書」に対して禁止、焼却の政策を採用した。文帝は開皇十三年〔五九三年〕二月に、

私家は緯候〔「七緯」と『尚書中候』〕図讖〔将来の吉凶を予言した書籍〕を隠蔵するを得ず

という詔を発した。煬帝は皇位を継ぐと、さらに厳しい措置を講じ、

使者を四方に発し、天下の書籍で讖緯と相関わるものを探し、みな焼いた。（焼却しなければ、）吏に死ぬまで糾弾された。……それ以来、讖緯の学は復活することがなく、秘閣でも散逸したものが多い。(11)

その後、緯書は基本的に湮滅してしまった。

隋は建国からわずか三十七年で滅亡したが、存続していた年数が短かったわりには、古書の探究、収集、整理の成果がきわだっており、蔵書の数量は短期間に空前の規模に達した。それゆえ、『宋史』の「芸文志」は、

歴代の王朝の書籍は、秦ほど難にあったことがなく、隋ほど豊富になったことがない

と評している。

隋代末期に、煬帝の残虐な支配が日益しに激しくなったので、大規模な農民蜂起が勃発した。その戦争による動乱のなかで、隋朝の大量の書籍も歴史上の書籍の「五厄」（秦の始皇帝による焚書、王莽による禁燼、後漢の献帝による壊棄、劉曜・石勒による失墜、北周の兵による焚書）と同じような運命を免れず、あいついで戦乱の水火のなかで損なわれてしまった。六一八年、煬帝が広陵（現在の江蘇省揚州市）で亡くなると、煬帝が広陵に長年にわたって集めてきた大量の蔵書はまっさきに火中に投じられ、灰燼に帰してしまい、「後世に伝えられたものは一ページもなかった」(12)。西京の嘉則殿の三十七万巻の蔵書は、唐代初期にはわずか八万巻しか残っておらず、しかも貴重な書籍はそろっておらず、ごちゃ混ぜになっているものが非常に多かった。秦王の李世民（唐の太宗。五九九―六四九、在位六二六―六四九）は、武徳四年（六二一年）に、洛陽で皇帝を称していた王世充（鄭の創始者。？―六二一、在位六一九―六二一）を平定すると、「隋の旧書八千余巻を手に入れ」(13)、翌年、司農少卿の宋遵貴を監運に任じ、船に載せて黄河

を西方にさかのぼらせたが、京師に到着する直前、底柱[14]を航行しているときに不幸にも船が転覆し、書籍の「多くは水没してしまい、残ったものは一、二割もなかった[15]」。

2　唐代における書籍の収集、整理、収蔵

唐代は中国の封建社会の隆盛期で、民族が統一を実現し、国力が強大になり、経済が繁栄し、文化が栄え、太宗の「貞観（六二七―六四九年）の治」や玄宗（在位七一二―七五六）の「開元（七一三―七四一年）の治」など、繁栄した情況があいついで現われた。書籍の探究、収集、整理、収蔵の面でも、この時期に非常に大きな発展がみられた。

隋代末期の戦乱で、国家の蔵書はきわめて重大な損失をこうむった。唐代初期に、高祖の李淵（在位六一八―六二六）は秘書監の令狐《れいこ》徳棻《とくふん》（五八三―六六六）の奏請を採用し、大金を惜しむことなく失われた書籍を購入するとともに、楷書手を増置して浄書させたので、「数年間で、群書がほぼ備わった[16]」。

武徳九年（六二六年）九月、太宗の李世民が即位した。貞観元年（六二七年）正月初三日、群臣をもてなす盛大な宴会の席上で、「朕は武功で天下を平定したけれども、国内を安んずるには文徳によらなければならない[17]」と言い、国家を富強にするために文化、教育事業を発展させることの重要性をきわめて重視し、即位後に教育を振興するために強力な措置を講じた。貞観元年五月、国子監の再建を命じて、学校教育に対する中央の教育機関の指導を強化した。ついで、各レベルの学校の新設に大いに力をそそいだ。貞観二年、国学に柱間千二百間の校舎を増築し、太学と四門博士（学官）（貴族のための国子学の四方の門の傍らに設けた庶民のための学舎を四門学といい、その教官を四門博士という）も定員を増やし、募集する新入生の数を増やした。この年だけで、国立学校が増やした教師と学生の数は三千二百六十人にのぼった[18]。その後も、さまざまな専門学校を創設した。当時、国子学、太学、四門学、書学、算

学、律学は六学と総称され、国子監の直接の指導を受け、全国に対して非常に大きな影響を及ぼした。四方の儒士は、典籍を抱えて京師に雲集する者が多かった。ほどなく、高麗、百済、新羅、高昌〔現在の新疆ウイグル自治区トルファン市に国都のあった漢族の植民国家〕、吐蕃〔チベット〕などの諸国の支配者も、自分の子弟を派遣して国学への入学を要請した。学習を始めて講義の席に列する者は八千余人で、きわめて盛大であった。儒学がこのように盛んになったことは、いまだかつてなかった。[19]

という。地方の州学と県学もあいついで復活、新設されるとともに、日益しに盛んになり、最盛時には「さまざまな館や州学と県学の学生は六万三千七十人」[20]になり、各地に新設された私学を加えれば、学生数はまったく数え切れなかった。

各レベルのさまざまな学校が新設されたのち、太宗はまたも詔を発して、大いに天下の儒士を召して学官とし、それぞれ「博士」、「助教」などの職称を与え、厚遇した。さらに、何回もみずから国学に臨み、祭酒や博士に進講させ、学校の討論に加わった。これらの措置によって、国家の教育の質の迅速な向上が力強く促された。

学校教育の普及、知識人の激増によって、書籍の需要も日益しに増えていった。太宗は学問好きの封建的な帝王で、「貞観以来、手から本を離したことがなかった」[21]と自称していた。経や史を学ぶことを重んじ、談話に経書や典故を引用することができたし、文学をも嗜み、清代の彭定求〔一六四五―一七一九〕ら編の『全唐詩』には百首ちかい詩が収録されている。自分が読書を愛するばかりか、つねに賜書という方法で臣下をも学習するよう促した。書籍の探求、収集、整理、収蔵をきわめて重視し、即位後に少なからぬ措置を講じてそれらの活動を発展させた。たとえば、六二六年に、弘文殿に四部の書を二十余万巻集め、この宮殿の傍らに弘文館を設置し、全国の文学の士を入念に選び、官吏に任じ、学者を兼ねさせた[22]。

という。弘文館の学士の任務は「入念に書籍を正すことをつかさどる」ことであったが、実際には古書を整理、研究することであった。六二八年にまたも詔を発して、国家の経書を管理する秘書省を強化し、「書術に通貫する」魏徴〔五八〇―六四三〕を秘書監に任じ、学者を動員して四部の書を校訂させ、それを魏徴に主宰させ、校訂者二十人、書写者百人を配して協力させた。「数年のあいだに、秘閣の書籍はきちんとみな備わった[23]」。その後、魏徴は他の職に任じられ、虞世南〔五五八―六三八〕と顔師古〔五八一―六四五〕が引き継ぎ、

天下の書籍を購買し、五品以上の官吏の子弟のうち、書写に巧みな者を選んで書手とし、浄書したものを内庫に蔵して、宮女につかさどらせるよう要請した[24]。

という。

六二九年、太宗は宮中に修史のための常設の専門機構――史館――を新設し、宰相に監修させた。宰相監修国史一人のほかに、史館修撰四人、直館若干人、楷書手二十五人、典書四人、亭長二人、掌固六人、装潢〔装丁〕直一人、熟紙匠六人を置いた。当時、政府はさらに「諸司応送史館事例」という法令を公布し、全国の主要な官府の公文書は期限どおり史館に送付して、収集して記録するのに備えるよう規定した。史館は、調査して修史の参考に供すべきその他の公文書があることがわかったら、直接、関連する部門に牒〔公文書〕を発して索取〔強要〕してかまわず、およそ「牒索」された部門は一か月以内に史館に材料を送付しなければならなかった。史館に大量の公文書が集中されたので、官府による史書の編纂に史料的に豊富な拠りどころがもたらされ、修史を質的に向上させる

のに役立った。貞観年間に編纂された史書は、点数が多いばかりか、対象も広範にわたり、前王朝史、現王朝史、正史〔『史記』、『漢書』をはじめ、紀伝体で書かれた中国歴代の歴史書〕、別史〔『逸周史』、『東観漢記』、『東都事略』など、正史にも雑史にもはいらない史書〕、典志史〔貴重な古書〕、地誌史〔地理書〕、類書など、多数の著作があり、正史だけでも八点〔『晋書』、『梁書』、『陳書』、『北斉書』、『周（北周）書』、『隋書』、『南史』、『北史』〕も編纂しており、「二十四史」の三分の一を占めた。当時、史書の編纂に参与した者には全国の一流の学者が少なくなかったので、編纂された史書は歴史的価値と学術的価値がかなり高い。

唐代初期に、大規模に書籍を収集、整理したことを基礎に編纂した『隋書』の「経籍志」（以下、『隋志』と略称する）は、『漢書』の「芸文志」の後を継ぐ、中国に現存する二番目に古い史志の目録であり、中国古代の古書の存在や散逸の概況を調査、研究するのに重要な史料である。

『隋志』の編纂者は古くは魏徴とされていた。『隋書』の「十志」は高宗の顕慶元年（六五六年）に完成し、太尉の長孫無忌〔?—六五九〕が献上したので、「隋志」の編纂者は長孫無忌ともされていた。しかし、五代の劉昫〔八八八—九四七〕らの『旧唐書』の「李延寿伝」によれば、当時、太子典膳丞、崇賢館学士の任にあった李延寿と著作佐郎の敬播〔?—六六三〕が編纂に参加していた。清代の姚振宗〔一八四二—一九〇二〕は『隋書経籍志考証』で、「隋志」について、

おそらく、志はまず李延寿と敬播が編んだので、探し求めて収集した功があったが、魏鄭公（魏徴）が削除、校訂したので、茨の道を切り開いた実があったのであろう。編纂者はこの三人と考えるべきである。

と述べている。

専門家の研究によれば、「隋志」は、もともと貞観年間に魏徴らが勅命を受けて梁、陳、北斉、北周、隋など、

『五代史志』を編纂した原稿であり、のちに『隋書』に組み入れられたのである。おもに隋代の柳䛒《りゅうべん》の「隋大業正御書目録」を基礎に、梁代の阮孝緒（四七九―五三六）の「七録」の分類体系を参考にするとともに、隋・唐代の国家の蔵書の情況にもとづいて、削除と補充を経て完成した。隋朝の蔵書ばかりか、南北朝以来の官府や私人の蔵書をも伝えている。

「隋志」は総序で、

（編纂するときに）現存するものを調べ、四部に分けたら、あわせて一万四千四百六十六点、八万九千六百六十六巻になった。

と述べている。編纂者はそれらの書籍のうち、「文章が低俗で、道理を教えるのに役立たないもの」を削除し、古い目録に漏れていたもので、「内容に採るべきものがあり、広く役立つもの」を付け加え、隋代に現存していた書籍をあわせて三千百二十七点、三万六千七百八巻を記載し、注釈に隋代にすでに散逸してしまったか政府が収蔵していなかった書籍を千六十四点、一万二千七百五十九巻付け加えている。現存書と逸書を合わせると、四千百九十一点、四万九千四百六十七巻になる。[25] 巻末に、道教経典を三百七十七点、千二百十六巻、仏教経典を千九百五十点、六千百九十八巻付け加えている。道教と仏教を合わせると、二千三百二十七点、七千四百十四巻になる（道教経典と仏教経典は書名を記さず、分類と巻数だけを記している）。総計すると、経、史、子、集の四部および道教経典、仏教経典の現存書と逸書を六千五百二十点、五万六千八百八十一巻記載している。

「隋志」が記載している書籍は、編纂者の歿年を基準にしている。およそ恭帝の義寧二年（つまり大業十四年、六一八年）以前のものは記載しているが、唐代初期に亡くなった者の著作はすべて記載していない。

「隋志」は経、史、子、集の四部に分類している。四部の分類は魏・晋代に始まったけれども、四部に分類している現存の図書目録では「隋志」がもっとも古く、「隋志」が創始した四部による分類体系は近代までずっと踏襲されてきた。

「隋志」の部類、子目〔細目〕、収書数はつぎのとおりである。

（甲）経部――易、書、詩、礼、楽、春秋、孝経、論語、異説、小学のあわせて十目、六百二十七点、五千三百七十一巻（逸書を合わせると九百五十点、七千二百九十巻）

（乙）史部――正史、古史、雑史、覇史、起居注、旧事、職官、儀注、刑法、雑伝、地理、譜系、簿録〔記録〕の十三目、八百十七点、一万三千二百六十四巻（逸書を合わせると八百七十四点、一万六千五百五十八巻）

（丙）子部――儒、道、法、名、墨、縦横、雑、農、小説、兵、天文、暦数、五行、医方のあわせて十四目、八百五十三点、六千四百三十七巻

（丁）集部――『楚辞』、別集、総集のあわせて三目、五百五十四点、六千六百二十二巻（逸書を合わせると千百四十六点、一万三千三百九十巻）

付録として、

道教経典――経戒、餌服、房中、符籙〔道家の秘文〕のあわせて四目、三百七十七点、千二百十六巻

仏教経典――大乗経、小乗経、雑経、雑疑経〔雑経の偽書〕、大乗律、小乗律、雑律、大乗論、小乗論、雑論、記のあわせて十一目、千九百五十点、六千百九十八巻(26)

「隋志」は、巻頭に総序一篇、四部にそれぞれ後序、各類に小序四十篇、仏、道両類に序二篇、巻末に後序一篇、あわせて四十八篇の序文があり、書籍の源流をかいつまんで叙述し、学術の流派を考証し、書籍の収集と散逸の概況を説明している。書名と巻の下に簡単な注釈を付して、作者および時代、爵位、役職を明記し、ときには真偽および存逸、残欠などを明記するとともに、割注で類に従って逸書の書目を付け加えている。本書は唐代以前の文化と古書を考察する重要な拠りどころである。それゆえ、清代の姚振宗は、

周秦六国から、漢魏、六朝を経て、隋唐まで、上下千余年、数十代を網羅しており、古《いにしえ》に制作され、失われたものが、すべてここにある。

と述べている。目録の集計から、古書の変化の情況をも見て取ることができる。たとえば、史部の書籍の十三類で集計すると、逸書は八百七十四点、一万六千五百五十八巻で、『漢書』の「芸文志」の二十三点、九百四十八篇よりも数十倍に増えており、中国の書籍事業の発展の概況がわかる。

唐の太宗の貞観年間から玄宗の開元年間まで、百余年のあいだは、社会がかなり安定し、経済が繁栄し、書籍の収集、整理もひきつづきたえまなく続けられた。開元三年（七一五年）に、玄宗は崇文館学士の褚無量《ちょむりょう》（六四五―七一九）、昭文館学士の馬懐素（六五九―七一八）をもてなす宴会で宮中の蔵書について、

内庫（宮廷内の蔵）の書籍はみな太宗と高宗の集めた古い本であり、宮女に管理させているが、すべての欠本はまだ補ういとまがなく、篇や巻が錯乱しており、調べにくい。卿らが朕のために整理してみてくれ。[27]

と言った。そして、馬懐素を修図書史に任命し、褚無量らとともに東都の乾元殿（開元六年十二月に麗正殿修書院、同十三年四月にさらに集賢殿書院と改称した）で書籍を整理、校訂させ、西京の秘書省で目録を編纂させた。開元七年（七一九年）に、またも、

公卿士庶の家が有する貴重な書籍は、官が借りて書写する。[28]

という詔を発した。このときの収集、校訂、書写はきわめて大規模に行われた。太府〔会計をつかさどる〕は、毎月、蜀郡〔現在の四川省成都市を中心とする地域〕の麻紙を五千枚給し、毎季、上谷郡〔現在の河北省易県を中心とする地域〕の墨を三百三十六個給し、毎年、河間〔現在の河北省河間市を中心とする地域〕、景城〔現在の河北省滄州市を中心とする地域〕、清河〔現在の河北省清河県を中心とする地域〕、博平〔現在の山東省聊城市を中心とする地域〕四郡の兔の皮を筆材として千五百枚給した(29)。

とあり、書写の規模が大きかったことがわかる。書写した書籍は両都に分けて収蔵し、

甲〔経〕、乙〔史〕、丙〔子〕、丁〔集〕四部の書籍にそれぞれ書庫を一つずつ設け、知書官八人を置いて分掌させた。およそ四部の書庫の書籍は、両都にそれぞれ一部ずつ、あわせて十二万五千九百六十巻あり、いずれも益州〔現在の四川省成都市を中心とする地域〕の麻紙に書写した。集賢院の御書は、経庫のものは螺鈿を施した白色の象牙の軸、黄色の褾帯〔巻物を括る紐〕、紅色の牙籤〔蔵書の一つ一つを探し出しやすいように付ける象牙製の札〕、史庫のものは青色の象牙の軸、淡青色の褾帯、緑色象牙の書籤、子庫のものは彫刻を施した紫檀の軸、紫色の褾帯、碧色の牙籤、集庫のものは緑色の象牙の軸、朱色の褾帯、白色の牙籤で区別されていた(30)。

という。すなわち、両都に集められた書籍は、甲、乙、丙、丁と順位をつけ、経、史、子、集に分けて書庫に収納されていたのである。それ以来、書籍を経、史、子、集に分類して書庫に保管する制度が生まれ、「四庫」という名称が生まれた。四部の書が完成したときに、玄宗が「百官を乾元殿の東廊にはいらせて見せたところ、みなその広さに驚いた(31)」。唐代「蔵書が開元年間ほど充実していたことがなかった(32)」が、それは経済が繁栄し文化が発達し

た盛世〔平和で栄えている時代〕に見合っていた。歴史上、「開元の盛世」というが、書籍が豊富であったことが盛世の盛世たるゆえんの一つであったにちがいない。

開元年間に書籍を収集、整理したことをふまえて、殷践猷《いんせんゆう》、王愜《おうきょう》、韋述〔?―七五七〕、余欽、毋煚《かんけい》、劉彦真、王湾、劉仲らが開元九年（七二一年）に『群書四部録』を編纂したが、この官編の目録は二千六百五十五点、四万八千百六十九巻の書籍を記載しており、総序、類序、解題があり、あわせて二百巻である。

『群書四部録』が完成してまもなく、編纂者の一人である毋煚は、この目録は政府の蔵書を完全に記載していないし、分類や解題にも誤りがあると見なし、校訂を行い、三百か条余りの誤りを正し、新しい書籍を六千余巻増補し、『古今書録』全四十巻を編纂した。この目録は『群書四部録』を改訂、増補、簡略にしたものといえる。経、史、子、集の四録、四十五家に分け、三千六十点、五万千八百五十二巻の書籍を記載している。部ごとに小序、一点ごとに著者の名とともに解題と論述を付している。収録しているのは、やはり開元年間のものまでである。それと同時に、毋煚は『開元内外経録』全十巻を編纂し、仏教と道教の経籍二千五百余点、九千五百余巻を記載し、一点ごとにいずれも訳者を明記し、解題を付している。

『群書四部録』と『古今書録』はともにすでに散逸してしまっているが、『旧唐書』の「経籍志」と『新唐書』の「芸文志」からその輪郭をうかがうことができる。毋煚の手になる『古今書録』の「自序」は、清代の董浩、阮元ら編の『全唐文』中の「標集四部経籍序略」に現存しており、古代目録学の重要な文献である。その「自序」で図書目録の効用について、

千帙の書を掌眸に、万函の披〔棺の左右に付けて、傾くのを防ぐために引き持つ紐〕を年祀にあらしめ、目録を見て要旨を知り、目録を見て言葉を知り尽くし、経典の精術をことごとく探り、賢哲の叡思をことごとく知り、古人の顔を見ずに、古人の心を知らしめれば、後世に伝えて絶えることがないであろう。[33]

と述べている。すなわち、書籍の目録は閲読の導き手でなければならないばかりか、学術の源流を解剖分析して、読者が目録を見るや書籍の主要な内容を知り、数えきれないほど多数の書籍が掌眸の間にあるようにしなければならないと指摘している。これらの見解は、今日の書籍目録の作成にも依然として重要な意義を有する。

玄宗の天宝十四年（七五五年）に勃発した安史の乱は、唐朝が繁栄、強大から衰退へ向かう転換点であり、長安と洛陽が何回も破壊され、政府の蔵書も重大な被害を受け、「乾元年間（七五八―七六〇年）に有していた古書は、ほとんど散逸してしまった」[34]。粛帝（在位七五六―七六二）が安史の乱を平定して長安に帰ったのち、またも書籍の収集が論議され、何回も詔を発して、賞金を懸けて書籍を募った。七六二年に代宗（在位七六二―七七九）が皇位を継ぎ、元載（?―七七七）を宰相に任ずると、元載は、

千銭で書一巻を贖い、また、拾遺の苗発らを江淮（現在の安徽、江蘇、河南三省および湖北省北東部の、長江以北、淮河以南の地域）に派遣すべく命ずるよう上奏した。[35]

という。八二六年に文宗（在位八二六―八四〇）が即位し、鄭覃（?―八四二）を宰相に任ずるとともに、詔を発して、秘閣が逸書を探し求め、毎日、追加して書写させ、開成年間（八三六―八四〇年）の初年には、内庫の書籍は五万六千四百七十六巻に達した。僖宗（在位八七三―八八八）のときには、蔵書は十二庫、あわせて七万余巻に増えた。しかし、広明元年（八八〇年）に黄巣（?―八八四）の指導する農民蜂起軍が長安に攻め入り、戦乱のさなかに火災がおこり、

内庫焼けて錦繡を灰と為し、

天街〔都城の街道〕で踏むは尽《ことごと》く公卿が骨なり。(36)

往時の逸書、尺簡も存するなし。(37)

であった。のちに、政府はあらためて賞金を懸けて募ったけれども、わずかに二万余巻を手に入れただけであった。昭宗〔在位八八八―九〇四〕のときに、朱温〔後梁の太祖。八五二―九一二、在位九〇七―九一二〕が長安に攻め入り、将士を指揮し内庫を占拠したので、蔵書はまたも被害をこうむった。のちに洛陽に遷都したとき、長安は大いに乱れ、軍人が争って略奪をはたらいたので、何回も戦乱にあってきた官府の蔵書はさらに災難にあい、半分が消失、散逸し、「平時の書籍は、世に聞くを得るものなし」(38)であった。

唐代は書写本の全盛期で、科挙制度が実施され、完全なものになり、読書人が激増するのに伴い、私人の蔵書も前代よりも大幅に増え、有名な蔵書家が数多く現れ、長安、洛陽などの大都市には蔵書が万巻をこす人が少なからずおり、蔵書の内容も政府の蔵書に比肩しうるものであった。たとえば、蘇弁は「二万巻の書籍を集め、自分で校訂し、当時、秘書埒と称され」、韋述は「二万巻の書籍を蓄え、すべて自分で校訂し、黄麻紙〔詔勅を書くのに使う〕と墨の優良さは、秘書〔宮中秘蔵の文書や書籍〕も及ばず、古《いにしえ》の草書や隷書の法帖、秘書、古器、図譜をすべて備え」、韓王の李元嘉は「集めた書籍が万巻にのぼり、また拓本にとった碑文や古人の筆跡は、珍しいものが多く」、柳公綽〔七六五―八三二〕は「家に万巻の書籍があり、蔵するものはかならず三冊備え、いちばんいいものは書庫に収め、それにつぐものをつねに読み、いちばん悪いものを初学者に使わせた」(39)。私人の蔵書がこれほど多数の副本をもちえたことから、当時の書籍事業の盛況ぶりがわかる。鄴侯の李泌〔七二二―七八九〕の家には三万余巻の書籍があり、官府の蔵書をまねて、帙の牙籤の色で蔵書の種類を分け、経書は紅色、史書は緑色、子書は青色、集書は白色の牙籤を使い、「鄴架」と称していた。韓愈〔七六八―八二四〕は、

鄴侯の家　書多く、架に挿すこと三万軸、
一一牙籤を懸け、新しきこと手未だ触れざるが若《ごと》し。

と詠じて蔵書のすばらしさを讃えている。呉兢《ごきょう》（六七〇―七四九）は一万三千四百六十八巻の蔵書を有し、唐代の私人の蔵書目録の始まりである『西斎書目』全一巻を編んでいる。

3　五代における書籍の収集、整理、収蔵

五代十国の時期に書籍の収集、整理、収蔵をかなり重視したのは、後唐、後漢、後周、南唐である。後唐の荘宗の同光年間（九二三―九二五年）に、政府は民間の蔵書を徴募し、書籍を三百巻献上した者には官職名を与えることを定めた。後漢の隠帝の乾祐年間（九四八―九五〇年）に、礼部郎中の司徒調が上書して、献書の路を開き、およそ三館の逸書を献上した者には「その巻帙を計って金帛を下賜し、数の多い者には官位を与える」よう要請した。後周の世宗（在位九五四―九五九）の時代は、社会がかなり安定していたので、ふたたび書籍を徴募し、書籍を献上したすべての者に恩賞を与えるとともに、常参官（毎日、参朝する官吏）から三十人選んで蔵書の校訂と整理にあたらせた。南唐が都城にした金陵（現在の江蘇省南京市）は、当時、経済と文化がかなり発達しており、南唐も書籍の収集をかなり重視した。後主（在位八六一―九七五）は儒学を好み、宮中に万巻の書を蔵していた。宋の開宝八年（九七五年）、宋兵に攻められ、まさに陥落しようとしたときに、蔵書をすべて焼却するよう命じたので、「万巻の貴重な書籍は燃やされ、跡形もなくなった」。

後晋朝のときに、劉昫（八八八―九四七）らが『唐書』の「経籍志」全二巻（以下、「旧唐志」と略称）を編纂した。

内容は主として唐代の毋煚の『古今書録』から採っているが、原著の大小の序と注を削除し、目録を残しただけにすぎないものである。収録されている書籍は唐の開元年間（七一三―七四一年）までのもので、その後の著作は記載されていない。のちに、北宋代の欧陽脩（一〇〇七―七二）らが『新唐書』の「芸文志」全四巻（以下、「新唐志」と略称）を編纂したが、内容は依然として『古今書録』を底本にし、「旧唐志」に収録されていない唐代の著作を増補したもので、あわせて三千八百二十八人の著者、七万九千二百二十一巻を記載している。四部、四十四類に分け、類ごとに「著録」と「不著録」の二つの部分に分けている。「著録」は、『古今書録』から、あわせて二千四百三十八人、三千二百七十七点、五万二千九十四巻を採録している。「不著録」は、開元年間以後の目録と宋代の蔵書にもとづいて、「旧唐志」に収録されていない千三百九十人、二万七千百二十七巻を増補している。この二つの史志の目録は、基本的に唐代の蔵書と著述の概要を伝えている。

五代十国の時期の著作の目録は、新旧の『五代史』にはともに「芸文志」がなく、清代にいたってはじめて顧櫰三と宋祖俊がそれぞれ『補五代史芸文志』全一巻を編纂した。顧櫰三の志は五代の七百三十三点の著作を、四部に分類して配列し、著作についてその経緯を解説し、考証をも行っている。しかし、時代区分がいい加減で、五代の著作でないものも入れている。

4　書籍の装丁形式の変化

中国古代の書籍は、文字を記す素材の変化によって、装丁の形式にもさまざまな形式が生まれた。古書によれば、上古（殷代）から四世紀（東晋代）までの千六、七百年間は簡策の時代で、そのうち前五世紀から三世紀までの約八百年余りは簡策の最盛期であった。前七世紀から三世紀まで、帛書の使用にはおおよそ千年の歴史があった。紙が発明されるとともにこれが流行したのち、おおよそ四世紀にいたったときに、簡帛時代に終止符が打たれ、書籍は書写本の時代を迎えた。唐代は書写本が発展するとともに全盛期を迎えた時期で、書籍の装丁の形式は、巻軸装のほかに、経折装〔折本。紙をジグザグに折り畳むもの〕と旋風装〔旋風葉。経折装の一種で、長い巻物を折り畳んで表紙を付け、最初のページと最後のページが続くようにしたもの〕も現れた。

巻軸装は書写本の主要な形式で、その構造は主として巻、軸、褾、帯、籤の五つの部分からなる。巻子は二枚以上の紙を貼り合わせた軸物で、長さは文章の長短によって定める。墨で垂直の線を引いて多数の行に分けるが、それを「辺準」とか「界行」という。巻軸が帛書に由来するので、「界」といい、「欄」ともいい、紅色のものを「朱絲欄」、黒色のものを「烏絲欄」、上下左右の四辺の欄を「辺欄」という。

巻子の軸は、ふつう漆を塗るか、塗らない細い木の棒で作り、帝王や貴族、豪族や富豪の蔵書は巻軸の材料を非常に重んじ、さまざまな色の瑠璃、象牙、珊瑚、鼈甲、紫檀、堆朱、ひいては金や玉などの貴重な材料さえ常用していた。軸は一般に巻子の幅よりもいささか長くし、両端を巻子の外に出して、拡げて読むのに便利なようにした。

中国の古書は、すべて右から左へ縦書きで書写されている。巻子の左端（つまり巻末）は軸に貼り付けられ、巻子のなかに巻き込まれ、右端の冒頭は巻子の外に露出し、汚損したり破れたりしやすい。それゆえ、右端に一定の空白を設けるか白紙を貼り付け、重要なものは綸子、紗、錦などの絹織物を貼りつけ、巻子を保護するが、その付属品を「褾」といい、「玉池」ともいい、俗に「包頭」という。

「褾」の先端の中央にさらに紐を付け、巻子を括るのに使うが、それを「帯」という。

巻軸装の書籍を書架に置くときは、出したり入れたりするのに便利なように、軸の一端を外に向けるが、それを「挿架」という。書籍の内容を識別するのに便利なように、軸の端に小さな札を付け、書名、巻数を記すが、それを「籤」という。巻数の多い書籍は、その他の書籍と混ざり合うのを避けるために、布かその他のもので包むが、それら書籍を包むものを「帙」というが、布袋で包むこともある。

唐代の巻軸装の書籍は、一九〇〇年に敦煌で大量に発見されたが、イギリス人のスタイン〔一八六二―一九四三〕は、唐代の巻子本の書籍を盗み去ったのち、「敦煌取書記」を著し、そのなかで、

どれも円筒になっていて、高さ九寸半から十寸半で、いずれも仏典の漢訳の写本か古文書である。きわめて柔軟な黄色の巻子で、絹織物で包まれ、非常に柔軟かつ強靱である。巻子のなかに小さな木軸が挿さっているが、なかには彫刻で装飾を施した木軸もあり、軸の端に紐を結び付けているものもある。紙の長さがそろっていないので、巻軸の形式もそれぞれ異なり、おおかたの紙の長さは十五寸から二十寸である。文章を書くときに一枚ずつ貼り合わせていって一巻となし、文章を書き終えたところで終わっているので、拡げて読み、引き延ばすと非常に長い(40)。

と記している。この記述から、古代の巻軸書のおおよその形態を理解することができる。

巻軸装の形式には、唐代の後期に変化が生じた。書籍の種類と数量が増えたので、書籍を読むときに、巻軸装の書籍、とりわけ調べるのに使う工具書について不便であるとますます感ずるようになった。非常に長い巻子のなかから特定の一字、特定の一句を探し出すのに、時間と体力を費やし、きわめて不便であった。こうして、いろいろ改善していくうちに、「経折装」や「旋風装」が生まれ、さらに冊頁〔画帖〕形式の書籍が生まれた。

「経折装」は「梵挟装」ともいう。唐代は仏教が流行したが、仏教徒は読経するのに頻繁に経巻をひもとく必要があり、インドの「貝葉経」〔インド産ヤシ科植物である貝多羅樹（タラジュ）の葉に書かれた古代インドの仏教の経典〕の形式からヒントを得て、経巻を経折装に改めた可能性がある。すなわち、書写した長い巻子を一定の行数に従って連続してジグザグに折り畳み、長方形に積み重ねてから、その前後にそれぞれ硬い紙を貼り付け、表紙と裏表紙にして保護したのである。あるページを調べたいときには、じかにそのページを開くことができ、しかも作るのが簡

単で、軸や標を付ける必要がなく、保存にも便利である。しかし、くりかえしめくっていると、ページが裂けたりばらばらになったりする欠点があるので、さらに改善して「旋風装」を産み出した。

「旋風装」の形式については、目下、二種類の意見があるが、それぞれ根拠がある。一つは、巻子を折り畳んで冊子にしたあと、別の紙で最初のページと最後のページをつなぎ、一枚の表紙で最初のページから最後のページまでいっしょに包むようにしたものである。ひもとくと、ページが旋風のようになるので、「旋風装」という。

もう一つは、故宮博物院所蔵の『唐写本王仁煦刊謬補闕切韻』の装丁形式に対する研究にもとづいたものである。これによると「旋風装」の具体的な装丁法とは、ページより幅のやや広い厚紙で下地を作り、片面しか書写していない最初のページを巻子の端に全部貼り付け、両面に書写したその他のページは、字の書いてない右端の小さな空白部分を最初のページの末尾の空白部分に規則正しく貼り付けたものと見なしている。拡げて読むときは一ページずつめくって読むことができるし、読まないときは始めから終わりまで巻いておく（巻いていく方向が巻軸装と異なる。巻軸装は終わりから始めに向かって巻いていくので、両者はまったく逆である）。この装丁形式は、巻軸装の本体と外観を保っているし、ページの保護と検索の便宜をも具えており、冊頁形式への移行が始まっている。(41)

「経折装」と「旋風装」はともに巻軸書から冊頁書への移行形式であり、冊頁装の最初の形式でもある。木版印刷術が発明されるとともに普及したのち、書籍の形式は徹底的に冊頁式に変わった。中国の図書の発展史も新たな段階――版本時代――を迎えたのである。

10章　隋・唐・五代の時期の重要著作

1　経学

儒家の経学は、後漢代以来、師が弟子に伝授して伝えてきたので、経義に関する異説が入り乱れ、是非を決めがたくなっていた。南北朝時代に、経学は南学と北学に分かれ、南方では魏・晋代の玄学〔当時の哲学思潮、おもに道家思想で儒家の経典を解釈する〕を大いに論じ、北朝は依然として後漢代以来の学風を引き継いでいた。隋朝が全国を統一すると、南北の儒学の流派が異なり、経義を異にしていたので、学校における教学や科挙の試験に多数の困難がもたらされた。開皇年間〔五八一—六〇〇年〕初年、文帝〔在位五八一—六〇四〕は国子学に、学生四、五百人を推薦し、経義の試験を行い、選抜して官吏に任ずる準備をするよう命じた。しかし、試験を受ける学生の拠りどころにする経説が南北で異なるので、博士はその高低を評価することができず、長いあいだ解決することができなかった。

唐朝の建国後、太宗〔在位六二六—六四九〕は、政治的大統一の必要のために、「文字に訛謬が多く」、学生の学習に不利であり、「儒学に学派が多く、章句が繁雑で」、思想を統一するのに不利であるという儒教の情況を改めることを決意し、貞観四年〔六三〇年〕に詔を発して、顔師古〔五八一―六四五〕に「五経」の文字を校訂させ、また、孔穎達〔五七四―六四八〕をはじめとする儒者に「五経」の義疏〔経典の文章の意味を説き明かした書籍〕を撰定させ、天下に頒布し、学ぶ者に教え伝えるよう命じた。(1)

顔師古は、名を籀《ちゅう》といった(2)が、字が広く使われ、京兆の万年〔現在の陝西省西安市〕の出身で、唐代の著名な経学者、史学者である。祖父の顔之推〔五三一―?〕は北斉代の著名な文学者で、著書の『顔氏家訓』は「家訓」のたぐいの著作の手本と見なされ、広く伝播しているし、父親の顔思魯も一代の名儒であった。顔師古には堅実な家学の源があり、家のなかに豊富な古書があった。幼いときからさまざまな本を読みあさり、成年後には文字、音韻、訓詁に精通し、文章にも秀でていて、朝散大夫、中書舎人、中書侍郎、秘書少監、秘書監などを歴任した。詔勅を奉じて、「五経」の文字を校訂し、『周易』、『尚書』、『毛詩』、『礼記』、『春秋左伝』という儒家の経書の転写中に生じた少なからぬ文字の誤りを校訂し、「五経」の定本を撰定した。完成して奏上すると、太宗は儒家の学者を召集して評議を行った。儒者はそれぞれ習熟しているところにもとづき、一斉に詰問したり質疑したりした。顔師古は晋・宋代以来の古今のさまざまな版本にもとづいて、博引傍証し、一つ一つ答えていったが、発言に拠りどころがあり、道理が明白であったので、みな感嘆して敬服した。こうして、太宗は帛五百匹を賜り、通直散騎常侍を加え、「五経」の定本を全国に頒布した。それ以来、「五経」は標準的な文本〔テキスト〕をもつにいたり、文字が完全に統一され、文字を異にし解釈がそれぞれ異なるという従来の病弊を克服した。

孔穎達は、字を仲達といい、冀州の衡水〔現在の河北省冀州市〕の出身で、唐代の著名な経学者、教育者である。幼いときに有名な学者の劉焯《りゅうしゃく》〔五四四―六一〇〕に学び、成人後には「五経」に精通していた。隋の大業年間〔六〇五―六一七年〕の初年にずばぬけた成績で明経科〔科挙の試験科目の一つで、儒家の経義で合格した者をいう〕に合格し、河内郡博士を授与され、唐代に国子博士、国子司業、国子祭酒などを歴任した。孔穎達の学術上の主要な業績であるとともに、後世にかなり大きな影響を及ぼしたものこそ、責任者として多数の儒者といっしょに撰定した

『五経正義』にほかならない。

『五経正義』はもと『五経義疏』（一説に『五経義賛』）といったが、のちに詔を奉じて『正義』に改称された。いわゆる「正義」とは、経書にもとからある注と疏（注をさらに詳しく解釈したもの）に対してあらためて行った注解である。南北朝時代には、南北の学風が異なるので、経書の注と疏に対してそれぞれ重んずるものが異なり、『詩』については南北がともに前漢代の毛公（毛亨）を主とし、『礼』については南北がともに後漢代の鄭玄（一二七—二〇〇）に従ったのを除いて、南朝では『周易』は三国時代の魏の王弼（二二六—二四九）の注、『尚書』は偽孔安国（前漢代の経学者で、孔子（前五五一—前四七九）の子孫。孔子の邸宅の壁のなかから発見されたという『尚書』を伝え、古文『尚書』学派を開いたが、現在では偽書とされているので、名前に偽を冠する）の伝（注釈）、『春秋左氏伝』は三国時代の魏の杜預（二二二—二八四）の『集解』を用いたのに対して、北朝では『周易』と『尚書』は鄭玄、『春秋左氏伝』は後漢代の服虔の『解誼』を用いた。孔穎達は、『五経正義』を撰定するときに、『周易』の上下の経は王弼の注、「繋辞」以下は晋代の韓康伯（韓伯）の注、『尚書』は偽孔安国の伝、『詩』は前漢代の毛亨の伝と後漢代の鄭玄の箋（注釈）、『礼』は鄭玄の注、『春秋左氏伝』は杜預の『集解』を用いた。そして、経典の原文と先人の注釈のすべてに対して、疏通させる（わかりやすくする）解釈を付し、疏と総称した。注を付すべき経典の原文と注釈の字句ごとに、まず原文、ついで注釈を解釈しており、手順が明白で、論理構成が明確である。『五経正義』が完成すると、全百八十巻で、巻数が多く、衍文（誤って書き入れられた不要な字句）や誤字が避けられなかったので、博士の馬嘉運が非を正すよう提案したので、太宗は詔を発して、さらに詳しく調べさせた。高宗の永徽二年（六五一年）にいたって、中書、門下両省に詔を発して、国子三館（弘文館、崇文館、国子館）の博士、弘文館の学士とともに検証させ、翌年にも詔を発して、長孫無忌（?—六五九）に詳しく校訂させ、永徽四年（六五三年）三月にやっと頒布し、全国的に統一された経学の定本として儒生の必読の教材になり、毎年、明経科の試験は『五経正義』にもとづいて行われ、唐朝から宋朝までの数百年間にわたってずっと経学の国定の教科書であった。宋代以後に「十三経注疏」〔儒家の十三種の基本的な書籍である『周易』、『尚書』、『毛詩』、『周礼』、『儀礼』、『礼記』、『春秋左氏伝』、『春秋公羊伝』、『春秋穀梁伝』、『論語』、『孝経』、『爾雅』、『孟子』の注疏のこと〕に組み入れられ、今日まで伝えられ、経学、文学、史学の研究者に重視されている。

「五経」の定本と『五経正義』が頒布されると、経学の注釈は一色に塗りつぶされ、後漢代以来のさまざまな異説はすべて取り除かれ、儒学内部の各学派がたがいに論争し合って勝負がつかないという局面にも自然に終止符が打たれた。唐代における経学の統一は、封建的な支配階級の思想の統一に重要な役割を果たした。それゆえ、太宗が顔師古に「五経」の定本を定めさせ、孔穎達らに『五経正義』を撰定させたことは、儒学に対する影響についていえば、前漢の武帝〔在位前一四一—前八七〕が「百家を罷黜《はいちゅつ》し、独り儒術のみ尊ん」だことと肩を並べる壮挙であり、両者は経学史上において同じように重要な役割を果たしている。しかし、まさに科挙の受験者が経書を学ぶのに『五経正義』の定説を墨守し、新しい説を提起しようとしなかったがために、経学にもいかなる発展もみられなくなってしまったのである。

『五経正義』は勅令を奉じて撰定した官製の書籍であるが、唐代には私撰の経疏も何点か生まれている。高宗のときの太学博士である賈公彦は、『周礼義疏』全四十二巻と『儀礼義疏』全十七巻を撰定している。『周礼』と『儀礼』はともに鄭玄の注を用いており、『礼記』の鄭玄の注とともに「三礼」と総称する。孔穎達と同時代の楊士勛〔勳の古字〕は『春秋穀梁伝注疏』全二十巻を撰定し、東晋代の范寧〔三三九—四〇一〕の注を用い、唐代後期の徐彦は『春秋公羊伝注疏』全二十八巻を編纂し、後漢代の何休〔一二九—一八二〕の注を用いている。これらの書籍と『五経正義』は、体裁が完全に一致しているので、のちに唐人の「九経疏」と総称されている。これらの注疏は前代の注釈資料を少なからず保存しているが、旧注を忠実に遵守し、旧注をふまえて自分の見解をいささか述べているだけであって、新しい説を立ててはいない。ひいては、原注に誤りがあっても正そうとせず、その説に屈してさえいる。それゆえ、『五経正義』について、注釈に屈伏し、たがいに異なり、前後が矛盾し、むやみに讖緯の説を引用する欠点があると批判する人もいる。

漢・魏・南北朝における経学の発展に対して総括的な整理を行ったのは、同じ唐代の経学の著作――陸徳明（五五〇？―六三〇）が撰定した『経典釈文』――である。

陸徳明は、名を元朗というが、字が広く使われ、蘇州の呉県（現在の江蘇省蘇州市）の出身で、唐代の著名な経学家、訓詁学者である。隋の煬帝（在位六〇四―六一八）のときに秘書学士に抜擢され、のちに国子助教を授けられ、唐代になってから国子博士に任じられた。南朝の陳の后主の至徳元年（五八三年）から撰述を始め、畢生の精力を費やして漢・魏・南北朝の二百三十余人の音韻と訓詁の学を広く集め、『経典釈文』全三十巻を撰定した。第一巻は「叙録」で、「五経」の情況と注解を広めた人を含めて、経学の伝授の源流について詳述するとともに、著述の後世について述べている。以下の各巻は、

「周易音義」一巻
「古文尚書音義」二巻
「毛詩音義」三巻
「周礼音義」二巻
「儀礼音義」一巻
「礼記音義」四巻
「春秋左氏音義」六巻
「春秋公羊音義」一巻
「春秋穀梁音義」一巻
「孝経音義」一巻

「論語音義」一巻
「老子音義」一巻
「荘子音義」三巻
「爾雅音義」二巻

である。以上の十四点の書籍は、『老子』と『荘子』を除けば、いずれも儒家の経典であり、宋代以来、広く流布している「十三経」とくらべると、『孟子』が欠けているだけである。老子〔老耼〕と荘子〔荘周。前三六九?—前二八六〕は西晋代から士大夫に崇められていて、陸徳明は南北朝時代末期の陳代から唐代初期にかけて過ごし、当時の学風の影響を受けたので、『老子』と『荘子』を経典のなかに入れたが、『孟子』は、代々、子部の儒家類に入れられていて、「十三経」に組み入れられたのは北宋の熙寧年間〔一〇六八—七七年〕になってからであるからである。

陸徳明は『経典釈文』を編纂するのに、

古今をともに記録し、その枢要を括り、注は詳細を尽くし、あわせて訓義を弁ずる。

という原則を採用した。言語は発展、変化するものであり、しかも、さまざまな方言が加わったので、漢・魏代以来、経典の著作のための注音の情況にすでに大きな混乱が生じていたので、整理する必要があると見なしていた。それゆえ、本書は注音を主とし、あわせて訓詁と校訂にも触れている。

まず書名と章句を明示し、ついで字句を抜き出し、その音義〔発音と意味〕に注釈を施している。釈文は注音〔記号で文字の発音を示すこと〕を主とし、ほとんどの字には反切〔ある字の発音を、他の二字の上の字の頭の子音と下の字の韻との組み合わせで示す方法〕か直音〔ある字の発音を同音の他の字で示すこと〕があるが、意味を説明するだけで発音を示さない字もあり、版本の異同を記すだけで音義について注を施さない字もある。『孝経』は幼い子供がはじめて学ぶものであり、『老子』は各種の版本が異なるので、両者については特に全句を抄録してから、そのなかの字句に発音の注記を付しているが、その他の書籍はいずれも経文を抄録せず、単に篇章の上に字を抜き出して発音を注記するだけであるが、混同を避けるために相連なる二、三字を抜き出しているものもある。

また、経典の本文のために発音を注記するだけでなく、経典にもともと付いている注釈にも発音を注記している。原本は朱色と墨色でそれぞれ書写し、経文の反切と意味の説明は墨で書き、注釈の反切と意味の説明は朱で書いて、区別や識別がしやすいようにしている。これが特色の一つである。しかし、転写を重ねるにはかなり面倒であるし、木版印刷が生まれた直後は技術が未熟で、朱と墨はいっしょに使うことができなかったので、宋代以来、経文の音訓と注釈の音訓は混ざり合って同じ扱いをされるようになった。

陸徳明の学問に対する考え方と『経典釈文』は、当時、非常に大きな影響力を有していて、陳、隋、唐三王朝の帝王に重視され、陸徳明もしばしば昇進し、封贈〔功績のある臣下の、すでに亡くなっている曾祖父母、祖父母、父母や妻子に授ける栄誉、あるいは土地や爵位を与えること〕を受けた。『経典釈文』は、卓越した考証がなされ、音義についての考察が広範にわたり、実際には漢・魏・南北朝以来のさまざまな経典の音義を総括しており、後世においてさまざまな経典の古い音義を研究するには、注疏のほかには、本書を拠りどころにするしかなく、いまなお唐代以前の古書を読んだり、文字学、音韻学、訓詁学を研究したりするための重要な工具書である。

2　哲　学

哲学史においてかなり有名な唐代の思想家には、呂才〔六〇〇―六六五〕、韓愈〔七六八―八二四〕、柳宗元〔七七三―八一九〕、劉禹錫〔七七二―八四二〕、李翺〔七七二―八四一〕らがおり、なかでも韓愈、柳宗元、劉禹錫の三人が重要な地位を占めている。

呂才は、博州の清平〔現在の山東省聊城市〕の出身で、唐代初期の哲学者である。幼いときから勤勉で知識欲に燃え、博学多才であった。天文、医学、陰陽方伎〔方伎は方技ともいい、医術、神仙術、卜術、占星術などの総称〕、輿地〔地形、地理〕、歴史などをかなり深く研究し、とりわけ楽律〔音律〕に長じていた。太常博士、太常丞に任じられたことがある。哲学思想では、神学や迷信の空理空論に反対するとともに、論理思想に一定の貢献をしている。

唐代初期には、「陰陽書」がかなり広く流布していたが、太宗がそれらの書について「穿鑿がすでにはなはだしく、拘忌〔縁起をかついで物事を行うのをはばかる〕も多い」と見なし、詔を発して群臣百官に誤りを正させると、呂才は命を奉じて参加した。伝えられてきた陰陽方伎の書籍を広く渉猟し、そのうちの浅薄で誤っている内容を削除し、新しい「陰陽書」あわせて五十三巻を編纂し、太宗が詔を発して頒布した。呂才は「極微」と「気」を世界の根源と見なすとともに、「乾坤」、「剛柔」など、対立する関係のなかに事物が変化する原因を求めた。『叙宅経』、『叙禄命』、『叙葬書』、「因明注釈立破義図序」などで、陰陽方伎書中の誕妄の説にかなり体系的な反駁を加えている。史実を利用して、算命〔運勢占い〕、看風水〔家相や家屋、墓の方位から吉凶を判断すること〕などの欺瞞行為を暴露している。たとえば、秦の始皇帝〔在位前二四七―前二一〇〕の生まれた年月は、算命書によれば、官職や爵位とは縁がないが長寿であるはずであるのに、始皇帝は皇帝になり、わずか五十歳までしか生きられなかった。風水による墓地の選択について、陰陽家が人をだまして財物をかすめ取る手段であり、人の貧富や貴賤は、祖先を葬る日時や場所とは関係がなく、当人の行動に基づいていると指摘している(3)。呂才の著述は、時弊を指摘して人に深く考えさせ、文章が明解かつ鋭利で、戦闘性に富んでおり、中国古代の哲学思想史を研究する重要な資料である。

韓愈は、字を退之といい、河南の南陽〔現在の河南省孟州市〕の出身で(4)、唐代の著名な文学者、哲学者である。政治的には、中央集権を擁護し、藩鎮〔辺境に設けた節度使〕の割拠に反対した。封建的支配の利権を擁護するために、当時、流行していた仏教と道教に断固として反対した。哲学上では、仏教に対抗するために、「道統説」によって仏教の「法統説」に反対した。いわゆる「道」とは儒家の仁、義、礼、楽、つまり綱常（人の踏み行うべき道で、三綱（君臣、父子、夫婦の道）と五常（仁、義、礼、智、信）のこと）の教えのことである。また、「其の人を人にし、其の書を火にし、其の居を廬にす」（僧侶を普通の人民に還俗させ、それらの書物を焚き捨て、仏者を寺院ではない一般の普通の廬舎に住まわせる）(5)、すなわち、僧侶に還俗を強要し、仏教経典を焼却し、仏教寺院の財産を没収し、行政的な手段で仏教を壊滅させるよう主張した。元和十四年（八一九年）、憲宗が人を遣わして鳳翔の法門寺から「仏骨」を宮中に迎え入れて、三日間、祭ったので、長安城は、一時、大騒ぎになった。当時、刑部侍郎の任にあった韓愈は、「仏骨を論ずる表」を奉って、歴史上、仏を信じた帝王はみな長生きすることができないか、死にぎわがよくないと諫め、仏は外国人で、「君臣の義、父子の情を知らない」ので、生きたまま中国にやって来たとしても、一度しか接見せず、国外に護送すべきであるのに、ましてや臭気を発する骨においてをやと述べ、その「仏骨」を「水火に投じ」て、「永く根本を絶ち、天下の疑いを断ち、後世の惑いを絶つ」よう要求するとともに、「仏如《も》し霊有り、能く禍祟《かすい》を作《な》し、凡そ殃咎《おうきゅう》有らば、宜しく臣の身に加うべし」（仏がもし霊力があって、禍いや祟りをなすことができ、およそ殃いと咎めがあるならば、私の身の上に加えるがよろしい）と表明した(6)。その言辞が堂々としていて激烈であるので、上下にともに衝撃を与えた。憲宗はこの「表」を読むと激怒し、韓愈を処刑するよう要求した。幸いにも側近が頼み込んだので、やっと生命を取り留めたが、潮州（現在の広東省潮州市）刺史に左遷された。

　韓愈は仏教に反対していたけれども、自分自身は天命と鬼神を信ずる唯心主義者であった。「原道」や「原性」などで、天命の権威を強調し、天は意志を有し、賞罰を加えることができ、人は天の意志に服従し、それを畏敬するしかなく、人力では天命を改変することができないことを強調している。また、前漢代の董仲舒（前一七九―前一〇四）の思想を継承して発展させ、明確に「性三品説」を提起し、人性を上、中、下の三品に分け、上品の人は生まれながらにして封建的な道徳の基準にもとづいて行動することができ、中品の人は修身養性しなければそのようになることができず、下品の人は生まれながらにして劣性であり、強制的手段でなければ「威を畏れて罪寡《すく》なく」〔刑罰の威しを畏れかしこんで、罪が少なくなる〕することができないと見なしていた(7)。韓愈からみれば、封建時代の帝王は生まれながらにして人民を支配すべき上品の人、勤労人民は生まれながらにして支配されるべき下品の人であるが、それは天命であり、聖人の説く永久不変の道でもある。帝王が号令を発せず、臣下が帝王の意志どおりに人民を支配しなければ、職責を果たせず、道にたがい、天命の懲罰を受けるであろう。人民が「粟米麻絲を出《い》だし、器皿《きべい》を作り、貨財を通じ、以て其の上に事《つか》え」〔穀物、米、麻、生糸を出し、器物や皿などを作り、物資や財宝を有無相通ずることで君主に仕え(8)〕なければ、殺すべきである。

韓愈の提唱する儒学は、孔子や孟子〔孟軻。前三七二―前二八九〕の唯心主義哲学を基礎に、仏教と道教の内容をも吸収し、儒、仏、道の三教が融合した唯心主義の形態を形成しており、それゆえ、宋・明代の理学の思想的先駆になった。韓愈の思想は、宋代の周敦頤〔一〇一七―七三〕、二程〔程顥〔一〇三二―八五〕と程頤〔一〇三三―一一〇七〕〕、朱熹〔一一三〇―一二〇〇〕らに継承されて発展させられ、中国の後期封建社会で支配的地位を占める官製哲学になった。

柳宗元は、字を子厚といい、河東の解県〔現在の山西省永済市〕の出身で、唐代の著名な文学者、哲学者である。哲学方面の主要な著作に、「天説」、「天対」、「非国語」、「貞符」、「劉禹錫の天論に答うる書」などがある。天は意志を有し、賞罰や禍福を行うことができるという韓愈の唯心主義的な観点に反対し、天地や陰陽はいずれも自然物であると指摘し、あらゆる事物の発展には法則があり、万物の発展と変化は物質的な元気の自我運動の結果であり、人びとが天に求めたり、天を怨んだりする必要はないと指摘している。それゆえ、天と人は「各《おのおの》相預からず」という観点を提起している。柳宗元も社会の発展の必然的な「勢い」から出発し、帝王が命を天から受けることや符瑞などに関する歴代の神学史観や君権神授思想に体系的な批判を加えている。

順宗の永貞元年〔八〇五年〕、柳宗元は劉禹錫らとともに王叔文〔七五三―八〇六〕の政治革新集団に参加して礼部員外郎に任じられ、その敗北後に永州〔現在の湖南省永州市〕司馬に左遷され、さらに柳州刺史に左遷されたので、柳柳州とよばれている。左遷されたのち、意気消沈し、仏教に精神的な慰めを求めようとしたので、その思想に少なからぬ唯心主義的な要素が入り交じることになったのは、その無神論思想の不徹底性を反映している。

劉禹錫は、字を夢得といい、中山（現在の河北省定州市）の出身で、唐代の著名な文学者、哲学者である。哲学的な著述である「天論」三篇を執筆し、柳宗元の「天説」の唯物主義の観点を補充して発展させた。「天は有形の大なる者なり、人は動物の尤なる者なり」、すなわち、天は有形の物体のなかでもっとも大きいもの、人は動物のなかでもっとも突出したものであり、天と人はともに「物」で、ともに有形の事物に属すると述べている。そして、「天と人とは交《こもごも》相勝り、還《ま》た相用う」という有名な学説を提起している。天（自然）の職能は「万物を生かす」ことにあり、人の職能は「万物を治める」ことにあると提起し[9]、当時の「因果報応」論と「天人感応」説に反駁し、斥けている。しかし、柳宗元と同じように、儒家の伝統思想の束縛から徹底的に脱却できたわけではなく、王叔文集団に参加して敗北し、郎州（現在の雲南省曲靖市を中心とする地域）司馬に左遷されたのち、やはり仏教に転向して帰宿（迷いを離れて真実の自己の立場に立ち戻ること）を求めたことは、時代的制約と階級的制約を示している。

李翺《りこう》は、字は習之といい、隴西の成紀（現在の甘粛省秦安県）の出身（一説に趙郡（現在の河北省趙県を中心とする地域）の出身）で、唐代の散文家、哲学者である。韓愈の追随者で、孔子と孟子の伝統思想を鼓吹した唐代の代表的人物の一人でもある。代表的な著作は「復性書」三篇で、儒家と仏家の思想を混ぜ合わせ、凡人の性と聖人の性は区別がなく、ともに善であると指摘している。人の性はもともと静であるが、往々にして外物を感じ、情が生じたときに、はじめて善悪に分かれる。聖人は性を得ても情に惑わされないが、凡人は情に溺れてその本を知ることができない。凡人はたえまなく生活の情欲を取り除き、思慮しなければ、最後に「寂然不動」、「情性両《ふた》つながら忘る」る境地に到達し、やっと復性する（私欲を去ってもともと善である人性に立ち返る）ことができる。「正思」で邪悪な「情」を消滅し、「復性」に到達して「聖人」になるよう提起している。この復性学説は、宋・明代の理学にじかに影響を及ぼしている。

3　宗教と仏教経典の翻訳

隋・唐代には、さまざまな宗教がきわめて積極的に活動した。仏教は、南北朝時代にきわめて急速に発展し、唐代に最盛期を迎えた。唐朝の支配者は、道教の教祖の老子、つまり李耳を祖先と見なし、大いに道教の提唱に努めたので、唐代には道教も非常に流行した。中国と西方との交通の発展に伴い、西方のイスラム教、祆《けん》教〔ゾロアスター教〕、マニ教、景教〔キリスト教のネストリウス派〕も唐代にあいついで伝来したが、いずれも西域人に信奉されていた。しかし、唐代にもっとも広く伝播し、もっとも大きな影響を及ぼした宗教はやはり仏教である。

仏教は、天竺〔古代インド〕から中国に伝来した宗教である。仏教の流布は経典の翻訳に依拠しなければならなかった。仏経の中国への大量の翻訳と紹介は、後漢の桓帝の建和二年〔一四八年〕から始まった。この年、安息国〔イラン高原の北東部に位置していたパルティア王国〕の安清が西域から洛陽に到着した。安清は、字を世高といい、言い伝えによれば、安息国の皇太子で、幼いときから知識欲に燃え、博学多識で、仏教を篤く信仰し、中国に来てから短時日で中国語に精通した。中国で二十余年間にあわせて三十五点、四十一巻の仏経を翻訳したが、おもに小乗仏教の基本教義と修行方法を伝え広めるもので、梁代の慧皎《えこう》〔四九七—五五四〕の『高僧伝』によれば、安清が訳した仏経は「義理が明晰、文字が允正で、弁〔巧み〕にして華ならず、質にして野ならず」である。安清の後を継いで、南朝宋の文帝の元嘉末年〔四五二年〕までの三百年間に中国にやって来た西域の僧侶は六十人余りで、そのうち有名な者に支婁迦讖《しるかせん》、安玄、支謙〔二世紀から三世紀〕らがおり、少なからぬ仏経を翻訳している。この時期には、中国の僧侶も仏法を求めて西域に赴いたが、求法のために最初に西方へ赴いたのは三国時代の魏の穎川〔現在の河南省禹州市〕出身の朱士行である。豪族の出身で、少年時代に出家し、仏教経典の研究に専心した。洛陽で『小品般若経』を講じていたときに、『道行般若経』の訳文の字句が簡略にすぎ、訳者が原文の意味を理解できず省略して訳していないので、首尾が一貫せず、理解しにくい経文があると感じた。それゆえ、西方へ赴いて梵語〔サンスクリット語〕の仏経を手に入れる志を立て、二六〇年に長安を出発し、砂漠の流沙を越えて西方へ向かい、于《う》闐《てん》国〔現在の新疆ウイグル自治区和田市〕に到達し、「正品の梵書の梵本を九十章、六十余万言書写することができた」[10]。それらの経本は西晋の太康三年〔二八二年〕に弟子の弗如檀〔法饒〕によって洛陽に送り届けられた。

後漢代から南北朝時代末期までのあいだに漢訳された仏教経典は、唐代の釈智昇の『開元釈教録』[11]全二十巻によれば、あわせて千九百十三点、四千五百七十五巻で、現存する漢訳仏典千四百八十二点、五千七百二巻よりも、わずかに四百三十一点、千百二十七巻少ないだけである〔点数は逆に多い〕。

初期の仏経の漢訳は、主として西域を経て中国にやって来た僧侶が経文を暗唱し、一人が口頭で漢語に通訳し、それを「伝言」とか「度語」といい、別の一人か数人が筆録して漢文とし、それを「筆受」といい、さらに文字の修飾を行った。翻訳の方法は一般に直訳法を採用していた。東晋代以後、支配者が仏教を大いに提唱したので、仏教経典の翻訳は徐々に私人の個人訳から博学の大学者の参加する官訳形式に発展し、訳場の組織が生まれ、翻訳の水準も非常に向上し、意訳の試みが始まり、翻訳される経論も仏門の小品〔仏典の簡本〕や抄訳などの形式から発展して広く多数の経典を翻訳するようになり、はじめて翻訳された大冊の仏経が少なくなかった。後秦代に、梵語と漢語に精通している鳩摩羅什〔三四四―四一三か、三五〇―四〇九〕が長安の逍遙園の訳場で仏経を翻訳したが、当時、その訳経に参加した僧尼は千人以上にのぼり、十年間であわせて七十四点、三百八十四巻の仏経を翻訳した。鳩摩羅什は、大量の仏教経典の翻訳と解説を通じて、はじめてインドの仏学を本来の面目どおりに紹介し、南北朝時代の中国仏教の繁栄と隋・唐代における仏教の諸宗派の形成を促進するうえで、重要な役割を果たした。

隋・唐代に、仏教は全盛期を迎え、大乗八宗と小乗二宗の宗派がすべて形成され、経書の翻訳と出版も絶頂に到達し、国家の出版事業の重要な一部になった。仏教の「因果応報」学説は人民大衆を麻痺させる欺瞞性が非常に大きいので、人民の抵抗する意志を麻痺させ、封建的な支配を維持、擁護する目的を実現するために、隋・唐朝の支配者は仏教の提唱に大いに努めた。隋朝の文帝と煬帝の二人の皇帝はともに仏教をきわめて重視し、旧経六百二十蔵、二万九千余部を修復したばかりか、さらに訳場の組織を発展させて専門の翻訳館にし、訳経に従う数十人の僧侶と俗人を招聘し、長安の大興善寺と洛陽の上林園で訳経活動を展開した。『開元釈教録』によれば、隋代に訳された経論、伝録などは六十四点、三百一巻である。隋代末期の農民大蜂起ののち樹立された唐朝は、農民の威力に恐れをなし、仏教という精神的手段で人民を麻痺させることがいっそう必要であった。それゆえ、仏教は唐代にとりわけ隆盛になり、唐朝の皇帝は、少数の例外を除いて、みな仏経の翻訳と出版をきわめて重視し、仏経の翻訳の規模も隋代よりさらに大きく発展した。集計によれば、唐代の訳経はあわせて三百七十二点、二千百五十九巻にのぼった。[12]訳経がもっとも盛んであった時期は、太宗の貞観初年から徳宗の貞元末年まで〔六二七—八〇五年〕で、著名な翻訳者に玄奘〔六〇二—六六四〕、義浄〔六三五—七一三〕、不空〔七〇五—七七四〕らがいたが、もっともきわだった貢献をしたのは玄奘であった。

玄奘は、通称を三蔵法師、俗姓を陳、名を褘といい、洛州の緱氏〔現在の河南省偃師市緱氏鎮〕の出身である。代々、官吏をつとめ、家族がみな仏教を信仰し、次兄の陳素は洛陽の浄土寺の僧侶であった。玄奘は家庭の薫陶のもとで、幼いときから仏経を朗誦し、十三歳のときに出家し、仏学に精進した。国内の名師をあまねく歴訪し、仏教経典を深く研究し、貞観元年〔六二七年〕に長安にやって来たが、『倶舎論』、『摂大乗論』、『涅槃経』などに関する名僧の卓越した経論から、仏経に対する各地の法師の解釈が大きく異なり、経典の翻訳にもたがいに異論があり、定説が得がたいことを痛感した。そのとき、天竺の僧侶の波頗蜜多羅が中国にやって来て学を講じ、天竺の那爛陀〔ナーランダー〕寺の戒賢〔シーラバドラ〕法師は『瑜伽師地論〔ヨーガーチャーラブーミ〕』を講義しており、三乗〔大、中、小の三乗〕学説を総括することができると述べたので、天竺に赴いて学ぶ決意を固めた。貞観三年〔六二九年〕に、長安を出発し、「若し天竺に至らざれば、終に東帰の一歩をせず」[13]という決意を抱きつつ、途上の流沙や雪山、厳寒や酷暑に打ち克ち、あらゆる辛苦をなめ尽くし、四年後についに天竺の仏教の中心地である摩掲陀

〔マガダ〕国の那爛陀寺〔現在のビハール州南部のバルガオンに遺跡がある〕に到着し、住職の戒賢法師に礼遇、崇敬された。この寺院で瑜伽行の学説のほかに、唯識、中観と小乗各部の毘曇〔経典〕、因明〔論理学〕、声明〔文字の音韻〕などをも学び、豊富な学識を身に着けた。梵語で「会宗論」、「破悪声論」、「三身論」を執筆し〔いずれも散逸してしまった〕、四つの大弁論に参加し、いずれも優勝した。六四二年、戒日〔シーラーディティヤ〕王が玄奘のために曲女国〔カーニャクブジャ〕の都城〔現在のインド北部のカナウジ〕で仏教経学弁論大会――「無遮大会」――を開催し、五つの天竺の十八か国の国王と各派の数千人の僧侶が参加し、玄奘は論主の資格で仏学の理論を講じた。大会は十八日間にわたって開かれ、参加した高僧はついに一人も玄奘の論理を論破することができなかった。それゆえ、大乗と小乗の双方の人びとから一致して推賞され、至高無上の栄誉を獲得した。

貞観十九年〔六四五年〕、玄奘は五百二十夾、六百五十七点の梵文の経典を携えて長安に戻り、唐朝の官員と市民の総出による熱烈な歓迎を受けた。太宗が還俗して仕官するよう勧めたが、受け容れず、仏学の研究と訳経の事業に献身する決意を示した。三か月後、玄奘は長安で訳場を主宰し、仏経の翻訳を始めた。帰国してからこの世を去るまでの十九年間に、助手たちの協力のもと、あわせて七十五点、千三百三十五巻、約千三百余万字の仏経を訳出した。この数字は、訳経史上における他の三大翻訳家である鳩摩羅什、真諦〔四九九―五六九〕、不空が翻訳した巻数の総和よりも六百余巻も多く、唐代の新しい訳経の総巻数の半数以上を占める。

玄奘の翻訳は、おもに梵文の仏経を漢文に訳すことであった。従来の訳経の手順は、まず梵文の語法構造にもとづいて直訳して漢文にし、ついで漢語の語法に従って改め、最後に書写する人が字句に手を入れていたが、その過程で字句の増減が行われるので、往々にして原意を失うことがあった。玄奘は漢文と梵文に精通し、仏学の理論にも精通していたので、訳経のときに言葉がそのまま文章になり、書写する人が書き記せば、出来上がった。玄奘の訳経は直訳を多用し、文章が謹厳であった。「既に須《すべか》らく真を求むべし、又た須く俗に喩うべし」の八字を訳経の基準として提起した。「真を求む」とは原文に忠実であること、「俗に喩う」とは通俗的でわかりやすいことにほかならない。この基準にもとづいて、従来の訳経のうち、誤りが多かったり、晦渋で読みにくかったり、字句の増減のために原意を失ったりしているものについては、いずれも一つ一つ訳し直した。それゆえ、仏経の翻訳事業は、玄奘のときにいたって最高峰に到達し、玄奘をこえることのできる翻訳者は二度と現れなかった。

玄奘の訳経の態度も非常に厳粛かつ真剣であった。慧立の『大慈恩寺三蔵法師伝』によれば、

永徽〔六五〇―六五六〕に改元されてからは、もっぱら翻訳に努め、わずかな時間さえ惜しんだ。毎日、みずから仕事の分量を決めた。昼間に終わらなければ、かならず夜も続け、「乙」〔書籍を読み、途中で読むのをやめるときに付ける印〕に出会わなければ〔すなわち、筆で停止記号を記したところにいたらなければ〕、筆を擱かなかった。

という。毎日、「三更〔深夜零時ごろ〕にしばらく眠り、五更〔朝四時ごろ〕にまた起き」、灯火のもとに坐して翌日に訳すべき経論に句読点を打ち、経義を理解するのに多大の時間と精力を費やした。抄訳という方法には賛成せず、『大般若経』は梵文で二十万頌にものぼり、訳すときにすでに病弱であったので、弟子が抄訳を勧めたが、玄奘は同意せず、一字残らず訳す態度を譲らず、訳し終わったときには六百巻にも達した。翻訳の過程では、さまざまな版本との校訂にも意をそそぎ、たとえば、『大般若経』を訳すときには三種の梵本を比較、参照した。翻訳中は、仏教各派の経典に対して差別せずに受け容れる態度を持し、さまざまな観点の経論を忠実に翻訳した。また、訳経に従事するのと同時に、つねに弟子たちのために仏経の理論を講義し、弟子たちが提出するさまざまな疑問に回答するとともに、各地から教えを求めてやって来る僧侶や学者を受け容れた。訳場を主宰していた時期に、その後の訳経事業で重要な役割を果たす一群の人材を養成した。

玄奘の生涯にわたる著訳書は非常に多く、しかも学術的な価値がきわめて高い。梵文の大量の経典を漢文に訳したばかりか、『老子道徳経』〔『老子』〕を梵文に訳し、天竺ではすでに散逸していた『大乗起信録』を漢文の訳本に

もとづいて梵文に訳し戻した。天竺から帰国したのち、太宗の命令を受け容れ、貞観二十年（六四六年）に、自分が口述し、弟子の弁機が筆録、整理して『大唐西域記』全十二巻を完成させ、太宗が序文を書いている。百三十八か国（そのうち、玄奘がみずから赴いたものが百十か国、伝聞のものが二十八か国）の領域、山川、歴史的沿革、風俗人情、宗教、都市、名勝旧跡、人物、故事などについて記しており、先駆性を具えた歴史地理学と仏学の名著である。当時の人びとの視野と知識を拡げたばかりか、後世の内外の学者が中央アジアや南アジアの古代史、宗教史、国際関係史を研究するための重要な文献でもある。この百年来、あいついで多数の外国語に翻訳され、世界に広く流布している。(14) 南インドの貴重な芸術品であるアジャンター石窟の再発見は、本書の記事のたまものである。十九世紀初頭の考古学的発掘は、主としてこの地区の位置、塑像、建築規模に関する『大唐西域記』の活き活きとした描写を手がかりに進められた。それゆえ、外国の歴史学者は玄奘について、

今日のあらゆるインド研究者にとって博学の指導者である。今日の研究者が七世紀のインドの不明瞭な歴史地理を整理して、暗黒のなかでいささか光明を放ち、混乱のなかに秩序をもたらすことができるのは、すべて玄奘の功績である。(15)

と讃えている。

麟徳元年（六六四年）に、翻訳家、言語学者、旅行家でもある傑出した仏学の大師が過労のために病死すると、高宗の李治（在位六四九―六八三）も悲しんで、「朕は国宝を失った」と嘆き、玄奘が葬られたときには、「諸州の五百里以内で送った者が百余万人」にものぼった。初志を変えることなく、不撓不屈の精神で、困難を恐れず、ひたすら勇往邁進し、骨身を惜しまず学問を追求し、訳経事業をたえず向上させた精神は、つねに後世の人びとに敬慕されている。

玄奘の後を継いで、唐代のもう一人の高僧である義浄（六三五―七一三）が、高宗の咸亨二年（六七一年）に広州から海路によって天竺に到達し、那爛陀寺で仏経を十年間にわたって研究し、さらに南海の各国に赴いて仏経を探し求め、書写した。証聖元年（六九五年）に洛陽に戻ったが、持ち帰った経、律、論はおおよそ四百点にのぼった。帰国後は、訳経に従事し、十数年間にあわせて五十六点、二百三十巻の仏経を翻訳した。さらに、『南海寄帰内法伝』全四巻、『大唐西域求法高僧伝』全二巻などをも著し、当時の東南アジア各国の地理、交通、仏教、文化、生活などの情況を紹介し、中国から天竺に赴いた僧侶の事績を記しており、かなり高い史料的価値を有する。

隋代以前における仏経の翻訳は、その多くが中国にやって来た天竺の僧侶の口授に依拠していて、人から人へと伝えられていくうちに、原意が失われていった。唐代になると、玄奘、義浄らが仏法を求めて西方へ赴き、天竺などから大量の仏経の梵文の原本を持ち帰り、仏経についてもかなり深く研究し、理解していたので、唐代の訳経事業は前代を凌駕する高峰に到達した。訳経院の規模は前代の訳場よりもはるかに大きく、訳経の制度もいっそう完備した。北宋代の賛寧（九一九―一〇〇一）の『宋高僧伝』の記す唐代の訳場の制度によれば、当時の翻訳の職種は十一種にものぼる。

(1) 訳主――訳場全体の首脳で、漢語と梵語に精通し、仏理を深く理解しており、解決しがたい問題に直面しても、判断して解決することができる。
(2) 証義――訳主の助手で、既訳の文章の意味が梵文となんらかの差異があれば、訳主と検討する。
(3) 証文――証梵本ともいい、訳主が梵文を誦すときに、原文に誤りがあるかいなか注意する。
(4) 度語――書字ともいい、梵文の字音にもとづいて漢文に書き改める。
(5) 筆受――記録した梵文の字音を漢文に翻訳する。
(6) 綴文――訳文を整理して、漢語の習慣に符合させる。

(7)　参訳――原文に誤りがあるかいなかを校訂し、訳文を原文に戻して誤っているかいなかをも検証する。
(8)　刊定――梵語と漢語の文体が異なるので、句、節、章ごとに混乱や重複を取り除く。
(9)　潤文――訳文に修辞的な潤色を加える。
(10)　梵唄――訳文の完成後に、梵音を読む方法で誦し、音調が協調していて僧侶の誦読に適しているかいなかを調べる。
(11)　監護大使――皇帝の派遣する大臣で、訳経を監閲する。[16]

このうち、「潤文」や「証義」などは、複数の人が分担することが多かった。一つの仏経の翻訳は、このように多勢の人員がかかわり、多勢の人びとの才智を集め、校訂や修正を何回も経て、やっと完成するのであって、当時の翻訳事業の規模の大きさがわかる。

隋・唐代には、仏経の翻訳事業が隆盛であったばかりか、中国人僧侶が著述、編纂した仏学の経録や類書などもきわめて豊富である。

仏経の目録では、有名なものに隋代の費長房の『歴代三宝紀』全十五巻があり、開皇十七年（五九七年）に完成したので、『開皇三宝録』ともいう。仏教では仏、法、僧を「三宝」というが、仏教の著作とその訳者について記しているのが、書名の由来である。歴代の僧俗の著者を百九十七人収録し、仏教の著作を二千百四十六点、六千二百三十五巻記載している。現存するものも散逸したものもともに網羅し、あわせて仏教年表、時代別、訳者別の代録、大乗と小乗の入蔵録があり、訳書の年代の記事がとりわけ詳しい。漢代、晋代、十六国時代などの仏教経典を考証するには、参照すべき重要な価値がある。隋代にはさらに釈法経らの編纂した『法経録』全七巻もあり、歴代の二千五十七点、五千三百十二巻の仏経を記載している。もと『衆経録目』といい、前代の各地の十余人の経録と経本を調査し、簡略にしたものである。

唐代に朝廷の勅命で編纂した仏経の目録には、

高宗のときに静泰が編纂した『大唐大敬愛寺一切経論目』〔『静泰録』〕全五巻
武周〔武則天の周朝。六九〇―七〇五年〕のときに明佺らが編纂した『大周刊定衆経目録』全十五巻
玄宗〔在位七一二―七五六〕のときに智昇が編纂した『開元釈教録』全二十巻
徳宗〔在位七七九―八〇五〕のときに園照が編纂した『貞元新定釈教目録』全三十巻

などがある。これら勅命によって編纂された仏経目録の目的は、検索の便宜を供することだけでなく、「真偽を区別し、是非を明らかにし」、「遺漏を摭拾し、駢贅を删夷する」ことにもあった。目録に記載されている経典は、審定を経て合法的地位を獲得したといえる。目録から削除されたものは、偽経や私本であり、大蔵経〔経典を集大成した叢書〕に収録できないと見なされたのである。上記の四点の目録のうち、『開元釈教録』がもっとも出来がいい。玄宗の開元十八年〔七三〇年〕に完成し、全二十巻である。第一巻から第十巻までは総録で、「総括群経録」といい、主として漢代から唐代までの百七十六人の訳経者の略伝を記すとともに、訳経の存逸と目録の異同に言及している。第十一巻から第二十巻までは別録で、「別分乗蔵録」といい、経典を主とし、訳本を七類に分け、直訳か重訳かを明記している。そのうちの最後の二巻は、蔵経の目録を主とし、あわせて千七十六点、五千四十八巻の著述を記載し、各経典に対する校訂と配列がかなり慎重かつ厳格で、仏経目録の成熟段階の代表作であり、のちに編纂されたあらゆる仏経目録の手本になっている。

官製の四種の目録のほかにも、高宗のときに釈道宣〔五九六―六六七〕が『大唐内典録』全十巻を編纂し、漢代から唐代初期までの二千四百八十七点、八千四百七十六巻の仏教の著作を収録している。条理が明確かつ詳細で、考証がきわめて精緻である。その創始した編纂体系は、『開元釈教録』に吸収されたものが少なくない。本書の特色

は、記載されている書籍について、いずれも初訳なのか、再訳なのか、三訳なのかが明記され、初見がどの目録であるのかを記していること、歴代の経録をすべて記載するとともに論評を加えていること、「挙要転読」〔参照図書〕の目録に、さらに同種の大乗と小乗の経典について最善の通行本を挙げ、読者の選択の便に供していることなどである。

唐代仏教史の著作のうち、釈道世〔?—六六八?〕の編纂した『法苑珠林《ほうおんじゅりん》』は後世の人に重視された仏教の類書である。全百巻で、完成は高宗の総章元年〔六六八年〕で、欧陽詢〔五五七—六四一〕ら編の『芸文類聚』〔六二四年に完成〕とほぼ同時代である。きわめて多数の仏教経典とその他の関連する世俗の文献から、仏教の史実を拾い出し、分類、編纂し、百篇に分け、篇の下は部に分け、部の下は目に分け、いずれも二字で題を付け、あわせて六百四十余目である。唐代初期以前の仏教史や社会風俗、逸話などを研究するのに、かなり大きな価値がある。釈道宣が編纂した『広弘明集』全三十巻は、南北朝時代から唐代までの百三十四人の僧俗の仏教に関する論著を集め、十篇に分けており、内容は仏教の中国への伝来から唐代初期までの歴代の盛衰、仏教と道教との闘争、仏教の義理をめぐる論争などにわたり、『法苑珠林』とともにかなり大きな影響を及ぼした著作である。また、道宣は、梁代の名僧の慧皎〔四九七—五五四〕が編纂した『高僧伝』[17]の後を継いで、『続高僧伝』全三十巻をも編纂し、梁の天監元年〔五〇二年〕から唐の麟徳二年〔六六五年〕までの四百八十五人の僧侶の事績を記し、付録として二百十九人を収録し、そのなかには正篇の百九十余人の補遺があり、仏教史の史料を大量に保存している。

仏教経典の翻訳の増加に伴い、仏経の音義を注釈した書籍もあいついで現れた。釈玄応が貞観年間〔六二七—六四九年〕の末年に編纂した『一切経音義』全二十五巻は、唐代の陸徳明の『経典釈文』の体裁にならい、四百五十四点の仏教の著作から梵文の漢訳であまり見かけない字句を選び、注釈を加えている。巻ごとにまず注釈を加える経典の名称を列挙し、ついで各経典の巻ごとに解説を加えている。字句ごとにまず発音を記し、ついで意味を説明し、あわせて異体字について論じ、いずれも広く多数の書籍を引用して説明し、実証している。注釈を加えた普通の字句が全書のおおよそ二分の一を占めているので、仏教学辞典と普通の辞典の二重の機能を有する。その後、慧琳〔七三七—八二〇〕の編纂した『一切経音義』全百巻が世に出た。おそらく憲宗の元和五年〔八一〇年〕ごろに完成したもので、体裁は玄応の『一切経音義』にならい、智昇の『開元釈教録』の目録にもとづいて、漢代から唐代までの千三百点、五千七百余巻の仏教の著作から字句を選んで注釈を施し、おおよそ六十万字にのぼり、現存する仏経の音義の集大成である。解釈の多くは後漢代の許慎〔五八?—一四七?〕の『説文解字』、南北朝時代の宋代の呂忱の『字林』、同じく梁代の顧野王〔五一九—五八一〕の『玉篇』、発音の多くは『韻詮』、『韻類』、『考声切韻』に依拠している。発音と意味を注記するほかに、さらに文字の形体をも論じ、各地の方言を引いて説明を加えている。中国古代の辞書のうち、援用する書籍の多さ、保存する逸文の多さにおいて、上位に列する。

古代インドの梵文が中国に伝来したのち、漢語の音韻の研究が促進された。隋代に陸法言〔五六二—?〕が『切韻』全五巻を著したが、古今南北のさまざまな発音を総合し、先人の音韻書のあらゆる長所を吸収した大著である。唐代にも、多数の音韻の研究書が世に出た。中国と外国との交流が盛んになったので、僧侶が仏法を求めて天竺に赴いたり、仏経を翻訳したりする必要から、唐代には、

沙門の智広〔?—八〇六〕の編纂した梵文字典の『悉曇字記』全一巻、

義浄の編纂した梵文・漢文対照の梵文読本の『梵語千字文』〔『梵唐千字文』ともいう〕全一巻、

全真の編纂した『唐梵文字』全一巻

など、梵漢字典もいくつか世に出た。唐代末期に、僧侶の守温が『切韻』を基礎に、反切〔漢字の音を説明するのに、二つの漢字を並べ、上の字で子音（声母）、下の字で母音（韻母）を表す方法〕に帰納し、梵文の表音文字の体系にならい、漢語の三十字母（声母）を制定し、のちに、北宋代に増補〔陳彭年〔九六一—一〇一七〕が『広韻』で六字母を増

やす）され、三十六字母からなる完璧な体系が完成した。陸法言（『切韻』）と孫愐《そんめん》（『唐韻』）が漢語の韻母体系を樹ち立て、守温が声母体系を樹ち立て、南北朝時代の反切よりも大きく前進したので、漢語音韻学の基礎が定まった。

4　史学と地理学

隋・唐・五代の時期は、中国の古代史学の発展にとって重要な時期であった。とりわけ、唐代に史館を設けて修史制度を確立したことは、史書の編纂事業の発展を推進するのにきわめて大きな役割を果たした。封建王朝によって「正史」（『史記』や『漢書』など、古代から明代までの各時代の、もっとも正統と認められた紀伝体の歴史書）とされた「二十四史」のうち、唐代から五代にかけて九点が完成しており、三分の一以上を占めている。さらに、唐代には、中国の体系的な史学理論の最初の専門書である劉知幾（六六一―七二一）の『史通』全二十巻と、典章制度史の最初の専門書である杜佑（七三五―八一二）の『通典』全二百巻が世に出ている。そのほか、歴代王朝の起居注（皇帝の左右に仕えてその言動を記録する官である起居注が記録した文書）、時政記（宰相が記録する政治の日誌）、実録、国史など、官製の史書や、特定の分野に関する各種の専門史、地方誌、野史（民間人の書いた通俗的な歴史書）、雑説（断片的な論評）など、私人の著述も、数量が非常に多い。『新唐書』の「芸文志」によれば、唐代の史部の書籍は九百二十九人、千二百十五点、二万九千二百一巻で、魏・晋・南北朝時代の史書よりもはるかに多い。

隋代以前は、中国の史書は大半が一人か二人の私人によって編まれ、後漢代以来、官製の史書があるにはあったものの、個人がじかに君主の命を奉じて編纂しており、私人が編纂したものとあまり差がなかった。隋代になると、中央集権的な政治制度の強化によって、民間人が史書を編纂することを禁止した。隋の文帝は開皇十三年（五九三年）五月に、詔を発して、

世間に国史を撰定し、人物の善悪を判断することは、すべて厳しく禁止した。(18)

という。それ以来、国史の編纂は中央政府に独占された。文帝は著作郎の魏澹に顔之推〔五三一―?〕、辛徳源とともに『魏書』を改訂するよう命じ、のちにまた、秘書監の牛弘〔五四五―六一〇〕に『周史』、著作佐郎の王劭〔五四四―?〕に『隋書』、同じく著作佐郎の王胄〔五五八―六一三〕らに『大業起居注』などの編纂を命じた。隋朝の存続した年数が短かったので、史学の分野ではあまり多数の著作を産み出すことができず、編纂した史書も大半が伝えられていない。

唐朝は、隋代末期の大規模な農民蜂起が隋朝を崩壊させたのちに樹立されたので、唐朝の創始者はみずから隋朝の興隆と壊滅、すなわち、

天下を統一し、軍隊が強盛で、三十余年のあいだ、万里を風靡し、威光で風俗の異なる他国を動かした〔強大にして統一した隋帝国が、なんと農民蜂起のなかであっけなく転覆し、〕ある朝、こぞって見捨てられ、ことごとく他人に領せられ、……ついに四海の尊〔皇帝〕が身分の低い男に殺され、……子孫は残らず滅ぼされ、天下の笑い者になった。(19)

のを目にした。この歴史的教訓が唐朝の支配者たちにきわめて深刻な印象を与えたことに、疑問の余地はない。それゆえ、唐朝の初期の君臣は、「立ち居振る舞いのたびにかならず隋氏に思いをはせて、殷鑑〔後人が戒めとすべき先人の失敗〕にし」(20)、つねに隋朝の滅亡を戒めにし、長期にわたって支配を強化する良策を探し求めた。そして、各王朝の史書の編纂を重視して歴史的経験を総括することが、唐朝の初期の支配者が政治的支配を強化する重要手段

の一つになったので、史学の発展が非常に促された。

唐朝の開国の皇帝である李淵〔高祖。在位六一八―六二六〕は武徳五年〔六二二年〕十二月二十六日に詔を発して、蕭瑀〔五七四―六四七〕らに六王朝の史書を編纂するよう命じたが、その詔で史書を編纂する目的について、得失について考え論じ、臨機応変に対処することを究め尽くして、善人にきちんと対処し、善を勧め悪を懲らしめるのは、上古について多く知り、手本を将来に残すためである(21)と明確に指摘している。

この考え方は、唐朝の支配者が史学に対処する伝統的な考え方になった。当時、膨大な史書編纂計画を提起し、中書令の蕭瑀、給事中の王敬業、著作郎の殷聞礼に『魏史』、侍中の陳叔達〔?―六三五〕、秘書丞の令狐徳棻〔五八三―六六六〕、太子令の庾倹に『周史』、中書令の封徳彝〔五六八―六二七〕と中書舎人の顔師古〔五八一―六四五〕に『隋史』、大理卿の崔善為、中書舎人の孔紹安〔五七七―?〕、太子洗馬の蕭徳言〔五五八―六五四〕に『梁史』、太子詹事の裴矩〔?―六二七〕、吏部郎中の祖孝孫、前秘書丞の魏徴〔五八〇―六四三〕に『斉史』、秘書監の竇璡、給事中の欧陽詢〔五五七―六四一〕、秦王府文学の姚思廉〔五五七―六三七〕に『陳史』の編纂を命じた。しかし、結局、唐朝が開国してからわずか五年で、全国の政治情勢がまだ安定せず、経済も復興しておらず、さらに高祖の李淵がまもなく失脚したので、この史書編纂計画は、「数年を経ずに、結局、できなくなり、やめてしまった(22)」。

太宗の李世民〔在位六二六―六四九〕は、即位後に歴史的経験を総括することをきわめて重視し、

銅を鏡とすれば衣冠を正せるし、古を鏡とすれば盛衰がわかるし、人を鏡とすれば得失を明らかにすることができる。朕はつねにこの三つの鏡を保って、自分が誤りを犯さないようにしてきた(23)。

と述べている。また、「古今の事をみて、安危の機を察する」[24]ことに非常に意をそそぎ、史書編纂の政治的機能を高く評価し、「大なるかな、史籍の効用は」[25]と言っている。即位してから三年目に、詔を発して、梁、陳、斉、周、隋の五王朝の史書の編纂を命じ、八年間にわたる努力のすえ、貞観十年〔六三六年〕に『梁書』、『陳書』、『北斉書』、『周書』、『隋書』が完成した。太宗はこれらの史書の完成を目にして非常に喜び、

朕は、前代の史書が善を讃え悪を懲らしめており、将来の戒めとなるに値することを目にした。秦の始皇帝は、贅沢の度をこし、悪事を隠そうとし、焚書坑儒〔李斯の建言を受け容れ、前二一三年に書物を焼き、翌年に四百六十余人の儒者を坑にしたこと〕を行って、人びとの口を封じた。隋の煬帝は、文学や儒学を好んだけれども、学者を憎んでいたので、前代の史書はついに完成せず、この数代のことはほとんど忘れられてしまうであろう。朕の考えはそうではなく、前王の得失を知り、身中の模範にしたいと思っている。汝らが数年で五王朝の史書を完成し、朕の願いをしっかりかなえてくれたことは、心から称讃すべきである。[26]

と述べるとともに、各人に対する「昇格と恩賜にそれぞれ差をもうけた」。

貞観年間〔六二七―六四九年〕初年の官撰の梁、陳、斉、周、隋の五王朝の史書は、魏徴が総監修を担当した。『旧唐書』の「魏徴伝」によれば、

魏徴が詔を受けて撰定に加わると、減らしたり増やしたりしたところが多いが、簡潔かつ正確であるように努めた。『隋書』の序論はすべて魏徴の手になるし、『梁書』、『陳書』、『斉書』はそれぞれ総論を魏徴が書いたが、いずれも当時は良史といわれた。

という。当時、この五つの史書はいっしょに編纂されたので、『五代史』と総称された（どれにも「志」がないので、『五代紀伝』ともいった）。のちにそれぞれ単独で出版され、分割されて五書になった。

『梁書』と『陳書』はともに姚思廉が編纂した。姚思廉は、字を簡之といい、呉興の武康（現在の浙江省徳清県）の出身である。陳、隋、唐の三朝に仕え、唐代初期に著作郎、弘文館学士に任じられ、のちに散騎常侍にいたった。父親の姚察（五三三―六〇六）は、字を伯審といい、陳で秘書監、領大著作、吏部尚書を歴任し、陳代初期に梁朝の史書の編纂に参与し、隋代になってから秘書丞に任じられ、梁、陳両朝の史書の編纂を命ぜられたが、完成しないまま亡くなった。姚思廉の編纂した『梁書』と『陳書』は父親の旧稿を増補、改訂したものである。

『梁書』は本紀六巻、列伝五十巻からなり、あわせて五十六巻で、梁の武帝の天監元年（五〇二年）から敬帝の太平二年（五五七年）までの五十六年間の歴史を記す。『陳書』は本紀六巻、列伝三十巻からなり、あわせて三十六巻で、陳の武帝の永定元年（五五七年）から后主の陳叔宝の禎明三年（五八九年）までの三十三年間の歴史を記す。両書を比較すると、『梁書』のほうが内容が豊富で、とりわけ列伝に文学、史学などの学者の列伝がかなり多く収録されており、史料価値がかなり大きい。たとえば、「儒林伝」に傑出した唯物論思想家の范縝（四五〇?―五一〇?）の事績を記し、「神滅論」の全文を収録しているし、「諸夷列伝」は「海南諸国」、「東夷」、「西北諸戎」の三つの部分に分かれ、東は朝鮮、日本、南は東南アジア、南洋、南アジア、西部は現在の新疆を含め、西は中央アジア、西アジア、シベリアに至る三十余の国家や民族の地理、歴史、社会および経済的、文化的交流の情況をかなり詳しく記載しており、宗教史、民族関係史、対外関係史などの研究に貴重な史料を提供している。姚察・姚思廉父子がともに文学に秀でていたので、この二点の史書はともに文章がよく練れ、叙述が簡潔で、南北朝時代以来、好んで用いられてきた駢儷文《べんれい》（駢文、四六文ともいい、四字句と六字句の対句を用い、音調を整え、故事を多く引用し、内容よりも形式を重んじた文体）で歴史を記す文風（文章の風格や文章を書く態度）を打破しており、歴史家に称讃されている。

『北斉書』の編纂者の李百薬（五六五―六四八）は、字を重規といい、博陵の安平（現在の河北省深州市）の出身である。父親の李徳林（五三一―五九一）は、北斉、北周、隋の三朝に仕え、詔令や重要文献の起草を担当した。斉のときに中書侍郎にいたり、国史の編纂に参加し、紀伝体の『斉史』全二十七巻を編纂し、周朝のときに御正下大夫、隋朝のときに内史令になり、開皇年間（五八一―六〇〇年）にまたも詔を奉じて『斉史』の三十八巻への増補に携わったが、全書が完成しないうちに亡くなった。『北斉書』は、父親の李徳林の『斉史』の旧稿を基礎に、北斉代の崔士発の『斉紀』、隋代の王劭（五四四―？）の『斉志』などを増補、改訂して完成した。

『北斉書』は本紀八巻、列伝四十二巻からなり、あわせて五十巻で、孝静帝の天平元年（五三四年）における北魏朝の分裂と東魏朝の建国から、武定八年（五五〇年）における斉朝（事実上の創始者は高歓〔四九六―五四七〕）による東魏朝の実権の掌握を経て、北斉の承光元年（五七七年）における斉朝の滅亡にいたるまでの四十四年間の歴史を記す。もと『斉書』といい、北宋代に『北斉書』に改称し、梁代の蕭子顕（四八九―五三七）が編纂した『南斉書』と区別した。唐代初期に同時に編纂された五点の史書のうち、『北斉書』は当時の封建的支配者に対する暴露的な記述がかなり多いが、それは、隋、唐両朝は北周を継承していて、北斉は敗北して滅亡した割拠政権で、「僭偽」（武力によって分をこえて上位に就くこと）と見なされたので、隋・唐代に北斉の史書を編纂するときに忌みはばかるべきものがあまりなかったからである。たとえば、李百薬は「文宣紀」で、北斉の第一代の皇帝（文宣帝）である高洋（五二九―五五九、在位五五〇―五五九）の後年における残虐な行為を詳しく暴露するとともに、同じ「文宣紀」の史論の部分で、

（高洋は）酒におぼれたり、勝手気ままに振る舞ったり、非常に狂気じみており、暗愚かつ残虐ぶりは、ちかごろではその例をみない。

と指摘している。これらの叙述と論評は、前王朝の敗北に鑑みて失政をしないよう戒めにする役割を果たしている。列伝には価値のある文献が保存されており、たとえば、「杜弼伝」は邢邵〔四九六―？〕と杜弼〔四九一―五五九〕による形神〔肉体と精神〕問題に関する弁論を記しており、范縝を代表とする素朴唯物主義の思想家による唯心主義に対する闘争の継続を反映している。

「方伎伝」は東魏・北斉代における数学、天文学などの科学者の事績と成果を記しており、たとえば、「綦母懐文伝」は中国ではじめて灌鋼技術を実践した一人である綦母懐文が、銑鉄を煉鉄のなかに灌注〔注入〕する灌鋼冶煉〔精錬〕法を発明したことを記しているが、その発明はヨーロッパの煉鋼〔製鋼〕法よりも千余年も早い。これらの記述は李百薬が封建時代に「虫書〔秦代の書体の一つで、虫のはいまわる形に似ている〕を彫る小技」〔取るに足らない小細工〕と見なされていた科学技術を重視していたことを反映しており、後世の人びとに非常に価値のある史料を残している。

『北斉書』は早くも唐代中葉以後に徐々に散逸していったが、その欠を補う人がたえず現れた。後世の人の考証によれば、現存する『北斉書』のうち、李百薬の手になるものはわずか十七巻にすぎず、帝紀では「文宣紀」一巻だけであり、列伝は五分の三以上が散逸してしまった。散逸した部分は、いずれも後人が李延寿の『北史』や唐代の人びとによる歴史の抜き書きのなかの関連する紀や伝で補っている。その大半が『斉書』に由来があるものなので、本書の史料価値には重大な影響を及ぼしていない。

『周書』は令狐徳棻らが編纂した。令狐徳棻は宜州の華原〔現在の陝西省耀県〕の門閥貴族の出身で、祖父の令狐整は北周の大将軍で、宇文政権〔北周朝〕の中核の一人であった。令狐徳棻は、唐朝になってから起居舎人、秘書丞などを歴任した。

武徳五年〔六二二年〕に、高祖の李淵が詔を発して、魏、梁、陳、斉、周、隋の六王朝の史書を編纂するよう命じたのは、令狐徳棻の建議にもとづくものである。この計画が完成しなかったので、太宗は貞観三年〔六二九年〕にふたたび編纂の詔を発し、令狐徳棻を『周書』の編纂責任者に任命したが、同じく編纂を命ぜられた者に秘書郎の岑文本〔五九五―六四五〕と殿中侍御史の崔仁師がいる。

『周書』は本紀八巻、列伝四十二巻からなり、あわせて五十巻である。書名には「周」とあるが、実際は東魏朝と西魏朝の分裂〔五三四年〕から、北周朝が西魏朝にとって代わり〔五五七年〕、静帝の大定元年〔五八一年〕に隋朝が周朝にとって代わるまでの四十八年間の西魏朝と北周朝の歴史を記す。北周代は唐代初期と時間的にあまり隔っていないので、『周書』の保存する資料は一定の史料価値を有する。たとえば、徴庸代役〔徴用で役に代えること〕の発端、府兵制度の誕生、のちに隋・唐両朝に影響を及ぼす社会関係や政治、軍事制度などに関する紀伝中の史料は、いずれもかなり重要な資料である。「異域伝」の各民族の伝は、漢族の人民が封建的支配に反対した頑強な闘争に各民族の人民が呼応した史料を伝えている。まず、突厥〔トルコ系の遊牧民族で、南北朝時代からアルタイ山麓で勃興し、モンゴル、中央アジアにまたがる大帝国を樹立し、のちに唐朝に服属した〕、奚胡〔古代モンゴル系の遊牧民族である鮮卑族の一種で、中国の東北部にいた〕の歴史を記しており、民族史の研究に価値ある史料を提供しているが、当時の国内の民族と国外や外国の民族を混同しているし、事実を歪曲したり侮辱したりする記述もみられる。

『周書』はおもに西魏朝の史官の柳虬《りゅうきゅう》が著した官史と隋代の牛弘の未完の『周史』から材料を取っていて、資料がかなり乏しかったので、記述があまり充分でない史実があるし、史実に対する考証にも手抜かりや誤りが少なくない部分もある。しかし、この時期の史書が唐代以前にすでに散逸してしまっているので、ややのちに編纂された『北史』の西魏朝と北周朝の部分は基本的に本書を簡略にしたものであるが、簡略の仕方が妥当でなかったり誤ったりしている部分があるので、本書はこの時代の歴史を研究、理解するのに、依然として重要な史書であると見なすことができる。

『隋書』は唐代以前の五王朝の史書の最後のものであり、史館の多勢の手になる集団の著作でもある。編纂の責任者である秘書監の魏徴は、字は玄成といい、鉅鹿の下曲陽（現在の河北省晋州市）の出身で、唐代初期の傑出した政治家、史学者である。『隋書』の編纂に参加した者には中書侍郎の顔師古、給事中の孔穎達（五七四―六四八）、中書舎人の許敬宗（五九二―六七二）らもいる。魏徴が序と論、顔師古らが紀と伝を担当し、貞観三年（六二九年）から編纂を始め、貞観十年（六三六年）になって、帝紀、列伝とその他の四王朝の歴史が同時に完成し、『五代史』と総称した。

『五代史』は完成したものの、「志」が欠けていた。太宗は貞観十五年（六一四年）にまたも詔を発して、左僕射の于志寧（五八八―六六五）、太史令の李淳風（六〇二―六七〇）、著作郎の韋安仁、符璽郎の李延寿らに史志をひきつづき編纂させた。令狐徳棻と長孫無忌があいついで監修し、高宗の顕慶元年（六五六年）にいたって完成し、あわせて十志、三十巻からなり、『五代史志』といった[27]。内容からいえば、十志は五王朝の歴史に対応しているけれども、隋朝部分の記述がとりわけ詳しい。『五代史志』は当初は『五代史』の紀伝部分とともに広く流布し、ともに独自の書籍として扱われていた。その後、『五代史志』はやっと『隋書』に組み入れられた。『旧唐書』の「経籍志」が『隋書』全八十五巻を記載しているだけで、『五代史志』や『隋書十志』を記載していないので、後晋代に十志が『隋書』に組み入れられたことがわかる。

『隋書』は帝紀五巻、列伝五十巻、志三十巻からなり、あわせて八十五巻で、隋の文帝の開皇元年（五八一年）から恭帝の義寧元年（六一八年）までの三十八年間の歴史を記している。隋朝は短命の王朝であったが、後漢代以後、四百年ちかくにわたる大混戦、大分裂の局面のなかで統一した帝国を再建したうえ、政治、経済、軍事、文化の各種の制度において、直後に樹立される唐帝国に強力な影響を及ぼした。隋朝の興亡史は、唐朝初期の支配者に「存亡治乱」の手本を提供しており、「隋を鑑となす」が『隋書』編纂の動機であった。それゆえ、隋朝の支配階級の残虐ぶりや荒淫ぶりについて、『隋書』の帝紀が基本的に事実にもとづいて直言できたことが、「煬帝紀」にかなりきわだって体現されている。隋代末期の農民蜂起の史実についても、記述がかなり詳しい。隋朝の滅亡の教訓を総括するときにも、経済の角度から政治的な動乱の原因を説明することに意をそそいでいる。たとえば、隋代末期のたびかさなる大規模な徴用徭役の情況、死傷者の数字や、それによってもたらされる経済の破壊について、詳しく説明と分析を行い、

六軍〔天子の軍隊〕は休むことがなく、さまざまな徭役を課せられ、駆り出された人は帰ってこず、残った人は生業を失った。

ことが、「人びとが自然に戦いに立ち上がり、大衆の怒りを抑えるのが難しかった」根本的な原因であると指摘している。まさに煬帝の大規模な外征が農民の生産を破壊し、農民の大蜂起を引き起こしたので、隋朝はまたたくまに滅亡したのである。このような叙述と分析は、単に帝王個人の行為の不謹慎ぶりや善悪だけによって封建王朝の興亡を説明するのにくらべ、歴史観において非常に大きな進歩である。

「十志」は『隋書』の精華で、おもに梁朝、陳朝、北斉朝、北周朝と隋朝の法令制度について記し、隋朝の部分がもっとも詳しいが、記述の範囲はときには南北朝の時期を概括しており、ひいては漢代、魏代、晋代までさかのぼることさえある。「食貨志」は、東晋代以来の、官位に応じて労働力を占有する等級制度と課役制度、当時の貨幣制度などについて記している。「刑法志」は梁朝以来の法律書の編纂と皇室による立法と法律無視の情況について記しているが、そこに記されている隋朝の律の内容は中国に現存する最古の刑法であり、古代の法制史の研究にとって重要な価値がある。「地理志」はおおむね隋朝の行政区画にもとづいて、南北朝時代以来の設置の沿革を記すとともに、当時の経済史、交通史などの資料を収録している。「律暦志」と「天文志」は南北朝時代以来の天文暦法上の成果について記し、数学者の祖沖之〔四二九―五〇〇〕による円周率に関する研究成果、暦法学者の張子信と劉焯〔五四四―六一〇〕による「日行の盈縮」の法則に関する研究成果などは、いずれも「律暦志」に収録されて

おり、そのうち漢・魏代以来の度量衡制度の変遷に関する記述は、経済史の重要な研究資料である。「音楽志」は南北朝時代の中国各地および外国との音楽や舞踊の交流情況について記しており、中国音楽史の重要な研究資料である。「経籍志」は『漢書』の「芸文志」につぐ古代文献の目録で、学術文化史に大きな貢献をしている。そのほか、「礼儀志」、「五行志」、「百官志」も儀礼、五行、政治などの分野の史料を収録している。

貞観二十年（六四六年）、唐の太宗はまたも詔を発して、『晋書』を編纂させた。晋朝に関する史書は唐代以前に二十余種書かれ、唐代初期にはなお十八種残っていたが、太宗はそれらの晋史を「良史にあらずして、事は実録を欠く」と見なし、不満を抱いていたので、編纂し直すよう詔を発したのである。編纂に携わったのはのべ二十一人で、そのうち房玄齢（五七九―六四八）、褚遂良（五九六―六五八か、五九七―六五九）、許敬宗（五九二―六七二）の三人が監修にあたり、その他の十八人は令狐徳棻、敬播（?―六六三）、来済（六一〇―六六二）、陸元仕、劉子翼、盧承基、李淳風（六〇二―六七〇）、李義府（六一四―六六六）、薛元超（六二二―六八三）、上官儀（六〇八?―六六五?）、崔行功、辛丘馭、劉胤之、楊仁卿、李延寿、張文恭、李安期、李懐儼である。編纂するときに各人が参照すべき晋史を有し、さらに資料として大量の詔令、儀注（朝廷の吉凶の行事や故実などの記録）、起居注、文集などもあり、かて加えて編纂者の顔ぶれが充実していたので、三年たらずで、貞観二十二年（六四八年）に完成した。

『晋書』は帝紀十巻、志二十巻、列伝七十巻、載記三十巻からなり、あわせて百三十巻で、晋の武帝の泰始元年（二六五年）から恭帝の元熙二年（四二〇年）までの百五十六年間の歴史を記すとともに、晋朝の祖先である司馬懿（一七九―二五一）らの漢代以来の事績をさかのぼり、あわせて「載記」（ある王朝の時代に、中国内で別に独立していた国の歴史を記したもの）の形式で北方の割拠政権である「十六国」の歴史をも記している。西晋朝が数十年にわたって分裂していた三国時代の局面に終止符を打ったものの、ほんの一瞬の統一時代が終わると、まもなく中原地区で大混戦が勃発し、それ以来、東晋朝と十六国、南朝と北朝が長期にわたって対立する局面が形成された。

唐の太宗は西晋王朝の興亡治乱の経験をきわめて重視し、西晋王朝の基礎を固めた司馬懿と中国統一の事業をなし遂げた司馬炎〔武帝。二三六―二九〇、在位二六六―二九〇〕について研究し、みずから『晋書』の宣帝〔司馬懿〕と武帝〔司馬炎〕の二紀のために史論を執筆した。また、陸機〔二六一―三〇三〕の文章と王羲之〔三〇三―三六一か、三二一―三七九〕の書を心から崇敬し、やはり伝と論を執筆して顕彰している。この四編の史論が「制《みことのり》に曰《いわ》く」と称しているので、旧本の『晋書』は「御撰」と表題を付していた。

唐代以前に編纂された二十余種の晋史のうち、唐代初期に完璧な形で残っていたのは南朝の斉代の臧栄緒〔四一五―四八八〕が編纂した『晋書』百十巻だけで、その他のものは散逸して完全ではなく、数人の皇帝の本紀が残っているだけか、西晋朝や東晋朝を分けて記しており、叙述があまり完全ではなかった。それゆえ、唐代初期に編纂された『晋書』は臧栄緒のものを底本とするとともに、その他の史書と晋代の人の文集などを参考にして編纂され、もと『新晋書』といっていたが、のちに臧栄緒の『晋書』が散逸してしまったので『晋書』と略称するようになった。

『晋書』の紀伝は、程度の差こそあれ、晋朝の支配者の恥知らずな貪欲ぶりを暴露している。たとえば、「恵帝紀」に、

〔恵帝〔在位二九〇―三〇六〕は華林園で〕蛙の声を聞くと、側近の者に、「この鳴いているのは官人なのか、私人なのか」と言った。

天下が飢饉で乱れ、民衆が餓死すると、帝は、「なぜ肉と粥を食べないのか?」と言った。(28)

とある。わずか数語にすぎないが、この白痴の皇帝の愚鈍さを徹底的に暴露している。「石崇伝」は、荊州刺史の任にあった石崇〔二四九―三〇〇〕がなんと公然と略奪を行い、巨万の富を築き、石碓〔水力利用の臼〕を三十余の

地区に有し、家内奴隷を八百余人擁していたと記している。「王戎伝」は、「園田と水車を天下にあまねく擁する」大官僚の王戎〔二三四―三〇五〕が、なおも、

　富を蓄え金を集め、極まるところを知らず、つねに象牙で作った計算棒をみずから手にし、昼夜を分かたず計算していたが、いつも不満のようであった。

という貪欲な醜態を記している。封建的な支配階級の凶悪、陰険悪辣、淫乱無恥、強欲という醜悪な本性が、『晋書』の少なからぬ紀や伝であますところなく暴露されている。

西晋代の末年に、戦乱によって、人民が大量に流浪し、飢餓に苦しみ、かてて加えて官僚が残酷に迫害したため、ついに大規模な農民蜂起が勃発した。『晋書』の編者がひどく歪曲し、史実に脱落もあるけれども、一部の本紀と伝から当時の農民蜂起の史実を読み取ることができる。

『晋書』の十志は、両晋代の重要な法律制度について記している。たとえば、「食貨志」は、三国時代から叙述を始めており、志がない『三国志』の欠陥をだいたい補っている。「天文志」は、漢・魏代以来、天文学に存在していた三学派、つまり蓋天説、宣夜説、渾天説を簡明に紹介するとともに、渾天説を肯定しているし、天象と星宿についても科学的な記述がみられる。「律暦志」は、三国時代の魏の「黄初暦」や「景初暦」、晋代の杜預〔二二二―二八四〕が編纂した「春秋長暦」など、数種の暦法について記し、さらに古代の度量衡の制度についても記しており、魏・晋代にすでに天文や暦法がかなり高度な科学的水準に到達していたことを充分に物語っている。「刑法志」は、戦国時代の李悝《りかい》〔前四五五―前三九五〕の『法経』の断片を収録し、漢・魏・両晋代における法令の制定と変遷について詳細な記述を行っている。「載記」全三十巻は、おもに北魏代の崔鴻〔?―五二五?〕の『十六国春秋』全百二十巻を参考にして編纂しており、崔鴻の書がすでに散逸してしまっているので、十六国時代における漢族とそ

の他の民族とのあいだの階級闘争、民族闘争、民族融合を理解する重要な史料である。

『晋書』は、駢儷体で書かれ、取材が乱雑かつ冗漫で、筆記小説〔文語体で書かれ、随筆的要素が濃い小説〕の記事を少なからず採用しており、妖怪変化や因果報応などの邪説が少なくなく、史書は事実を記すという原則にもとるので、完成後に同時代の人びとから、

好んで誤りや細々したことを採り入れて、異聞を広め、また、評する論は、非常に美しいことを競い、事実に忠実であることを求めていない。(29)

と指弾された。多数の人びとの手になり、編纂の期間もかなり短かったので、往々にして前後が矛盾し、照応せず、叙述に誤りや脱落が非常に多い。唐代の史学者の劉知幾〔六六一―七二一〕がすでに『史通』で『晋書』の多数の誤りを指摘しているし、清代の張熷が『読史挙正』で『晋書』の誤りが四百五十余か所にも達することを指摘している。欠点が少なくないけれども、唐代以前に編纂された晋史がいずれも散逸してしまっているので、今日でも両晋代の歴史を研究するための主要な史書である。

『晋書』の完成後、唐代以前のどの王朝も体系的かつ完全な紀伝体の史書を有することになったので、『史記』、『漢書』、『後漢書』、『三国志』、『晋書』、『宋書』、『斉書』、『梁書』、『陳書』、『魏書』、『北斉書』、『周書』、『隋書』のあわせて十三点からなる「十三史」という名が形成されたが、そのうちの六点は唐の太宗のときの官撰で、「十三史」のほとんど半ばを占めている。この六点の編纂に要した年数は、少ないもので三年、多いもので八年で、その編纂の速さ、完成した書籍の多さは、封建社会ではあまりみられないものであるが、それは主として唐代に史館による修史の制度を確立したためである。

唐代に史館を設けて修史の制度を確立したことは、中国古代の編集出版史上で重視すべき一大事であり、後世の

政府が主宰する大部の書籍の編纂出版事業に深遠な影響をもたらした。

政府が史館を設置して史書を編纂することには、中国ではすでに悠久の歴史があった。後漢の明帝〔在位五八―七五〕のときに、蘭台令史〔印章や文書をつかさどる官〕十八人を置き、詔を発して班固〔三二―九二〕らに『世祖本紀』、諸臣の列伝、載記を編纂させ、章帝〔在位七五―八八〕と和帝〔在位八八―一〇五〕ののち、書籍は東観〔宮中の図書室〕に移し、劉珍〔?―一二六?〕、伏無忌らに『東観漢記』を編纂させたので、蘭台と東観が史館の嚆矢と見なすことができる。その後、北魏朝、北斉朝、隋朝は修史局や史館を設け、唐代初期もやはり隋朝の旧制度を踏襲したが、職分が明確で固定された常設の機構にはなることができなかった。貞観三年〔六二九年〕に、太宗は、武徳年間〔六一八―六二六年〕にいたって蕭瑀らによる史書の編纂が未完成であるのを目にして、古い制度を改革することを決定し、国家が正史を編纂する制度を確立するとともに、指導関係、組織機構、人員の選抜と配置、条件の保証などの面で、強力な措置と効率よく実行する方法を採用した。

一、史館の地位と従属関係を格上げした。唐代初期には史館は秘書省著作局の管轄に属していたが、秘書省は地図や書籍を管理する官署で、後世の国立中央図書館のように政治的地位はけっして高くなかった。貞観三年閏十二月、太宗は史館を昇格させ、皇帝がじかに統制する門下省の管轄に改めた。門下省は唐朝の中枢機構で、宰相が政事を処理するところであり、政治的地位が非常に高かった。

二、史館の組織機構を健全化して充実させた。北宋代の王溥〔九二二―九二八か、九一九―九八一〕の『唐会要』および五代の劉昫《りゅうく》〔八八八―九四七〕の『旧唐書』の「職官志」によれば、唐朝の史館は宰相が監修を兼任し、編纂事業を統一的に指導した。史館には登朝官が兼任する修撰を四人、登朝官でない者が担当する直館を若干人置いた。そのほかにも、楷書手二十五人、典書四人、亭長二人、掌固六人、装潢直一人、熟紙匠六人など、編纂を手助けする多数の者がおり、それぞれその職分を担当した。

三、史館の任務は前王朝の歴史を編纂であるが、史料を蓄積して自王朝の歴史を編纂する責任をも負っていた。

前王朝の歴史を編纂する史官は、つねにその他の官吏が選ばれて兼任し、前王朝の史書が完成するとその職を辞し、臨時的な性質を帯びていたが、自王朝の歴史を編纂するために史料を収集する史官は固定されていた。史館で史書の編纂に参加する史官については、朝廷はきわめて注意深く選んだ。たとえば、貞観年間〔六二七―六四九年〕に詔を発して唐代以前の五王朝の史書を編纂させた者は、大半が学識豊かな歴史学者、有名な学者や文士であり、しかも各人の長所を発揮させ、手分けして編纂されるよう意をそそいだ。たとえば、『晋書』と『隋書』の「天文志」、「律暦志」、「五行志」はいずれも著名な天文学者である李淳風が編纂しており、内容がかなり精密かつ正確で、つねに後世の人びとに称讃されている。南宋代の著名な歴史学者である鄭樵〔一一〇四―六二〕は、

むかし、史書の編纂は一人の手で行い、一家の学をなした。班固〔三二―九二。『漢書』の撰者〕や司馬遷〔前一四五か前一三五―?。『史記』の撰者〕らである。唐朝にいたってはじめて多数の人の手を使った。『晋書』と『隋書』である。しかし、また、その長ずるところの学問を授け、いまだかつて人の能力を奪ったことがなく、人の及ばないことに秀でていた。たとえば、李淳風や于志寧らは志に任じ、顔師古や孔穎達らは紀と伝に任じ、顔師古や孔穎達は古今に精通し、李淳風や于志寧は天文、地理、地図書籍の学に明るかった。それゆえ、『晋書』と『隋書』の志は古今のものより出来がよく、『隋志』の志はとりわけ詳細かつ明瞭である。(30)

と評している。この論評は、多勢の人びとの長所を集めることができた唐代の設館修史の優越性を言い当てている。

四、史館における作業は環境が優美で、史官の待遇が非常によかった。『唐会要』の「史館」によれば、貞観三年に史館を門下省の北側に移したが、大明宮が完成すると、ふたたび門下省の南側に移した。のちに史官を担当した劉知幾は『史通』の巻十一「史官建置」で、

〔唐朝の〕皇室は建国すると、別に史館を置き、通籍〔宮中に出入りを許されている者の名札〕で宮門を出入りさせた。西京〔長安〕では鸞渚《らんしょ》〔門下省の別称〕と隣り合わせ、東京〔洛陽〕では鳳池と相接していた。建物が華麗、酒饌が豊富で、ここに仕えることができることは、まことに光栄なこととされていた。

と述べている。史書が完成すると、皇帝は手厚い報奨を下賜し、北宋代の王欽若〔九六二―一〇二五〕らの『冊府元亀』巻五百五十四の「国史部」の「恩奨」に収録されているこのたぐいの材料だけでも、二十余か条もある。たとえば、貞観十七年〔六四三年〕に房玄齢、許敬宗、敬播が『高祖実録』全二十巻と『太宗実録』全二十巻を完成すると、

詔を発して、房玄齢の一子を県男〔爵位の一つ〕に封じ、織物一千段〔段は匹の半分〕を下賜し、許敬宗の一子を高陽県男に封じ、織物七百段を下賜し、敬播にはあらためて太子司議郎を授け、織物五百段を下賜するとともに、璽書〔封じて御印を捺した天子の詔書〕を褒美として与えた。

という。このような手厚い待遇と報奨によって、自然に「競争心の強いちかごろの人びとが史職に抜擢されるのを名誉とする」ようにすることができた。(31)

五、史館が史書を編纂するのに必要な資料を保証するために、政府は、皇室の書庫に保管されている豊富な古書を史館の官員の調査に提供するほか、史料の収集と整理についてかなり完璧な一連の方法をも制定した。たとえば、

(1)　門下省に起居郎を置き、中書省には起居舎人を設け、

天子の臨軒〔天子が正座に出御せず、廊下の軒先に出御すること〕のたびに、階段の下に侍立し、起居郎が左、起居舎人が右に位置し、天子が命令を発すると、階段の端に迫り、首を延ばして聴き入り、退いてから記録し、起居注とした。……起居注というものは、年月に従って編纂し、天子への献策、上奏、官吏の任免、死亡などがすべて記録され、審査評定される。皇帝の本紀を編纂する場合は、いずれも起居注に依拠した。[32]

という。この起居注は、皇帝の毎日の言論と行動を記録し、季節ごとに一巻とし、季節の終わりに史館に送付し、登録した。

(2) 武則天の長寿二年（六九三年）以後に、またも宰相は「時政記」を記し、月ごとにまとめて史館に送付しなければならないと規定した。この「時政記」は「起居注」の記述の不足を補なうことができ、史館の史書編纂資料の重要な源泉でもあった。

(3) 唐朝政府は「諸司の史館に送るべき事例」を制定し、いかなる史料はいかなる主管機関が徴集し、一か月以内に史館に送付すべきかを明確に規定した。「史官が訪ねて事由を知り、史に入れるに値するものがあれば」、規定のなかにはいっていなくても、関係機関は「ただちに書きつけによって調べるとともに、一か月以内に報告し」なければならなかった。

唐代から、中央政府が史館を設置して前王朝と自王朝の史書の編纂を始めるとともに、宰相が監修することを制度として確立したのは、もちろん、封建的な支配者の要求に応えるためであり、朝廷の史書編纂に対する統制がますます厳しくなったことをも示している。史館は国家の権力、人力、物力に依拠し、多数の儒家を集め、各種の史料を広範に収集するので、編纂事業を速めることができ、史料の時宜を得た整理と保存にも役立つので、唐代に史館による史書編纂の制度が確立すると、短期間で大量の史料を大規模に整理している。唐朝以後に新たに樹立した王朝は、いずれもあいついで唐朝の史書編纂の制度を見習い、慣例どおり前王朝の史書を編纂したので、中国の各封建王朝の「正史」は連綿と途切れることなく産み出され、中国の歴史の古書の保存に一定の積極的意義を有している。

唐代初期に編纂された史書は、史館の編纂による梁、陳、斉、周、隋、晋の六書のほかに、私人の編纂による二部、つまり李延寿の『南史』と『北史』がある。

李延寿は、字を遐齢といい、原籍は隴西であるが、代々、相州[33]に居住し、おそらく隋の開皇年間（五八一―六〇〇年）に生まれ、唐の儀鳳年間（六七六―六七九年）に亡くなったと思われる[34]。貞観年間に、東宮典膳丞、崇賢館学士、御史台主簿などを歴任し、その後、符璽郎にいたり、あわせて国史の編纂にあたった。史館では、『隋書』の紀伝と十志、『晋書』の編纂にあいついで参加し、さらに唐朝の国史の編纂にも参与するとともに、著書に『太宗政典』がある。父親の李大師（五七〇―六二八）は、隋代末期に、農民蜂起軍の領袖の竇建徳（五七三―六二一、在位六一七―六二一）の樹立した夏政権で尚書礼部侍郎をつとめたことがある。竇建徳の敗北後、唐朝の政府によって西会州（現在の甘粛省靖遠県）に追放されたが、のちに赦免されて京師に戻り、貞観二年（六二八年）に病死した。生前に、南北の諸王朝の歴史を通読しうる史書の編纂に着手していた。当時は、梁代の沈約（四四一―五一三）の『宋書』、斉代の蕭子顕（四八九―五三七）の『斉書』、魏収（五〇六―五七二）の『魏書』がすでに長いあいだ流布しており、隋代の魏澹の『魏書』と王劭（五四四―？）の『斉志』などもすでに完成していた。しかし、李大師は、それらの史書について、

南書は北を「索虜」（索頭虜ともいい、頭髪を縄で編んでいたのに由来する）といい、北書は南を「島夷」（海島に住む野蛮人）と蔑称している。また、それぞれ自国については非常に詳しいが、他国について記すのに充分に準備することができず、また往々にして事実に合わないので、つねに改正したいと思っていた[35]。

と述べている。そして、後漢代の趙曄《ちょうよう》の『呉越春秋』の体裁にならって、編年体を採用して南北朝の史書の編纂に着手したが、完成するまえにこの世を去った。李延寿は幼いときから父親の影響と史学の薫陶を受け、成年に達するや史学の著述を志した。父親の死後に、父親の未完の仕事を引き継ぎ、父親の旧稿を基礎に南北朝の史書の編纂を完成する決意を固めた。貞観三年（六二九年）に史館に入ると、まず顔師古と孔穎達のもとで隋史の編纂に協力し、のちにまた令狐徳棻（五八三―六六六）と褚遂良の推薦で『晋書』と五王朝の正史の志の編纂に参加した。職務がら皇室の豊富な蔵書と各種の史料を見ることができるので、仕事が暇なときに、昼夜を問わず南北の各王朝に関する史料を書写した。貞観十七年（六四三年）に、勅命を奉じて『隋書』の十志の編纂に参加したときに、史館の編纂した五王朝の正史はすでに完成していたが、「十志」がまだ完成していなかったので、なお秘閣（皇帝の書物を蔵する宮中の書庫）に蔵せられ、まだ世の中に流布していなかった。李延寿は人に抄録させる勇気がなく、また貧しく、人を雇って書写させる余裕がなかったので、北魏、北斉、北周、隋、宋、南斉、梁、陳の八つの正史を自分一人でみずから書写した。そのほか、千余巻の雑史（特定の事件の経緯を記したもの、あるいは個人による特定の時期の見聞録）をも参考にし、正史に収録されていない多数の史料を採集し、のべ十六年間の歳月を費やし、ついに『南史』と『北史』を完成した。原稿が完成すると、まず監修国史で国子監祭酒の令狐徳棻に校閲と校訂を要請し、高宗の顕慶四年（六五九年）に正式に上奏して朝廷に献上し、政府の承認を経たのち流布した。

『南史』と『北史』は、紀伝体と通史の体裁を採用している。『南史』は、本紀十巻、列伝七十巻からなり、あわせて八十巻である。宋の永初元年（四二〇年）から陳の禎明三年（五八九年）にいたるまで、南朝の宋、南斉、梁、陳の四王朝のあわせて百七十年間の歴史を記している。『北史』は、本紀十二巻、列伝八十八巻からなり、あわせて百巻である。北魏の登国元年（三八六年）から隋の義寧二年（六一八年）にいたるまで、北朝の北魏、北斉（東魏を含む）、北周（西魏を含む）、隋の四朝のあわせて二百三十三年間の歴史を記している。

南北朝時代は、各王朝の存続年数がいずれも長くなかったので、王朝別に書かれた各正史は、大半の内容が冗漫で、重複したり矛盾したりするところが多く、「索虜」、「島夷」など、たがいに相手を蔑視する用語を使っている。李延寿は統一に肩入れする父親の思想を引き継ぎ、分裂と割拠を反映する思想や観点を斥け、南北朝を両者が併存する歴史総体と見なし、王朝による時代区分を打破し、漢族とその他の民族との相違を強調せず、南北朝の各皇帝を一律に本紀に収録し、統一と民族の団結に不利な表現方法を取り除いた。それゆえ、『南史』と『北史』の編纂は、隋朝と唐朝による全国統一後における南北の各民族の大融合という新たな情勢の史書編纂に対する要求を反映しており、それがこの二つの史書が成功した重要な理由である。

『南史』と『北史』の編纂の特徴は、南北朝の八つの正史を一体のものと見なして改訂し、「その冗長を取り除き、その精華を選び取った」ことであり、八書以外の史料に対して、「散逸したものを寄せ集めて、異聞を広めた」(36)ことであり、八書の誤りを訂正したことである。削除した部分は大半が詔書や上奏文など、内容が空疎な官庁の文書や、ことの軽重に関係のない列伝の字句などである。削除したのち、叙事部分が比較的きわだっており、読むとかなり惹き付けられる。原書と比較すると、明らかに叙述が簡潔で、条理が明確である。それゆえ、北宋代の欧陽脩〔一〇〇七―七二〕らの『新唐書』の「李延寿伝」は、

その書はすこぶる条理を具え、冗漫な言葉を削ぎ落としており、原書よりもはるかにぬきんでている。

と評している。北宋代の司馬光〔一〇一九―八六〕は『資治通鑑』を編纂するときに八書と南北史を参照し、校訂を加えて、

李延寿の書は近世の良史である。禨祥〔鬼神が人に与える禍福吉凶の現れ〕や詼嘲〔戯れ嘲ること〕などの小事がい

たるところにみられるけれども、叙述が簡潔で、南北の正史とくらべると、繁多で賤劣な言葉がない。ひそかに思うに、陳寿〔二三三—二九七。『三国志』の撰者〕に次ぐ者は、李延寿しかいない。(37)

と称讃している。

『南史』と『北史』で、李延寿は、当時見ることのできた資料にもとづいて、少なからぬ増補をしている。そのなかには、史料価値のかなり高いものもある。たとえば、『南史』の「郭祖深伝」では、郭祖深が奉った封事〔密封した上奏文〕によって、梁の武帝〔在位五〇二—五四九〕が仏教を妄信して人民を苦しめた悪政を暴露している。「茹法亮伝」には、唐寓之〔?—四八六〕の蜂起の史料の一部が収録されている。「范縝伝」は、范縝〔四五〇?—五一〇?〕が「論を売って官を取ろう」としなかった対話を増補し、この思想家の戦闘精神を表している。李延寿が増補した史料は当時の雑史から採ったものが非常に多く、物語性がかなり強いものもあり、しかも多数の口語の材料を増補し、つねに人物の形象をいっそう活き活きとさせている。

南北朝の史書には、支配者のために史実を粉飾したり、歪曲したりしたところが少なくない。たとえば、晋、宋、南斉、梁の各王朝が樹立されると、前王朝の皇帝は新しい簒奪者に殺害されたが、宋、南斉、梁、陳の史書では、殺害された痕跡を見ることができない。『南史』は事実にもとづいてありのまま記して、歴史の本来の姿を取り戻している。天監四年〔五〇五年〕に、梁の武帝の六番目の弟である蕭宏〔四七三—五二六〕は大軍を率いて北伐を行ったが、洛口〔安徽省淮南市の北東部、青洛河と高塘湖が淮河に流入するところ〕で大敗して逃げ帰った。しかし、『梁書』の「臨川王宏伝」では、「梁城〔現在の安徽省淮南市の田家庵付近〕を攻略し、北魏の将軍の晁清を斬り、北魏に賦税と徭役を課し、勅命によって引き揚げた」となっている。また、蕭宏は奢侈の限りを尽くし、庶民を放逐してその田畑や邸宅を略奪し、ほしいままに収奪を行い、極まるところを知らなかった。また、武帝の娘の永興公女と密通するとともに、武帝の殺害を公女と企てたが、『梁書』はそれらのことにまったく触れていないばかりか、逆に「宏は性が寛和篤厚」、「ときに長者〔徳行のある人〕といわれた」と記している。『南史』は事実にもとづいてありのまま記し、愚昧かつ臆病、貪欲かつ淫乱な姿を一つ一つ紙上に留めている。

『南史』と『北史』による八書の史実に対する削除にも不当なところがあり、削除して簡潔にした部分にも不注意による史実の誤りがあり、ひいては文章が一貫性を欠き、難解で意味がわかりにくいところさえある。増補した資料に鬼神や奇怪なことがまぎれ込み、奇異なことを記した筆が史実の記述を薄めてしまっている。そのほか、付伝がやたらに多いことも『南史』と『北史』の一大欠点で、往々にして、一人の伝を立てると、時代のいかんを問わず、数代にわたる子孫をすべて付け加えているので、家伝の特徴が非常にきわだっており、後世の学者による批判がかなり多い。

『南史』と『北史』が世に問われると、唐朝の支配者に重視され、顕慶四年〔六五九年〕に高宗がみずからこの二書のために序を記した〔この序は宋代に散逸してしまった〕。穆宗の長慶年間〔八二一―八二四年〕に科挙〔高級官吏登用試験〕に三史〔『史記』、『漢書』、『後漢書』〕科と三伝〔『春秋』の「左氏伝」、「公羊伝」、「穀梁伝」〕科が設けられると、この二書も政府の定める試験科目の一つになった。木版印刷がまだ盛んでなかったときには、書籍はすべて書写されていた。南北朝時代の八点の史書はあわせて五百六十六巻であるが、『南史』と『北史』はあわせてもわずか百八十巻で、巻数が八書のおおよそ三分の一、字数が二分の一にすぎず、書写しやすいので、かなり広く流布した。南宋代の晁公武〔一一〇五?―八〇〕は『郡斎読書志』で、

〔『南史』と『北史』は〕繁雑なところを削除し、欠けているところを補い、原書よりも非常に優れている。いま、学ぶ者はこの二つの史書しか読まず、沈約〔『宋書』の撰者〕や魏収〔『魏書』の撰者〕らが撰定した史書は読まれていない。ただし、二つの史書には志がないのに、『隋書』には志があるので、『隋書』も代々伝えられてきたのである。

と述べている。唐代から宋代にかけては、南北朝時代の八書は、『五代史志』が付いているので『隋書』が重視されたのを除くと、その他の七書は読者がはなはだ少なかったことがわかる。それゆえ、北宋代には八書はすでに欠本が生じて完全ではなかったので、宋代の人びとが八書を刊行するときには、『南史』と『北史』で少なからぬ校訂と増補を行った。すなわち、『南史』と『北史』は初めは八書を基礎に編纂されたのに、最後には逆に八書のほうがこの二つの史書に依拠して刊行されたのである。両者にはそれぞれ一長一短があるので、南北朝時代の歴史を理解するには、やはり相互に補充、参照すべきで、いずれか一方を排除してはならない。それゆえ、『南史』と『北史』は八書とともに正史である「二十四史」に組み入れられたのである。

『南史』と『北史』は、李延寿が十六年間の歳月を費やして独力で完成したので、一般に「私撰」といわれている。しかし、李延寿自身は史官であり、職務の便宜を利用して史館の膨大な蔵書と史料を広く閲覧することができたし、とりわけ史館が編纂した五王朝の紀伝を参考にして編纂したのである。史館という条件がなければ、李延寿も父親と同じように宿願を実現しにくかったにちがいない。「私撰」と名づけているけれども、完成後に国史を監修する史官と宰相に進呈しなければならず、皇帝の審査と承認を得たのちやっと流布できたことは、司馬遷（『史記』の撰者）や范曄《はんよう》（三九八—四四六。『後漢書』の撰者）らの「私撰」とは異なっており、唐代の史館修史の制度の統制機能と巨大な影響力を反映している。

唐代の史館は長年の努力によって国史の大量の史料を蓄積していたが、唐代前期の史書は安史の乱（安禄山（?—七五七）と史思明（?—七六一）が七五五年に起こした反乱で、七六三年に平定された）でひどい被害を受け、中・後期の史書も唐代末期のあいつぐ戦乱で重大な被害をこうむった。唐朝の滅亡後、五代の後梁、後唐両王朝はともに史料の収集に着手して唐史の編纂に備えたが、結局、史料が乏しいために完成することができなかった。後晋の高祖は天福六年（九四一年）二月に唐史を編纂する詔を発して、宰相の趙瑩（八八五?—九五一?）に監修を命じた。命

を受けた趙瑩は、まず唐朝の国史の史料の入手から着手し、四月に皇帝に、

李朝〔唐朝〕の世が乱れてから、五十年間にわたって、四海が沸騰し、両都が沈没し、いまの書庫には百部のうち二、三部しか残っておりません。臣らはうやうやしく詔を奉じて、撰述しており、褒貶はあるいは新意に従うかもしれませんが、纂修はかならず旧章に基づかなければなりません。すでに欠けていたところや簡略に編んだところは、まず漏れや粗略があることを恐れております。[38]

と上奏した。また、「三京と諸道の中外の臣僚と名儒、宿学〔深く学問を研究し、道に通じている人〕」を動員し、史館にない唐代の書籍、実録などの史料を広く探求、徴集するよう建議するとともに、その上奏文に、編纂を計画中の紀、伝、十志の拠りどころとして、購入すべき唐朝の実録と各種の公私の記録を詳しく列挙している。この建議は、ただちに皇帝の承認を得て実施され、かなりいい成果を収め、大量の史料を収集し、唐朝の国史を編纂するために有利な条件を準備した。

五代の後晋朝の官撰の『唐書』は、高祖の天福六年〔九四一年〕に編纂を始め、出帝の開遠二年〔九四五年〕六月に完成し、わずか四年余りの歳月しかかからなかった。本紀二十巻、志三十巻、列伝百五十巻からなり、あわせて二百巻である。高祖の武徳元年〔六一八年〕から哀帝の天佑四年〔九〇七年〕まで、あわせて二百九十年間にわたる唐朝の歴史を記している。宋代に『旧唐書』と改称して、北宋代の欧陽脩、宋祁〔九九八―一〇六一〕らが編纂した『新唐書』と区別した。

『旧唐書』は、当初、宰相の趙瑩が監修し、編纂する人材の選抜や組織、史料の徴集から、編纂の体裁の確定などにいたるまで、すべて趙瑩が一人で取り仕切った。二年後に趙瑩が晋昌軍〔西京の長安〕節度使に転出したので、宰相の桑維翰〔八九八―九四七〕が監修を引き継ぎ、開遠元年七月にまたも宰相の劉昫《りゅうく》が監修を引き継ぎ、翌る年の

六月に完成し、劉昫が奏上した。それゆえ、『旧唐書』は「劉昫撰」と題されている。その実、劉昫に監修の名はあるけれども、みずから著述した事実はなく、実際に編纂に参与したのは、戸部侍郎の張昭遠をはじめ、賈緯〔?—九五二〕、趙熙、鄭受益、李為先、呂琦、尹拙〔八九一—九七一〕、崔棁《さいせつ》、王伸の八人であり、このうち張昭遠は当時の有名な史学者で、その生涯に編纂、著述した史書も非常に多く、『旧唐書』の編纂にもっとも尽力した。

『旧唐書』の編纂者は唐代直後にいたため、呉兢〔六七〇—七四九〕、韋述〔?—七五七〕、于休烈、令《れい》狐《こ》峘《かん》らが前後して編纂、著述した『唐書』全百三十巻、唐の高祖〔在位六一八—六二六〕から文宗〔在位八二六—八四〇〕までの各皇帝の実録など、唐代前期の重要史書を読むことができた。しかし、唐代後期の史料は、『武宗〔在位八四〇—八四六〕実録』全一巻やその他の雑多な資料しかなかった。『旧唐書』はかなり短時日で完成したので、編纂がかなり粗雑で、繁簡もまったく一様でない。唐代前期については依拠した史料が唐国史や実録に基づいたものが多く、史実が豊富で完備していたので、穆宗の長慶年間〔八二一—八二四年〕以前は、本紀の記述は詳しくてわかりやすいが、長慶年間以後は、史料が乏しく、前期ほど完備していなかったので、本紀の内容はかなり粗雑である。しかし、後期の本紀には農民蜂起、藩鎮の割拠、宦官の専横などに関する記述がみられ、価値のある史料も少なからず収録している。北宋代の司馬光〔一〇一九—八六〕が『資治通鑑』を編纂するときに唐紀の部分は材料を『旧唐書』から採っているものが多いのは、同書の記述がかなり詳細かつ明確であるからにほかならない。北宋代に編纂された『新唐書』は、史料の面では多数の補充を行い、とりわけ志と表、唐代後期の列伝部分がかなりきわだっているけれども、往々にして文章や記事が簡略にすぎ、『旧唐書』に収録されている大量の文章についても省略が適切でなかったり書き替えたりしていて、歴史的な文献の本来の姿を改めており、『旧唐書』は史料の保存という面では『新唐書』がとって代われない価値を有する。しかし、両書を全体的にみると、ともにそれぞれ長所があり、たがいに補い合っており、唐代の歴史の研究についていえば、ともに不可欠な重要な史書である。

唐の中宗の景龍四年〔七一〇年〕に、唐代の著名な史学者の劉知幾〔六六一—七二一〕が『史通』を完成した。中国で最初の体系的で完備した史学理論の専門書で、後世の歴史学理論の発展に深遠な影響を及ぼしている。

劉知幾は、字を子玄といい、徐州の彭城（現在の江蘇省徐州市）の出身である。十七歳以前にすでにさまざまな史書をあまねく読破し、二十歳で進士に合格し、獲嘉（現在の河南省獲嘉県）の主簿に任じられた。武后の聖暦二年（六九九年）に長安の定王府の倉曹に転任し、類書（多数の書物のなかの事項や語句を分類、編集した書物）の『三教珠類』の編纂作業に参加した。二年後に史館に入り、あいついで著作佐郡、左史、著作郎、秘書少監、崇文閣学士、左散騎常侍などを歴任した。史館で二十年余りにわたって国史、起居注、実録などの編纂に参加し、豊富な歴史知識と歴史編纂の経験を蓄積した。

唐朝の史館は、八十余年経過し、則天武后（武則天。在位六八四―七〇五）や中宗（在位六八三―六八四、七〇五―七一〇）の時代になると、さまざまな人が入り交じり、太宗の時代のようには充実していなかった。当時、歴史の編纂を指導していた楊再思（？―七〇九）、韋巨源、宗楚客（？―七一〇）、蕭至忠（？―七一四）らはいずれも無学無能の佞人のやからで、やたらに干渉するので、人びとはどのように対処すればいいのかわからず困惑していた。蕭至忠から上部の規定どおりに編纂、著述しないことを何回も非難されたので、劉知幾は憤然として職を辞す書（『史通』巻二十の「忤時」に収録）を奉り、史館から退出させてくれるよう要求した。景龍二年（七〇八年）に、辞職書で官撰の史書の五つの主要な病弊を暴露している。

一、史官が多く、たがいに傍観し合い、「頭が白くなっても、史書はいつまでも完成しない」。

二、史料が集めにくく、編纂しにくい。

三、権貴（高官で権勢のある者）が干渉し、あるがまま記すことができない。

四、監修が牽制し合うので、「十頭の羊に九人の牧人が付いているようなもので、だれに従っていいのかわからない」。

五、制度に欠陥があり、職責が明確でない。

劉知幾は、さまざまな悪弊のある史館における史書の編纂は、あらゆるところで制約され、自分の史学の才能と見解を発揮することができないと見なしていた。そこで、余暇を利用してひそかに『史通』を著し、史書の得失を総括し、史学に関する自分の主張を詳述したのである。書名は、後漢代に多数の儒者が白虎観に集まって経伝について論じ、書名を『白虎通』(『白虎通義』、『白虎通徳論』ともいう)と命名したのにちなんで、史館で完成したので『史通』と命名した。

『史通』は全二十巻で、それぞれ十巻からなる内篇と外篇に分かれる。自分で付した注をあわせれば、八万八千余字である。内篇が三十九篇、外篇が十三篇で、あわせて五十二篇に分かれているが、内篇のうち、「体統」、「紕謬」、「弛張」の三篇は散逸しており、今日まで伝えられているのは四十九篇だけである。内篇は史書の源流、体裁、編纂について、外篇は史官の設置の沿革と史書の得失について論じている。太古から唐代初期にいたるまでの史書編纂事業と史学理論上で得られた成果を総括するとともに、歴史的な事件については記さず、史書が史実を記している観点、態度、方法などについて論じ、それらの得失について論ずるとともに、緻密かつ明晰な見解と主張を少なからず提起している。

『史通』は、唐代以前の歴史に関する著作を大きく正史と雑史の二つに分けている。正史については従来の史書を『尚書』、『春秋』、『左伝』、『国語』、『史記』、『漢書』の六つに分け、一つ一つその源流を探り、その意義と役割について述べ、その優劣と得失を論じている。また、編年体と紀伝体を「正史」の両輪とし、本源にさかのぼって長短や利害について論じている。雑史については、内容にもとづいて、偏紀、小録、逸事、瑣言、郡書、家史、別伝、雑記、地理書、都邑簿の十種に分けている。さらに、封建的な支配者が経典として奉る『尚書』と『春秋』にあえて異議を提起している。たとえば、『春秋』が「尊い者のためにはばかり、賢い者のためにはばかり、親しい者のためにはばかる」「義例」を非難し、「愛憎に身をまかせ」、「後世を大いにあざむく」と見なすとともに、『春秋』を「真偽を区別できないようにさせ、是非を混乱させている」と批判しており、進歩的な史学思想を伝えている。

歴史家の品性や才能は、編纂した史書の内容にじかに影響を及ぼす。劉知幾は、このことについて独特の見解を提起している。早くも武則天の周代の末年に、才、学、識が史学の「三長」であるという主張を提起し、歴史家は「史才」、「史学」、「史識」を具えていなければならないが、三者のうちでは「史識」がとりわけ重要であると指摘している。また、歴史家には「三長」がなければならず、史才、史学、史識のうち、一つでも欠けていたらだめであり、学があっても才がなければ、愚かな実業家のようなもので、大量の資金を擁していても運用して利益を生むことができないし、才があっても学がなければ、名匠であっても木材や道具がないように、家を建てることができないと述べている。史識については、心を正直に保ち、善悪をかならず記して、驕慢な君主や不忠な臣下に畏怖すべきことを理解させなければならないと述べている。(39)『史通』で、劉知幾はさらに一歩進めて「史才論」を中心とする史学理論を詳述し、

記録を取り始めた人は、博聞であって実録を求めることに重きが置かれ、……後生の編纂者には卓越した見識と学識の広さが尊重され（巻十一「史官建置」）、……優れた史官は事実をありのまま書くことを重要なことと考える（巻十四「惑経」）。

と明確に提起している。劉知幾のこの理論は、既存の史学思想に対する総括であるばかりか、古代の史学理論の重大な発展でもある。

『史通』は史書の編纂を論じ、ありのまま記すことを中心思想にしている。劉知幾は「直書」（事実を曲げないで記

すこと）を主張し、「曲筆」（事実を曲げて記すこと）の思想が書中に非常に突出することに反対している。旧史の記述が事実に合わない原因の一つは、編纂者が往々にして権勢を有する者の威勢を恐れ、その圧力に屈し、個人的な栄華と富貴を貪るために、その時代の事象をありのまま記そうとせず、忌避、擁護することが多いことにあると見なしている。また、史書を編纂する者は、「悪事を隠さず、実がないのにうわべを美しく飾らず、権力や勢力の強い者を避けず、おもねって包容するところがなく」、筆を奮わせて直書する歴史上の優秀な歴史家の優良な伝統を引き継ぐよう提唱し、勝手気ままに非難し、「実を虚とし、非を是とする」よくない態度に反対している。どうすればありのまま記すことができるのであろうか。『史通』の述べるところを総括すれば、おおよそつぎの四点、すなわち、

暴力を恐れない（史徳）
正邪、是非をはっきり分ける（史識）
史料の真偽を鑑別する（史学）
中身のない言葉を使ったり、でたらめな修飾を行ったりしない（史才）

に要約することができる(40)。

劉知幾は生涯の三分の一を史書の編纂に従事し、豊富な編纂経験を蓄積し、『史通』では歴史を論ずることを主とし、その他の文学、哲学など、社会科学（中国では日本の社会科学と人文科学をあわせて社会科学という）の方面にも及び、中国史上ではじめて中国の古書の編纂をかなり全面的かつ詳細に総括している。既存の史書を批判的に総括すると同時に、編纂の形式、方法、配列、大系ないし標題、注釈などを含めて、いかに史書を編纂するかという問題についても、詳述するとともに、重視すべき見解を少なからず提起している。『史通』は中国最古の史学理論の

専門書であるばかりか、独創性を具えた中国古代の編集学の著作でもある。

中国古代の史書は、『左伝』と『史記』が編年体と紀伝体の編纂形式を創造して以来、代々、これを受け継ぎ、いかなる変化もみられなかった。唐の徳宗の貞元十七年（八〇一年）に、淮南（現在の江蘇省揚州市を中心とする地域）節度使の杜佑（七三五―八一二）が編纂した『通典』全二百巻が世に問われ、またも史書の新しい形式――典志体（政書体ともいう）――が創始され、史学の発展のために新しい道を切り拓いた。

『通典』は、歴代の法律制度を記述した、中国史上、最初の通史である。編纂者の杜佑は、字を君卿といい、京兆の万年（現在の陝西省長安県）の出身である。江西青苗使、水陸転運使、戸部侍郎、判度支など財政関係の職務や、嶺南と淮南の節度使などを歴任し、のちに宰相になったひとで、政治的経験と財務管理の経験が豊富で、法律制度にもきわめて精通していた。開元年間（七一三―七四一年）の末年に、史学者の劉知幾の息子である劉秩が『周礼』の六官（天官、地官、春官、夏官、秋官、冬官）の職掌どおりに分類して、『政典』全三十五巻を編纂したが、杜佑は目を通したのち、項目がまだ完全でないと見なし、広く資料を探し求め、三十余年の歳月を費やして『通典』全二百巻を完成した。

『通典』は、紀伝体の「正史」の書と志に源があるけれども、時代別になっているために志がかみ合わないとか、志がないという「正史」の欠陥を克服している。この種の形式は、人物の伝記を歴史叙述の中心とする範囲をこえ、もっぱら経済、政治などの方面の法律制度について記す専門的な文化史になっている。『通典』の記述の対象は、上は伝説中の黄帝から、下は唐の玄宗の天宝年間（七四二―七五六年）の末年までであるが、粛宗（在位七五六―七六二）や代宗（在位七六二―七七九）ののちの変革についても、ときには注で記述を補っていることもある。現存する『通典』全二百巻は、

「食貨」十二巻

「選挙」六巻
「職官」二十二巻
「礼」百巻
「楽」七巻
「兵」十五巻
「刑」八巻
「州郡」十四巻
「辺防」十六巻

に分かれる。各部門はさらに細かく分かれ、どの制度についても古今を総観し、源にさかのぼって流れを明らかにし、その曲折を伝え、きわめて理路整然としているので、体系的で完全な概念を容易に得ることができるが、それは唐代以前のさまざまな形式の史書が達成できなかったことなのである。それゆえ、清代の紀昀《きいん》（一七二四―一八〇五）らの『四庫全書総目提要』は、本書について、

広く「五経」、さまざまな史書および漢・魏・六朝（南北朝）時代人の文集、上奏のうち、得失を補うものを取り、どの事項も類によって分け、およそ歴代の沿革をことごとく記載し、詳しいが煩わしくなく、簡にして要を扼え、根本を追究し、いずれも有用の実学であり、いたずらに記問の学（古書を記憶して他人の質問を待つだけの学問）の者が照らし合わせるのを手助けするのではなく、唐代以前の故実を調べるには、ここにその淵海（ものごとが多く集まるところ）が編まれている。[41]

と評している。注目に値するのは、『通典』が「食貨」を最初に採り上げ、「食貨」がまた「田制」を最初に採り上げていることであるが、それは「教化の基本は、衣食を満たすことにある」からなのである。この種の、封建社会の経済機構、とりわけ歴代の土地関係の変革を、歴代の法律制度の首位に置いて叙述する方法は、杜佑の独創である。杜佑以前の歴史家には、このように食貨を重視した者は一人もいなかったから、杜佑が農業生産の発展を封建社会の政治と文化の発展の基礎と見なしていたことがわかるばかりか、それは杜佑の卓見といわざるをえない。それと同時に、『通典』が唐代の記述について非常に詳細で、経世致用（国を治めるのに役立たせること）を主張していることも、著者の進歩的な史学思想を反映している。

『通典』は大部の書籍であるので、閲覧に便利なように、杜佑はその要点を輯録して『理道要訣』を著している。『通典』の精髄は「理道（治道）」の要訣にほかならないが、そのことから、杜佑が歴史を研究したのは、古いものが好きだったからでなく、現実に役立たせるためであったことがわかる。研究に取り組むこの種の精神はきわめて貴重なものである。

『通典』が完成したのち、史書によれば、

その書は、代々、大いに伝えられ、礼楽や刑政の源が、千年でも掌を指さすようにわかるので、大いに士君子に讚えられた。(42)

という。その後、歴史家があいついで類似の専門書を編纂している。たとえば、南宋代の鄭樵（一一〇四—六二）の『通志』、南宋代末期から元代初期の馬端臨（一二五四—一三二三）の『文献通考』（以上を「三通」と総称する）、清代の乾隆年間（一七三六—九五年）に編纂された『続通典』、『続通志』、『続文献通考』（以上を「続三通」と総称する）、『清通典』（『清朝通典』）、『清通志』（『清朝通志』）、『清文献通考』（『清朝文献通考』）（以上を「清三通」と総称する）、さらに民国四年〈一九一五年〉に劉錦藻〈一八五五―一九二九〉が編纂した『清朝続文献通考』〈以上を「十通」と総称し、あわせて二千七百十六巻である〉があるが、いずれも『通典』の影響を受けて徐々に発展してきたものである。

唐の徳宗〈在位七七九―八〇五〉のときに、蘇冕〈?―八〇二〉が唐の高祖から徳宗までの九代の史実を採集して『会要』全四十巻を編纂し、「会要」という史書の形式を創始した。その後、宣宗の大中七年〈八五三年〉に詔を発して、楊紹復らに徳宗から宣宗の大中六年までの七代の史実を採集させ、『続会要』全四十巻を編纂させた。「会要」体の史書は事実を中心とし、一定の時期か特定の王朝における史実の発展を叙述しており、『通典』や『通考』とくらべると、まさに紀伝体のなかに通史と断代史が入り交じっているようなものである。しかし、『会要』は史実を羅列しているだけで独自の見解に乏しく、内容は『通典』とまるでくらべものにならない。

隋・唐代には、地理学にも顕著な発展がみられた。隋の大業年間〈六〇五―六一七年〉に、全国の各郡にあまねく風俗、物産、地図を報告させ、朝廷がその報告を総合して『諸郡物産土俗記』、『区宇図志』、『諸州図経集』などを編纂した。唐朝はさらに一歩進めて、全国の各州、府が三年〈一度、五年に改めたことがある〉ごとに地図を作り、尚書省兵部職方に送るよう規定した。政府は一定の期間ごとに総合して「十道図」と『十道録』〈『十道要略』〉を作成した。唐朝と周囲の各国との交流が頻繁であったので、対外交流の必要のために、唐代に中国や中央アジア、南アジアに関係のある地理書や地図が少なからず世に出た。そのうち有名なのは、貞元十七年〈八〇一年〉に賈耽〈七三〇―八〇五〉が描いて奏上した「海内華夷図」と、同じく賈耽が編纂した『古今郡国県道四夷述』全四十巻である。『古今述』は巻数が多いので、読むのに便利なように、賈耽は要点をまとめて『貞観十道録』全四巻をも編纂している。「華夷図」は幅三丈、縦三丈三尺で、おおむね一寸で百尺を表し、旧時の郡と国の名は墨、当時の州と県は朱で記していた。この図は早い時期に散逸してしまったが、十二世紀の中葉にこの図を縮小して刻した「華夷図」と「禹跡図」の石碑が、西安の碑林に現在保存されている。

唐代の李吉甫〈七五八―八一四〉が編纂した『元和郡県図志』は、中国に現存する重要な歴史地理書のうち最古のものである。李吉甫は、字を弘憲といい、趙州の賛皇〔現在の河北省賛皇県〕の出身で、憲宗の元和年間〔八〇六―八二〇年〕に、二回、宰相に任じられた。元和年間の郡と県にもとづいて、当時の四十七か所の節鎮〔地方の軍政と行政の責任者である節度使のいる役所〕を基準にして、藩鎮ごとにまず地図を掲げ、ついで各州、県の戸数の増減、物産貢賦、山川旧跡、州県の沿革、および全国各地から長安への路線と里程などを含めて、管轄下の府、州、県、戸、沿革、山川、道里、貢賦、古跡、物産などについて記している。京兆府〔現在の陝西省西安市〕から始めて隴右道〔現在の青海省楽都県を中心とする地域〕で終わり、唐朝の制度にもとづいて十道、四十七藩鎮に分け、全四十巻からなる。そのほかにも目録が二巻あり、憲宗の元和八年〔八一三年〕に完成して奏上されたが、宥州〔現在の内モンゴル自治区エトク旗を中心とする地域〕の一条は、同州があらためて設置されたのが元和九年であるので、完成後に補充されたものである。本書の記述は詳細かつ精確で、唐朝の国土の広大さと国勢の強大さを反映しており、唐代の地理誌の代表的な著作であり、史料としての価値は新旧の『唐書』よりも優れている。本書の地図は南宋代にすでに散逸してしまったので、書名を『元和郡県志』に改称した。原文も流布される過程で散逸したものがあり、三十四巻しか現存しないが、散逸した部分については、清代の繆荃孫〔一八四四―一九一九〕が輯録した『元和群県志欠巻逸文』があり、参考に供することができる。

『元和郡県志』は、世に問われたのち、後世の地理学の著作の発展に非常に大きな影響を及ぼしている。千余年来、歴代の全国的な地誌や州、県、城、鎮が編纂する歴代の地方誌は、形式上ではさまざまな変化がみられるにもかかわらず、基本的には『元和郡県志』の編纂方法を受け継いでいる。

5　文学と芸術

隋・唐・五代の文学、とりわけ唐代の文学は、中国の文学史上で重要な地位を占めており、中国の封建社会の文学がすでに成熟段階にまで発展したことを示している。唐詩は中国の古典詩歌の最高峰であり、詩壇に名家が輩出し、流派が非常に多く、佳作や名篇が豊富で、題材や風格が多様であり、万紫千紅〔豊富多彩なこと〕、百花斉放〔様式や風格を異にする芸術作品が自由奔放に発展すること〕というすばらしい光景を呈している。唐代の散文も非常に大きな成果を収めており、中国古代の散文は唐代の古文運動〔古文復興運動ともいい、形式的な美のみを追求する魏・晋代以来の四六駢儷体の文章に対して、その弊害を取り除いて秦代以前から漢代にかけての古文に返そうとした運動〕を経て非常に大きく発展し、後世の文学に深遠な影響を及ぼしている。唐代の都市の繁栄に伴って市民の要求に適応して発展してきた伝奇〔文語で書かれた短篇小説〕は後世の短篇小説の先駆をなしているが、それ自身が唐代文学における艶麗な奇花でもある。変文〔韻文と散文を交じえ、仏教説話を中心に広範囲にわたる故事を語る語り物〕のたぐいの通俗的な講唱〔韻文と散文の両方を用いて語ったり唱ったりするもの〕の文体が民衆のあいだに広く流布し、詞が民衆から文人へ、萌芽から成熟へと向かい、後世の文学の新たな発展のために道を切り拓いた。

この時期に、書道、絵画、音楽など各種の芸術も大いに異彩を放ち、内外に名をはせる多数の傑作が輩出した。

(1) 詩　歌

隋代に全国が統一されたのち、南北の文風は融合したけれども、南斉朝、梁朝、陳朝の宮廷文学の影響がなおも非常に大きく、華美で淫靡な文風が依然として文壇に氾濫していた。しかし、清新剛健な作品を作り、新しい時代の息吹を感じさせる詩人もいた。業績をかなり残した隋代の詩人に、盧思道〔五三五—五八六〕と薛道衡〔五四〇—六〇九〕の二人がいる。

盧思道は、字を子行といい、范陽〔現在の河北省涿州市〕の出身である。北斉朝に給事黄門侍郎として仕え、北周朝のときに儀同三司を授けられ、のちに武陽太守になり、隋代初期に散騎侍郎にいたった。その詩の字句が華麗で、有名な作品に「従軍行」がある。将士が出撃して敵を殲滅することを詠じ、出征した将士が長年にわたって帰ってこないことに感慨を催し、妻が夫と別れ別れになっていることを憂い怨むのに同情し、将士が戦いを厭うことを遠まわしに諷喩し、言葉が清新かつ流暢、風格が洒脱かつ健全であり、辺塞（辺境の要塞）を詠じた佳作である。作品に、明代の人が編んだ『盧武陽集』がある。

薛道衡は、字を玄卿といい、河東の汾陰（現在の山西省万栄県）の出身である。北斉朝と北周朝に仕え、隋代に司隷大夫にいたった。きわめて有名な代表作に「昔昔塩」があり、辺境に赴いた兵卒の妻の苦しみを詠じ、入念に彫琢した佳句がある。その詩は描写がきめ細かく、言葉が高尚優雅である。たとえば、「空梁に燕泥落つ」（燕が梁《うつばり》に泥を落とす。婦人が厳しく空閨を守っていること）という句は当時の人びとにもてはやされた。もともと全七十巻の作品集があったが、すでに散逸しており、明代の人が輯録した『薛司隷集』がある。

唐詩は中国の古典的な詩歌の最高峰である。詩人が多く、作品が豊富で、清の康熙年間（一六六二—一七二二年）に彭定求（一六四五—一七一九）らが編纂した『全唐詩』に収録されている作品だけでも四万八千九百余首にものぼり、有名な詩人が二千二百余人もおり、当時の詩壇の盛況ぶりを想像することができる。

初唐の時期は、詩歌は基本的に南斉・梁代以来の淫靡な詩風を踏襲しており、宮廷の詩人には、形式は精巧かつ華麗であるが、内容が空疎かつ凡庸な奉和詩（貴人の詩句に和韻して作る詩）や応制詩（詔に応じて作る詩）を詠ずるのに大いに努める者もいた。当時、影響力がかなりあった人物は上官儀（六〇八？—六六四）である。貞観年間（六二七—六四九年）の初年に進士に合格し、高宗（在位六四九—六八三）のときに宰相に任じられた。その宮体詩（梁の簡文帝（五〇三—五五一、在位五四九—五五一）が太子のときに好んで作った艶麗な詩）は綺錯婉麗、卑靡浮艶で、宮廷の要求に適合していたので、一時、士大夫があいついで模倣し、「上官体」といわれた。六朝以来の詩作の対偶（二つの語句を対にすること）の方法を六種、すなわち、正名対、連珠対、同類対、双声対、畳韻対、双擬対に帰納し、また、「八対」説をも提起した。これらの対偶の名称や方式の創案によって、律詩（五言か七言の八句からなる詩）の型が徐々に定まっていくのをかなり促した。

「上官体」の浮薄で華美な詩風が文壇をおおっているなかで、地位は高くないが才学と才能にあふれる一群の中年や青年の詩人が革新者として詩壇に登場した。その代表的人物が「初唐の四傑」といわれた王勃《おうぼつ》〔六四八―六七五か、六四九―六七六〕、楊炯《ようけい》〔六五〇―六九三？〕、盧照鄰《ろしょうりん》〔六三五？―六八九？〕、駱賓王《らくひんのう》〔六四〇？―六八四？〕である。四人の詩歌ははじめて宮廷と応制〔天子の命によって詩文を作ること〕の枠を突破し、宮廷から飛び出して人生を歩み始め、題材がかなり広範にわたり、風格もかなり清新であった。四人とも五言律詩で成果を収め、五言八句の律詩形式は四人の努力によって初歩的に型が定まった。

「四傑」のあいだにも、それぞれ特徴があった。王勃は、字を子安といい、絳州の龍門〔現在の山西省河津市〕の出身で、わずか二十七歳の生涯であった。「四傑」のうち、芸術的に最高の業績を残している。若いときから才能が衆にぬきんでていて、「滕王閣《とうおうかく》の序」は中国の古典文学の名篇である。

海内　知己を存せば、天涯も比隣の如し。〔「杜少府の任に蜀州に之《ゆ》くを送る」〕

落霞与《と》孤鶩《こぼく》と斉《ひと》しく飛び、
秋水　長天と共に一色なり。〔「滕王閣の序」〕

は、その詩文中の名句であり、いまなお朗誦されている。その詩はまだ六朝の美辞麗句の習慣を脱していないけれども、流麗優美のなかに、自由で素朴な息吹がみられる。構図を決めて感情を移入し、比喩を用いるのに秀で、字句や文章を練り、すばらしい文句をきわだたせ、風格が清新明朗である。内容もかなり広範にわたり、詩歌の題材を開拓するのに一定の役割を果たし、唐代の詩風が発展する新しい方向を明らかにした。文集は初めは全二十巻、全三十巻、全二十七巻の三種類があったが、いずれも散逸してしまった。明代の人が輯録した『王子安集』全十六巻がある。

楊炯は、華陰〔現在の陝西省華陰市〕の出身である。武則天の如意元年〔六九二年〕に盈川県〔現在の浙江省衢県〕の県令に任じられたので、俗に楊盈川といわれた。辺境の戦争に赴く詩が有名で、代表作に「従軍行」があり、

寧ろ百夫の長と為《な》るとも、
一書生に作《な》るより勝る。

と、当時の多数の士人が辺塞に赴いて国のために功を立てることを渇望していた壮志を詠じており、意気が軒昂、風格が豪放である。辺塞を詠じたもの以外の唱和〔相手の詩に韻を合わせて詠ずる詩〕や紀行の詩にはあまり特色がない。文集は全三十巻であったが、すでに散逸しており、明代の人が輯録した『盈川集』全十巻がある。

盧照鄰は、字を昇之といい、みずから幽憂子と号し、幽州の范陽〔現在の河北省涿州市〕の出身である。その詩は七言歌行体〔楽府から出たもので、かなり自由な古体詩〕がもっともよく、心境がもの静かで、味わいがすばらしい。「長安古意」は、名は古意〔懐旧の情〕に託しているが、実は今情を抒しており、漢代の歴史によって唐代の現実を諷刺している〔のちに、前代のことを述べて現代を諷刺したり、新体を用いて昔の精神を詠じたりする詩を古意体といった〕。首都の長安の繁栄ぶりと現実生活の情況を詠じ、当時の貴族や支配者の横暴と奢侈を暴露し、下層の志士や儒者の不平の気を吐露し、物に寄せて思いを述べて意味深長であり、興味津々たるものがあり、初唐期の長篇の歌行の佳作である。文集はもと全二十巻あったが、すべて散逸しており、後世の人が輯録した『盧昇之集』と『幽憂子集』があり、ともに全七巻である。

駱賓王は、婺州の義烏〔現在の浙江省義烏市〕の出身である。高宗の調露二年〔六八〇年〕に臨海の県丞に任じられたので、俗に駱臨海といわれた。詩篇がかなり多く、題材がかなり広範にわたる。七言歌行体に秀で、その「帝

京篇」は盧照鄰の「長安古意」に内容が似ているが、字句の彫琢がいっそう緻密で、字句の使い方が適切で余分のものがなく、当時からすでに「絶唱」と讃えられていた。五言律詩にも佳作が少なくない。たとえば、「獄に在って蟬を詠ず」は自分を蟬にたとえ、「人の高潔を信ずる無し、誰が為にか予が心を表せん」と詠じ、物に託して興趣を寄せ、感慨を催して深い味わいがあり、悲憤沈痛を詠物に寄せており、雄渾な風格があり、簡潔でよく練れており、初唐期の律詩の名作である。『駱賓王集』全十巻があったが、すでに散逸している。後世の人の重輯本があり、清代の陳熙晋〔一七九一―一八五二〕の『駱臨海集箋注』がもっとも完備している。

「初唐の四傑」の後を継いで、いっそう断固たる態度で南斉代や梁代の詩風に反対し、理論と創作実践の面で創造的、革新的精神を示した詩人こそ、武則天のときの陳子昂《ちんすごう》〔六六一―七〇二〕にほかならない。「四傑」の詩はまだ六朝後期の「彩麗にして繁を競う」影響から脱していなかったが、陳子昂は「漢魏の風骨」と「正始の音」〔清談の風〕を鼓吹し、建安年間〔一九六―二二〇年〕から正始年間〔二四〇―二四九年〕における、事実を尊び、情を抒す現実主義的で剛健な風格を継承するよう主張し、復古にかこつけて革新を行い、理論面から唐代の詩歌の発展の方向を正した。字を伯玉といい、梓州の射洪〔現在の四川省射洪県〕の出身である。長寿二年〔六九三年〕に右拾遺に任じられたので、のちに俗に陳拾遺といわれた。その詩は、南斉代と梁代の華美で艶麗な詩風を一掃し、おもに質実で飾り気がない古体〔唐代以前の詩で、韻を踏むだけで、平仄や句数に制限がなく、五言、七言、長短句などがある〕の形式で、魏・晋代の詠懐詩や詠史詩の比喩や寄託の手法を発展させ、政治生活における思想的な感銘を詠じ、自己の理想、抱負、失意の心情を述べており、現実政治の病弊と人民の受ける苦痛を反映している。代表的な作品に「感遇　三十八首」、「薊丘にて古を覧、盧居の士蔵用に贈る　七首」、「幽州の台に登る歌」がある。「感遇」は特定の場所や時期における作品ではなく、内容が豊富で、理想を詠じたり、時代の悪弊を指弾したりして、風格が質実明朗、声調が荒涼激越で、かなり広範にわたる社会生活と複雑な思想感情を反映しており、かなり現実性を帯びている政治的抒情詩である。「薊丘《けいきゅう》にて古を覧、……」と「幽州の台に登る歌」は、万歳通天元年〔六九六年〕から神功元年〔六九七年〕にかけて武攸宜に従って北上し、契丹《キタイ》〔モンゴル系の民族〕を討伐したときの作品である。当時、武攸宜の幕中で軍事参謀をつとめていたが、しばしば建議が受け容れられなかったので、薊州〔現在の天津市薊県を中心とする地域〕北部一帯の古人や古事の吟詠を通じて懐才不遇〔才能があるのに、よさを認められたり、重用されたりすることがないこと〕の悲憤を唱い上げている。薊北楼（つまり幽州台）に登り、古代の燕の昭王〔在位前三一二—前二七九〕が賢明の士を重用した故事を想起し、国恩に報いるすべのない自分の境遇に結びつけると、生涯、世に迎えられない悲しみが生ずるのを免れないし、また眼前の風物の広大さ、天下の悠久さから自分の力量の小ささと生命の短さに思いをはせ、はらはらと涙を流し、歌行体で永遠に唱い継がれる「幽州の台に登る歌」を詠じたのである。


前に古人を見ず、後に来者を見ず。

天地の悠々たるを念《おも》い、独り愴然として涕下る。


この詩は質朴で飾り気がなく、情感が真摯であり、作者の芸術的な手腕を示している。

陳子昂の詩歌は、進歩的な思想と質朴かつ剛健な風格によって、唐代の詩歌に巨大な影響を及ぼし、盛唐期の詩人のために道を切り拓いた。李白〔七〇一—七六二〕、杜甫〔七一二—七七〇〕、韓愈〔七六八—八二四〕、白居易〔七七二—八四六〕らがみな非常に高く評価している。白居易は杜甫と並べて論じ、「杜甫と陳子昂、才名天地を括る」〔「初めて拾遺に授く」〕と述べており、その影響の大きさがわかる。陳子昂の作品は、後世の人が輯録した『陳拾遺集』と『陳伯玉文集』があり、明代に全十巻として出版され、現代の徐鵬が校訂して句読点を付した『陳子昂集』がかなり完備している。

唐の玄宗の開元年間〔七一三—七四一年〕から天宝年間〔七四二—七五六年〕にかけては、経済が繁栄し、国力が強大になり、政権が安定し、文化が発展し、南北の文風が融合したので、唐詩は全面的に繁栄し大いに異彩を放つ盛唐期を迎えた。この時期の唐詩には、名家が輩出し、それぞれ特色を有するきわめて多数の重要な詩人が輩出した。発奮して向上する浪漫主義の精神が、この時期の詩風の主流であった。永遠に語り継がれる大量の名篇のなかでは、辺塞における戦争と田園山水という二つの題材を詠じたものがかなり大きな比重を占めている。そのうち、辺塞の生活を詠じた有名な代表的詩人に、高適〔七〇二―七六五〕、岑参《しんじん》〔七一四?―七七〇〕、李頎《りき》〔六九〇?―七五一?〕、王昌齢〔六九〇?―七五六?〕らがおり、辺塞詩派といわれ、その作品は風格が強烈、情緒が悲壮で、七言歌行か七言絶句〔絶句は五言か七言の四句からなる〕の形式を採用しているものが多い。山水の景色や田園生活を詠じたことで有名な別の一派の代表的詩人に、王維〔六九九―七六一〕、孟浩然《もうこうねん》〔六八九か六九一―七四〇?〕、儲光羲《ちょこうぎ》〔七〇七―七六〇?〕、常建らがおり、田園詩派といわれた。その作品は閑静でのどかな隠遁生活の思想や情緒をかなり反映し、色彩が清淡で、境地が奥深く、五言古体、五言律詩、五言絶句の形式を採用しているものが多い。

高適《こうせき》は、字を達夫といい、徳州の蓨県〔現在の河北省景県〕の出身である。左散騎常侍にいたったので、俗に高常侍といわれた。いやというほどつらい目にあい、また辺塞の情況と軍中の生活にも通じていたので、辺塞の詩がもっともいい。代表作に「燕歌行」、「薊門行　五首」、「塞上」、「塞下の曲」などがある。辺境を警備する戦士が国のために命を犠牲にして辺境を防衛する献身的な精神を讃え、辺境の警備に従う士兵の苦しみと、将軍の傲慢、奢侈、淫蕩、逸楽や、朝廷が賞罰をはっきりさせず、辺境を安んずるのに無策であることをも詠じ、憂国愛民の情を吐露している。当時すでに名声を博し、岑参とともに辺塞詩派の代表者とされ、俗に「高岑」と並び称された。作品集に『高常詩集』がある。

岑参は、原籍は南陽〔現在の河南省南陽市〕であるが、江陵〔現在の湖北省江陵県〕に移住した。官が嘉州〔現在の四川省楽山市を中心とする地域〕刺史にいたったので、俗に岑嘉州といわれた。何回も軍に従って塞外に出征し、辺境の征戦生活と塞外の風光を長期にわたって身をもって体験しており、その辺塞詩は雄大かつ奇怪で非常に美しいことで有名である。軍事行動を詠じたばかりか、活き活きとした誇張と錯綜して変化に富む筆致で、塞外の壮麗な風光をも詠じており、想像力に富み、構想が新奇、言葉が明快であり、勇壮奔放で奇峰がそびえ立つような壮大な風格を形成している。「白雪歌　武判官の帰るを送る」で、辺塞地区で八月に白雪が飛び交う奇観を詠じた、

忽ち一夜春風来たりて、
千樹万樹　梨花開くが如し。

は、永遠に唱い継がれる、雪景を描いた名句である。さらに、辺塞の風習や各民族が仲よく暮らしている光景を詠じ、辺塞詩の創作の題材と芸術的境地を切り拓いている。言い伝えによれば、岑参が詩を作るたびに、漢族の官民ばかりか辺境の民族の軍民さえ、さきを争ってつぎつぎに書き写して吟唱したという。南宋代の陸游〔一一二五―一二一〇〕は岑参のことを李白、杜甫と並べ、「太白〔李白〕、子美〔杜甫〕のあとは一人しかいない」と讃えている。後世の人が輯録した『岑嘉州詩集』がある。

李頎は、祖籍は趙郡〔現在の河北省趙県〕であるが、代々、潁陽〔現在の河南省登封市の西部〕で暮らしてきた。五言と七言の歌行と七言律詩に長じていた。その辺塞詩は、流暢かつ奔放で、意気軒昂である。代表作に「古意」と「古従軍行」があり、豪放な語調で塞外の形象を詠じ、封建王朝の帝王が辺境を開拓するのに好んで殺戮を行う罪悪を暴露している。『李頎詩集』全一巻がある。

王昌齢は、字を少伯といい、京兆の長安〔現在の陝西省西安市〕の出身である。開元二十八年〔七四〇年〕に江寧〔現在の江蘇省南京市〕の県丞に任じられ、晩年に龍標〔現在の湖南省洪江市〕の県尉に左遷されたので、俗に王江寧、王龍標といわれた。その辺塞詩の大半は、楽府〔音楽をつかさどる役所、また、その役所が採集した詩で、音楽に合わせて唱われた。さらに、唐代以後に楽府の題を借りて作った古詩をも意味し、擬古楽府という〕の旧題を用いて出征兵士が異

域で功を立てる豪壮な愛国の情を詠じており、気宇が壮大で、格調が高い。あるいは、軍隊生活の厳しさ、望郷の念、別離の悲しみを詠じており、境地が雄渾かつ広大で、感情が高ぶってもの悲しい。七言絶句がもっともよく、典型的な情景を捉えるのに秀で、短小な形式で豊富かつ深刻な思想内容を概括しており、句の組み立てがすばらしく、音と情がともに優れている。それゆえ、後世の人びとから「七絶の聖手」といわれるとともに、李白と並び称された。代表作に「従軍行　七首」と「出塞　二首」がある。「従軍行　三」で、

秦時の明月　漢時の関、
万里長征　人未だ還らず。
但だ龍城の飛将をのみ在らしめば、
胡馬をして陰山を度《わた》らしめじ。

と詠じている。唐代の人びとにもっとも優れた七言絶句として推されている。後世の人が輯録した『王昌齢集』がある。

盛唐期の辺塞詩人には、さらにきわめて多数の人がおり、永遠に唱い継がれる詩篇を少なからず残している。たとえば、王之渙《おうしかん》〔六八八―七四二〕の、

黄河遠く上る　白雲の間、
一片の孤城　万仞の山。
羌笛何ぞ須《もち》いん　楊柳の怨むを、
春光度《わた》らず　玉門関。（「涼州詞」）

白日　山に依って尽き、黄河　海に入って流る。
千里の目を窮めんと欲して、更に上る　一層の楼。〔「鸛雀楼に登る」〕

王翰の、

葡萄の美酒　夜光の杯、
飲まんと欲すれば　琵琶　馬上に催す。
酔うて沙場に臥す　君笑うこと莫かれ、
古来征戦　幾人か回《かえ》る。〔「涼州詞」〕

などは、いずれも人口に膾炙している盛唐期の名篇である。

王維は、字を摩詰といい、蒲州〔現在の山西省永済市〕の出身である。尚書右丞にいたったので、俗に王右丞といわれた。その詩歌で現存するものは四百首に満たないが、題材と内容が豊富多彩で、そのうち創作の特色を代表するのは山水や田園など自然の風光を描いたり、隠居生活を詠じたりしたものである。その詩歌の基本的風格は「清にして秀」であり、それと同時に、多種多様な自然の美しさをも表すことができた。放縦な線と剛健な筆致で雄渾壮麗な名山や大河をスケッチすることに秀で、さらに清新な筆致と潤いのある色彩で、山林の幽美な清空の境地と、その静かで美しい環境のなかで暮らす悠々たる楽しみの境地をきめ細かく描くことにも秀でていた。

大漠　孤烟　直《なお》く、長河　落日　円かなり。〔「使して塞上に至る」〕

というような雄大な景物を概括的に描くこともできたし、

山中　一半の雨、樹杪《じゆびよう》　百重の泉。（「梓州の李使君を送る」）

というような自然の事物の動態を微に入り細を穿って描くこともできた。詩に秀でていたばかりか、書画をもよくし、音楽にも精通していた。絵画や音楽の理で詩を論ずることに秀で、詩情と画意との結合という特色を具えている。それゆえ、蘇東坡（蘇軾。一〇三七―一一〇一）は王維について、「詩中に画あり」、「画中に詩あり」と称讃している。自然や風景を描いた高度な芸術的成果によって、盛唐期の詩壇で独自に一派を樹ち立て、孟浩然とともに「王孟」と並び称され、山水田園詩派の代表的人物になっている。輯録に『王右丞集』があり、明代の顧起経に『類箋唐王右丞詩集』全十巻、附文集全四巻があり、現存する王維の詩の最古の注釈であり、清代の趙殿成の『王右丞集箋注』全二十八巻はかなりいい注釈である。

孟浩然は、襄州の襄陽（現在の湖北省襄樊市）の出身で、俗に孟襄陽といわれ、その一生は、仕官の口を求めて何回か歴遊したのを除くと、長年にわたって襄陽の鹿門山に隠棲していた。その詩は五言に秀で、風格が清新かつ優雅、恬淡かつ深遠で、自然の情趣に富み、とりわけ山林の幽静な景物の描写に優れている。代表作に「洞庭湖を望んで張丞相に贈る」、「故人の荘を過ぎる」、「春暁」がある。前者は格調が雄渾で、後二者は清麗な含蓄があり、意味深長で、あかぬけしているなかにも洒脱さがある。五言絶句の、

春眠　暁を覚えず、処処に啼鳥を聞く。
夜来　風雨の声、花落つること知らず多少ぞ。（「春暁」）

は、大半の人がそらんじ、子どもでも知っている名篇である。一生の経歴がかなり単純であり、詩歌の題材もかなり狭い。王維と並び称され、王維の詩境の広大さにははるかに及ばないけれども、芸術的に独特の造詣があり、李白や杜甫が非常に高く評価している。その作品を輯録した『孟浩然集』がある。

王維と孟浩然のほかにも、盛唐期に田園を詠じて有名な者に儲光羲、常建らがいる。儲光羲は、潤州の延陵（現在の江蘇省丹陽市）の出身である。詩は五言の古体が多い。「田家即事」、「田家雑興」など、農家の生活を描いた田園詩は、風格が質朴で、活き活きしていて独特の味わいがあり、かなり特色がある。

常建（生歿年不詳）は、現存する詩が五十七首で、その大半は田園の風光、山林の洒脱な風情を詠じている。詩境がもの静かで奥深く、言葉が洗練されていて自然であり、盛唐期の田園詩派において、王維、孟浩然、儲光羲とともに名を連ね、「王、孟、儲、常」といわれた。その五言律詩の「破山寺後の禅院」の、

竹径　幽処に通じ、禅房　花木深し。

の句は、北宋代の欧陽脩（一〇〇七—七二）が特に讃え、模倣しようとしたができなかった。

盛唐期の詩歌で最高の業績を収めている人物は、李白と杜甫で、二人は浪漫主義と現実主義の詩歌の創作を新たな高峰に押し上げた。

李白は、字を太白といい、青蓮居士と号し、綿州の昌隆（現在の四川省江油市）の出身である。生涯にわたって多数の詩歌を詠じ、いまなお九百余首が存する。活躍していた時期は、まさに唐朝が強大な絶頂から衰亡に向かう時期にあたっており、階級矛盾が日益しに先鋭化していた。李白は遠大な政治的抱負を抱き、「蒼生（民衆）を済《すく》い」、「黎元（庶民）を安んず」ることを希望していたが、ずっと実現することができなかった。壮年以後は、長年

にわたって全国を歴遊して過ごし、詩歌で自分の愛国の情熱と各種の複雑な感情を吐露した。「古風　五十九首」と多数の楽府で、玄宗〔在位七一二―七五六〕の治世の後期における政治的な暗黒と腐敗を広範囲にわたって暴露、批判し、賢者や才能ある者に活路がないことに対する悲憤の情を伝えている。民衆の苦しみに心から同情し、少なからぬ詩篇で声を大にして呼びかけているが、その内容はつねに支配階級に対する批判に結び付けられている。王侯や富者と封建的な礼教の精神を蔑視し、すばらしい生活の理想を追求し、つねに光芒を放つ詩篇が少なくない。「一生好んで名山に入りて遊び」〔「廬山の謡、盧侍御虚舟に寄す」〕、満ちあふれる情熱と豊富な想像力で、祖国の壮麗な山河を讃える多数の詩を詠じている。滔々と流れて野獣のように吠える黄河、一瀉千里の長江、壮麗な廬山の瀑布、「百歩九折」〔「蜀道難」〕の蜀道の奇険が、李白の筆のもとで一つ一つ眼前に展開する。

君見ずや　黄河の水　天上より来たり、
奔流し海に到って　復た回《かえ》らざるを。〔「将に酒を進めんとす」〕

飛流直下　三千尺、
疑うらくは是れ銀河の九天より落つるかと。〔「廬山の瀑布を望む」〕

蜀道の難きは青天に上るよりも難し。〔「蜀道難」〕

などは、いずれも永遠に唱い継がれる名句である。自然の風景を詠じているこれらの詩篇は、いずれも自由闊達で、景物の描写と心情の叙述が溶け合い、詩人の雄大な気持ちと遠大な志を充分に表しており、祖国に対する人びとの情熱をかき立てることができる。

李白の詩歌は、戦国時代の屈原〔前三三九―前二七八?〕の積極的浪漫主義の創作精神を継承し、魏・晋代以来の優秀な詩人の芸術的技巧を汲み取り、また民歌からも豊富な栄養分を吸収しており、創造と批判の精神に富んでいる。李白は、誇張の手法と活き活きした比喩、豊富な想像力、自由で束縛されない形式、素朴で優美な言葉を使って、熱烈で奔放な思想や感情を表現するのに秀でていた。それゆえ、その詩は非常に高い芸術的完成度と豊富な社会的内容を具えており、後世に対して深遠な影響を及ぼしている。杜甫は李白の芸術上の業績について、

筆を落とせば風雨を驚かし、詩成れば鬼神を泣かす。〔「李十二白に寄する詩」〕

と称讃している。文学史上で、李白は杜甫と並び称され、俗に「李杜」といわれ、「謫仙」〔罪を犯して、天上の世界から地上の人間界に流された仙人〕、「詩仙」ともいわれている。階級的な限界によって、李白の詩には、「人生夢の如し」とか、そのときどきに楽しむこととかを宣揚する消極的な虚無思想と、仙を求めて道士を訪れることを表す宗教的な妄信もみられる。しかし、その本質からみれば、依然として中国史上の偉大な詩人の名に愧じない。

李白の詩文集は、唐代の人が編んだものは伝えられていない。北宋代に蘇州で『李太白文集』全三十巻が刊行されたが、のちにこの蘇州本にもとづいて翻刻した蜀本が現存する最古の李白の詩文集である。もっとも早く李白の詩文集に注を付したのは、南宋代の楊斉賢の『李翰林集』全二十五巻で、元代初期に蕭士贇が大幅に削除と増補、校訂を施し、『分類補注李太白集』全二十五巻を編み、清代の王琦が旧注を集め、増補と訂正を施し、『李太白文集』全三十六巻を編み、巻末に李白の年譜、唐・宋代以来の李白に対する諸家の論評などの資料を付している[43]。現代の瞿蛻園と朱金城が編纂した『李白集校注』は、従来の各名家の旧注を基礎に、最近の研究成果を参考に、注釈と増補を行い、誤謬を校訂しており、いまのところ、李白の詩文集の注釈のなかでもっとも詳しい。

杜甫は、字を子美といい、祖籍は襄陽〔現在の湖北省襄樊市〕であるが、河南の鞏県〔現在の河南省鞏義市〕に生ま

れた。長安城の南部の少陵付近に住んでいたので、みずから少陵野老と称し、成都で節度参謀、検校工部員外郎に任じられていたので、後世の人は杜少陵、杜工部といった。「安史の乱」前後の社会の変動期に生き、家運の没落という不幸をなめ尽くし、唐朝が絶頂から衰亡に向かうのを身をもって体験した。それゆえ、当時の階級矛盾と支配階級内部の矛盾とが交錯する社会の現実と、人民大衆の苦しい生活について、一定の理解を有していた。安史の乱のまえに、すでに「麗人行」、「兵車行」などを詠じ、権臣の楊国忠〔?—七五六〕一家の荒淫奢侈と玄宗の兵力の乱用が人民にもたらした災難を暴露していた。

朱門には酒肉臭きに、路には凍死の骨あり。〔「京より奉先県に赴くときの詠懐、五百字」〕

という詩句は、封建的な地主と農民という対立する二大階級の明白に異なる生活を形象的に伝え、当時の深刻な階級矛盾を暴露しており、永遠に唱い継がれる名句になっている。安史の乱ののちは、現実といっそう深く接触し、社会をいっそうよく理解した。それゆえ、「三吏」〔「新安の吏」、「石壕の吏」、「潼関の吏」〕や「三別」〔「新婚の別れ」、「垂老の別れ」、「無家の別れ」〕などの組詩を詠じ、戦乱、兵役、淫役〔過酷な徭役〕によって人民にもたらされる非常に痛ましい生活を描き出している。

杜甫の詩歌は古典的な詩歌を集大成しており、杜甫は詩歌の各種の形式において新機軸を打ち出し、発展させたが、とりわけ律詩の功用を拡大した。詩の風格も多種多様であるが、もっとも特徴を具えていて杜甫に特有の風格は「沈鬱頓挫」である。杜甫は詩を作るのに字句の彫琢に非常に意をそそいだが、律詩に対してとりわけ意を用い、対句がきちんと整い、音律に厳格であり、民歌の口語を運用し、言葉で形象を練るのに秀でていた。

書を読みて万巻を破り、筆を下せば神有るが如し。〔「韋左丞丈に贈り奉る二十二韻」〕

新詩　罷むるを改め　自ら長吟す。〔「悶えを解く詩」〕
人為り性癖にして　佳句に耽り、
語　人を驚かさざれば　死すとも休せず。〔「江上　水の海勢の如くなるに値《あ》い聊か短述す」〕

と詠じているが、いずれも芸術に対する熱意と苦心して探究する努力を反映している。杜甫の詩は、唐朝が強大から衰退に向かう複雑で動揺する歴史時代を広範かつ鮮明に反映しているので、人びとから「詩史」といわれている。詩歌におけるすばらしい業績によって、後世の人びとから「詩聖」と讃えられるとともに、李白と並んで高い名声を得ている。韓愈〔七六八―八二四〕の、

李杜　文章在り、光焰　万丈長し。〔「張籍を調《あざけ》る」〕
――李白と杜甫はその文学が厳然と存在し、かがやくほのおは万丈の長さに及んでいる。

という詩句は、この二人の偉大な詩人が文学でなし遂げた業績を高く評価している。

杜甫はその生涯に数千首の詩を詠じているが、現在まで伝えられているのは千四百余首である。唐代の人が全六十巻の杜甫の詩集を編んだが、じきに散逸してしまった。[44] 北宋代の王洙〔九九七―一〇五七〕が『杜工部集』全二十巻を編んでおり、現在、その影印本が流布している。後世、杜甫の詩に注釈を施したものはおおよそ百種以上あるが、清代の仇兆鼇〔一六三八―一七一七〕の『杜詩詳注』全二十五巻は先人の研究成果を吸収しており、かなり詳細で完備した注釈であるが、ときにはこじつけもみられる。清代の楊倫〔一七四七―一八三〇〕が注釈を施した『杜詩

鏡銓』はかなり簡単明瞭で、要点を扼えており、初学者に役立つ。

安史の乱ののち、唐朝の階級矛盾はいっそう先鋭化した。当時、多数の詩人が現実主義的な創作の伝統を継承し、新楽府で民間の苦しみを詠ずるよう提唱し、一時期、非常に流行した。そのうち、最高の名声を得たのが白居易〔七七二―八四六〕である。

白居易は、字を楽天といい、晩年は香山〔河南省洛陽市の南部にある〕に隠棲し、みずから香山居士と号したが、太子少傅に任じられたことがあるので、後世の人から白香山、白傅、白太傅とよばれている。祖籍は太原で、のちに下邽〔現在の陝西省渭南市〕に移ったが、河南の新鄭に生まれた。その生涯に三千篇の詩を残しているだけでなく、一連の詩歌理論をも提起している。

文章は時を為すに合わせて著し、詩歌は事を為すに合わせて作る。

すなわち、文学はかならず現実を反映し、教育という目的を達成しなければならないと提起している。詩歌を一株の果樹になぞらえ、

根は情、苗は言、華は声、実は義。

という有名な見解を提起し、感情を根、言葉を苗、音律を花、意味を果実にたとえている。感情のない詩は、根のない果樹のように根づくことができない、意味のない詩は、実を結ばず、いたずらに枝葉が生い茂る果樹のように価値がない、いい詩とは、感情と思想があり、言葉と音律がよくなければならないが、とりわけ重要なのは思想と感情であると見なしている。

白居易は自分の詩を諷諭、閑適、感傷、雑律の四大類に分けている。諷諭詩は白居易の代表作であり、現実主義的な詩論の実践である。諷諭詩は「秦中吟　十首」と「新楽府　五十首」が代表作である。支配者が横暴に搾取し、重税で人々を抑圧していることを暴露するものもあるし、官吏の貪欲さと凶暴さを反映するものも、支配者の豪華で奢侈な腐敗した生活を暴露することに重きを置いて、飢えと寒さにさいなまれる勤労人民の境遇と鮮やかに対比するものもあり、さらに、支配者が引き起こした不義の戦争を譴責することに重きを置くものもある。「重賦」、「炭を売る翁」、「紅線の毯」、「軽肥」、「新豊の臂を折りし翁」などは、いずれも当時の社会の現実を反映し、各方面から封建社会の罪悪を暴露し、人びとに対する同情を表明している。

白居易は長篇の叙事詩をも詠じているが、もっとも有名なのは「長恨歌」と「琵琶行」である。この二首の長篇叙事詩は変化に富み、感情の描写が微に入り細を穿ち、活き活きとしており、リズムと音調が融合し、芸術上の造詣が非常に深いので、広範に流布することができた。しかし、晩年の作品には、思想的に意気消沈し、現実を逃避し、仏教や道教におぼれ、閑適を追求する消極的な情緒を反映しているものもある。

白居易の詩は、平易かつ簡明で、通俗的でわかりやすく、きわめて大きな感染力があり、庶民のあいだできわめて広く流布し、生前にすでに広範に伝誦されていた。

禁省〔禁中と省中〕、観寺〔道教と仏教の寺院〕、郵候〔宿駅の物見台〕の牆壁で書かれないところがなく、王公、妾婦〔女性に対する蔑称〕、牛童〔牛飼いの子供〕、馬走〔馬子〕の口で口ずさまないものはなく、書写と模勒にいたっては、市井で売ったり、酒や茶と交換したりする者がいたるところにいた。(45)

これは、木版印刷術が発明されたのち、通俗的な読物を印刷出版して市場で売れ行きのよかったことに関するかなり早い時期の明確な記述である。当時、白居易の詩集はさらに朝鮮や日本にも伝えられ、やはり歓迎された。

白居易は生前に自分の詩文集を何回か編み、初めは『白氏長慶集』といったが、のちに『白氏文集』と改称し、あわせて三千八百余篇の詩文を収録し、全七十五巻とし、五部書写した。唐代末期の動乱でその写本が散乱してしまい、また転々と印刷や書写を繰り返すうちに、原形を留めなくなってしまった。現存する最古の『白氏文集』は南宋の紹興年間（一一三一―一一六二年）に出版されたもので、七十一巻しかなく、三千六百余篇の詩文を収録している。一九五五年に文学古籍刊行社から宋代の刊本にもとづいて影印出版されたが、書名は『白氏長慶集』に改称されている。一九七九年に中華書局が出版した『白居易集』は、顧学頡（一九一三―　）が校訂して句読点を施し、宋代に刊行された『白氏長慶集』を底本に、各種の刊本を参照して校訂と増補を行い、また、『外集』全二巻を編み、散逸した詩文を探し求めるとともに、白氏の伝記、年譜などの資料を付け加えており、いまのところでは、かなりいい文本〔テキスト〕である。

唐代の著名な詩人には、上述のほかにも、杜審言（六四六?―七〇八）、沈佺期（?―七一三?）、宋之問（?―七一二）、劉長卿（?―七八六?）、元結（七一九―七七二）、銭起（七一〇?―七八〇?）、郎士元、顧況（七二五?―八一四?）、盧綸（七三七?―七九九）、李益（七四八?―八二七?）、韋応物（七三七―七九一?）、韓愈（七六八―八二四）、孟郊（七五一―八一四）、李賀（七九〇―八一六）、賈島（七七九―八四三）、柳宗元（七七三―八一九）、劉禹錫（七七二―八四二）、元稹（七七九―八三一）、李紳、張籍（七六七?―八三〇?）、王建、杜牧（八〇三―八五二）、李商隠（八一二?―八五八?）、温庭筠（八一二?―八七〇?）、聶夷中（八三七―?）、皮日休（八三四?―八八三?）、陸亀蒙（?―八八一?）、司空図（八三七―九〇八）、韓偓（八四〇―九二三）、杜荀鶴（八四六―九〇七）、羅隠（八三三―九〇九）、韋荘（八三六―九一〇）ら、多数の詩人がいる。これらの詩人の作品はいずれもそれぞれ特色があり、唐代の文学史に一定の地位を占める作品が少なくない。

(2) 散　文

隋・唐・五代の時期の散文は、中国文学の発展史で先人の後を引き継いで発展させる役割を果たしており、とりわけ、唐代中期の貞元、元和年間〔七八五―八二〇年〕に韓愈と柳宗元が提唱した古文運動によって、宋・元代以後の散文の発展に深遠な影響を及ぼしている。この時期の文章でなお残っているものは、清代の厳可均〔一七六二―一八四三〕編の『全上古三代秦漢三国六朝文』の「全隋文」全三十六巻に、文章六百八十余篇、作者百六十余人を収録しているし、董誥〔一七四〇―一八一八〕ら編の『全唐文』全千巻は、唐代と五代の文章一万八千四百八十八篇、作者三千四十二人を収録している。清の光緒年間〔一八七五―一九〇八年〕に、陸心源〔一八三四―九四〕が『唐文拾遺』全七十二巻を編み、文章三千篇を収録し、同じく『唐文続拾』全十六巻に文章三百十篇を収録している。そのほか、この百年間に新たに発見された碑誌など、散逸していた文章を加えれば、隋・唐・五代の文章の量は目をみはるほど多いといえる。

隋・唐・五代の散文の重主な成果は、唐代の「古文」の分野にみられる。唐代のいわゆる「古文」は、秦代以前から両漢代まであまねく行われていた散文体の文語文にほかならず、駢儷体の文章に対していうのである。秦・漢代の散文の主要な特徴は散文体の単句〔対をなさない単独の句〕で、長さが自由で、質朴かつ流暢で、内容が充実している。魏・晋・六朝時代の文壇を風靡し、唐代初期にも依然として盛んで衰えていなかった駢儷体は、対句と音律を重んじ、古代文学が一定の段階まで発展し、質朴から進んで精巧さと優美さを要求するようになった時期の産物である。「駢」は、もともと二頭の馬を並べて車に付けるという意味である。それゆえ、駢儷体は全文を通して句法の構造が相互に対称をなし、語句が対句〔つまり儷句、偶句〕をなし、音韻上も平仄の運用を重んじ、音律が調和し、修辞上も美辞麗句で飾り、典故を使うことを重んじなければならない。また、つねに上四字・下六字か上六字・下四字の対偶句を使うので、俗に駢四儷六といい、「四六文」ともいう。駢文は、興ったばかりのときは、文章の芸術形式を豊富にするのに積極的な役割を果たしたが、発展したのちは、過度に形式の華美を偏重し、対偶の整合性と修飾の華麗さをひたすら追求し、全文が典故だらけになり、飾り立てることに意をそそいだので、文章はみたところ華麗で整っているが、内容は大半が空疎かつ退屈で、言葉は華やかであるが実がなく、風格の矮小化と形式の硬直化がもたらされ、作品は真に思想を伝えたり、現実を反映したりすることができなくなってしまった。それゆえ、六朝時代から唐代にかけて、文章が華麗から自然に赴くことを体現すべく文体を改革するよう主張する人がたえず現れた。

隋代の初年に、李諤は、「隋の文帝に上《たてまつ》る書」で駢儷体の病弊を論じたときに、

一韻の奇を競い、一字の巧を争い、篇を連ね牘を累ねますが、月露の形さえ出さず、案を積み箱を盈たすけれども、ただ風雲の状だけでございます〔月露風雲は無用の閑文字のこと〕。世俗はそれをたっとび、朝廷はそれによって抜擢しております。……それゆえ、文筆は日益しに栄えておりますが、政治は日益しに乱れており、まことに大聖〔最高の聖人〕を見捨てるほどの規模であり、無用の文章を作って有用と見なしております。(46)

と述べている。文帝〔在位五八一―六〇四〕は開皇四年〔五八四年〕に、「公私の文書は、すべて実録にすべし(47)」と命じた。この年の九月、泗州〔現在の江蘇省宿遷市を中心とする地域〕刺史の司馬幼は、「上書が華艶であった」ので、「官吏の裁判に付され」て懲戒処分を受けた。しかし、李諤らは形式的で内容のない文章に対する不満を拠りどころにするだけで、いかにして新しい文体でとって代わるのかは提起しなかった。李諤は駢文に反対であったけれども、駢文に反対する李諤の上書はすべて駢体文で書かれていた。長年にわたる習慣は改めにくいので、文帝の一片の詔はまだその効果を収めることができなかった。

唐代の初年にも、駢体文は依然として盛んに行われていた。武則天〔在位六九〇―七〇五〕のときに、著名な文学者の陳子昂〔六六一―七〇二〕が詩歌の革新を唱導し、強力に漢・魏代の雄渾な風格を提唱し、南斉・梁代の頽廃的

な風潮に反対した。その政治論はすべて古文を用い、駢文の束縛を打破しており、唐代にいちばん初めに前漢代の文章に学んだ作家であり、「当時の人びとが敬い慕ったので、文体が一変した」(48)。盛唐期から中唐前期にかけて、すなわち、おおよそ玄宗の天宝年間〔七四二―七五六年〕から代宗の大暦年間〔七六六―七七九年〕にかけて、蕭穎士〔七一七―七六八〕、李華〔七一五?―七七四?〕、元結〔七一九―七七二〕、独孤及〔七二五―七七七〕、梁粛〔七五三―七九三〕、柳冕〔?―八〇五〕ら、儒教を尊んで復古を主張し、革新を求める一群の作家があいついで輩出し、前後して散体文〔形式や音律に拘束されない文章〕を提唱し、駢文に反対した。古文運動の先駆者である。中唐後期になると、韓愈〔七六八―八二四〕と柳宗元〔七七三―八一九〕が強力に理論と創作実践で古文を唱導し、きわめて威勢のいい社会的な古文運動が形成されてから、やっと駢文が長期にわたって文壇を支配してきた地位に徐々にとって代わった。

古文運動は、実質的には散文の本質的な革新運動であった。唐代の優秀な古文家は、復古をスローガンにしていたけれども、実質的には唐代の活きた言葉のなかから新しい散文の文章語を練り上げることを目ざしていたのである。唐代の古文家の作る古文は、実際には新しいタイプの散文で、当時の口語にかなりちかく、思想を表現する文語文の機能を拡大しており、伝統をも継承し、創意をも付け加えており、進歩的な意義を具えていた。

韓愈は古文運動の唱導者であり、儒学の復古思潮の代表的人物でもあり、文で道を明らかにし、文と道を合一させ、道を主とするよう主張した。韓愈のいう「道」は、孔子〔前五五一―前四七九〕と孟子〔前三七二?―前二八九〕を正統とする儒家思想の伝統にほかならない。古《いにしえ》の道は古人の文に満ちあふれているので、儒家の道統を尊ぶのであれば、古文を提唱し、駢文に反対しなければならない。それゆえ、古の道を宣伝するために古文を宣伝することが、古文運動の宗旨になったのである。ただし、韓愈の主張は、文学上で重視に値するのは「文で道を明らかにする」ことではなく、文体の革新に関する自分の理論であるということにあったのである。散文の執筆では、筆者自身の思想と修養が優れた文章を執筆する根本であることを強調している。孟子の養気論〔『孟子』「公孫丑章句（上）」

に「我《われ》善く吾が浩然の気を養う」とある〕にもとづいて、

これを仁愛義理の動議の途に発展させ、これを『詩経』、『書経』という道徳の源流に遊ばせる。

という養気論を提起し、

根の茂っているものは、その実りをなし遂げ、膏を充分にそそげばその光はきらきらと輝くのである。仁愛義理を行う人は、その言説は盛んなものである。……文章の活力が盛んであれば、言辞の短長と音声の上がり下がりとは、みなよろしいのである。(49)

と指摘している。それゆえ、作家が古文で優れた作品を書くには、まず「気を養う」――人格の修養に重きを置く――必要があると主張し、作家が着実に道徳的な修養をするよう要求している。さらに、作家には独創性がなければならないし、文章には創意がなければならないことを強調し、模倣と剽窃というよくない文壇の風潮に反対した。言葉の運用では、「かならず自分の考え」を述べ、「ただ古くさい言葉を去ることに努める」が、「文は思いに従い、字は素直な表現で」、文は言葉の規則に符合しなければならないことを提唱した。また、文学の創作については、「平らかならざれば鳴く」という見解を提起し、作品は生活の矛盾のなかから社会の現実の不平に対する思想感情を形成しなければ、真情と実感のあるいい作品を産み出すことができないと指摘している。これらの認識は、封建社会における文学の発展に一定の積極的意義を有していた。

韓愈は自分が唱導した古文運動の理論を各種の散文の創作に広範に運用し、卓越した成果を収めている。雑文〔特定の形式にこだわらない文章〕的な性格を有する散文、たとえば、「原毀」、「師説」などでは士大夫のなかの卑俗で野卑な風潮を批判し、「張中丞伝後叙」では安史の乱で敵に抗した英雄について記し、「柳子厚墓誌銘」では亡友の柳宗元の政治的に不遇であった生涯について述べ、「十二郎を祭る文」では亡くなった甥を悼む悲しみを吐露し、「雑説（四）」（「説馬」）では寓意形式に懐才不遇（才能があるのに、よさを認められたり重用されたりしないこと）の悲憤の情を託しており、いずれも、代々、読み継がれる名作である。「李愿の盤谷に帰るを送る序」では、時代に受け容れられないが道をみずから守る隠士の李愿の口を借りて、「公卿高貴の門に御機嫌うかがいに赴き、勢力のある人への道を走りまわって取り入り、足を進めようとしてもためらい、なにか言おうとしても口ごもり、汚らわしい行いをしていても羞じず」、阿諛追従に秀で、名誉と利益に熱中し、投機的に抜け目なく立ちまわる無恥の輩を力強い筆力で嘲笑し、それと同時に、懐才不遇のために山林に隠棲している高潔の士をも讃美し、鮮明な対比において、暗黒の官界に対する強烈な不満と不合理な社会に対する批判精神を表している。この小論は、北宋代の蘇軾（一〇三七―一一〇一）が唐代第一の名文と讃えており、千年余りにわたって、人びとに広く読み継がれてきた。

韓愈はその生涯に大量の散文を書いているが、理論、叙事、抒情を問わず、いずれも文章が流暢かつ明快で、曲折と変化に富み、気勢が勇壮奇怪かつ奔放で、「長江大河の如く、渾浩（水がみなぎって広く流れるさま）と流転し」[50]、独特の芸術的風格を具えている。司馬遷（前一四五か前一三五―？）や揚雄（前五三―後一八）など、古文の大家の優れた伝統を継承し、自分の創意をも付け加え、まさに『新唐書』の「韓愈列伝」にいうように、「深く本元を探り、卓然として樹立し、一家の言を成した」。韓愈の散文の言葉は、形象が活き活きしており、比喩を使うのに秀で、きわめて強力な表現力を具えている。さらに、生命力のある古代の言葉を吸収し、「腐朽を化して神奇となす」ことに長けていたし、当時の活き活きとした口語のなかで練り上げるとともに、それを基礎に新語を産み出すことにも秀でていた。その文章には、現在まで伝えられ、すでに人びとが慣用化して成語になり、広く伝わり、使われている言葉が少なくない。たとえば、

井に坐して天を観る〔井のなかの蛙。「原道」〕
弱肉強食〔「浮屠文暢師を送る序」〕
一髪千鈞〔危機一髪。「孟尚書に与うる書」〕
軽を駕して熟に就く〔老練者として振る舞う。「石処士を送る序」〕
井に落つるも石を下す〔人の弱みにつけこむ。「柳子厚（柳宗元）墓誌銘」〕

などである。さらに、

声を大にして疾呼す〔大声で呼びかける。「後十九日復た宰相に上《たてまつ》る書」〕
大いに厥《そ》の詞を放《ほし》いままにす〔気炎を上げる。「柳子厚を祭る文」〕
冥頑不霊〔頑迷で融通が利かない。「鱷魚《がくぎょ》の文」〕
雑乱にして章無し〔支離滅裂である。「孟東野を送る序」〕
群を出でて萃を抜く〔衆に抜きんでる。「崔羣に与うる書」〕
牢として破る可からず〔堅固で破れない。「淮西を平らぐの碑」〕
頭を垂れ気を喪う〔がっかりして気を落とす。「送窮文」〕
首を俯し耳を帖《た》れ、尾を揺《うごか》して憐れみを乞う〔おとなしく従い、哀れみをこう。「科目に応ずる時　人に与うる書」〕

など、現代の漢語でも常用される活き活きとした言葉も、すべて韓愈の詩文に由来する。

韓愈の散文は、唐代以来、長年にわたって定評がある。唐代の杜牧〔八〇三―八五二〕は韓愈の文章と杜甫の詩を同列に置き、「杜詩韓筆」(51)と称している。もっとも有名なものは、「文章では八代〔美文に走った後漢、魏、晋、宋、南斉、梁、陳、隋）の衰頽を興す」[52]という蘇軾の評である。明代初期の朱右（一三一四—七六）が『八先生文集』、明代中葉の茅坤（一五一二—一六〇一）が『唐宋八大家文鈔』を編纂しているが、ともに韓愈を八大家の首位に挙げている[53]。韓愈はまた、霊験あらたかな効果を追求したために曲折して口調が悪く、生硬で読みにくい文章をも執筆し、やはり後世の一部の文人に一定の影響を及ぼしている。

韓愈の詩文集は、弟子の李漢が編纂した『昌黎先生集』全四十巻と、宋代の人の編纂した同『外集』全十巻がある。現存する韓愈の詩文集の古本では、南宋の慶元年間（一一九五—一二〇〇年）に魏仲挙が編纂、出版した『五百家注音弁昌黎先生集』全四十巻、同『外集』全十巻がもっともいい。代々、韓愈の詩文集は非常に数多く出版されているが、かなり流布しているのは、明代の徐世泰の東雅堂が、南宋代の廖瑩中（?—一二七五）の世綵堂が出版した『昌黎先生集』全四十巻（文三十巻、詩賦十巻）、『外集』全十巻、『遺文』全一巻、『昌黎先生集伝』全一巻を翻刻したものである。

柳宗元は、韓愈と同じ時期に古文を唱導し、韓愈と同じように文章の内容を重視し、道と文の主従関係を強調し、「文は道を明らかにするものである」[54]と主張したが、この「道」の内容は、儒家の仁義についてのみ論じた韓愈のものとは異なる。柳宗元が文章の重大な役割を主張したのは「時を輔け物に及ぶ」道を表明するためであり、作品が現実に対して果たす役割を強調しているし、「道」は国家を強大にし、民衆の生活に役立たなければならず、的確で実行することができ、実情を重んじなければならないと指摘している。思想的には韓愈よりもいっそう素朴唯物主義の色彩が濃く、政治的には革新を要求している。王叔文（七五三—八〇六）の指導する政治革新運動（「永貞革新」という）（宦官や地方軍閥である節度使による積年の腐敗政治の改革を図った）に参加して失敗したのち、永州（現在の広西チワン族自治区南丹県を中心とする地域）司馬に左遷され、柳州刺史のときに亡くなった。散文の多くは、左遷後に書かれている。

柳宗元はその生涯に六百余篇の詩文を残しており、散文はおおよそ論文、寓言、伝記、旅行記、詩賦の五種類に分けることができるが、そのうち、寓言と旅行記がもっとも優れている。秦代以前の寓言は『荘子』、『韓非子』、『呂氏春秋』、『列子』、『戦国策』などに数多く収録されているが、いずれも文章の一部であり、その機能は拡大された比喩にすぎず、まだ完全に独立していない。漢・魏・六朝時代の寓言は独立しているけれども、前漢代の劉向〔前七七?—後六〕の『説苑』や『新序』など、専門書に収録されていることが多く、単独で流布したものは非常に少なく、しかも思想性と芸術性がともにかなり簡明でわかりやすい。柳宗元の寓言は、この二つの面で大幅に向上している。その大半は動物の物語であるが、いずれも人の化身であり、現実に対する深刻な寓意を具えている。そのうちの代表的なものとして、「三戒」は序文と三篇の短い寓話からなり、「臨江の麋」は主人の寵愛を笠に着て、有頂天になっている横暴な輩を諷刺し、「黔の驢」は表面上は名声がとどろいているが、実際には徳にも欠け無能でもある見かけ倒しの輩を諷刺し、「永某氏の鼠」は人の弱みにつけこんでなにはばかることなく悪事をなす小人を諷刺するとともに、暗にその矛先を鼠が害をなすのにまかせている家主に向けている。柳宗元の寓言は、大半が短小精悍で、文章が簡潔でよく練れていて鋭く、比喩の形象が活き活きしていて、筋道が妥当かつ明確で、意味が含蓄に富んで深遠であり、強烈な戦闘性と深刻な教育的機能を具えているので、人口に膾炙され、広く語り継がれている。柳宗元ののち、寓言は独立した文学形式になった。

柳宗元の旅行記は、中国文学史に独特の地位を有する。北魏代の酈道元〔四六六か四七二—五二七〕の『水経注』の散文の伝統を引き継ぎ、さらに創造的に発展させた。『水経注』は景物について客観的に描写することが多いが、柳宗元の旅行記は、微妙な筆致と洗練された言葉で大自然の美しさを活き活きと描写しているばかりか、抒情性がかなり濃厚で、左遷されたのちの著者の憤懣と抑鬱に満ちた心情や、社会や人生に対する体験がしみ込んでおり、感情を景物に寓し、感情と景物が溶け合っている。景物に感情を寓しても自分の感情をまだ充分に言い表せないときには、それについで議論を展開している。その書き方は後世の旅行記に顕著な影響を及ぼしているが、その代表作が「永州八記」〔「始めて西山を得て宴游するの記」、「鈷鉧潭の記」、「鈷鉧潭の西の小邱の記」、「小邱の西、小石潭に至るの記」、「袁家の渇の記」、「石渠の記」、「石澗の記」、「小石城山の記」である。

柳宗元の伝記作品にも非常に大きな特色がある。その特徴は材料を市井の細民など、下層の人物から取ったものが多く、たとえば、「種樹郭橐駝《たくだ》の伝」や「捕蛇者の説」などは、社会の矛盾を明らかにすることによって、封建的な支配階級の圧迫と搾取を暴露し、勤労人民の悲惨な境遇に同情し、深刻な思想的意義をもたせている。支配階級のなかの正義の士について記したものもあり、たとえば、「段大尉の逸事の状」は、官吏として公正剛直に振舞い、暴力を恐れなかった段秀実〔七一九―七八三〕の事績について記しており、文章が簡潔で活き活きとしており、人物の形象が鮮やかで、伝記文学における傑作である。

柳宗元は憲宗の元和十四年〔八一九年〕に亡くなったが、臨終のまえに、親友の劉禹錫〔七七二―八四二〕に手紙を書き、自分の草稿の保存と整理を託した。劉禹錫は柳宗元の著作を四十五巻に編み、柳宗元が河東〔現在の山西省永済市を中心とする地域〕の出身であったので、『河東先生集』と命名した。

韓愈と柳宗元が提唱し、実践するとともに、多数の文人や学士が積極的に呼応したので、古文運動は非常に大きな成果を収め、中国文学史に唐宋八大家を代表とする新しい散文の伝統を創始し、後世の散文の発展に深遠な影響を及ぼした。

⑶　伝　奇

中国古代の小説は、秦代以前から両漢代にかけての神話伝説、寓言故事、史伝文学から、六朝〔南北朝〕時代における志怪小説〔怪を記した小説〕と志人小説〔人物の軼事や逸話を記した小説〕までの長期にわたる発展と変遷のすえ、唐代、伝奇の出現によってはじめて小説が独立した文学形式として形成された。まさに魯迅先生〔一八八一―一九三六〕は、唐代になって、小説も詩のように一変した。不可思議なこと、異常なことを、依然として記していたけれども、叙述が複雑になり、修辞に磨きがかかって華やかになった。六朝時代の物語が梗概をざっと記した程度であったのにくらべると、進歩の跡が非常に明らかであった。さらに目立った変化は、この時代になって意識的に小説を作ったことである。[55]

と述べている。この種の、作家が意識的に独立した文学形式として創作した唐代の小説は、文学史では「唐代伝奇」とよばれている。唐代伝奇は文人が創作した文語体の短篇小説で、六朝の志怪小説の伝統を踏襲し、奇聞や異事を書き記したものである。しかし、実際の社会や人生を記すことに意をそそいでおり、作品中の主人公も徐々に神霊や怪異から現実生活における人間に変わり、しかも芸術的な想像、誇張、虚構が豊富になり、小説が独立した文学形式として具えるべきストーリー、構成、人物の形象を具えるにいたった。それゆえ、唐代伝奇の誕生は、中国古代の小説がすでに幼年期に終止符を打って成熟に向かいつつあることを示している。

初唐期から盛唐期にかけては、伝奇は作品が少なく、題材もまだ六朝時代の志怪小説の影響を脱していないが、ストーリーの構成が整然とつながっていて、描写の手法にも大きな向上がみられた。この時期の伝奇で現在まで伝えられてきたのは、王度の『古鏡記』、作者不詳の『補江総白猿記』、張鷟《ちょうさく》〔六六〇?―七四〇?〕の『遊仙窟』の三篇だけである。伝奇は中唐期に最盛期を迎え、優秀な作品が数多く輩出したが、そのうち、愛情生活を描いた作品がもっとも完成度が高い。たとえば、蔣防の『霍小玉伝』は、妓女の霍小玉が士族の後裔の李益と愛し合い、のちに李益に捨てられることを描いた悲劇を通じて、門閥制度の罪悪を暴露しているし、白行簡〔七七五―八二六〕の『李娃伝』は、妓女の李娃と滎陽生が愛し合い、幾多の曲折を経て、あらゆる辛酸をなめ尽くし、最後に正式に結婚することを描いていて、門閥制度を突破しようとする願望をある程度反映しているし、元稹〔七七九―八三一〕の『鶯鶯伝』と李朝威の『柳毅伝』も、小説史に非常に大きな影響を及ぼした名作である。これらの作品はいずれも愛情を謳歌する態度を持し、封建礼教と門閥制度による愛情に対する束縛と扼殺を暴露、非難している。そのほか、政治諷刺小説である沈既済〔七五〇？―八〇〇〕の『枕中記』と李公佐〔七七〇？―八五〇？〕の『南柯太守伝』も有名である。『南柯太守伝』は、淳于棼が酒を飲んで寝て夢をみた物語で、封建制の支配階級内部の先鋭な矛盾と闘争を反映し、その利己、猜疑、軋轢の経緯を暴露し、功名と富貴に憂き身をやつし、ひたすら上昇志向を図る封建制の士人の醜態を諷刺しており、現実的な政治的意義に富んでいる。この時期には、歴史的な故事を題材にした伝奇小説もあり、陳鴻が歴史的な伝説に材を取った『長恨歌伝』と『東城父老伝』がもっともきわだっている。

晩唐期になっても、伝奇は依然として非常に多く書かれるとともに、牛僧孺〔七七九―八四九〕の『玄怪録』、李復言の『続玄怪録』、牛粛の『紀聞』、裴鉶《はいけい》の『伝奇』、皇甫枚の『三水小牘』など、短篇を集めた伝奇集が数多く編まれている。この時期の作品は、思想的にも芸術的にもそれ以前のものにはるかに及ばず、鬼神や迷信、忠孝や節義などの封建的観念を宣伝する作品が少なくない。そのうち、かなり特色のあるものは、袁郊の『紅線伝』、杜光庭〔八五〇―九三三〕の『虬髯客伝』、裴鉶の『昆侖奴』など、豪傑や俠客を描いた作品である。

唐代には、文人が伝奇を執筆するのと同時に、民衆の通俗文学も大いに流行した。商品経済が繁栄したので、中唐期以後に、都市で民間の芸人の語る「市人小説」が流行した。それと同時に、「変文」という、僧侶が仏教の教義を歌入りで講釈する作品も現われた。変文の内容は、宗教的なもののほかに、歴史的な伝説や民間の故事もあり、有名なものに『伍子胥変文』、『孟姜女変文』、『王昭君変文』などがある。それらの民間の講唱文学〔韻文と散文の双方で語ったり唱ったりするもの〕は、題材や形式などの面で文人の創作する伝奇に有益な方向づけと戒めをもたらし、唐代伝奇の発展に豊富な栄養分を提供した。

唐代の伝奇は、後世の小説、戯曲、講唱文学にかなり大きな影響を及ぼし、多数の名篇が元・明・清三代の舞台で上演されており、小説の創作の芸術的な手法と言葉の技巧の面で、後世の小説や戯曲の作者に貴重な芸術的な模範を提供している。

唐代の伝奇で現在まで伝えられているのは、短篇が四十余篇、作品集が四十余点で、あわせて数百篇である。それらは、大半が北宋代の李昉〔九二五―九六六〕らの編纂した『太平広記』全五百巻に収められているが、同じ李昉ら編の『文苑英華』全千巻と『太平御覧』全千巻、清代の董浩ら編の『全唐文』全千巻などにも収録されている。

(4) 唐・五代の詞

詞は、唐・五代に興り、音楽に合わせて唱われた新体詩である。最初は民衆のあいだに生まれ、唐代に興って宋代に盛んになったので、文学史では「唐詩、宋詞」と並び称されている。唐・五代には、一般に「曲」、「曲子」、「曲小詞」といい、のちにはじめて「詞」と略称し、「楽府」ともいった。初期の詞は、妓女が歌舞の宴席で唱うのに供されるものが多かった。多数の調子〔詞牌〕があり、その調子こそ楽曲の名称にほかならない。音楽との関係によって、ふつう、句の長短がそろっていないので、「長短句」ともいった。しかし、詞調の句数、字数、音律には一定の様式があるし、それぞれの詞調の句には長さ、韻、平仄に一定の制約があり、五言詩や七言詩よりも厳格である。

詞は、隋代から唐代への移行期にすでに生まれていたが、芸術的価値のある独立した詩体としては、中・晩唐期にいたって徐々に定型化した。二十世紀の初めに敦煌の千仏洞で発見された曲子詞は、今日、目にすることのできる唐代最古の民衆の詞である。中唐期以後は、かなり多数の文人が徐々に詞の創作に携わるようになり、晩唐期になると作者が徐々に増えたが、そのうち、もっとも多数の詞を創作したのは温庭筠〔八一二?―八七〇?〕である。女性の生活を詠じたものが多く、風格は濃厚綿密を主とし、言葉は精巧華麗であり、別離の悲しみや、それにまとわりついてくる愛情を詠ずるのに秀でていた。その詞は五代の詞人の創作にかなり大きな影響を及ぼし、「花間派」の鼻祖と見なされている。

詞は、五代のときにかなり大きく発展し、五代文学の主要な形式になり、当時の後蜀と南唐が詞の中心地になった。後蜀代の趙崇祚が中国の最初の詞集を編纂し、晩唐期と五代の十八人の五百首の詞を選録し、『花間集』と名づけた。晩唐期の温庭筠を除いて、その他の十七人の多くは西蜀代の作家で、これらの詞人が後世の人びとから「花間派」といわれた。南唐代の詞人は人数は多くないが、作品の質は西蜀代の詞人を上まわっている。そのうち、質がかなり高い重要な詞人は馮延巳〔九〇三か九〇四―九六〇〕と李煜〔九三七―九七八〕である。馮延巳は、南唐朝の中主である李璟〔在位九四三―九六一〕のときに宰相に任じられ、詞集に『陽春集』がある。その詞は女性や情愛の描写に限られず、作者の内心の紛らすことができない憂悶の描写に重きを置き、婉曲かつ真摯で、音韻が奥深くて微妙、連想が豊富で、詞境がかなり高い。南唐朝の後主である李煜〔在位九六一―九七五〕の詞は前、後両期に分かれ、宋朝に投降して囚われたのちの作品はかなり芸術性が高い。この時期の詞は、いずれも家や国を思う心、亡国の苦しみを吐露することを内容とし、もっぱら女性と愛を詠ずる五代の詞の狭い世界を突破し、詞の表現の範囲を大きく拡げた。また、用語が精確で、字句がよく練られている。複雑な感情、深い哀悼の念、無限の憂鬱を、もっともよく練られた鮮明で活き活きした詞句に鋳込むのに秀でていた。さらに、比喩を運用して、抽象的な感情を具象化することにも秀でている。たとえば、

　つもる愁いの　いくそばくと　人問わば
　春の江　みなぎりたるに　さながらよ
　東へ流るる〔「虞美人」〕

　水は流れ　花は散り　春は去ったのう
　天つ空にか　人の世にか〔「浪淘沙令」〕

などは、いずれも人に強烈な芸術的な感染力をもたらし、王国維〔一八七七―一九二七〕が、

詞は李后主にいたって視野がはじめて大きくなり、感慨が深くなり、ついに伶工〔楽人〕の詞を士大夫の詞に変えた。[56]

と評している。李煜の後期の詞は言葉が優美かつ明快で、つねに活き活きした口語を採り入れ、華麗な言葉を積み重ねる「花間派」の詞人の詞風から抜け出し、詞の抒情性を開拓、拡大して、詞を情感や心の声を伝える新体詩に徐々に変えていき、詞の発展と成熟に積極的な役割を果たし、宋詞のいっそうの発展と繁栄にも一定の影響を及ぼした。

唐代と五代の重要な詞集は、『花間集』のほかに、『尊前集』全二巻、温庭筠編の『金奩集』全一巻などもある。現代の林大椿が編纂した『唐五代詞』[57]は、あわせて八十一人の作者、千百四十八篇の詞を収録している。しかし、敦煌で発見した曲子詞は、目下のところ、信頼しうるものは千首にものぼるが、大半は民衆の詞で、いずれも同書には収録されていない。

(5) 書と絵画

隋・唐代は、書の名家が輩出し、書林が生い茂り、中国の書道史上では前人の事業を受け継いで将来の発展のための道を切り拓く重要な段階であり、後世の書に非常に大きな影響を及ぼしている。

唐代初期には、江南〔長江の下流域〕の「二王」〔東晋代の王羲之〔三〇三―三六一か、三二一―三七九〕とその子である王献之〔三四四―三八六〕〕の書が広く流行し、とりわけ太宗〔在位六二六―六四九〕が王羲之の書を熱愛し、「黄金と絹で王羲之の筆跡を買い求めたので、天下の人びとは争って古の書を携え、宮城にやって来て献上した」[58]。太宗は

さらにみずから『晋書』の「王羲之伝」の論を執筆し、唐代以前の多数の書家（後漢代の張芝（?―一九二?）、師宜官、鍾繇（一五一―二三〇）、王献之、梁代の蕭子雲（四八七―五四九））について論じ、最後に、結論として、

古今を詳察し、書蹟を深く調べてみるに、「善を尽くし美を尽くしている」のは、ただ王羲之だけであろうか。その点画の巧みさ、構成の妙は、靄のごとく立ち込め梅雨のごとく結び、断えるかのごとくしてまた連なり、鳳の舞い上がり龍のわだかまり、斜めならんとしてかえって真っ直ぐになる。これを楽しんでは飽きることがなく、これを見ては終わるところを知らない。心に慕い手に追い求めるのは、ただこの人だけである。その他のつまらないたぐいは、どうして論ずるにたろうか。(59)

と述べている。言い伝えによれば、蕭翼を釈弁才のところに派遣して王羲之の真筆の「蘭亭序」をだまし取り、生きているときに鑑賞するだけでは満足せず、さらに臨終のまえに、棺とともに墓に入れ、自分といっしょに葬るよう命じたという。太宗が推賞したので、王羲之の書は初唐期に一世を風靡した。

陳代から隋代を経て初唐期に亡くなった大書家の欧陽詢（五五七―六四一）と虞世南（五五八―六三八）は、ともに「二王」に学び、それぞれ得るところがあった。欧陽詢は、潭州の臨湘（現在の湖南省長沙市）の出身で、官は太子率更令、弘文館学士にいたった。その書は力強くて険しく、きちんと整っていることを特色とし、独自の味わいがあり、「欧体」といわれている。代表的な作品に「九成宮醴泉銘碑」、「化度寺碑」などがある。虞世南は、越州の余姚（現在の浙江省余姚市）の出身で、官は秘書監にいたった。王羲之の七世の末である釈智永から筆法を伝授され、名声は欧陽詢を上まわっていた。書法は外柔内剛、筆致は円滑で力強くて美しく、代表的な作品に「孔子廟堂碑」がある。

欧陽詢、虞世南とともに「唐初四大書家」と讃えられたのは、褚遂良（五九六―六五八か、五九七―六五九）と薛稷

（六四九―七一三）である。褚遂良は、銭塘（現在の浙江省杭州市）の出身で、太宗のときに中書令、高宗（在位六四九―六八三）のときに吏部尚書、左僕射にいたった。その書は各書家の長所を総合し、隷書の筆法をいささか加え、独特の風格をなし、代表的な作品に「三蔵聖教序」などがある。薛稷は、蒲州の汾陰（現在の山西省万栄県）の出身で、官は礼部尚書にいたった。その書は褚遂良に学んだところが多く、模写で書家としての名をほしいままにし、当時、「褚を買って薛を得ても、その節を失わない」といわれ、代表的な作品に「冒仙太子碑」などがある。

初唐期の書家は、数は少なくないけれども、大半が「二王」の書の継承者で、新機軸を打ち出した人は少ない。盛唐期の顔真卿（七〇九―七八四年）は、篆書の中鋒（筆鋒を曲げず、倒さず、まっすぐ下ろすこと）と隷書の側鋒を結び付けて楷書に運用し、形体が実直かつ温厚、方正かつ厳格、端正荘重かつ雄大壮観で、王羲之の書体の艶やかさを打破し、古法を一変し、新たな書体を創始し、人びとに「顔体」といわれた。顔真卿は京兆の万年（現在の陝西省西安市）の出身で、官は吏部尚書、太子太師にいたり、魯郡開国公に封ぜられたので、俗に顔魯公といわれた。世に伝えられている作品はかなり多く、代表的な作品に「多宝塔碑」、「麻姑仙壇記」、「顔氏家廟碑」などがある。

柳公権（七七八―八六五）は、顔真卿の後を継ぐ偉大な書家である。京兆の華原（現在の陝西省耀県）の出身で、官は太子少師にいたった。欧陽詢と顔真卿の長所を採り入れ、書体が力強くてなまめかしく、独立した一派をなし、「柳体」といわれた。柳体の字は、骨力（書画などの筆勢）が強健、構成が厳謹で、広大明朗な趣があり、「顔筋柳骨」といわれ、代表作に「玄秘塔碑」、「神策軍碑」などがある。

唐代の草書の書家としては、張旭と懐素（七二五―七八五）がもっとも有名である。張旭は「筆を気の向くままに揮い、変化が窮まりなく、神の助けがあるかのようで(60)」、「草聖」といわれ、当時、李白（七〇一―七六二）の詩、裴旻の剣舞とともに「三絶」と讃えられた。言い伝えによれば、酔っぱらったのち、わめきながら気が狂ったように走りまわってから書き始めるので、「張顛」といわれたという。長沙の僧侶である懐素は、一生、骨身を惜しまず書を学び、篆書の筆法を融合させるのに秀で、新機軸を打ち出した。字体が力強く、自由自在に曲がりくねり、奔放かつ流暢で、龍と蛇が競うように、自由自在に変化し、李白に「草書は天下独歩と称す[61]」と讃えられている。張旭の書とともに「狂草」とよばれ、酒を飲むのが好きで、興がいたれば筆を運び、驟雨や旋風のようにぐるぐると旋回し、さまざまに変化するけれども、きまりにかなっており、張旭とともに「顚張酔素」と並び称されている。現存する作品に代宗の大歴十年（七七七年）に書いた「自叙帖」があり、自分が草書を書いてきた経歴と、自分の書に対する当時の人びとの評価を述べている。

書に関する唐代の評論は、孫過庭の『書譜』全二巻六篇〔六八七年に完成〕があり、手書きの真筆が一巻現存する。楷書と草書の筆法と規範、および学習と創作の経験などを論ずる面で、透徹した見解が少なからずみられ、書を学ぶ後世の人びとに重視された。張彦遠が編纂した『法書要録』全十巻は、後漢代から唐の元和年間〔八〇六―八二〇年〕までの各書家の理論的な著作と著名な法帖〔書の拓本や印本〕の目録などを収録し、かなり念入りに収集しており、散逸してしまったそれ以前の法帖は、本書によって伝えられてきたものが多く、書の重要な研究書である。

隋・唐・五代の時期の絵画も非常に高い成果を収め、多数の傑出した画家が輩出している。『宣和画譜』全二十巻〔北宋代の宣和年間（一一一九―二五年）に完成〕と清代の孫岳頒ら奉勅撰の『佩文斎書画譜』全百巻〔一七〇八年に完成〕によれば、確実に名を知られていた唐代の画家だけでも四百人にものぼる。この時期の絵画は、題材の広さ、風格の多様さ、技巧の熟練度などがいずれも前代をはるかにこえており、中国古代の美術を新たな高峰に押し上げた。

隋代以前の絵画では、山水や樹石は人物画のなかで背景にされることが多く、重視されていなかった。南北朝の時期は、独り立ちした山水画があったけれども、一般に依然として稚拙であり、「川に浮かぶことができなかったり、人が山よりも大きかったり」、バランスがとれていなかった。隋代になると、著名な展子虔〔五五〇?―六〇四〕が山水画の発展に重要な影響を及ぼしており、その「游春図」は山水を描いた中国の現存最古の軸物の絹画である。貴族や士人の春游〔ピクニック〕の情景が描かれているが、山水が主体をなし、人物、大小の舟、鞍付きの馬が趣を添え、「山は丈、樹は尺、馬は寸、人は豆」という比率であり、「遠近山水、咫尺千里」〔わずかな画面に山水の遠景が描かれているので、いながらにして遠方に遊ぶことができること〕の勢いが具わっている。画法では、青緑〔山水画の画法の一つで、山、石、木、葉などに彩色するのに、扁青や孔雀石の顔料を使い、色が濃い〕で彩色し、金色の線で縁取りし、風物は色が濃くて美しく、連山や樹石の輪郭を描く筆致は簡潔で洗練され、独創性に満ちあふれ、中国の初期の山水画の代表作である。展子虔は渤海〔現在の山東省浜州市〕の出身で、洛陽、長安、江都〔現在の江蘇省揚州市〕などの寺院で多数の仏教壁画を描き、南北朝時代にすでに名のある画家であり、隋の文帝〔在位五八一―六〇四〕のときに召し出されて都城に赴き、朝散大夫、帳内都督を歴任した。人物や山水を描くのに秀でていたばかりか、車馬などの雑画にも独特の作品があり、宋代の董逌が描かれている馬について、「立っている馬に走っている勢いがあり」、「臥している馬に躍り上がる勢いがあり」、形象や姿態が活き活きしていると評している。美術史家によって、東晋代の顧凱之〔三四五?―四〇六〕、南朝の宋代の陸探微〔?―四八五?〕、梁代の張僧繇とともに唐代以前のもっとも傑出した四大画家として並び称され、「唐画の祖」と讃えられている。

初唐期の絵画は、仏像と貴族の人物画を主とし、もっとも代表的な画家は閻立本〔?―六七三〕である。雍州万年〔現在の陝西省西安市〕の出身で、父親と兄はともに工芸、建築、絵画に秀でていて、閻立本は家学を受け継ぎ、苦労して修業し、初唐期の著名な画家になった。太宗のときに工部尚書に任じられ、のちに右相にいたった。政治的な題材をテーマにした歴史画や肖像画がきわめて有名で、たとえば、「歴代帝王図」は、前漢の昭帝〔在位前八七―前七四〕から隋の煬帝〔在位六〇四―六一八〕までの十三人の帝王の肖像を描き、想像によるものではあるけれども、各帝王の時代、経歴、性格の特徴にもとづいて、それぞれ特色を具えた表情姿態を描いており、まるで生きているようで、当人を目の当たりに見るようであり、簡潔で洗練された筆法で人物の性格を伝える傑出した才能を示している。また、「歩輦図」は、太宗が、チベットのツェンポ〔国王〕であるソンツェンガンポ〔?―六四九、在位五八〇?―六四九〕が通婚を求めて派遣してきた使臣の禄東賛を謁見する情景を描いているが、画面に仲むつまじい雰囲気がみなぎり、画風が明朗で洗練されており、漢族とチベット族という兄弟民族の親密な歴史の真髄を捉えて描いている。

盛唐期以後に人物画でもっとも名をはせた画家は、呉道子〔呉道玄ともいう〕である。陽翟〔現在の河南省禹州市〕の出身で、幼いころから貧しくてよるべがなかったが、のちに画工という小役人から宮廷画師になった。おもに宗教的な壁画を描いて一生を過ごし、長安と洛陽の寺院や道観〔道教の寺院〕で柱間《はしらま》三百余間の壁画を描いたことがあるが、描いた仏教や道教の人物の奇異な姿態は、一つとして同じものがないし、肘から描き始めようが、足先から描き始めようが、バランスを失わなかった。言い伝えによれば、長安の興善寺で中門内の神像を描いたとき、見物人で黒山のような人だかりが出来たが、神像の頭上の円輪を描くのに、コンパスを使わず、「筆を立てて揮掃〔筆を勢いよく揮うこと〕したが、その勢いは風がめぐるようで」、見物人がどよめいたので、僧坊にいる僧侶が驚いたという。蘭の葉や蕙蘭の茎のような筆法で滑らかにはためく衣服の襞を描き、躍動感に満ちあふれ、風に吹き流されているようで、「呉は風に向かっているようだ」といわれた。焦墨〔枯墨ともいい、含水量の少ない墨〕で輪郭を描き、淡い彩色を施したが、それを「呉装」といった。呉道子は山水画をも描き、写意〔形式にこだわらず、細かい技巧を求めず、精神の表現に重きを置く画法で、具体的にいえば、さらっとした筆遣いで対象の表情態度や意趣を描き、作者の胸懐を表現する〕を重んじた。唐代の朱景玄〔七八七?―?〕の『唐朝名画録』〔『唐賢名画録』ともいう〕によれば、嘉陵江の三百里の山水画をわずか一日で完成した。その芸術的風格は、「呉家様」といわれ、その画風をまねることが一代の風潮になった。のちに、「百代の画聖」と尊称され、代々、油漆彩絵工匠や塑作専業工匠の同業組合〔ギルド〕に祖師として崇められていた。北宋代の蘇東坡〔蘇軾。一〇三七―一一〇一〕は、

道子　実に雄放にして、

浩如として海波翻る。
其の手を下すに当たれば風雨快く、
筆未だ到らざる所　気已に呑む。

と詠じて、呉道子の絵を讃えている。また、

詩は杜子美〔杜甫〕、文は韓退之〔韓愈〕、書は顔魯公〔顔真卿〕、画は呉道子にいたって、古今の変、天下の能事は終わった。

と評している。呉道子の描いた原画は伝えられておらず、現存する「送子天王図」〔「釈迦降生図」ともいう〕は宋代の模写といわれている。

唐代には著名な画家が多数いて、作品にはそれぞれ特色がある。たとえば、張萱と周昉は貴族の女性の享楽的な生活を描く「綺羅人物画」に秀でていた。張萱の作品の模写は「搗練図」、「虢国夫人游春図」などが現存する。周昉は肖像を描くのに秀で、仏像を描く名手でもあり、仏像画でもっとも代表的なのは「水月観音」〔三十三種の観音菩薩の画像のうちもっとも美しいとされている〕で、菩薩を世俗化した「宮娃」〔後宮の美人〕に描いたが、それは長期にわたって流行する仏像の標準になり、「周家様」といわれた。現存する模写でもっとも有名なのは「簪花仕女図」で、唐代の仕女〔女官〕画のもっとも典型的な風格を有する。李思訓〔六五一―七一六〕・李昭道父子は山水を描くのに秀で、筆法が巧緻、彩色が絢爛で、風物が真に迫り、金碧青緑山水画を創始し、後世の人びとにその祖として崇められている。詩人として有名な王維〔六九九―七六一〕も山水を描くのに秀で、水墨山水画を創始し、後世に非常に大きな影響を及ぼしている。王維の描いた、詩的な味わいにあふれる絵は、のちに「文人画」とよばれた。唐

代には花鳥や禽獣を描くのに秀でた画家も少なからず輩出した。たとえば、薛稷は鶴、姜皎は鷹、曹覇〔六九四？—？〕、陳閎、韓幹は馬、韓滉と戴嵩は牛を描き、いずれも非常に高く評価されていた。そのうち、韓幹と戴嵩はかなり名声を博し、「韓馬戴牛」といわれた。

五代十国のとき、西蜀朝と南唐朝がはじめて画院を設置し、著名な画家を召集して職に就かせ、宮廷のために働かせた。有名な山水画家に後梁代の荊浩と関仝、南唐代の董源〔？—九六二〕と巨然がおり、四家と総称された。荊浩と関仝は北方の出身で、高く険しい山の連なる北国の風光を描くのに秀で、董源と巨然は雲が漂い青緑色が広がる南国の風景を描くのに秀でていた。花鳥を描く画家は、西蜀代の黄筌〔九〇三？—九六五〕と南唐代の徐熙がもっとも有名である。人物画も五代のときにきわだった成果を収めている。南唐朝の画院の周文矩と顧閎中は、ともに人物を描くのに秀でていることで有名であった。顧閎中の人物画は筆使いがまろやかで力強く、彩色が濃くて美しく、人物の表情や態度を描くのに秀で、「韓熙載夜宴図」こそ顧閎中の傑作にほかならない。

隋・唐・五代のときの絵画芸術の重要な一面は、寺院、石窟、陵墓の大量の壁画にみられる。甘粛の敦煌の莫高窟（千仏洞ともいう）は、隋・唐・五代の壁画の最大の宝庫である。壁画や泥塑の現存する、あわせて四百七十六か所の洞窟のうち、隋代のものが九十五か所、唐代のものが二百十三か所、五代のものが五十三か所である。洞窟のなかの大量の壁画の題材は、仏教経典の故事を中心にしているけれども、北魏代と隋・唐・五代の時期における社会の生産と生活の情況をも非常によく反映しており、彫られたり描かれたりしている人物の形象は当時の各民族、各階層の真の姿を映し出している。中華人民共和国の建国〔一九四九年十月一日〕後に発掘した唐代の墓からも大量の壁画が出土している。たとえば、章懐太子の李賢〔六五四—六八四〕、懿徳太子の李重潤、永泰公主の李仙蕙らの墓の大型の壁画は、内容が豊富、技芸が完璧、色彩が艶やか、場面が壮大である。これらの精巧で美しい壁画は、いずれも無名の画工が残した貴重な芸術品で、唐代の歴史、文化芸術、宮廷生活、対外関係などの研究に多数の具象的な資料を提供している。

絵画が勢い盛んに発展するのに伴い、絵画に関する理論書や目録なども日益しに増えるとともに、徐々に完備していった。たとえば、絵画理論の面では唐代の王維の「山水訣」と「山水論」、画家や画業に関する評論には隋代の釈彦琮〔五五七—六一〇〕の『後画録』、唐代の李嗣真の『続画品録』(『後画品』ともいう)、朱景玄〔七八七?—?〕の『唐朝名画録』、裴孝源の『貞観公私画録』(『貞観公私画史』ともいう)などがある。また、絵画史学の発展において代表的意義を有する重要な著作に、唐代の張彦遠の『歴代名画記』がある。

張彦遠は、字を愛賓といい、河東(現在の山西省永済市)の出身で、乾符年間〔八七四—八七九年〕初年に大理寺卿に任じられた。代々、宰相に任じられた名門の出身で、何代にもわたって絵画や書を愛してきたので、家に伝わる書や名画がかなり多かったので、絵画と書の研究に大きな興味を抱き、前代の豊富な資料を収集し、大中元年〔八四七年〕に『歴代名画記』全十巻を完成した。前三巻はおもに絵画理論、画法、絵画史に関する論文を収録し、後七巻は歴代の画家に関する評注で、軒轅(黄帝ともいい、神話伝説上の帝王)の時代から唐の会昌元年〔八四一年〕までの、あわせて三百七十余人の画家の小伝を含む。一貫して絵画の社会的功能、絵画評論の基準、歴代画家の芸術的変遷などに対する透徹した見解を表明しており、絵画に関する中国の現存最古の体系的、通史的な著作である。

6　科学技術

隋・唐代は中国の政治的統一と中央集権がふたたび発展し、強固になり、強化された時期で、農業と手工業の発達によって、商業経済が繁栄し、科学文化のいっそうの発展が促された。この時期に、天文暦法や医薬などの面における成果は前代をしのぐとともに、一群の重要な著作が世に問われた。

農　学　農業生産の発展と農業技術の進歩に伴い、栽培作物の種類と品目が増加し、この時期に現れた農書は、種類が前代より増えただけでなく、独創的な専門の農書も出現した。現存する古代の農書目録の資料によれば、おおよそ二十余点である。そのうち、隋代の諸葛潁の『種植法』は、全七十七巻にものぼる。武則天は垂拱二年（六八六年）に周思茂らを召集して官撰の農書である『兆人本業』を編纂させ、全国の地方行政の官員に頒布した。同書はすでに散逸してしまったが、宋代の人の記述によれば、全三巻十二篇で、農村の風俗習慣、四季の耕作播種方法について記し、あわせて八十項目にわたっていた。唐朝の皇帝は『兆人本業』を配布することを制度として定め、

> 毎年二月一日、農業を発展させるため、百官に則天大聖皇后が削除して定めた『兆人本業記』を備え、配布させた[62]。

ことがある。太和二年（八二八年）、文宗はまたも各州、県に詔を発して、『兆人本業』を「書写して郷村に配布させた[63]」。

唐代の農書で現存するのは、『四時纂要』、『耒耜《らいし》経』など数点である。『四時纂要』は、韓鄂（韓諤とも記す）の撰で、完成年代は不詳であるが、内容にもとづいて分析すれば、唐代末期から五代初期の可能性がある。北宋代の初年に、政府は同書を北魏代の賈思勰の『斉民要術』と同時に印刷刊行し、地方行政の官員に頒布し、かなり大きな影響を及ぼした。同書はのちに散逸したが、国外には依然として孤本（一冊しか現存していない珍しい古書）が現存する。一九六二年に、日本で明の万暦十八年（一五九〇年）の朝鮮の再刻本（宋代の杭州の潘家の翻刻本による）が影印で出版されたので、その全貌がわかる。全五巻で、十二か月に分け、月ごとになすべき農事とその具体的な技術と措置を列挙しており、農家の月令《がつりょう》書（毎月の気候と農作物の状態を記した書籍）中の「通書」（暦書）の類型に属する。そのうち、農業技術の部分はおもに『斉民要術』から引用しているが、表記は改めている。同書の木棉栽培法は、木棉栽培に関する中国の古書における最初の記事である[64]。

『耒耜経』は、陸亀蒙〈?―八八一?〉の撰で、おおよそ広明元年〈八八〇年〉前後に完成し、農具に関する中国で最初の専門書である。原書はすでに散逸し、序文一篇しか残っていないが、江東地区〈現在の江蘇省南京市を中心とする地域〉の五種の農具について記しており、中国の前近代における、轅の曲がっている完璧な構造の犂の資料を収録している。

至徳三年〈七五八年〉前後に、陸羽〈七三三?―八〇四?〉が『茶経』全三巻を著し、茶の性状、品質、産地、採取製造法、烹飲方法、用具などについて記しており、茶に関する世界で最初の専門書である。

中国古代の勤労人民は、非常に早くから草薬、針灸などの方法を運用して家畜や家禽の疾病を治療し、豊富な経験を蓄積してきた。『司牧安驥集』は馬病の治療に関する有名な専門書であるが、著者の姓名を記していない。『宋史』の「芸文志」に李石撰『司牧安驥集』三集が記載されているが、李石が唐代の人である可能性を示す農書があるので、唐代の著作に入れることにする。現存する明代刊行の八巻本は、李石の原著を基礎に選録、増補して完成したもので、馬病の診断と治療についてかなり体系的な論述があり、とりわけ五疔十毒〈五疔とは黒疔、筋疔、気疔、水疔、血疔、十毒とは臓器に毒が溜まって現われる病状で、肝毒、脾毒、陰毒、陽毒などがある〉、各種の汗症、黄症〈十二指腸虫症〉、結症〈便秘症、消化不良〉についての論述が詳しく、宋・元・明三代の獣医の必読書であった。

天文学と数学　隋・唐代に、天文学と数学には新たな成果が少なからずみられた。隋代初期の著名な学者である劉焯〈五四四―六一〇年〉は天文暦算を深く研究し、著書に「暦法家の異同」を論じた『稽極』全十巻と『暦書』全十巻があり、広く流布した。開皇二十年〈六〇〇年〉に、「等間距二次内挿法」で日月の運行を計算し、歳差が七十五年ごとに一度ずつ遅れる〈現在の度数に換算すると七十六・一年ごとに一度ずつ遅れる〉ことを測定し、すでに正確な値〈七十一・六年ごとに一度ずつ遅れる〉にかなり近づいているが、当時のヨーロッパでは依然として百年ごとに一度ずつ遅れるというデータを踏襲していた。劉焯が制定した「皇極暦」は当時のもっとも先進的な暦法であったが、太史令の張冑玄らが反対したので採用されなかった。

唐代のもっとも傑出した天文学者は一行和尚〔六七三か六八三―七二七〕で、本姓を張、名を遂といい、魏州の昌楽〔現在の河南省南楽県〕の出身である。二十一歳で出家し、暦法と天文に精通し、開元五年〔七一七年〕に召しに応じて長安に赴き、新しい暦を制定した。開元十三年に、梁令瓚とともに主宰して、天文観測器である黄道遊儀を考案し、恒星の位置を測定し、月の運行を研究し、世界ではじめて「恒星の自転」現象を発見したが、それはイギリスのエドムンド・ハリー〔一六五六―一七四二〕が一七一八年に恒星の固有運動を発見するよりも千年も早かった。地上で子午線の長さを実測して、世界で最初に子午線を測量し(65)、地球の大きさを測定する拠りどころを提供している。実測の結果にもとづいて、開元十五年〔七二七年〕に「大衍暦」の草稿を書き上げるや、この世を去った。「大衍暦」は劉焯の「皇極暦」を基礎にして発展させたもので、その精度は従来のあらゆる暦法をこえており、その後の暦法改革にきわめて大きな影響を及ぼした。

唐代初期の王希明は『歩天歌』(66)を作り、一句七字の詩歌形式で、晋代の陳卓の星図の二百八十三個の星官〔人間界のもろもろの官に上下尊卑があるように、星にも尊卑があるという考え方から、星のことをいう〕、千四百六十四個の星を紹介している。天の全体を三十一個の天区に分け、天区ごとに星図を描き、星図と詩歌を配し、詩歌を読み星図を見ることで、天文知識の普及に役立ち、文芸形式で科学知識を紹介する独創的な科学読物である。

星図は、人びとが恒星を観測して星空を認識した具象的な記録であり、その座標上の位置にもとづいて天上の星をかなり簡単に認識することができる。一九〇〇年に敦煌で発見された絹地の星図〔「敦煌星図」〕は、世界の現存最古の星図で、おおよそ八世紀初頭に描かれているが、もっと古い星図の模写である可能性がある。千三百五十余個の星が描かれているが、その描き方は現在使われている「メルカトル円筒投影法」に似ているし、ヨーロッパで一六〇八年に望遠鏡が発明される以前の星図には、もっとも多いものでも千二十二個の星しか描かれていない(67)。この星図は一九〇七年にスタイン〔一八六二―一九四三〕が盗み去り、ロンドンの大英博物館に現存する。

隋・唐朝は、それまでのどの王朝よりも数学教育を重視した。隋朝ははじめて国子寺に「算学」科を設け、博士二人、助教二人、学生八十人を置き、数学教育を行った。唐朝も顕慶元年（六五六年）に国子監に算学館を開設し、さらに科挙にも「明算科」を設けた。数学教育の要求を満たすために、高宗は太史令の李淳風（六〇二—六七〇）、算学博士の梁述、太学助教の王真儒らに十点の算経を審定、注釈させ、国子監の数学の教科書にした。その十点の算経は、『九章算術』、『海島算経』、『孫子算経』、『五曹算経』、『張丘建算経』、『夏侯陽算経』、『周髀算経』、『五経算術』、『緝古算経』、『綴術』（付録として『数術記遺』と『三等数』を付す）である。そのうち、『緝古算経』が唐代初期の王孝通の著であるのを除いて、その他の九点はいずれも漢代から唐代以前まで、代々、広く流布していた数学の名著で、前一世紀から後六世紀までの中国における数学の成果を伝えている。

王孝通の『緝古算経』（原名は『緝古算術』）には、あわせて二十題の応用問題があり、そのうちもっとも重要な成果は開帯従立方法（つまり三次方程式の解法）を紹介していることであり、同書は三次方程式を解説した中国の現存最古の数学書である。アラビアでは十世紀以後にやっと三次方程式が現れ、十二世紀前後に中央アジアのオマル・ハイヤーム（一〇四八—一一二二）がかなり体系的にその解法について研究しているが、ヨーロッパに三次方程式が現れるのはさらに晩かった。王孝通は長年にわたる研究のすえ、開帯従立方の運算方法を利用して、大規模な土木工事で幅や前後の高低が異なる堰堤や水路などの施工上の複雑な計算問題を解決し、大きく貢献した。

李淳風らが十種の算経に注釈を施したさい、原書の誤りや欠陥を確実に修正し、ときには注釈で問題を解く演算の手順を詳しく指摘し、学習の便宜を提供したので、また政府が教科書として指定したので、十点の古算書は現在まで伝わることができた。その功績も消し去ることができない。

医薬学　隋・唐代には、医薬学は非常に大きな成果を収め、多数の名医と重要な医学書が輩出した。

隋の大業六年（六一〇年）に、太医博士の巣元方らは命を奉じて『諸病源候論』全五十巻を編纂し、六十七部門に分け、魏・晋代以来の医療の経験と成果を総括した。千七百余条の証候（症候ともいい、病気の特定の段階に現れる病状を概括したもの）を列挙し、内科、外科、婦科、児科、五官科などの疾病の病因、病理、症状についてそれぞれ論述しており、病源証候学に関する中国で最初の専門書である。歴代の医家に重視され、唐代の王燾の『外台秘要』全四十巻や北宋代の王懐隠らの『太平聖恵方』全百巻などは、同書の論述を病因病理の理論的基礎にしていることが少なくない。

隋代末期から唐代初期にかけての大医学者である孫思邈（五八一―六八二）は、長年にわたって民間で医者をしながら、自分で薬物を採集、加工し、ひたすら研鑽に努め、栄養衛生、薬物、婦産、小児、針灸などの分野で重要な貢献をし、後世の人びとから「薬王」といわれた。畢生の精力をそそいで、『備急千金要方』、『千金翼方』（『千金方』と総称する）各三十巻を著し、唐代以前の歴代の医家の医学理論と治療経験を総括し、八百余種の薬物と五千三百余種の処方を収録している。医療の実践における医徳を重視し、「人命はいたって重く、その貴さは千金に値する。一つの処方で済《すく》えば、これに勝る徳はない[68]」と述べている。それゆえ、著書を『千金要方』と命名した。また、「士族に伝えてはならない。子孫や一門の者が伝えてほしい」と述べ、自分の著書が平民の備急（危急に備える）と養生のためのものであることを表明している。

天宝十一年（七五二年）、王燾が『外台秘要』全四十巻を編纂し、各科の疾病に対する唐代以前の医家の理論と処方を収録し、千百四門に分け、六千余件の処方を記している。大量の文献資料を引用しており、散逸した唐代以前の処方は同書によって伝えられているものが多く、医薬史上に重要な価値を有する。

顕慶四年（六五九年）、蘇敬らが高宗の命を奉じて編纂した『新修本草』全五十四巻が完成し、印刷、頒布された。同書は本草、薬図、図経の三つの部分に分かれ、あわせて八百四十四種の薬物を玉石、草、木、禽獣、虫、魚、果、菜、米穀の九類に分類し、その性味（気味ともいい、薬物の功能）、産地、効能、主治（おもに当該の薬物を治療に用いる疾病）を詳述するとともに、各種の薬物の図を描いており、世界で最初の国定の薬典（薬局方を記した書籍）で、外国の最古の薬典よりも八百余年も早く世に出ている[69]。『新修本草』は、頒布されるやまたたくまに全国に流布し、十世紀中葉にいたって、『開宝本草』（『開宝新詳定本草』）全二十巻、目録一巻が編纂され、やっと徐々に同書にとって代わった。『新修本草』は外国にも一定の影響を及ぼし、日本では医学を学ぶ者の必読の教科書に指定されたことがある。

唐代には漢族とチベット族は関係が密接で、医学交流もかなり頻繁であり、チベット医薬が急速に発展し、民族的特色を有するチベット医薬学の体系が形成された。八世紀前後に、著名な医学者であるユトク・ニンマ・ユンテン・グンポ（七四二―八六六）が編纂した『ギュー・シ』（漢語で『四部医典』という）は、百五十六章に分かれ、医学理論と臨床実践からなり、病因、病理、診断と、治療、薬物方剤、衛生保険、胚胎発育などについて詳述しているが、千種ちかくの中国本土産とチベット特産の薬物について記している。『ギュー・シ』はその後のチベット医学の発展にきわめて重要な役割を果たした。本書がモンゴル族に伝えられると、モンゴル族の人民は自民族の経験と結合して発展させ、モンゴル医学を形成した。

唐代に世に問われた医学の専門書にはつぎのようなものもある。昝殷《さんいん》の『経効産宝』（八五二年に完成）は現存する中国最古の婦産科の専門書、藺道人の『仙授理傷続断秘方』（八四六年前後に完成）は現存最古の傷科の専門書、『顱囟《ろしん》経』（『師巫顱囟経』）（著者不詳）は現存最古の児科の専門書である。

隋代の楊上善（六―七世紀）は『黄帝内経』の「素問」と「霊枢」を合わせて一書とし、内容で分類するとともに注釈を施し、『黄帝内経太素』と名づけた。唐の宝応元年（七六二年）に、王冰は「素問」を整理、補訂し、隋代の全元起（六世紀）による注釈本の篇目の順序をいささか改めるとともに、散逸していた七篇を付け加え、今日、流布している「素問」を完成した。これらの人びとは、中国の重要な医学書である『黄帝内経』の流伝に一定の功績がある。

7　類書

唐代の初期には、朝廷が進士科〔科挙の科目の一つ〕によって士人を採用していたので、士人はみな文学に力をそそいだ。当時の文章は依然として南北朝時代の影響を受け、修飾と典故を重んじ、駢儷体が盛んであった。それゆえ、士人が普遍的に群書を読みあさり、典故を書き写して、暗唱の不足を補い、文章を作るときの検索に供する必要があった。唐代の韓愈〔七六八—八二四〕はそのような現象を、

太学の儒生　東魯の客、
二十にして家を辞し　射策に来れり。
夜　細字を書き　語言を綴り、
両目眵昏《しこん》し　頭雪白たり。〔「短灯檠歌」〕

と詠じている。この需要に適応するために、詩文の材を取るのに用いる類書〔各種の書籍から事項ごとに摘録したものを内容によって分類、編集して検索の便を図る書籍〕を編纂することが、唐代にとりわけ盛んになった。

唐代に編纂された類書は名称が多岐にわたるが、有名なものに、

虞世南〔五五八—六三八〕編の『北堂書鈔』全百七十三巻
欧陽詢〔五五七—六四一〕ら編の『芸文類聚』全百巻
高士廉〔五七五—六四七〕ら編の『文思博要』全千二百巻

許敬宗〔五九二―六七二〕ら編の『東殿新書』全二百巻
張昌宗〔?―七〇五〕ら編の『三教珠英』(のちに『海内珠英』と改題)全千三百巻
徐堅〔六五九?―七二九〕ら編の『初学記』全三十巻
白居易〔七七二―八四六〕編『白氏六帖』全三十巻

などがある。現在、これらの類書は大半がすでに散逸しており、現存するのは『北堂書鈔』、『芸文類聚』、『初学記』、『白氏六帖』の四種だけであり、そのうち、『芸文類聚』がもっとも有名である。

『北堂書鈔』は、唐代初期の有名な書家である虞世南が隋朝の秘書郎の任にあったときに、「北堂」(秘書省の後堂)で群書から抄録して編んだ類書である。『新唐書』の「芸文志」は全百七十三巻としているが、現行本は全百六十巻であるので、宋代にすでに欠本があった可能性がある。内容は帝王、后妃、政術、刑法など十九部に分け、各部をさらに類に分け、あわせて八百五十余類からなる。類ごとに、まず群書から名言や箴言、熟語の典故を摘録し、ついで出典の名称を注記し、原文を列挙し、出所を注記する。引用している古書がいずれも唐代以前の古書であり、集〔詩文を集めた書籍〕部のほかにも、おおよそ八百余点あり、そのなかにはすでに散逸しているものが少なくないので、後世の学者に重視されてきた。

『芸文類聚』は、唐代の有名な書家である欧陽詢が令狐徳棻〔五八三―六六六〕、裴矩〔?―六二七〕、陳叔達〔?―六三七〕らとともに高祖の命を奉じて武徳七年〔六二四年〕に完成した。全百巻で、四十六部に分け、各部をさらに子目に分け、あわせて七百二十七個の子目、おおよそ百万字からなる。経、史、子、集の各書から材料を採録し、分類して子目にもとづいて配列し、時間の前後にもとづいて関連する史実と詩文を列挙する。引用する故事はみな出典の名称を注記し、引用する詩文はみな時代、作者、作品名を注記するとともに、それぞれの文体にもとづいて「詩」、「賦」、「賛」、「箴」などの文字で類別を明示する。本書以前に編纂された類書は事物の分類を偏重するだけで、文章の採録を重んぜず、「文章の意味がすでに異なっているし、検索のしにくさは同じであった」。『芸文類聚』は「事」と「詩文」を並べて一体にしている。

金箱玉印〔優れた詩文〕は、同じたぐいのものが相従う。事が詩文から出ていれば、それを破らずに事となす。それゆえ、事を詩文の前に置き、詩文は後ろに並べる。……見る者が仕事をしやすく、作る者が使うのに役立つ。

ようにして、検索をしやすくした。当時、同書は文人や学士が古書を読んだり詩文を作ったりするときに調べるのに使われるだけであったが、唐代以前のさまざまな古書を千四百余点も引用しており、そのうちの九割が散逸してしまい、南宋代の陳振孫〔?—一二六二?〕によれば、「収録している詩文や賦頌のたぐいは、いまやみられない文集が多い」ので、明代の晩期の学者は、文集を輯録、校訂するのに、いずれも同書を底本にしている。清代の嘉慶—道光年間〔一七九六—一八五〇年〕に厳可均〔一七六二—一八四三〕が『全上古三代秦漢三国六朝文』全七百四十六巻を編纂したが、大半の資料は『芸文類聚』から取っている。

『初学記』は、開元年間〔七一三—七四一年〕に玄宗が、皇子たちが詩文を作るときに同類の事物を調べやすいように、徐堅らに編纂させた類書である。内容が初学者に便利であるので、『初学記』と命名した。全三十巻で、二十三部、三百十三子目に分けている。編纂の形式は、項目ごとにまず「事を記し」、ついで「事を並べ」、最後に「詩文」を並べている。当時の学生に使われるために編まれたので、簡単明瞭で、文章がよく練られており、巻数は多いとはいえないが、内容はきわめて豊富で、かなり使いやすい。清代の紀昀〔一七二四—一八〇五〕ら編の『四庫全書総目』が、事を記すのに、まずさまざまな書籍から入り交じえて採っているけれども、自然の順序に従って相連なっているかのようである。……唐代の類書のうちで、見聞の広さでは『芸文類聚』に及ばないが、精確さでは勝る。『北堂書鈔』と『白氏六帖』は、本書よりもはるかに劣る。

と指摘しているのは、本書に対するかなり妥当な評価である。

『白氏六帖』は『白氏経史事類六帖』ともいい、唐代の大詩人の白居易が編纂したもので、全三十巻である。言い伝えによれば、白居易は、『六帖』を編纂するときに、書斎に多数の陶製の罐を置き、罐にそれぞれ門目を記しておき、門下生に唐代以前の古書のなかの典故の言葉と事類を採集し、それぞれ類にもとづいて罐に投げ入れ、しかるのち取り出して抄録させて本にまとめたという。それゆえ、記されている時代が間違っていることが少なくない。北宋代の孔氏が『白氏六帖』の形式にならい、唐・五代のさまざまな書籍から輯録し、『六帖新書』(『後六帖』ともいう)全三十巻を編纂した。南宋代に両書を合わせ、『唐宋白孔六帖』と命名して刊行された。『白帖』を主とし、『孔帖』の各類をその下に付け加え、全百巻で、千三百九十九門に分けている。ここにいたって、両書が一書になって伝わることになった。

(一九八〇―八八年)

11章　宋代から清代中期までの出版概況

十世紀の後半から十九世紀の中葉までは、宋代から清代中期までを含み、中国の前近代の出版事業が全面的に発展した時期である。活字印刷術の発明と発展が、この時期の印刷技術の重大な改革であり、世界の印刷史に対する中国人民の重大な貢献でもある。

1　宋代の出版業

開宝四年（九七一年）、政府は成都に人を派遣して『大蔵経』の出版を監督させた。この大著は、仏教経典千七十六点、五千四十八巻からなり、巻子本で、四百八十函もあり、版木があわせて十三万枚で、十三年の日時がかかり、俗に『開宝蔵』といわれている。北宋代の初年に、政府はさらに四種の著名な大著、つまり『太平御覧』、『冊府元亀』、『文苑英華』各全千巻、『太平広記』全五百巻を組織的に編纂、出版した。九八八年から九九四年にかけて、政府はさらに国子監に命じて、「九経」をふたたび改訂、出版させるとともに、『史記』など四種の史書および『説文解字』をはじめ、多数の書籍の版木を刻させた。南宋朝の政府は臨安（現在の浙江省杭州市）に都城を築いてまもなく命令を発して、各地方の官署の刻した版木を国子監に集中してひきつづき出版させるとともに、それまで版本のなかった書籍の版木を作成させた。

宋朝政府が主宰した出版事業は非常に盛んで、書籍を出版する中央の機関は、国子監のほかに、崇文院、秘書監、司天監、校正医書局なども書籍を出版した。地方の出版機関も非常に多く、各官署、州学、軍学、郡学、県学、書院などがいずれも書籍を出版した。国子監が出版した書籍は、民間の出版業者が版木を借りて出版することを許可したが、「賃版銭」を納付しなければならなかった。版木を借りて出版する地方の書籍は、さらに、巻頭に工料費と賃版料を明記して、書籍商がかってに価格を引き上げるのを防止しなければならないと定められていた。他民間が出版する書籍にも、版権を保護する措置を講じており、出版者が政府に申請すればただちに保護された。他人が出版したのを発見すれば、「版木を追求して破砕し、罪を断じて処罰した」。宋代に出版された書籍には、「すでに上級の役所に申し送った。複製を許さず」などという「牌記」〔標記〕を記しているものもあり、書籍の「版権頁」〔奥付〕の嚆矢といえる。

宋代の民営の出版業は急激に発展し、書籍は全国のいたるところで出版されるにいたった。北宋朝の初期は四川がもっとも盛んで、点数では福建がもっとも多く、内容の面では杭州と開封がもっとも優れていた。南宋代になると、杭州の出版業はいっそう盛んになり、そのうち、かなり有名なものに詩人の陳起・陳思父子の開設した書肆があり、唐詩と南宋代の詩人の作品、および唐・宋代の説部書〔小説〕、唐代や宋代の人の詩文集などを出版し、いずれもきわめて有名で、後世の人びとは「書棚本」〔書肆の出版した書籍のこと〕とよんだ。福建の建陽の麻沙、崇化両坊〔書籍を印刷、出版、販売するところ〕の書肆の主人は地元の文人と共同で、科挙の受験に必要な新しいタイプの類書や、庶民が日常生活で参考にする医書や日用百科全書などを編纂、出版し、売れ行きが非常によかった。

2　元代の出版業

北宋朝が亡んだのち、平水（現在の山西省臨汾市）が汴京（現在の河南省開封市）にとって代わって、黄河以北の出版の中心地になり、私人がきわめて多数の書坊を開設した。金、元両朝の政府は、ともに平水に書籍出版の管理機関を設けた。十二世紀以後、医書、類書、その他さまざまな書籍が少なからず出版された。

元代の農学者の王禎が皇慶年間（一三一二―一三年）に木製活字による印刷を研究し、創始したことは、印刷史上における古代の一大事件であった。王禎は木製活字で『旌徳県志』を試験的に印刷したが、六万余字の同書を一か月たらずで百部も印刷した。元代の印刷工人が重ね刷りの方法で多色刷りの木版印刷物を印刷し、多色刷り印刷術を発明したことは、印刷に対する大きな貢献である。

3　明代の出版業

明代初期に、南京の国子監は杭州や江南〔長江の下流域〕の各地の宋・元代の版木を集めてひきつづき印刷、出版したが、それを「南監本」といった。杭州の少なからぬ出版技術工人も西湖の書院〔地方に設けられた学校〕の版木とともに南京に赴いたので、南京は杭州に代わって全国のもっとも主要な出版の中心地になった。十六世紀の中期に、南京を中心とする江南一帯では挿図本の小説や戯曲が大量に出版された。近隣の安徽の徽州や福建の建陽など、伝統的に木版印刷が盛んな地区の熟練した印刷工人も、徐々に南京にやって来た。南京は木版の多色刷りの中心地にもなった。出版の隆盛によって、書籍の取引が促され、南京の三山街や内橋の一帯には書坊が林立し、書籍の販売量が非常に多かった。

明代の官刻本は初めは内府の刻本があり、司礼監の宦官が管轄していた。司礼監の経廠庫は提督を置いて業務を監督させ、出版される書籍の多くは制誥〔詔勅〕、律令や経、史、文、集などで、「司礼監本」といい、「経廠本」ともいった。その多くは大きな字を使った大冊で、割り付けがゆったりし、行間が広くて明るく、大きくて黒い子持ち罫で判面を縁取り、本文と注に句読点を施し、上質の真っ白な薄葉紙〔薄くて柔らかな紙〕に良質な墨で念入りに印刷し、装丁は華美であるが、校訂はあまり緻密でなく、誤りがかなり多かった。明朝の中央政府は各部門がいずれも出版を行い、欽天監や太医院も専門の書籍を出版した。明朝政府が編纂した『永楽大典』は、古代における中国最大の類書で、七、八千点の古書から輯録し、二万二千九百三十七巻、おおよそ三億七千万字からなり、書写本で、一万千九十五冊に仕立てられた。

明代の地方の官刻本もきわめて普遍的で、各省の布政司、按察司、府、県、儒学、書院、監運司などが少なからぬ書籍を出版した。各藩王府〔皇族の邸宅〕も書籍を出版したが、それを「藩府本」や「藩刻本」といった。藩王府で出版する書籍は、その多くが中央から恩賞として賜った宋・元代の善本〔貴重な書籍、あるいは校訂のいきとどいた書籍〕を底本にしていたうえ、藩王が物質的な条件に恵まれ、自分自身が一定の学識をも有していたので、明代の官刻本のなかでも上等なものが少なくない。

明代の私刻本は、おもに江蘇、浙江両省で出版されていた。私刻本の出版者は大蔵書家が多く、善本を重んずるとともに、入念に校訂を行ったので、書籍の質は非常によかった。

明代の書坊が出版した書籍は、種類が非常に多く、大半は人民大衆が日常生活で必要とする実用書が中心であったが、宋・元代の古書も少なからず覆刻し、唐・宋代の文集の新版も出版し、さらにもっぱら小説や戯曲を出版する書舗も現れた。明代の中後期には、編集、出版、発行を一体化した書坊も現れ、市場の需要にもとづいて大衆がさしせまって必要とする書籍を出版し、書坊自身の競争力を強化するばかりか、出版事業の発展をも促進した。

4　清代の出版業

清代の前期における官刻本は、おもに内府から集中的に出版された。康熙十二年〔一六七三年〕、武英殿に専門の出版機関を設置し、翰林院の詞官〔詩文の才能によって皇帝に仕えている者〕を派遣して管理させ、出版した書籍を「殿本」といい、欽定の書籍が中心であったが、清代や先人の学術的な著作や、歴代の文学作品、史学の古典、経学の名著などをも出版した。康熙年間〔一六六二―一七二二年〕と乾隆年間〔一七三六―九五年〕に出版された書籍がもっとも優れている。地方の官刻本はおもに地方誌で、その他の書籍はあまり多くなかった。

曾国藩〔一八一一―七二〕が同治二年〔一八六三年〕に南京に金陵書局を創設すると、十数の省も省都に官書局を開設したが、有名なものに杭州の浙江官書局、武昌の崇文書局、広州の広雅書局がある。各地の官書局はおよそ千点の書籍を出版したが、それを「局刻本」という。

清代の私刻の書籍は、精緻な楷書による出版が盛んで、乾隆―嘉慶年間〔一七三六―一八二〇年〕にいたっても依然として楷書による出版が少なくなく、のちにそれらの書籍を軟体字写刻本といった。当時は、名家が入念に浄書して印刷、出版したものが多く、様式が精巧で美しく、独特の特色を形成していた。清代は考証、校訂、輯逸〔散逸した書籍を、別の書籍に引用されているものを輯めて再構成するもの〕の学が非常に盛んになり、校訂に精出す学者や蔵書家もおり、出版した書籍の数が多く、分野が広いばかりか、質もよく、清代の木版印刷の書籍のうちでもっとも価値がある。清代の私刻の書籍には多数の叢書もあり、少なからぬ輯逸書を収録しており、古代の歴史の研究に重要な価値を有する。

清代は書坊の出版がいっそう盛んになり、出版点数が非常に多かった。出版される書籍は、大半が庶民の使う教科書、日用の雑字〔常用字を、韻をふんだり、誦読に便利なようにしたりして集めたもので、識字教育に使う〕、通俗小説、戯曲、唱本〔唱いものの歌の本〕などで、古書もあったが、精巧なものは少なかった。

清朝の政府が編纂した『四庫全書』〔乾隆年間に編纂〕は古代における中国最大の叢書で、古代から当時までの三千四百余点、七万九千余巻の著作を収録し、書写本で、三万六千余冊に仕立てられた。雍正四年（一七二六年）に武英殿が銅製活字で印刷した陳夢雷（一六五一－一七四一）主編の『古今図書集成』は、全一万巻、おおよそ一億字で、あわせて六十四部印刷したが、古代の中国の出版史でもっとも大規模な金属活字による印刷事業であった。乾隆三十八年（一七七三年）には、二十五万個の木製活字を作成し、「武英殿聚珍版叢書」〔『永楽大典』収録の珍書のうち、世道人心に益あるものや考証に資するに足るものを百四十点選んだもの〕を印刷した。

5　古代中国における出版

古代中国〔一九一一年清末までを古代という〕における民営の出版業はふつう出版と発行を兼業し、大半が零細企業で、従業員が少なかった。宋・元代には、博識の学者を招聘して編集を担当させた書肆もあった。明代末期における最大の出版社――常熟の毛晋（一五九九－一六五九）の汲古閣――は、学識のある編集者〔経部十三人、史部十七人〕を招聘して編集や校訂にあたらせ、さらにもっぱら印刷に従う工人を二十人雇っていた。三十年間に、およそ六百余点、十万九千余ページ、三千万字以上に及ぶ書籍を出版した。宋代に出版された書籍には、汲古閣の覆刻だけで伝えられているものが少なくない。出版した書物の大半に著者、版本の状態と特徴を紹介する毛晋の奥書が付いているうえ、校訂が入念、印刷が精巧細緻であるので、人びとに称讃され、売れ行きが非常によかった。

明代の有名な蔵書家である胡応麟（一五五一－一六〇二）は『少室山房筆叢』で、明代の「刻書の地」は蘇州、杭州、建陽の三地、「聚書の地」は北京、南京、蘇州、杭州の四地であると述べている。「刻書」と「聚書」の地がかならずしも一致していないことは、明代にすでに「刻書」〔出版〕を兼業しない「聚書」〔発行〕専門の書店があり、出版と発行にすでに専業と分業の現象がみられたことを物語っている。

清代には、発行を専門にする書店が明代よりもいっそう普遍的になり、北京と蘇州がもっとも多かった。乾隆年間の後期には、北京の琉璃廠の書店の隆盛は全国に知れわたっていた。道光年間〔一八二一―五〇年〕における琉璃廠の書店の盛況ぶりを、

都門　歳首に当たり、街衢　寂静多し。
惟だ琉璃廠外の二里の長のみ、終朝　車馬　時に馳騁す。
廠の東門、秦碑　漢帖　雲の如く屯し、
廠の西門、書籍　箋索　家家新たなり。

と詠じている詩がある。当時の書市の賑わいを見て取ることができる。

12章　近代から中華人民共和国成立までの出版

近代から中華人民共和国成立までの出版概況は、つぎの四つの時期に分けることができる。

1　アヘン戦争から五四運動まで（一八四〇―一九一九年）

一八四〇年以後、近代的な印刷術が徐々に中国に伝来するとともに流布し、新聞や雑誌の出版も徐々に増加した。外国の教会、封建的な官僚、ブルジョア民主主義思想を具えた知識人が、書籍や新聞・雑誌の出版を通じて各自の政治的主張を宣伝しようと考えた。新しい知識に対する広範な人民大衆の要求が日益しに強くなり、既存の官刻、私刻、坊刻の古い出版体系では、もはや新しい情勢の発展の要求に適応することができなかった。それゆえ、政府は官書局を創設し、私刻や坊刻の出版もいっそう分化した。その機に乗じて、新しいタイプの印刷、出版、発行の企業が誕生した。最初は外国人の宣教師や実業家、ついで民族ブルジョアジーが、あいついで新式の印刷所を開設して新式の印刷技術を採用し、出版と発行の企業を創立した。

一八四〇年のアヘン戦争ののち、香港、寧波、上海が徐々に帝国主義勢力の中心地になり、外国人の宣教師もこれらの地方を活動拠点にして、出版事業を展開した。一八四三年に、イギリス人宣教師のメドハースト〔一七九六―一八五七〕が上海に設立した墨海書館は、中国大陸で最初に中国語の活字印刷設備を具えた出版社である。一八八七年に上海で発足した広学会〔もと「基督教及普通学識伝布会」といった〕は、イギリス人とアメリカ人のキリスト教〔プロテスタント〕の宣教師と、外国人の外交官や実業家らが中国で結成した文化団体で、キリスト教を布教し、「西学」〔西洋の学問〕を紹介し、植民地主義を宣揚した。広学会は、四十年たらずのあいだに、宗教、社会科学、自然科学のさまざまな分野に関する二千余点の書籍をあいついで出版し、さらに『万国公報』、『大同報』など十数点の中国語の新聞や雑誌をも発行した。一八九三年の広学会の売上はわずか八百余元であったが、一八九七年の維新運動〔変法運動ともいい、西洋近代の機械文明を導入し、中国の自強をはかろうとした曾国藩〔一八一一―七二〕、李鴻章〔一八二三―一九〇一〕らの洋務運動に対抗して、康有為〔一八五八―一九二七〕、梁啓超〔一八七三―一九二九〕らが国家の制度の根本的な改革を主張した運動で、一八九八年の戊戌の政変の先駆をなした〕の前夜には一万五千余元に増加し、一九〇三年には二十五万元にも達した。イギリス人実業家のメイジャーは一八七二年に上海に申報館を設立し、最初は書籍の出版を兼業していたが、のちに申昌書局、図書集成局、点石斎石印書局を創業した。そのうち、点石斎は古書の覆刻を主要業務にし、あいついで各地に二十か所の支店を開設し、光緒年間〔一八七五―一九〇八年〕中期には規模がもっとも大きな出版、印刷企業になった。

外国人が中国に開設した出版社は、近代的な印刷技術を利用して書籍や新聞・雑誌を出版した。当時、印刷用紙はほとんど輸入に頼っていた。統計によると、光緒二十九年〔一九〇三年〕の輸入額は銀で二百六十八万四千両、宣統三年〔一九一一年〕は五百六十万五千両で、一九〇三年から一九一一年までに紙の輸入に使った銀はあわせて三千四百十六万五千両にのぼるが、それらの紙の大部分は書籍や新聞・雑誌の出版に使われた。

この時期、中国の民族資本が設立した出版事業も徐々に活況を呈し、とりわけ中日甲午戦争〔日清戦争。一八九四―九五年〕の敗北および一八九八年の戊戌政変の前後には、維新変法と、西洋の科学技術の学習を鼓吹する有識の士もいた。一九〇四年前後には、科挙を廃して学校を設立したので、新式の教科書が大量に必要になった。これらのことが、中国の民族資本が興した出版事業の発展を促す巨大な役割を果たした。

一八九七年に上海に設立された商務印書館は、近代中国の出版事業で歴史がもっとも古い出版社である。一九一二年に創業した中華書局や、同社についで民族ブルジョアジーや知識人の創業した出版社は、中国の古書を整理、出版したり、西洋のブルジョア民主主義思想や科学技術知識を紹介したりする面で、中国の初期の民主革命と文化啓蒙運動を促進する重要な役割を果たした。また、読者へのサービスと企業の経営管理の面でも、豊富な経験を蓄積した。その一方で、投機で金を儲けるために、市場の低級な趣味を追求して内容のでたらめな書籍や新聞・雑誌を大量に出版する私営の出版社も少なくなかった。

2　五四運動から第二次国内革命戦争期まで（一九一九―三七年）

一九一九年の五四運動ののち、とりわけ一九二一年の中国共産党の創立ののち、中国には新しいタイプの人民の出版事業が芽生えた。一九一五年に創刊された『青年雑誌』（翌年、『新青年』に改称）は、第八巻から、上海共産主義小組の機関誌に改められ、それと同時に群益書社の手から離れ、独立して出版され、新青年社が発足し、マルクス主義の古典など、書籍や新聞・雑誌を体系的に出版し始めた。一九二〇年の春に惲代英（一八九五―一九三一）が武漢に設立した利群書社と、同年七月に毛沢東（一八九三―一九七六）が長沙に設立した文化書社は、ともにマルクス主義の伝播と新文化運動の推進に積極的な役割を果たした。一九二一年九月一日に上海で発足した人民出版社は、中国共産党が創立後に設立した最初の出版社で、共産党の宣伝主任の李達（一八九〇―一九六六）が責任者になり、一年余りのあいだに、「マルクス全書」を三点、「レーニン全書」を四点、「コミュニスト叢書」（つまり「共産主義者叢書」）を四点、通俗的な宣伝用小冊子を数点発行した。一九二三年十一月に上海書店が発足し、毛沢民（一八九六―一九四三）が経理（支配人）に任じられたが、中国共産党中央のあらゆる党外宣伝用の刊行物や書籍の出版と発行が主要な任務であった。一九二六年二月に、上海書店が軍閥の孫伝芳（一八八五―一九三五）によって閉鎖されたので、十一月に武漢に長江書店を設立し、蘇新甫を経理に任じ、それと同時に漢口に長江印刷所を設立し、革命的な書籍や新聞・雑誌を印刷、出版した。

中国共産党は創立直後に各地に出版、発行機関を設置したが、反動勢力の厳しい迫害にあい、いずれも一、二年か三、四年しか活動することができなかった。しかし、非常に厳しい条件のもとで多数の革命的な書籍や新聞・雑誌を出版、発行した。

一九二〇年代の末期、革命的知識人は上海などで、創造社、太陽社、南強書店など、新しい書店を設立し（左翼の文芸団体の書籍や新聞・雑誌を出版したものもある）、進歩的な書籍や新聞・雑誌を少なからず出版、発行した。一九三〇年代には、上海で生活書店、読書出版社、新知書店があいついで創業し（一九四八年に合併して生活・読書・新知三聯書店になった）、中国共産党の指導のもとで大量の革命的な書籍や新聞・雑誌を積極的に出版した。

一九三一年に、江西の瑞金に中央ソビエト区が樹立され、中華ソビエト共和国臨時政府が発足した。当時、ソビエト区中央執行委員会人民委員会の下に中央出版局と中央印刷局を設置し、中央政府も中央印刷廠、中央軍事委員会も軍事委員会印刷所を設置した。少年共産同盟中央局、教育部なども独自の出版、発行機関を有していた。戦闘が頻繁になり、物資の供給も非常に困難になったので、一部の新聞、幹部の学習用文献、通俗的な政治読物、基礎教育用の教科書などの小冊子しか出版することができなくなった。

3　抗日戦争期（一九三七―四五年）

一九三七年の抗日戦争の勃発後、上海、武漢、桂林、重慶などが前後して出版の中心地になった。進歩的な文化出版機関は、愛国と抗日救国を宣伝する読物を大量に出版し、人民の抗日の士気を鼓舞するのに非常に大きな役割を果たした。

中国共産党の指導する八路軍と新四軍は、長江の南北に多数の根拠地と解放区を樹立した。延安を中心とする陝北〔陝西省北部〕根拠地は、中国共産党の中央委員会と中央軍事委員会の所在地で、党中央が全国を指導して抗戦を推進する中心地でもあり、マルクスやレーニンの著作と革命的な書籍や新聞・雑誌の出版の中心地でもあった。

一九三七年一月、中国共産党の中央は陝北の保安〔現在の志丹県〕から延安に移転し、張聞天〔一九〇〇―七六〕、秦邦憲〔一九〇七―四六〕、凱豊らが中央党報委員会を結成し、その下に出版科と発行科を設けた。四月二十四日、発行科は新華書局〔十月に新華書店に改称〕の名義で書籍や新聞雑誌を発行するとともに、広範な読者や各地の出版業界と連係を保った。当時、延安で出版された党中央の機関誌である週刊の『解放』や「レーニン叢書」、「抗戦叢書」などは、いずれも新華書店から発行された。半年たらずのうちに、新華書店の影響は陝西、山西、江蘇、上海などの十数の省や市に拡大した。一九三八年一月からは、中央党報委員会が編訳した書籍や新聞・雑誌は一律に「解放社」の名義で出版され、新華書店が発行元か取次元になった。

一九三九年九月一日、新華書店は独立した組織になり、新たに発足した党中央の出版発行部〔のちに中央出版局に改称〕が直接指導した。所在地が清涼山〔延安市の北東部にある〕から北門外に移り、社内の機構を健全化し、幹部を充実させ、徐々に晋綏〔山西省、綏遠省〕、晋察冀〔山西省、チャハル省、河北省〕、晋冀魯豫〔山西省、河北省、山東省、河南省〕などの根拠地の発行機関との連係を強めた。

一九四二年、陝甘寧〔陝西省、甘粛省、寧夏省〕辺区新華書店が延安で発足するとともに、同辺区の各県にあいついで発行機関を設置した。辺区書店が発足したのち、新華書店の本店は各根拠地、国民党支配地区、日本軍占領地区や、八路軍と新四軍の各兵站地に延安で出版される書籍や新聞・雑誌を発行、輸送することに主要な精力を集中した。一九四七年三月、国民党の胡宗南〔一八九六―一九六二〕の部隊が延安を侵犯したので、本店は党中央の機関に従って瓦窯堡〔陝西省子長県瓦窯堡鎮〕に、のちにまた晋綏辺区に移転した。書店の従業員は陸続と各解放区の活動に動員され、各解放区にあいついで新華書店を設立した。当時、地方の書店は、新聞社が設立し、業務が発展したのち新聞社から独立し、みずから編集、印刷、発行を行い、中央局かその分局、辺区党委員会宣伝部の直接の指導を受けた。しかし、華中、蘇北〔江蘇省北部〕、蘇南〔江蘇省南部〕、皖北〔安徽省北部〕、皖南〔安徽省南部〕などの新華書店は、初めから党委員会宣伝部が直接設置したものである。

4　解放戦争期（一九四五―四九年九月）

抗日戦争の勝利後、商務印書館、中華書局、世界書局などの大規模な出版社はあいついで重慶から上海に移って業務を再開したが、依然として教科書の出版が主要な業務であった。この時期、上海などで新しい民営の出版社が少なからず創業したが、物価が騰貴し、用紙代と印刷費がたえず上昇する情況のもとで、経営は非常に苦しかった。進歩的な文化事業に対する国民党政府の迫害が日益しに激化するのに伴い、出版戦線における闘争も日をおって激烈になった。

一九四五年十一月、解放区にあった東北日報社が東北書店を設立し、出版、印刷、発行の業務を総合的に経営した。解放戦争の時期に、十六の分店、百八十五の支店、百余の販売店を有するにいたり、東北全区にあまねく及ぶ発行網が形成された。

解放戦争がつぎつぎに勝利し、西北、華北、華東、中原（のちに中南に改称）の各解放区が急速に拡大し、新華書店の発行網がたえず強化、拡大されるのに伴い、各解放区の新華書店は前後して本店や総管理処を設置した。重慶の解放後に、西南新華書店を設置した。

革命的な出版事業は、長期にわたる困難な闘争のすえ、曲折に富む複雑な過程を経て、ついに勝利を克ち取った。一九四九年十月の中華人民共和国の誕生後、中国の出版事業は繁栄する新しい歴史的時期を迎えた。

（一九八九年十二月）

13章　中華人民共和国の出版事業（一九四九年十月―八九年十二月）

1　新中国の出版事業の創建（一九四九年十月―五六年）

一九四九年十月一日の中華人民共和国の誕生の前後、中国共産党と中央人民政府は出版事業のために適時に一連の重大な政策を決定し、強力な措置を講じて、かなり短期間で、立ち遅れていた旧中国の出版業を整理、整頓、改造するとともに、全人民所有制の出版機構を設立し、中国の社会主義の出版事業の樹立と成長のために、光明に輝く大道を切り拓いた。

(1)　人民の出版事業の基礎を固める

新中国の出版事業は、解放区の革命的出版事業と国民党政府支配地区の進歩的出版事業を基礎にして樹立された。

一九三七年に中国共産党中央が延安で設立した新華書店は、抗日戦争と解放戦争が発展し、各革命根拠地と解放区がたえず拡大したのに伴い、その発行拠点もたえず増加した。一九四九年九月の新中国の成立前夜に、新華書店はすでに各地に分店と支店を七百三十五か所、印刷所を二十九か所、従業員八千百三十二人を擁していた。一九四〇年から一九四九年八月までに、不完全な統計ながら、解放区で出版された書籍はおおよそ五千三百点、発行部数は四千四百七十四万冊にのぼった。

一九三〇年代から、中国共産党の地下組織の指導のもとで、国民党支配地区で進歩的な人びとが主宰してきた出版機関は、国民党当局と紆余曲折に富む困難な闘争をすすめ、さまざまな方式で進歩的な書籍、新聞・雑誌や基礎的な知識読物を大量に出版、発行し、広範な読者、とりわけ青年が革命と進歩の道に向かうよう導いた。一九三二年以後にあいついで発足した生活書店、読書出版社、新知書店などは、その面でとりわけ顕著な役割を果たした。一九三九年から、この三社は何回も人員を延安および山西、蘇北〔江蘇省北部〕、東北、山東などの抗日根拠地や解放区に送り込み、出版、発行事業に従事させたが、そのなかには、のちに革命的な出版事業の中核になった人が少なくない。精力を集中して新しい任務を迎え入れるために、この三社は一九四八年十一月に合併して「生活・読書・新知三聯書店」になり、一九四九年九月の新中国の成立前夜には、総管理処と北平〔現在の北京市〕、天津、上海などの十三か所の分店は三百五十六人の従業員を擁していた。

人民解放戦争〔国共内戦〕が急激に発展し、勝利が目前に迫ったので、一九四八年八月、中国共産党中央は統一、集中した全国的な出版指導機関を設立することを決定するとともに、同年十二月二十九日に「新しい解放区における出版事業政策に関する指示」を発表し、新しい解放区で性格を異にする出版機関を個別に処理する政策について、明確な規定を定めた。

一九四九年一月の末、北平が平和的に解放されると、中国共産党中央は出版委員会を発足させ、まず北平、天津および華北地区の出版事業を統一的に指導するとともに、黄洛峰〔一九〇九―八〇〕を主任委員、祝志澄〔一九〇六―六八〕、平杰三〔一九〇六― 〕、王子野〔一九一六― 〕、華応申〔一九一一―八二〕、史育才〔一九一四― 〕、欧建新らを委員に任命し（のちに徐伯昕〔一九〇五―八四〕を追加）、党中央が北平に移転するまでは、河北局宣伝部の周揚同志〔一九〇八―八九〕に指導させることを決定した。三月初めに、出版委員会は「出版工作は統一、集中しなければならないが、分散経営を基礎に、有利で可能な条件のもとで、計画的に手順よく統一、集中に向かわなければならない(1)」という中共中央の指示どおりに、出版工作の統一問題の準備に着手した。第一歩は、華北の新華書店の出版工作を管理することで、その重点は書籍の版本の統一に置かれ、まず政策文献と幹部読物、ついで教科書など数点の書籍の出版から手を着けた。書籍、政策文献、『幹部必読』など理論的な読物は「解放社」の名義で、その他のものは「新華書店」の名義で出版するよう規定した。発行業務では、まず北平と天津の書店を統一し、もともと華北、東北両新華書店の系列に属していた小売部門は、一九四九年六月に合併させて華北新華書店の北平分店と天津分店にした。

人民解放戦争のあいつぐ勝利に伴い、東北新華書店は三十余人の幹部を抽出し、急遽印刷した大量の図書を携えて人民解放軍の第四野戦軍に従って関内〔河北省秦皇島市の山海関の南方、つまり華北〕に進出させた。華北、西北、華中の新華書店も急遽大量の書籍を印刷し、幹部を軍に従って新たに解放された都市に進出させた。山東新華書店は急遽大量の新刊書を印刷し、一部の幹部を山東の旧解放区に残留させるとともに、残りの幹部で華東新華書店を設立し、書籍を携え軍に従って南下させた。香港の生活・読書・新知三聯書店も、急遽、毛沢東の著作や政策文献などを組版して紙型を取り、人を派遣して危険を冒して飛行機で上海に送り、ひそかに印刷するとともに、大量の図書をあらかじめ南京、漢口〔現在の湖北省武漢市内〕などに送り、解放軍が長江を渡河するのを待って、迅速に書店を開設して広範な読者に提供する準備をととのえた。

天津〔一九四九年一月十七日〕と北平〔一月三十一日〕が解放されたのち、出版委員会は、関係方面とともに、国民党政府の官僚資本に属する出版機関、つまり正中書局、独立出版社とその所属の二か所の印刷工場を接収した。二月十日、北平新華書店の小売部が営業を始め、広範な読者から熱狂的に歓迎された。四月二十四日、新中国で最初の国営の大規模な印刷工場――北平新華印刷廠――が操業式典を挙行した。四月から五月にかけて、南京と上海があいついで解放され、華東、中南、西北、西南地区の大中の都市が解放されると、新華書店もただちに小売部を開設して営業を始めた。革命に関する知識を渇望していた読者が一日中書棚の前でひしめきあい、店員は応対するいとまもないという、きわめて感動的な光景がみられた。

解放区の出版工作者と国民党政府支配地区の進歩的な出版工作者という二つの出版の大軍が合流したので、新中国の人民の出版事業を確立するために、組織、機構、物質的条件などの面から、とりわけ幹部の隊列の面から、かなり充分な準備がととのった。

(2) 新中国成立直後の出版事業の政策決定と措置

新中国の成立後、中央人民政府は出版総署を設立し、全国の出版事業を指導する最高行政機構とし、胡愈之〔一八九六—一九八六〕を署長に任命した。

一九四九年十月三日、中央人民政府が成立して三日目に、出版委員会は首都の北京で「全国新華書店出版工作会議」を開催した。この会議に参加したのは、各中央局〔大行政区に置かれた中共中央の出先機関〕の宣伝部、各大行政区の新華書店、三聯書店、解放社、華北人民政府教育部教科書編審委員会などを代表する、二十余の省、自治区、直轄市の百十五人の代表者であった。中共中央宣伝部の陸定一部長〔一九〇六—九六〕をはじめ、胡喬木〔一九一二—九二〕、周揚、胡愈之、黄洛峰、徐伯昕ら十九人が議長団を結成した。毛沢東主席〔一八九三—一九七六〕はこの会議のために「真剣に出版工作を行おう」という題辞を記すとともに、十月十八日に中南海の頤年堂で会議の参加者全員を接見した。朱徳副主席〔一八八六—一九七六〕は「指導を強め、努めて進歩を求めよう」という題辞を記すとともに、開幕式で講話を行い、これまで、出版工作は革命のための軍事に奉仕し、人民の政治闘争の事業のためにに奉仕してきたが、全国的な生産や建設の事業が始まっている現在、出版工作は生産や建設の事業のためにいっそう奉仕する必要があるが、これはわが国の出版工作者にとって新たな任務にほかならないと述べた。さらに、だれもが自己満足してはならず、真剣に学習しなければならず、文化戦線における各部隊をいっそうしっかり組織し、いっそう効果的に工作を進め、勇気と自信をもって文化建設の高まりを迎えるよう要望した。

この会議は、あわせて十七日間、開催された。代表たちは各地区の出版工作の情況を交流し、全国の新華書店を統一することに関するさまざまな決議について討論し、採択した。十月三日の開幕と二十一日の閉幕に合わせて、『人民日報』は前後して短評と社説を発表し、この会議について、

わが国の人民の文化戦線における重大事件の一つであり、全国の出版事業が新しい情況に適応しながら全国的な規模で統一に向かい始めたことを示している。……この会議は、わが国の人民が新たな文化的な高まりを迎えるために重要な保証を提供しており、人民政治協商会議の『共同綱領』〔一九四九年九月二十一日から三十一日まで開催された中国人民政治協商会議で採択されたもので、一九五四年九月に開催された第一期全国人民代表大会第一回会議で「中華人民共和国憲法」が採択されるまで、憲法の機能を果たした〕が規定している「人民の出版事業を発展させるとともに、人民に有益な通俗的な書籍や刊行物を重点的に出版する」という重大な任務を実現するのに役立つ。

と指摘した。会議は、中国人民政治協商会議が制定した『共同綱領』の第四十九条の規定にもとづいて、人民の出版事業を発展させ、文化を普及し、通俗的な読物を多数出版し、発行網を拡大するなどの問題について、突っ込んだ討論を繰り返し、工作任務を明確にし、工作方法を提起して、出版工作の発展を強力に推し進めた。

一九四九年十一月一日に出版総署が発足すると、出版委員会の工作は出版総署に移管された。一九四九年十一月から一九五二年に国民経済復興期が終了するまでの数年間に、出版総署は一連の措置を講じて人民の出版事業を発展させたが、そのうちの重要なものにはつぎのようなものがある。

一、全国の新華書店を統一した

かつては、戦争という条件のもとで、解放区は分割され、各地の新華書店の大半は当該地の党委員会や人民政府がみずから出資して設立しており、工作の歩調を一致させることができず、出版の管理にも統一された制度や方法が欠け、各地の新華書店の発展も非常に不均衡であった。このような分散経営の情況は、もはや新中国成立後の新たな情勢に適応することができなかった。一九五〇年三月二十五日、出版総署は「全国の新華書店を統一することに関する決定」を発出し、新華書店の統一と集中の手順、および統一後の方針、指導、組織について、具体的な規定を作成した。四月、北京で全国的な国営企業である新華書店の管理処が発足して、全国各地の新華書店に対する統一的指導を強化した。それと同時に、華北、東北、華東など、各大行政区の区都で新華書店の総分店が発足し、各省に分店、県に支店を設置した。一九五〇年九月末には、新華書店はいちおう統一を完成し、全国に華北、東北、華東、中南、西北、西南、華南、山東、新疆の九つの総分店、四十七か所の分店、八百八十九か所の支店を擁するにいたった。

二、出版、印刷、発行は専業化と分業化を実施し、公私の出版業の関係を調整した

全国の新華書店が指導を統一したのち、出版工作には非常に大きな進展がみられた。しかし、工作には多少の問題も存在していた。おもに二つの面の問題で、その一つは、統一後の新華書店が依然として出版、印刷、発行の三種の業務を兼業する膨大な機構であったことである。この三種の業務の性格と任務はいささか異なっており、業務の規模がかなり小さかった従来の情況のもとではさしつかえなかったが、それぞれの専門業務がたえず拡大していく情況のもとでは、往々にしてたがいに牽制し合い、出版工作のいっそうの発展に影響を及ぼしていた。もう一つ、出版業の公私の関係をいかに協調させるかということも、当時、解決を迫られていた突出した問題であった。一九五〇年三月末の統計によれば、全国の十一の大中都市に、私営の書店が千九社あり、そのうち出版業務を経営するものが二百四十四社で、それらの出版社が同年の第１四半期に印刷、発行した書籍は、全国で出版された新刊書のほぼ半数を占めていた。そのほかにも、小売専門の書店や露天商が非常に多かった。出版と発行の面で無視す

ることができないこれらの出版業者に対して、国営の書店がいかに共存し、対処するかについてはまだ決まった見解がなかったので、私営の書店を排除し、協力を拒否する現象が生じた地区もあった。

これらの矛盾を解決し、出版工作に対する指導を改善、強化するために、出版総署は一九五〇年に半年にわたって一連の工作会議を開催し、これらの問題について研究、検討した。六月二十日、胡愈之署長は、その他の地区の新華書店総分店の責任者も出席した京津〔北京、天津〕発行工作会議で、「出版工作の一般方針と目前の発行工作のいくつかの問題」という報告を行い、七月には、京津出版工作会議で、「出版事業における公私の関係と分業協業問題」という報告を行い、八月から九月にかけて、全国新華書店第二回工作会議で、「新民主主義の国営の出版、印刷、発行事業について」という報告を行い、九月下旬に、第一回全国出版会議で、「人民の出版事業およびその発展方向について」という報告を行った。これらの報告は、指導の統一、管理の統一、出版方面における無政府状態の解消、公私関係の合理的な調整、出版、印刷、発行における分業化と専業化などの問題を提起、解明することに重点が置かれていた。

その間、中共中央は七月下旬に中央宣伝部の「出版工作に関する通知」を配布した。この通知は、当面の出版事業に存在する欠点とその改善措置を提起し、各レベルの党委員会が当該地の出版事業に対する指導を適切に強化するよう要求していた。

十月二十八日、周恩来総理〔一八九八―一九七六〕は「中央人民政府政務院〔内閣に相当する〕の全国の出版事業を改善、発展させることに関する指示」に署名、発布し、出版事業が人民に奉仕する基本方針を確定した。その指示は、

書籍と雑誌の出版、発行、印刷は、国家の建設事業、人民の文化生活に大きくかかわる重大な政治工作である。第一回全国出版会議は、「全面的に計画、考慮し、公私の双方に配慮し、分業化して協業する」という原則にも

とづいて公私の出版業の関係を調整するとともに、出版、発行工作における組織がなく計画がないという現象を徐々に解消して、人民の必要とする各種の出版物を計画的に充分に供給していくことを決定した。この方針は正しい。

と指摘している。

同じ日に、出版総署は政務院の批准を経て第一回出版会議の五項目の決議を発布した。

(1) 人民の出版事業を発展させる基本方針に関する決議
(2) 出版工作を改善、発展させることに関する決議
(3) 書籍と刊行物の発行工作を改善、発展させることに関する決議
(4) 定期刊行物の工作を改善することに関する決議
(5) 書籍と刊行物の印刷業を改善することに関する決議

それと同時に、「書籍と刊行物を出版、印刷、発行する国営企業の分業化と専業化、および公私関係の調整に関する決定」をも発布した。

出版の分業化と専業化に関するこれらの決議と決定にもとづいて、またソ連の出版工作の経験を学習し、参考にして、一九五〇年の末に、当時の機関と体制に対して調整を行った。すなわち、新華書店の出版業務を分割し、もっぱら編集、出版工作に従事する中央レベルと地方レベルの人民出版社を設立し、新華書店の印刷業務をも分割し、独立経営の新華印刷廠を設立し、新華書店は、出版と印刷の業務から脱したのち、書籍と刊行物の発行業務を専業とする機関になった。この調整を経て、新華書店総管理処は新華書店総店、人民出版社、新華印刷廠総管理処

の三つの独立機関に改組され、いずれも出版総署の直接の指導を受け、地方の人民出版社、地方の書籍と刊行物の印刷工場は地方の出版行政機関の直接の指導を受け、新華書店の各地の分店と支店は当該地の出版行政機関の指導を受けることになった。

それと同時に、中央人民政府の教育部は出版総署とともに、もっぱら教材やその他の教育関係の書籍や刊行物を出版する出版社として、人民教育出版社を設立した。中央レベルの人民出版社が発足すると、東北、華東、華北などの大行政区でも大行政区レベルの人民出版社があいついで発足した。ついで、分業化と専業化の方針にもとづいて、規模のかなり大きな国営の専門出版社と、特定の読者を対象とする総合出版社がいくつか設立された。一九四九年七月十五日に発足した工人〔労働者〕出版社のほかにも、一九五〇年以後に陸続と発足した出版社に、青年出版社、新華地図社、科学技術出版社（一九五二年十月に第一機械工業部に移管され、機械工業出版社に改称）、東北工人出版社、西北青年出版社、人民文学出版社、人民美術出版社、時代出版社、燃料工業出版社、人民鉄道出版社、外文〔外国語〕出版社、華東人民美術出版社、世界知識出版社など、十数社がある。そのほか、三聯書店、中華書局、商務印書館、開明書店、聯営書店の五社の発行部門は、一九五〇年十二月に共同で公私共同経営の中国図書発行公司を設立した（一九五三年の末に、同公司の総管理処は新華書店華北総分店の業務部門と合併し、新華書店北京発行所を設立し、各地に設置されていた分、支機構は当該地の新華書店と合併した）。

一九五二年十二月二十八日に、郵電〔郵便、電信〕部と出版総署は共同で、「出版物発行工作を改善することに関する共同決定」を発出し、一九五三年一月一日から、出版物の計画的発行制度を実行し、新聞と雑誌は郵電局、書籍は新華書店が発行することを決定した。

三、私営出版業に対して調整と初歩的な改造を行った

新中国の成立後、国民党政府の官僚資本的な出版機関が国家に没収されたほかに、千余社の資本主義の私営出版企業が存在していた。資本主義的商工業に対する利用、制限、改造という中国共産党の政策にもとづいて、人民政

府は、公私の出版業の関係を調整すると同時に、一九五〇年から私営の出版業に対して必要な調整と初歩的な改造を行った。たとえば、

(1) 私営出版業の代表を受け容れて第一回全国出版会議に参加させるとともに、同会議を通じて全国の私営出版業に対して、出版工作が人民に奉仕する方向を提示し、出版業者が業務範囲を調整するのを援助し、聯営（共同経営）を組織するのを推進した。たとえば、上海の私営書籍商たちは聯合経営方式で、「童聯」（児童読物を出版する聯合体）、「連聯」（連環画〔劇画〕を出版する聯合体）などの出版機構を結成した。

(2) 私営出版社の出版物に対して監督と整理を行った。粗製乱造、内容が低劣な図書に対して、新聞紙上に書評を発表して厳しい批判を加え、誤りがはなはだしい書籍には行政的措置を講じ、販売停止処分に付した。

(3) 私営出版業に法規を遵守するよう警告した。政務院が一九五二年八月十六日に公布した「書籍、刊行物の出版業、印刷業、発行業を管理する暫行条例」は、書籍と刊行物の出版業を営む者が遵守すべき条項を明確に規定し、条例に違反した私営の投機的な出版業に対して、出版行政機関が警告や営業許可証没収などの処分を行った。

(4) 私営の出版業のうち、公私合営の条件を具えているものは、自由意志の原則のもとで、共同経営にした。たとえば、開明書店は最初に共同経営にした出版社の一つである。

四、全国の書籍の定価を統一した

従来は同一の書籍でも、地区によって販売価格が異なり、弊害が生じやすかった。読者の利益を保障し、私営の商人が勝手に価格を引き上げて投機工作を行うのを防止するために、出版総署は一九五〇年に全国の書籍と刊行物の定価を統一することを決定した。同一の書籍と刊行物は、全国のいかなる地区でも出版社の決めた統一定価で販売するよう規定した。

五、重要な著作の内容を統一した

出版物の質を保証するために、マルクス、エンゲルス、レーニン、スターリンの著作、毛沢東の著作、党と国家のその他の指導者の著作をはじめ、中共中央や国務院が頒布する政策文献、法令などは、国家の政治書籍の出版社——人民出版社——が統一的に出版するよう規定した。その他の地区レベルの出版社はこれらの書籍を勝手に出版してはならないが、出版する必要がある場合には、中央レベルの人民出版社から紙型を借りて印刷することができることにした。また、小中学校の教材の質を保証するために、新中国の建国直後にもっぱら小中学校の教科書を編集、審定、出版する機構——人民教育出版社——を発足させ、あまり時間をかけずに、全国で使われる小中学校の教科書は基本的に内容を統一することができた。

六、政治理論書と通俗的な政治読物を大量に出版した

各階層の広範な大衆、とりわけ新しい解放区の人民が革命理論を学習する必要を満たすために、全国の出版部門はマルクス、エンゲルス、レーニン、スターリンの著作と毛沢東の著作をはじめ、関連する政策文献を大量に出版し、一九五〇年には一年間に一千余万冊を印刷、発行した。それと同時に、土地改革、反革命鎮圧、抗米援朝などの運動に呼応したり、婚姻法を宣伝したりする通俗的な小冊子など、政治理論書や時事政策に関する通俗的な読物をも大量に出版した。一九五一年、中国共産党創立三十周年を記念して、中共党史、党建設、党知識などを紹介する読物を出版した。出版、発行部門の職員と労働者の努力によって、抗米援朝を宣伝する各種の読物、連環画冊の発行部数が一億冊以上にのぼるなど、この工作は大きな成果を収めた。

一連の強力な措置を講じたので、一九五二年末には、新中国の社会主義の出版事業はすでに一定の規模に達し、国営の出版社がすでに出版事業の主体になり、私営の出版業はすでに社会主義的改造に手を着け始めていた。人民の講読に適する各種出版物は、数量の面でも内容の面でも、著しい向上がみられた。一九五二年には、全国で各種の書籍一万三千六百九十二点を出版し、七億八千六百万冊（枚）を印刷、発行した（表1）。新中国の建国以前に出版数量が最高であった一九三六年（九千四百三十八点、一億七千八百万冊）とくらべると、点数で四五パーセント、部

表1　全国図書出版数量（1950―52年）

類　別	1950			1951			1952		
	点数		部数（億冊枚）	点数		部数（億冊枚）	点数		部数（億冊枚）
	合計	うち新刊		合計	うち新刊		合計	うち新刊	
一般書籍	―	6,048	1.21	―	12,655	2.54	11,779	6,799	2.90
教科書	―	641	1.54	―	552	3.73	802	535	4.02
図版	―	―	―	―	518	0.76	1,111	606	0.94

数で三四一パーセント増加した。

新中国が成立したときには、定期刊行物の出版事業は基礎が非常に脆弱であった。それゆえ、出版総署は定期刊行物を管理する専門機関を設立して、定期刊行物の出版工作に対する指導と管理を強化した。胡愈之署長はみずから計画し、『新華月報』を創刊した。政府、各部門、各人民団体が関心を寄せるなか、『世界知識』、『展望』など、新中国の成立以前に国民党政府に封鎖された定期刊行物が復刊したほか、『学習』、『新中国婦女』、『文芸報』、『人民文学』、『人民画報』、『新体育』など、新しい定期刊行物も創刊された。一九四九年の末に、全国にはあわせて二百五十七点の定期刊行物があり、年間の総印刷部数はおおよそ二千万冊であったが、平均すれば各種の定期刊行物の一号あたりの平均印刷部数は数千冊にすぎなかった。一九五二年には、全国の定期刊行物は三百五十四点に発展し、年間の総印刷部数は二億四百万冊に達した。そのなかには、漢族以外の民族の文字による定期刊行物が十五点含まれ、年間の総印刷部数は百六十九万冊であったが、新中国の建国以前には、漢族以外の民族の文字による定期刊行物はほとんどなかったのである。

(3)　第一次五か年計画期における出版事業の建設

一九五三年から一九五七年までは、新中国が国民経済を発展させる第一次五か年計画の時期であった。中共中央と中央人民政府は、出版工作が国民経済復興期の基礎をふまえてさらに大きく発展して、国家の経済的、文化的建設と人民の文化的生活の日益しに増える需要に応えるよう要求した。一九五四年に作成、採択された「中華人民

共和国の国民経済発展第一次五か年計画」は、

新聞、雑誌、書籍の出版事業を発展させ、各種の出版物――社会科学〔人文科学を含む〕、自然科学、工業技術、文芸創作、児童少年読物、通俗的な書籍と定期刊行物――の種類と数量を増やし、作品と翻訳の内容を高め、国家建設と人民の文化的生活の需要を満足させる。

と規定し、書籍の出版部数を一九五七年に一九五二年よりも五四・二パーセント増やし、十二億千百六十五万冊にするよう要求していた。出版工作者の努力によって、この計画は一年間繰り上げて一九五六年に超過達成された。統計によれば、一九五六年には、全国で一九五二年よりも一一〇パーセント多い二万八千七百七十三点の書籍を出版し、一九五二年よりも一二七パーセント多い十七億八千四百万冊〔枚〕を印刷、発行した。この数年間に各分野の書籍は急激に増加した〔表2、3を見よ〕。

第一次五か年計画期に、国家は出版事業の建設に対してつぎのような重要な措置を講じた。

一、国営の出版業をひきつづき発展させた

国家の経済建設による科学技術書に対するさしせまった需要に応えるために、経済復興期にすでに中央レベルの専門出版社と地方レベルの総合出版社を五十八社設立したことをふまえ、第一次五か年計画期には科学技術書の専門出版社をかなり多く発展させた。たとえば、紡績工業、郵電、衛生、冶金工業、国防工業、軽工業、地質、科学、科学普及、煤炭〔石炭〕工業、石油工業、化学工業、電力工業、測絵〔測量、製図〕、水利、食品工業など二十余社の出版社をこの期間にあいついで設立した。そのほかに、通俗読物、文字改革、文物〔文化的遺産〕、音楽、体育、電影〔映画〕、古籍、中国少年児童、中国人民大学など、総合出版社や専門出版社をも新たに設立した。北京に民族出版社を設立したほかに、新疆、内モンゴル、延辺〔吉林省内〕など、漢族以外の民族の地区にそれらの民

表2　全国図書出版数量（1953—56年）

類別	1953			1954			1955			1956		
	点数		部数(億冊、枚)	点数		部数(億冊、枚)	点数		部数(億冊、枚)	点数		部数(億冊、枚)
	合計	うち新刊		合計	うち新刊		合計	うち新刊		合計	うち新刊	
一般書籍	15,520	8,568	3.23	15,318	9,309	4.37	18,573	11,694	5.45	25,439	16,751	9.07
教科書	721	355	3.35	585	348	3.59	550	295	3.99	772	488	6.33
図版類	1,578	1,002	0.96	1,857	1,028	1.43	1,948	1,198	1.35	2,562	1,565	2.44

表3　一般書籍分類比較（1952年，1956年）

類　別	1952		1956	
	点数	部数（万冊）	点数	部数（万冊）
哲学，社会科学書	1,377	9,100	3,727	25,800
自然科学，生産技術書	3,092	2,500	8,698	14,100
文学，芸術書	5,004	7,300	9,375	31,800
文化，教育書	1,827	9,800	2,391	17,900

表4　全国地方出版社図書出版数量（1956年）

類　別	点数	部数（億冊）
全国図書出版数量	28,773	17.84
（同上中の）地方出版数量	14,724	12.75
地方出版図書占有率％	51.2％	71.47％

（注）　地方出版図書出版数は紙型からの出版数を含む。

族の文字による出版社をも設立した。

専業化と分業化の方針にもとづいて設立された専門出版社は、業務上、国家の関連する部門や委員会、あるいは社会団体から直接指導を受けた。その長所は、出版社の方針と任務が明確になり、中国共産党の出版方針と国家建設の要求に緊密に結び付けて書籍を出版できることであり、出版社自身についていえば、出版計画の制定と実現に有利であり、自社の専門分野の著者や訳者をいっそう適切に発見、依頼し、専門分野の出版幹部を育成するのに有利である。

地方の出版社は、一般に、地区別の分業という原則にもとづいて、省、自治区、直轄市ごとに総合的な出版社を一社ずつ設立し、出版事業がかなり発達している省や市には、必要に応じて専門的な出版社をいくつか設立した。たとえば、上海には、上海人民出版社のほかに、教育、文芸、美術、科学技術、少年児童など、十余社の出版社をも設立し、それらの出版社の出版物はいずれも全国向けに発行された。地方の出版社が出版する書籍は、全国の出版物のなかでかなり大きな比重を占めていたが、そのことは表4の数字から見て取ることができる。

二、私営出版業の社会主義的改造を基本的に完成した

一九五二年の末に、中国大陸には依然として三百五十六社の私営出版業が存在し（その大半は規模が非常に小さく、文具や印刷などの業務を兼業しているものもあった）、その年に、全国の出版総点数の五一・七パーセントを占める七千二百二十五点の書籍を出版し、全国の出版総部数の一〇・二パーセントを占める八千六十五万冊を印刷、発行した。

国家が計画的な経済建設期を迎えたのに伴い、私営出版業の無計画な生産や利益のみを追求する資本主義的な経営方式のもたらす矛盾も日益しに先鋭化したので、私営出版業に対してさらに改造を実行して、出版事業を国家の経済的、文化的建設や人民の要求にいっそう適応させなければならなくなった。社会主義建設と社会主義改造が進展し、私営出版業の職員や労働者の自覚も高まったので、私営出版業に対する改造の条件も日益しに成熟してき

た。一九五四年から、資本主義的な商工業に対する国家の改造政策にもとづいて、段階的に私営出版業に対する社会主義改造を展開した。おもに、基礎がかなりよく、経営の仕方が健全な一部の私営出版社に対して、国家が資金を投入する、幹部を派遣して指導を強化する、共同経営方式を促進するなどの方式を採用し、それらの出版社を国家資本主義的な公私共同経営企業に改造した。たとえば、龍門聯合書局と中国科学院編訳出版委員会編訳局を合併させて科学出版社、国営新華地図社と上海の私営の地図出版社を合併させて地図出版社、上海群益出版社、海燕書店、新群出版社を合併させて新文芸出版社に改組したことなどである。資金と人材が不足している私営出版社に対しては、機構の整理統合、人員の適正配置などの方法を採用し、兼業している印刷や発行の業務部門については、国営や公私共同経営の印刷、発行企業に併合し、出版業務に精通している少数の人員は国営の出版機関に転属させた。一九五六年の初めには、全国の私営出版業に対する社会主義改造は基本的に完了した。

三、出版工作の計画性を強化した

出版総署は、一九五二年十月に第二回全国出版行政会議を開催し、重点的に出版の計画化の問題ついて討論するとともに、「一九五三年出版事業建設計画」を制定し、十一月二十七日に「出版の計画化を実行する初歩的弁法」に関する指示を発布した。これは、新中国建国後の最初の全国的な出版事業発展計画であった。出版社と印刷企業は、出版の計画化に関する経験を学習し、参考にし、年度ごとにテーマ選定計画、出版計画、印刷生産計画を作成し、その計画にもとづいて用紙を配分し、印刷任務を調整し、出版社と印刷工場が出版、印刷契約を締結するのを促進して、出版事業を計画的発展の軌道に乗せた。一九五六年、国家の出版行政機関はさらに、中央が提出した十二か年科学計画作成の趣旨にもとづいて、関連する出版社を組織して、中国の古書を整理、出版し、外国の学術的な名著、文学の名著などを翻訳、出版する長期的な出版計画の草案をいくつか制定した。それらの計画は、すべて実現できたわけではないが、各出版社が出版の計画性を強化するのを促すのに一定の役割を果たした。

四、書評工作を積極的に展開した

新聞総署と出版総署は、一九五一年三月二十一日に共同で、「全国の新聞と定期刊行物が書籍、新聞・雑誌評論工作を確立すべきことに関する指示」を発表し、新聞と雑誌が書籍や新聞・雑誌に対する評論工作を強化するのを促進するのに重要な役割を果たした。各地の出版行政部門は、書評工作を組織、推進するときに、おもにつぎの三つの方法を採用した。

(1) 全国の重要な新聞と刊行物は、書評工作を展開することを新聞と刊行物の重要任務の一つにするとともに、適当な時機に新聞と刊行物の編集者を集めて会議を開き、書籍出版工作にみられる政治的、思想的傾向の問題を紹介し、参考に供しなければならないと規定した。

(2) 出版行政機関内に書籍の閲読審査部門を設置し、書籍に対して事後審査を行い、閲読審査工作と結び付けて、書評の原稿を新聞や雑誌に送付して発表するよう手配した。

(3) 出版社自身が書評の原稿を新聞や雑誌に送付して発表するよう手配した。

のちに、『人民日報』は「図書評論」ページを設け（出版総署編審局が編集した。のちにこのページは『光明日報』に移された）、上海の『文匯報』と『大公報』も「読書と出版」副刊（別刷）を発行し、その他の新聞や定期刊行物も書評を少なからず掲載した。書評工作が広範に展開されたので、読者が新聞と刊行物を理解し、選択するのに役立ったばかりか、出版界が厳粛かつ真剣に仕事をし、書籍の質的向上を促進するのにも積極的な役割を果たした。とりわけ、私営出版業の社会主義改造において、書評工作は輿論による監督という強力な機能を発揮し、悪書の否定的な影響を取り除き、顕著な成果を収めた。

五、出版工作において統一的に規定すべき基本的な制度を樹立した

この時期、出版行政の指導部門は、出版管理工作を強化するために、出版工作制度に必要な規定を陸続と制定した。この面では、上述した、出版社がテーマ選定計画と出版計画を作成することに関する方法と、出版総署が一九五二年十月に発出した「国営出版社の編輯機構および工作制度に関する規定」のほかに、出版総署はさらに一九五三年三月に「図書、雑誌の版本〔同じ書物で組版、装丁、印刷形態などの違いから生ずるさまざまなテキスト〕記録に関する規定」をも発出した。一九五四年十一月、出版総署が廃され、出版行政管理工作は文化部に移管され、一九五五年十一月に「書籍・雑誌の使用字体に関する原則的規定」と「漢語の書籍・雑誌の横組に関する原則的規定」を発表し、一九五六年二月に、書籍・雑誌の定価を統一することに関する基準を発表するとともに、書籍の原稿料の方法を改善し、統一的な原稿料制度の制定に着手した。

この時期、中国は政治が安定し、経済が発展し、出版事業の建設も大きく進展した。各分野の書籍は、点数、部数、内容、質のいずれにおいても新しい変化が生じた。

マルクス・レーニン主義の古典的な著作が計画的に大量に翻訳、出版された。新中国の建設直後は、広範な大衆が学習するさしせまった需要を満たすために、出版部門は古い紙型を使ったり、旧訳本にもとづいたりして、マルクス・レーニン主義の著作を個別に増刷、再版した。しかし、一九五三年からは、計画的、段階的、体系的にマルクス、エンゲルス、レーニン、スターリンの全著作を翻訳、出版することにあらためて着手した。一九五六年までに、マルクス、エンゲルス、レーニン、スターリンの二百四十一点の著作を翻訳、出版し、二千七百余万冊を印刷、発行した。マルクスとエンゲルスの共著の『共産党宣言』はあわせて二十五万六千冊、マルクスの大冊の『資本論』の第一、二、三巻はあわせて四十万冊ちかくを印刷、発行した。マルクス・エンゲルス、レーニン、スターリンの三大全集も翻訳、出版を開始し、一九五六年には『スターリン全集』全十三巻をすべて出版し、『レーニン全集』（全三十九巻）は三巻まで、『マルクス・エンゲルス全集』（全三十九巻）は第一巻を出版した。

毛沢東の著作は、一九四九年十月から一九五六年の末までに、四十八点出版し、あわせて六千二百余万冊印刷、発行し、そのうち『毛沢東選集』の第一、二、三巻はあわせて千余万冊印刷した。毛沢東の著作はさらにモンゴル、チベット、ウイグル、カザフ、朝鮮の五民族語やさまざまな外国語に翻訳し、出版した。中国共産党の重要文献の発行部数も非常に多く、たとえば中国共産党第八回全国代表大会〔一九五六年九月十五―二十七日〕の五つの重要文献はあわせて四千百五十余万冊印刷、発行した。

学術研究書の出版の面でも、この時期の成果はきわめて顕著であった。社会主義建設と社会主義改造の事業の発展に伴い、中国の学術界は、革命の実践のなかで提起された重大な問題に対して理論面から研究を開始するとともに、マルクス・レーニン主義思想の指導のもとでさまざまな意見のあいだで論争が展開された。たとえば、上部構造の問題では、中国の現段階におけるブルジョアジーとプロレタリアートとの矛盾の性質に関する問題、中国史の時代区分に関する問題、中国の資本主義の萌芽の問題、社会主義の基本的な経済法則の問題などについて、専門的な著作や論文集を出版した。この数年、中国史の研究書が学術書のなかで非常に大きな比重を占めていた。人民共和国成立以前にすでに出版され、積極的な役割を果たしてきた通史、断代史、思想史やその他の専門史の書籍も、あいついで増刷したり、著者が改訂したのちあらためて出版したりした。哲学や社会科学のたぐいの学術書についていえば、一九五六年だけでも、それまでの数年間に出版した同類の著作の総数よりも多い百八十余点を出版した。

文芸作品の出版はこの数年間に非常に大きく発展し、一九五六年だけでも、新たに創作した千七十点の小説と詩歌を出版した。そのうちの優秀な作品の印刷部数は数十万冊に達し、読者に心から歓迎された。

魯迅先生〔一八八一―一九三六〕の著作の単行本は、この数年間に二十五点出版された。厳密な校訂を経るとともに注釈を施した新版の『魯迅全集』全十巻が、一九五六年に人民文学出版社から出版された。「五四運動」〔一九一九年〕以後のその他の有名作家の作品をも大量に出版した。たとえば、茅盾〔沈雁冰。一八九六―一九八一〕の『子夜』〔一九三二年〕、巴金〔一九〇四―　〕の『家』〔一九三三年〕など、主要な作品は、いずれも十回以上増刷した。さらに、「五四運動」以後のさまざまな流派の作家の作品選集をも五十種ちかく編集、出版した。また、この時期に輩出した青年作家の作品が非常に大きな比重を占めていた。民間文芸の作品、とりわけきわめて豊富な各地方、各民族の口承文学、各地方劇の演目、民間の伝説や故事なども、整理したのち出版し、大きな収穫を収め、一九五六年に出版した演劇関係の書籍だけでも千余点にのぼったが、その大半は地方劇のものであった。

科学技術書の出版も急速に発展した。一九五六年に出版した科学技術書は八千六百九十八点で、一億四千百万冊印刷した。点数で一九五二年の三・七倍、部数で六・五倍である。この時期には、農工業生産の要求と密接に結び付いている大量の科学普及読物を大量に出版したばかりか、レベルのかなり高い科学理論の研究書をも出版した。一九五〇年から一九五六年にかけて、さらにさまざまな通俗読物をも二万二千余点出版し、七億二千五百万冊印刷、発行した。これらの通俗読物は、文化レベルのかなり低い労働者・農民大衆に対する政治理論教育や文化、科学知識の普及などの面で、重要な役割を果たした。少年児童読物も非常に増えた。とりわけ、一九五五年下半期に中共中央が発出した「少年児童読物の強化に関する指示」によって、少年児童読物の出版が強力に促進された。連環画冊は一貫して広範な読者を擁していたが、とりわけ少年児童が読むのに適していた。一九五〇年代の前半に、さまざまな題材の連環画の出版が大いに発展した。一九五二年には新たに六百七十一点の連環画冊を出版し、二千百七十余万冊印刷、発行したが、一九五六年には千百三十種、一億六百万冊に発展した。古書の整理、出版工作が顕著な成果を収め、秦代以前の少なからぬ重要な学術的な論著や『資治通鑑』などは、いずれも新しい校点本〔校訂して句読点を施した書籍〕を新たに出版した。古典文学の名作である『紅楼夢』、『三国演義』、『水滸伝』、『西遊記』などは、整理、校訂、注釈をつけたのち、新版を出版し、それぞれ数十万部発行した。

新中国の教育事業の発展に伴い、各レベルの学校の教科書の出版数量も徐々に増加したが、なかでも高等学校〔大学と高等専門学校〕の教材が大量に増加したことは、中国が新しい人材の養成と科学研究工作を重視していたことを反映している。一九五二年に新たに出版した高等学校の教材はわずか六点で、二万九千冊印刷、発行したにすぎなかったが、一九五六年には千六十六点、八百六万冊にのぼった。

漢族以外の民族の文字による出版が非常に増えた。一九五〇年から一九五六年にかけて、モンゴル、チベット、ウイグル、カザフ、朝鮮、シボの六民族の文字で出版した書籍は、あわせて四千九百余点で、四千七百余万冊印刷、発行した。

日益しに盛んになる対外文化交流に応え、新中国の建設情況を理解したいという外国人読者の切実な要求を満たすために、一九五二年七月に外文出版社を設立してから、一九五六年の末までに、ロシア語、英語、ドイツ語、フランス語、日本語、スペイン語、ベトナム語、インドネシア語の書籍を六百四十点出版し、五百九十万冊印刷、出版した。

社会主義を建設する過程で、中国人民は、国外の先進的な経験と科学的な成果の学習を重視し、各国の人民の優れた文化的成果を吸収することをも重視したので、出版工作者はそのために大量の工作を行った。不完全な統計であるが、一九四九年十月から一九五六年の末までに、四十八か国のさまざまな書籍をあわせて一万五千七百四十八点翻訳、出版し、二億六千百十万冊印刷、発行したが、なかでもソ連の書籍からの翻訳がもっとも多かった。

一九五三年から一九五六年にかけて、定期刊行物が安定して発展し、その種類は二百九十五点から四百八十四点に増え、年間の総印刷部数は一億七千二百万冊から三億五千三百万冊に増加した。この時期に、定期刊行物を出版する地区別、部門別の構成にかなり大きな変化が生じ、地方の出版する定期刊行物が二百十四点にのぼり、全国的な定期刊行物の四四・二パーセントを占め、定期刊行物が上海などいくつかの大都市に集中していた新中国建国以前の状態を改めた。定期刊行物の種類も日益しに増加し、とりわけ自然科学、科学技術、文化教育のたぐいの定期刊行物の発展がかなり速く、一九五六年の点数と部数はそれぞれ一九五三年の三・〇三倍、三・〇四倍になった。これらの定期刊行物は、国家の経済、科学、文化・教育事業の発展を促進し、各種の建設人材を育成し、科学技術の成果を交流するなどの面で、積極的な役割を果たした。

第一次五か年計画期にも、書籍と刊行物の印刷、発行工作にかなり大きな発展がみられた。旧中国の書籍と刊行物の印刷業は基礎が非常に脆弱であったが、新中国建国後の整理と強化を経て、一九五三年には全国に各種のタイプの印刷工場を少なからず擁するにいたり、なかでも規模が最大の北京新華印刷廠は二千人ちかい職員と労働者を擁し、一年間に二億二千万字の組版を行い、二億五千枚印刷できるようになった。そのほか、カラーグラフや美術図版を印刷する北京美術印刷廠、漢族以外の民族の言葉で印刷する民族印刷廠、外国語の書籍を印刷する外文印刷廠などをも設立した。第一次五か年計画期には、長春、瀋陽、西安、重慶、漢口などに、設備がかなり完備した印刷工場を建設し、さらに上海をも加え、北京以外の各大行政区の印刷業のセンターが形成された。一九五四年以後、統一計画のもとで、北京、上海などの印刷設備と技術者を辺疆地区や漢族以外の民族の地区に派遣し、それらの地区の印刷業を強化、発展させた。

この時期に、全国の書籍と刊行物の印刷能力もかなり大きく増加し、たとえば、用紙の量で計算すれば、第一次五か年計画の終了した一九五七年には二十二億六千五百万枚にのぼり、一九四九年の二十二・六倍、一九五二年の三・七倍になった。書籍と刊行物の印刷工場の職員と労働者は、一九五七年の末には二万九千百三十五人にのぼり、一九四九年の七・四倍になった。

第一次五か年計画期には、もっぱら発行工作を担っていた新華書店もきわめて急速に発展し、平均して全国に毎日二か所ずつ小売部を増設した。一九五六年には、全国の各レベルの新華書店が二千百五店に増え、職員と労働者は三万四千余人にのぼり、一九五〇年にくらべ、店舗数と従業員数は三・八倍になった。大きな工場、鉱山、学校には新華書店の売店を設けて、それらの地方の読者が書籍を購入しやすくなるようにした。そのほか、農村の二万余の生産販売協同組合も書籍の取次販売を行い、書籍が広大な農村に普及することができるようにした。一九五〇年には全国で二億冊の書籍を発行し、その金額は四千五百万元であったが、一九五六年には十四億八千万冊、三億百八十九万元に増えた。私営商工業の社会主義改造が高まりを迎えた一九五六年には、全国の二千四百店の私営書店がすべて公私共同経営になり、千九百か所余りの地点で営業していた露天商は、協同組合を結成してひきつづき書籍の販売や賃貸に従う者も、商売替えをした者もいた。

この間、中国の書籍と刊行物の輸出入にもかなり大きな発展がみられ、一九五六年の末には、中国国際書店は九十九か国の書店と取引を行い、七十三か国から五十一種の言語の外国書を輸入するとともに、中国で出版した書籍と刊行物を世界各国に輸出した。

一九四九年から一九五六年にかけて、中国の出版業は発展がきわめて急速で、成果が顕著であった。社会主義的な多数の国営出版社を設立したばかりか、それと同時に私営の出版業に対して社会主義改造を実行するという複雑な任務をも完了した。一九五六年の末には、全国にあわせて百一社の出版社があり、そのうち八十二社が国営、十九社が公私共同経営であった。それらの出版社のうち、中央レベルの出版社が五十四社、各省、自治区、直轄市に設立した地方出版社が四十七社であった。出版した書籍は点数と部数が一年ごとに倍増したばかりか、種類や分野も日益しに増え、内容もたえず向上した。印刷業と発行業も急速に発展し、大きな成果を収めた。ここにいたって、現代中国の社会主義の出版事業は一定の規模を具え、社会主義の文化事業の重要な一翼をになうとともに、その後の発展のために堅固な基礎を築いた。

2　曲折に富む道を歩む出版事業（一九五七―六五年）

一九五七年から「文化大革命」前夜の一九六五年までの九年間、中国の出版事業は、それまでの成果を基礎にひきつづき発展するとともに、大きな成果を収めたが、前進する途上で少なからぬ曲折と動揺を経験した。

一九五六年の冬から一九五七年の春にかけて、中国共産党が整風運動〔思想や工作の作風（態度）を正して健全なものにするキャンペーン〕を展開したので、著作や出版にかかわる党内外の人びとは、出版工作に存在する問題や欠点について善意による批判と積極的な提案を数多く行った。しかし、それに伴って展開された反右派闘争〔整風運動において共産党に対する批判が予想をはるかに上まわって急速に高まったため、それらの批判者を右派分子として反批判したキャンペーン〕が理不尽に拡大したため、一群の著者、訳者や出版系統の幹部、編集者が誤って「ブルジョア右派分子」と規定され、そのうちの大多数の人びとが、それぞれ公職からの追放、労働改造所送り、解雇、降格、党からの除名など、不当な処分を受けた。そのため、有能な編集者や出版人が数多く出版関係の職場を離れたので、書籍と定期刊行物はかなり影響を受け、不幸な結果がもたらされた。一九七八年十二月にいたって、中国共産党第十一期中央委員会第三回総会ののち、中共中央の指示にもとづいて再審査を行い、誤って「右派分子」と規定された人びとに対して陸続とその誤りを正した。

一九五八年、全国は「大躍進」〔農業と工業の大増産を目ざしたキャンペーン〕に突入した。出版界の「大冒進」〔猪突猛進〕の旋風は、まず上海で吹き荒れた。上海市の出版系統は、二月から、市内全体の計画にもとづいて反浪費、反保守の「双反運動」を開始した。出版社と新華書店のあわせて三千九百七十人が数日間に四十六万枚ちかい大字報〔壁新聞〕を貼り出し、いわゆる「五気」〔官気、暮気、驕気、嬌気、闊気〔役人気質、無気力、傲慢、軟弱、贅沢〕〕を大いに批判した。三月には、各部門が個人の「紅専計画」〔思想と実務の向上計画〕を制定するよう促し、実情に適さない高すぎる指標を数多く提起した。文化部はその一つの典型をつかみ、三月十日から十五日まで上海で「全国出版工作躍進会議」を開催し、全国の出版社に上海に学ぶよう呼びかけた。この会議は三つの「大躍進」の建議書を採択した。こうして、全国の出版系統はただちに「先進に学び、先進に追いつき、先進と競おう」という鼻息の荒い「大躍進」運動を展開した。ひいては、一部の県や専区〔省や自治区が必要に応じて設けた行政区域で、若干の県や市からなる〕も出版社を設立し、出版を競い合い、「三日に一点」、「一日に一点」にさえなり、さらに十数時間に一点という「超記録」を樹立することさえあった。出版した書籍の大半は、「総路線」〔常識を打破し、先進技術を採り入れ、「大いに意気込み、高い目標に向かって努力し、多く、速く、よく、むだなく社会主義を建設する」という方針のもとに中国を近代化された社会主義国に変えることを企図した路線〕、「大躍進」、「人民公社」という三面紅旗〔三つの赤旗〕の宣伝と、未熟な経験の紹介を組み合わせた小冊子で、粗製乱造のものが多く、「鋏と糊」に頼って既存の材料を寄せ集めて作ったものである。それゆえ、一九五八年は全国で出版された書籍が四万五千四百九十五点にものぼり、新中国成立後の十年間で年間の出版点数がもっとも多い年であったけれども、それらの書籍の大半は内容がきわめて拙劣で、いかなる生命力もなく、大量の在庫をもたらした。

一九五九年から一九六〇年にかけての「反右傾」〔右翼日和見主義に反対する〕闘争のなかで、積極的な役割を果たしてきた文芸作品や学術書を誤って批判するとともに、多数の著者と編集者を巻き添えにした。一九六一年から、「調整、強化、充実、向上」の八字の方針の指導のもと、出版社は調整を行い、出版工作は徐々に正常な秩序を回復した。しかし、一九六二年の後半には、またも大いに階級闘争を論じ、一部の文芸作品を反党、反社会主義の「毒草」と言いなし、一九六四年と一九六五年には、社会主義教育運動〔四清運動ともいい、農村ですすめられた政治、思想、組織、経済の検査、是正運動で、文化大革命の先駆をなす〕が提起した問題にもとづいて、出版行政部門は出版社にそれまでに出版した書籍を詳しく点検するよう通知したが、関連する一部の書籍は発行を禁じられ、巻き添えにされた著者も批判された。

一九五六年以後は、政治運動が毎年絶えまなく展開され、「左」傾思想が重大な妨害を行ったので、「百花斉放、百家争鳴」〔一九五六年に中国共産党が打ち出した方針で、社会主義革命と社会主義建設にとって有利でさえあれば、芸術上の異なる様式や風格は自由に発展させることができ、科学上の異なる学派も自由に論争することができるという意味〕の方針は貫徹することができず、その結果、学術書が日をおって減少し、文芸作品における公式化、概念化の現象がますますひどくなり、外国の同時代の学術思想、文学流派の紹介がほとんどとだえ、出版社と作家との関係も正常ではなくなった。その影響は書籍の発行点数にもはっきり反映されている。一九六五年の全国の出版社数は百九社で、一九五六年よりも八社多かったが、全国で出版した書籍は二万百四十三点にすぎず、逆に一九五六年よりも三〇パーセント減少した。

(1) 各分野の書籍の出版概況

一九五七年から一九六五年までの期間は、マルクス・レーニン主義の著作の出版実績がきわだっていた。一九五九年までに、『レーニン全集』は三十八巻、『マルクス・エンゲルス全集』は十九巻が出版され、一九六〇年に新編の『レーニン選集』全四巻本が出版され、一九六三年から一九六四年にかけて、マルクス、エンゲルス、レーニン、スターリンの著作の幹部用の選読本〔著作を選んで編集したもの〕が三十点出版された。『毛沢東選集』の第四巻が一九六〇年九月に出版され、毛沢東の著作の単行本が七十点出版された。一九六四年と一九六五年に、さらに『毛沢東著作選読』の甲種本と乙種本も出版された。

新たな注釈を施した『魯迅全集』全十巻が一九五八年にすべて出そろい、さらに『魯迅訳文集』全十巻も出版された。文学創作の面では、『青春の歌』、『紅旗譜』、『紅岩』、『紅日』、『創業史』など、人口に膾炙した一群の長篇小説が出版された。『星火燎原』など、一群の革命回想録の出版は、青年に革命の伝統を教育するのに積極的な役割を果たした。

一九六〇年以前に、学術書の面では、学術界で広く討論されていた中国哲学史の研究方法、美学の問題、形式論理の問題などに関する論文集、特定の問題に関する論著と参考書が出版された。さらに、馬寅初〔一八八二—一九八二〕、周谷城〔一八九八—　〕、馮友蘭〔一八九五—一九九〇〕、朱光潜〔一八九七—一九八六〕ら、著名な学者の学術書をも出版した。外国の学術書の翻訳の面では、一九五八年から、商務印書館などがマルクス主義の三つの源泉〔ドイツの唯物論哲学、イギリスの古典経済学、フランスの空想的社会主義〕の重要な著作をはじめ、西洋の重要な学術書の中国語訳が出版された。この時期には、外国の古典と現代文学の名著が出版されるとともに、アジア、アフリカ、ラテンアメリカの各国の文学作品の翻訳と紹介が重点的に強化された。

一九五八年二月、国務院科学規劃〔計画〕委員会古籍整理出版規劃小組が発足し、中国の古書の整理と出版の長期計画の制定に着手した。そのうちの重点プロジェクトは、一九五九年から中華書局が整理、出版した「二十四史」で、一九六五年までに、前後して『史記』、『漢書』、『後漢書』、『三国志』の新校点本を出版した。一九六六年に「文化大革命」が始まったので、校点作業は中止を強いられた。

一九六一年八月、胡愈之が主編をつとめた「知識叢書」を、人民出版社、人民文学出版社、中華書局、商務印書館などがそれぞれ編集を分担して出版した。この叢書は、中程度の文化レベルの幹部が学習し、参考にする要求を満たすために編集、印刷したもので、内容は哲学、社会科学、自然科学、歴史、地理、国際問題、文学、芸術、日常生活などに関する知識が含まれていた。一九六二年から一九六五年にかけて、あわせて八十三点出版し、「文化大革命」の開始後に出版を停止した。

農村のクラブ（文化室）にかなりいい基本的な読物を提供するために、文化部は一九六五年十一月に、農村読物出版社が、各出版社の出版物のなかから農村の要求にかなった書籍を選んで「農村版」を編集し、価格を引き下げ、何回かに分けて大量に印刷、発行するよう指示した。第一回の十五点は、この年の年末から陸続と出版し、あわせて千二百万冊印刷、発行した。

この時期、高等学校（大学、専門学校）の教材の出版工作が実り多い成果を収めた。新中国の建国直後には、高等学校の教材は、大学がみずから編集したごく少数のものを除けば、外国の教材を翻訳したものが多かった。一九五八年、多数の大学と専門学校は教師と学生を動員して「大兵団作戦」を展開し、短時日で一気に文科の教材を編集したが、質のいいものは少なかった。一九六一年の初め、中共中央書記処は、高等学校の教材の整備は二本立てで歩み、まず有無の問題を解決し、ついで徐々に向上しなければならず、「選」、「編」、「借」（外国の教材を選択、編集、借用）の方法を採用して高等学校の教材の問題を解決すべきであると指示した。それと同時に、教材は「無から有に、講義のまえに引き渡し、だれもが手に入れ、印刷は明瞭にせよ」と提起した。この指示にもとづいて、一九六一年四月、中共中央宣伝部は教育部、文化部とともに会議を開催し、主導的、計画的、組織的に高等学校の文科の教材の編纂を開始し、教材の編纂計画を作成し、専門機関を設置し、全国の著名な学者ときわめて優秀な中年と青年の教師や研究者を動員して編纂に着手した。一九六五年の末までに、あわせて七十三点（百八十七冊）を編纂、出版した。さらに、多数の高等学校を動員して物理学、工学、農学、医学など、理工科の教材を編纂、審査して出版した。一九五二年から一九五八年までに、全国で高等学校の理工科の教材をあわせて千七百八十八点（そのうち外国の教材の翻訳が千三百九十三点）、中等専業学校の教材を八百八十五点（一部の文科の教材も含む）編纂、審査して出版した。一九六一年の初め、国務院の二十八の関連する部や委員会とその所属の出版社は、専業化と分業化にもとづいて大量の教材を編纂、審査して出版した。一九六六年までに、全国で高等学校の理工科の教材を二千三百二十八点、中等専業学校の教材を千二百六十点（一部の文科の教材も含む）編纂、審査して出版したが、そのなかには学術的価値のかなり高いものも少なくなかった。

この時期の書籍の出版数量については、表6を見よ。

この時期の定期刊行物の出版工作は、書籍の出版情況と同じように、政治、経済などの要因の影響を受け、大きな起伏を何回も経験した。一九五七年の定期刊行物の点数は前年よりも百五十点増えた（総数は六百三十四点）が、総発行部数は逐年増加の情況に反して前年よりも三千八百万冊減少した。一九五八年の「大躍進」、とりわけ中共中央の理論誌の『紅旗』の創刊によって、地方で大小さまざまな理論誌があいついで創刊され、定期刊行物は点数が一九五七年よりも二九・七パーセント増え、八百二十二点にのぼり、総発行部数が前年よりも六七・九パーセント増え、五億二千九百万冊にのぼり、そのうえ、全国で千点をこす大衆的で非公式の定期刊行物が創刊されたが、質の劣るものが少なくなかった。一九五九年、定期刊行物の猪突猛進的な発展の勢いにかげりが生じ、前年よりも二十九点しか増えず、総発行部数は百万冊減少した。一九六〇年から一九六二年にかけては、深刻な自然災害と国内外の政治的要因に影響され、経済情況に深刻な困難が生じたので、中共中央と人民政府は一連の正しい政策と措置を採用し、調整、強化、充実、向上の方針を提起した。関連する指導部門も定期刊行物の点数について大幅に調整し、大量の定期刊行物を休刊にした。一九六〇年には、定期刊行物は前年の八百五十一点から四百四十二点に激

表5　一般書籍分類比較（1957年，1965年）

類　　別	1957		1965	
	点数	部数（万冊）	点数	部数（万冊）
哲学，社会科学書	3,669	14,900	2,042	51,300
自然科学，生産技術書	8,637	5,700	5,758	10,100
文学，芸術書	9,050	19,200	3,727	28,500
文化，教育書	2,402	6,300	1,039	10,700

表6　全国図書出版数量（1957―65年）

年度	一般書籍			教科書			図版数		
	点数		部数（億冊）	点数		部数（億冊）	点数		部数（億冊）
	合計	うち新刊		合計	うち新刊		合計	うち新刊	
1957	23,758	16,227	4.61	1,018	592	6.07	2,795	1,841	2.07
1958	38,739	28,358	12.18	2,521	1,798	7.85	4,235	3,014	3.86
1959	34,859	23,774	7.46	3,660	2,912	11.46	3,386	2,361	2.00
1960	23,227	14,848	6.91	4,713	3,146	9.69	2,857	1,676	1.41
1961	6,930	3,870	2.11	4,972	3,526	6.51	1,627	914	1.54
1962	9,687	5,246	2.45	4,687	1,767	6.03	2,174	1,292	2.37
1963	10,868	6,082	4.61	3,749	1,669	5.81	2,649	1,459	2.51
1964	10,891	6,258	7.44	4,364	1,568	7.21	2,750	1,512	2.42
1965	12,566	8,536	10.06	4,481	1,852	8.60	3,096	1,964	3.05

減し、総発行部数も前年よりも六千百万冊減少した。一九六二年には、数はいささか増加し、四百八十三点になったが、総発行部数は一九六〇年の四億六千七百万冊から一九五三年の水準にしかすぎない一億九千六百万冊に激減した。

一九六三年から一九六五年にかけて、中国経済は困難な段階を過ぎて回復期を迎え、定期刊行物の点数と総発行部数も徐々に増加した。一九六三年、定期刊行物の点数は前年の四百八十三点から六百八十一点に激増し、一九六五年にも七百九十点に増加した。一九六三年の総発行部数は前年の一億九千六百万冊から二億三千四百万冊に、一九六五年にはさらに四億四千百万冊に増加した。三年間の困難な時期に休刊になっていた科学技術の定期刊行物が続々と復刊され、さらに新しい科学技術の定期刊行物も創刊された。一九六五年、科学技術の定期刊行物は一九六〇年の百五十点から五百六点に増加し、科学技術の定期刊行物の点数がもっとも多かった一九五九年を上まわり、総発行部数は一九六二年の千六百万冊から四千七百万冊に増加した。

(2) 書籍と刊行物の印刷、発行工作の発展

一九五八年、文化部は全国報紙書刊〔新聞、書籍、雑誌〕印刷工作会議を開催し、書籍と刊行物の印刷業の方針と任務をいっそう明確にし、その発展計画を制定し、書籍と刊行物の印刷が政治に奉仕し、出版に奉仕する方針を提起した。直属の印刷工場に対する指導と、全国の書籍と刊行物の印刷工場に対する業務指導を強化するために、文化部は一九六三年に中国印刷公司を設立した。その主要な任務は、発展する出版事業の要求にもとづいて、全国の書籍と刊行物の印刷の生産力を計画的に発展させ、全国的な規模で書籍と刊行物の印刷任務を按配し、印刷技術の経験交流と相互協力を組織し、印刷業の規定と規格を制定し、関係方面が技術者を育成するのに協力し、印刷機材の供給の計画的均衡をはかり、印刷技術の対外援助を引き受けることであった。

一九六四年七月、文化部は全国書刊印刷工作会議を開催し、印刷の潜在力の掘り起こし、経営管理の強化、第三

次五か年計画期〔一九六六―七〇年〕の書籍と刊行物の印刷発展計画などの問題について討論し、大幅に印刷の質を高め、国外の先進的な印刷水準に追いつくという奮闘目標を提起した。

書籍と刊行物の印刷の質を高めるために、一九六四年と一九六五年に、中国印刷代表団と技術小組が日本や西ヨーロッパを視察したのち、K181電子製版機、187電子色分解機、四色平版印刷機などを導入した。中国が電子製版技術の運用を開始したのである。

文字版の質を高めるために、文化部出版事業管理局は一九五八年六月に「活字および字模〔活字母型〕の規格化に関する決定」を発布し、全国で全面的に活字母型を更新し、活字と活字母型の規格を統一した。数年にわたって新しい印刷字体の改善と創造を行ったすえ、文化部、中国文字改革委員会、教育部、中国科学院言語研究所は漢字字形整理組を発足させ、印刷で使われる鉛製活字の字形を整理し、印刷に使われる六千百九十六字の宋朝体からなる「印刷通用漢字字形表」を制定し、一九六四年十一月に公布、施行した。それ以来、活字母型工場が生産する鉛製活字の字形を統一することができた。

一九五九年、中国はライプチッヒ国際書籍見本市に参加し、『上海博物館蔵画』が複製品部門で金賞を受賞し、『梁祝〔梁山伯、祝英台〕故事説唱集』が活字印刷部門で銀賞を獲得した。この時期に栄宝斎が複製した五代の名画の「韓熙載夜宴図」〔顧閎中の作〕は、中国の伝統的な木版水印〔顔料を水でとき、油性の顔料を使わない〕技術が新たなレベルに到達したことを示している。

書籍の発行工作も、この時期に調整、強化した。都市と工鉱業地区の発行工作を強化、発展させるほかに、さらに農村における発行工作の強化にも大いに努めた。一九五八年六月二十六日、文化部は「新華書店の体制を改変することに関する通知」を発表した。その後も、新華書店はひきつづき発展し、一九六〇年には、全国に五千八百七十二か所の小売部門を擁し、発行網が都市と農村にあまねく及び、書籍の販売額は四億六千万元にのぼり、一九四九年以来、販売額がもっとも多かった。三年間〔一九五九―六一年〕の困難な時期には、新華書店の販売網が大幅に縮小し、それに伴って書籍の発行数量も低下した。一九六二年の四月から五月にかけて、文化部は北京で全国図書発行工作会議を開催し、重点的に書籍の需給の矛盾を緩和した経験を交流し、書籍の市場を適切に配置する方法について検討した。一九六四年五月、文化部は全国農村図書発行工作会議を開催し、農村の図書発行工作を強化した経験を交流し、農村の図書発行工作を強化する措置を提起した。統計によれば、一九六五年に県および県以下の農村向けに発行された書籍は四億二千三百十六万冊にのぼった。

3 「文化大革命」による出版事業に対する打撃と破壊（一九六六―七六年）

一九六六年五月から一九七六年十月まで展開された「文化大革命」は、毛沢東主席（一八九三―一九七六）が誤って引き起こし、林彪（一九〇七―七一）・江青（一九一四―九一）反革命集団に利用され、中国共産党、国家、各民族の人民に重大な災難をもたらした内乱である。十年間にわたる空前の大災禍によって、十七年間にわたって艱難のうちに創建された社会主義の出版事業は、非常に大きな打撃と破壊をこうむった。

一九六五年十一月十日、上海の『文匯報』は姚文元（一九三一―　）の「新編歴史劇『海瑞罷官』を評す」を掲載した。ついで、この評論は上海で小冊子にされ、全国向けに発行された。この評論の発表と、その後に起こった文学・芸術、学術分野における批判運動が、「文化大革命」を引き起こす導火線になった。

一九六六年五月四日から二十六日まで、中共中央政治局は北京で拡大会議を開催した。五月十六日、会議は毛沢東主席が主宰して作成した「中国共産党中央委員会の通知」（すなわち「五一六通知」）を採択した。「通知」は、全党に、

プロレタリア文化大革命の大旗を高く掲げ、反党反社会主義のいわゆる「学術権威」のブルジョア的、反動的立

場を徹底的に暴露し、学術界、教育界、新聞界、文学・芸術界、出版界のブルジョア反動思想を徹底的に批判し、これらの文化の領域における指導権を奪い返す。

よう要求していた。「通知」が下達されたことは、「文化大革命」が大衆的な政治運動として全面的に引き起こされることを示していた。一九七六年十月に江青反革命集団が覆滅されるにいたって、「文化大革命」という十年間にわたる動乱にやっと終止符が打たれた。

「文化大革命」が始まったとき、林彪・江青一味は、党の指導と権力を奪い取るために、「五一六通知」を利用し、大いに反革命の輿論を醸成し、「すべてを疑い、すべてを打倒せよ」と煽動し、人びとの思想に重大な混乱をもたらした。出版戦線では、新中国の出版事業が克ち取った成果を全面的に否定し、十七年来の出版工作を「反党反社会主義の黒い線による専制」〔ブルジョア路線の強力な支配〕であったと中傷したばかりか、解放区における出版工作の革命的伝統を全面的に否定し、国民党支配地区における進歩的な出版工作をも全面的に否定した。出版界には三〇年代から六〇年代まで「一本の黒い線が貫いている」とでっち上げ、長期にわたって出版工作に携わってきた多数の指導幹部を中傷し、老解放区〔中華人民共和国の建国以前に中国共産党が支配し、かなり長期にわたって人民政権が樹立されていた地区〕からやって来たのは「走資派」〔資本主義の道を歩む実権派〕であるとか、国民党支配地区からやって来たのは「敵、特務、裏切り者」であるとか、業務の中核は「黒い線につながる人物」ではなく、「修正主義の後継者」であるとかと中傷した。林彪・江青一味の煽動のもと、学術界、文学・芸術界など、各界の多数の専門家、研究者、有名作家が勝手気ままに「ブルジョア反動の権威」、「反革命修正主義分子」、「反共の古強者」というレッテルを貼られ、「全面的専制」の対象にされ、一時は深刻な恐怖と重大な混乱に陥れられた。中国古代の優秀な文化遺産と「五四運動」以来の進歩的出版物をほとんどすべて否定し、マルクス・レーニン主義の古典、毛沢東の著作、一部の科学技術書を除いて、それまでに出版された大量の書籍をすべて「封建主義、資本主義、修正主義の毒草」として排斥、封印し、書店には販売を停止させ、図書館には貸出と閲覧を停止させた。

一九六六年八月、中共中央は、毛沢東の著作の大量出版を加速することを決定し、全国の出版、印刷、発行部門に毛沢東の著作の出版と発行をあらゆることを圧倒する任務にするよう呼びかけた。それゆえ、文化部は全国毛主席著作印刷発行工作会議を開催し、一九六六年から一九六七年にかけて『毛沢東選集』を三千五百万冊印刷する計画を制定した。一九六六年の末に、中共中央はまたも一九六七年に『毛沢東選集』を八千万冊印刷することを決定した。一九六七年一月、張春橋〔一九一七―　〕と姚文元が上海市の「造反派」組織の名義で上海市の党と政府の大権を奪うと、文化部も一月十九日に「造反派」に権力を奪われ、各レベルの指導機構は麻痺状態に陥り、出版行政を主管していた出版局はもはや正常に工作することができず、わずかに残っていた毛沢東の著作の出版業務さえそのときに完全に停止された。「中央文革」〔中央文化革命小組〕の宣伝組が発足すると、首都の出版、印刷、発行、物資部門を動員するとともに、国家計画委員会などから一部の人員を移動、集中させ、一九六七年五月十一日に「毛主席著作出版弁公室」を成立させ、毛沢東の著作の出版に関する業務を管理する責任を負わせた。一九六八年十二月、「首都工人・解放軍毛沢東思想宣伝隊」が毛主席著作出版弁公室に進駐し、弁公室に対する指導を強化した。各省、自治区、直轄市の革命委員会も前後して「毛主席著作出版弁公室」や類似の機構を発足させ、毛沢東の著作やその他の書籍の出版に関する業務を管理させた。

一九六九年三月、「首都工人・解放軍駐文化部毛沢東思想宣伝隊指揮部」は生産組を設置し、北京にある文化部直属の出版部門の出版業務工作を管理する責任を負わせた。一九七〇年五月、国務院が「出版口〔出版部門〕三人領導小組」の設置を許可した。同年十月、周恩来総理の指示にもとづいて、毛主席著作出版弁公室と「出版口」を合併して「出版口五人指導小組」が発足し、国務院値班〔当直〕室から直接指導され、のちに「出版口」と略称されることになった。

一九六八年八月二十五日、中共中央、国務院、中央軍委〔中央軍事委員会〕、中央文革が「工人宣伝隊を派遣して

学校に進駐させることに関する通知」を発表すると、「工人宣伝隊」や「工人・解放軍毛沢東思想宣伝隊」があいついで中央レベルの出版社や省、自治区、直轄市の出版系統に進駐し、進駐した部門の指導権を掌握した。これは、当時においては、情勢を安定させるのに一定の役割を果たしたが、否定的な結果をももたらした。

一九六九年以後、全国の出版部門の多数の編集・出版人員と幹部の大半は「五七幹校」（毛沢東が一九六六年五月七日に発表した「五七指示」にもとづいて、機構を簡素化し、幹部を削減したのに伴い、削減された幹部が下放して農場を切り拓いて生産労働に従事した研修学校）に下放させられ、いわゆる「闘、批、改」（党内の資本主義指向の実権派とその代理人に対する闘争、あらゆる反革命的修正主義、反動的な思想、反動的な芸術や技術の権威などに対する批判、教育、文学、芸術をはじめ、非社会主義的なイデオロギーの改革）が行われ、労働するだけでなく、休むことなく「革命的大批判」や「階級隊伍の整頓」が行われ、「高温と闘う」（工場で労働する）のを支援するとか、「四つの方面（工場、農村、末端、辺境）に顔を向ける」とかを口実に、「問題がある」と見なした人びとを出版系統から追放した。

「文化大革命」以前には、全国に八十七社（副業を含まない）の出版社があり、そのうち中央レベルの出版社が三十八社、地方の出版社が四十九社で、職員と労働者が一万百四十九人（そのうち編集者が四千五百七十人）いた。「文化大革命」の開始後は、閉鎖や合併のすえ、一九七一年の初めには、全国の出版社はわずか五十三社（中央レベルが二十社、地方が三十三社）、職員と労働者はわずか四千六百九十四人（そのうち編集者は千三百五十五人）しか残っていなかった。中央レベルの出版社のうち、文化部に属する人民出版社、人民文学出版社、人民美術出版社、中華書局、商務印書館の五つの出版社は、「文化大革命」以前には千七十四人の職員と労働者（そのうち編集者は五百二十三人）を擁していたが、一九七一年の初めに北京に留まって工作していたのはわずか百六十六人（そのうち編集者は六十三人）しかいなかった。上海市は「文化大革命」以前には十社の出版社、千五百四十人の職員と労働者（そのうち編集者は七百八十三人）を擁していたが、一九七〇年十月には「上海人民出版社」一社に統合され、ひきつづき工作していたのはわずか百七十二人（そのうち編集者は百七人）であった。一九七一年の統計によれば、三十三社の地方レベルの出版社の編集者は、「文化大革命」以前の二千五百七十一人から九百七十五人に減少していた。

出版関係の機構と人員が大幅に削減され、大量の優良図書が「封建制、資本主義、修正主義の毒草」とされたので、書店の小売部には、毛沢東の著作、「革命模範劇」、「両報一刊」（『人民日報』、『解放軍報』、『紅旗』）の社説などを集めた小冊子を除くと、その他の書籍は数えられるほど少ししかなかった。「文化大革命」の一年目、書籍の出版は前年の二万百四十三点から一万千五十五点に激減し、半分ちかくに減少した。二年目には、またも二千九百二十五点に激減し、わずか前年の二六・四パーセントにすぎなかった。その後の数年間は、一貫して三、四千点前後にとどまっていた。定期刊行物も似たような情況にあった。「文化大革命」が始まると、全国の定期刊行物は一気に一九六五年の七百九十点から一九六六年の百九十一点に激減し、一九六九年には、『紅旗』など、わずか二十点しか残っておらず、中国の定期刊行物出版史上の最低を記録した。

「文化大革命」が引き起こされると、全国で空前の規模の毛沢東著作を「活学活用」（実際の必要にもとづいて弾力的に学習し、使用すること）する大衆運動が巻き起こされた。全国の出版、印刷、発行部門は全力を集中して各種の毛沢東の著作、肖像、一枚ものの語録を緊急に印刷、発行し、わずか一九六六年から一九七〇年までの五年間に百四億余冊（枚）、平均して毎年二十余億冊（枚）を出版、発行した。そのほか、「文化大革命」のなかで結成された多数の大衆組織や非出版部門も、公表されたことのない毛沢東の大量の著作を不法に編集し、B7版からB9版まで、各種の装丁や形式の『毛主席語録』、『最高指示』、『毛沢東詩詞』などを大量に印刷したが、その点数や部数は集計できないほど多かった。

以下の統計から、「文化大革命」の最初の五年間（一九六六—七〇年）における全国の書籍出版の具体的な情況を見て取ることができる。

毛沢東の著作は、漢語、点字、漢語以外の八つの民族語、三十六の外国語、あわせて四十六種の文字で四十二億六百万冊出版したが、そのうち、『毛沢東選集』（第一—四巻）の普及版が六億九千万冊、合本が五千四百万冊、『毛主席語録』が十億五千三百万冊、『毛沢東著作選読』など各種の選集と単行本が二十四億九百万冊であった。

毛沢東の肖像と一枚ものの語録はあわせて六十二億二千七百万枚印刷したが、そのうち、毛沢東の画像と写真が四十一億五千五百万冊、一枚ものの語録が二十億七千二百万枚であった。(2)

マルクス、エンゲルス、レーニン、スターリンの著作は、あわせて八百九十一万五千冊出版した。

小中学校の教科書は二百四十八点出版し、総印刷部数は十七億五百万冊であった。

一般の書籍はあわせて二千七百二十九点出版し、総印刷部数は三十四億五千二百万冊であった。そのうち、政治読物が五百八十四点、二十六億千五百万冊、文学・芸術関係が百三十七点、四億二千二百万冊、文化・教育関係が五点、六百六十九万冊、科学技術関係が千七百三十九点、二億四千三百万冊、少年児童読物が二百八十七点、一億六千五百万冊であった。

一般書籍のうち、政治読物の大半は「中央の両報一刊の社説」、「毛沢東思想の活学活用」、「革命的大批判」など、新聞・雑誌の文章を集めたもので、一般の書籍の総点数の二一・四パーセント、総印刷部数の七五・八パーセントを占めていた。文学・芸術読物では、「革命模範劇」の台本と、それを改編した各種の故事や歌劇の材料などが非常に大きな比重を占め、新たに創作された作品は非常に少なかった。科学技術の読物のうち、数量のかなり多かったのは『赤脚医生手冊』〔『はだしの医者ハンドブック』〕、『中草薬手冊』〔『民間薬ハンドブック』〕や工農業生産の経験を紹介した小冊子で、基礎科学や自然科学に関する専門書は指で数えられるぐらいしかなかった。少年児童読物のうち、主なものは「革命模範劇」にもとづいて潤色した連環画冊と不定期に出版された『紅小兵〔小学生を対象に組織した〕』のたぐいの読物であった。

新刊の出版点数が非常に少なく、広範な読者、とりわけ青少年には読むべきものがなかったので、その機に乗じて、悪書や手書きの本がひそかに流布し、青少年の思想を蝕んだ。一方、「文化大革命」以前に出版した大量の書籍が書店の倉庫のなかに封印され、販売することができなかった。「出版口」の調査によれば、「文化大革命」以後に全国の新華書店が封印した書籍はおおよそ五億七千六百万冊で、そのうち、新華書店の北京発行所が封印した書籍は六千八百七十点、八百四万冊であった。陝西、遼寧、江蘇、湖南、広西、上海、河北、甘粛、湖北、雲南、貴州などの省、自治区、直轄市が封印した書籍は、少ないところでも一千万冊以上、多いところでは五千余万冊にのぼった。

一九七〇年の下半期から、周恩来総理がみずから出版について問い質し、当時の「出版口」に一般的な書籍の出版計画を作成するよう督促し、優良な書籍を数多く出版しなければならないと指示した。一九七一年三月、周恩来は指示を与えるとともに、みずから署名して電報を発して、北京で全国出版工作座談会を開催した。この会議は、「文化大革命」の開始後に国務院が開催した、イデオロギーにかかわる最初の全国的な会議で、三月十五日から七月二十二日まで、四か月続いてやっと閉幕した。会議中、周恩来はみずから会議の速報に目を通し、代表の発言に反映されている情況を理解するとともに、四月十二日の早朝と六月二十四日の午後の二回にわたって、会議の参加者を接見し、あわせて七時間余りにわたる講話を行った。その講話で、周恩来は、歴史を断ち切り、あらゆるものを打倒し、あらゆるものを否定する形而上学的な極左思潮を否定し、出版工作は、マルクス・レーニン主義の著作、毛主席の著作を首位に置くことを堅持するとともに、青少年の読物、文学・芸術の読物、科学技術の読物、経済、歴史、地理、国際知識の読物、工具書など、各分野の書籍の出版をもきちんとすべきことをくりかえし強調した。また、青少年の成長に非常に関心を寄せ、青少年がさしせまって必要としている文学・芸術作品と工具書、科学技術の読物の出版に対して、委細を尽くした指示を行った。さらに、「二十四史」の校点と出版の情況に大きな関心を寄せ、内外の多数の史書をも出版して、青年に歴史知識をしっかり理解させるよう建議した。四月十二日の講話〔「歴史を重視し、本を多く出版しよう」〕で、

出版関係の諸君は、もっと歴史の本を出す必要がある。……いま、本屋には、中国の歴史の本も外国の歴史の本

も置いていない。歴史の本や地理の本を出版しないのは大きな欠点である。マルクス主義の三つの構成部分はみな、ブルジョアジーの学説か、観念論的史観に制約された学説から発展してきたものだ。歴史を重視せず、歴史を切り離しては、だめである。……一つが分かれて二つになることを認めず、すべてを否定するのは、極左思潮であって、毛沢東思想ではない。

と指摘した。そして、一部の地方で発売禁止にした書籍を焼き払ってしまったことを厳しく批判し、憤慨して、

『魯迅全集』を発禁処分にして、どうするつもりなのか。滑稽きわまりないやり方ではないか。……一方では青年に読むべき本がないと言いながら、他方では青年に本を読ませない。これは、青年の判断力を信じないということである。どうりで、いまは読むべき本がなくなったわけだ。これこそ思想の独占で、社会主義の民主ではない。(3)

と指摘した。

周恩来の指示にもとづいて、この会議は全国の出版部門に代表を派遣して出席させるよう通知するとともに、特に労働者、農民、兵士の代表をも招請して参加させていた。代表たちは会議でさまざまな情況を交流し、「文化大革命」以来、極左思想の氾濫によってもたらされた上述のさまざまな問題を報告し、とりわけ発禁処分にされている書籍をいかにして解禁にするのか、当時の出版の隊伍が出版工作の要求に適応していないなどの問題をいかにして解決するのかについて大きな関心を寄せ、会議の文献に出版情勢、出版の隊伍をはじめ、出版政策の方面に関する重要な問題に対して新しい指示を盛り込むことができるよう希望した。しかし、「文化大革命」の「左」傾の誤りと「階級闘争を要とする」という指導方針によって改められず、とりわけ張春橋、姚文元が直接介入し、林彪・

江青一味がでっち上げた、出版戦線に関する二つの反革命的な「評価」、すなわち、「文化大革命」以前の十七年間の出版工作は「反革命的専制」であった、「出版の隊伍は基本的にブルジョア的であった」という「評価」を、会議の報告に押し込んだので、周恩来の多数の重要な指示は徹底的に実行することができなかった。この会議の報告は毛沢東の「同意」という指示を経て、中共中央が全国に配布した（すなわち中共中央〔一九七一〕四十三号文献である）。林彪・江青一味による出版戦線に対する二つの反革命的な「評価」は、のちに「四人組」が出版界の革命的な幹部と知識人に打撃を与える二本の棍棒になり、広範な出版工作者を抑圧する呪文になり、全国の出版界に厳しい災難をもたらし、気息奄々の出版工作にいっそう重大な結果をもたらした。

一九七一年九月、林彪反革命集団が壊滅したのち、出版工作はまたも江青反革命集団による重大な干渉と破壊に見舞われた。連中は、党の指導と権力を簒奪するために、出版部門に自己の派閥組織を樹立しようとやっきになった。周恩来総理の指示を顧みず、いわゆる「出版の隊伍を再建し」、「大交替」をやり、長年にわたって出版工作に携わってきた老幹部を排除することを提起した。張春橋は、「権力を奪うには、古い者はいらない」、「古い人、古い思想、古いやりかた」はすべて投げ捨てる必要があるとわめきちらした。連中の指揮棒におとなしく従わない者は、いずれも「文化大革命を否定した」、「新生の事物を抑圧した」、「修正主義の黒い線が勢いを盛り返した」、「依然として資本主義の道を歩んでいる」、「復活組」などというレッテルを貼って、打撃を加え、迫害した。

「四人組」は出版部門を利用して、大いに反革命の輿論を盛り上げた。出版は「当面の闘争に緊密に呼応しなければならない」という旗幟を掲げ、出版工作を自分たちの指揮棒におとなしく従うよう追いやった。不完全な統計であるが、一九七一年から一九七六年十月に「四人組」が壊滅するときまでに、全国で出版された七千五百余点の哲学、社会科学のたぐいの図書のうち、おおよそ八〇パーセントは当時の政治運動に追随した小冊子であった。それらの小冊子は、大半が新聞の切り抜きを集めたものか、相互に転写しあったもので、いわゆる「小新聞は大新聞を引き写し、大新聞は両校[4]を引き写し、出版は新聞の切り抜きに頼る」というやつで、直接、「四人組」が党の指導と権力を簒奪するために大いに輿論を盛り上げた正真正銘の毒草であったものが少なくなかった。

「四人組」は大いに「あてこすり史学」をやり、一九七四年にいわゆる「批林批孔」（林彪を批判し、孔子を批判するキャンペーン）をひとしきりやり、ついで「評法批儒」（法家（法律を尊び刑罰を厳重にすることを治国の要諦であると主張した戦国時代の学派）を評価し、儒家を批判するキャンペーン）を表看板に、ほしいままに歴史を歪曲、捏造し、昔のことにかこつけて現代を批判し、桑を指さして槐をそしるようにあてこすり、中国史上の法家（そのなかには「四人組」が「法家」と見なした者もいる）の著作に注釈を施し、大量に出版した。新聞・雑誌に各種の「儒家批判」の文章や材料を大量に掲載して暗に人を中傷し、周恩来総理や自分たちに従わない革命的な指導幹部を攻撃した。一九七五年の「『水滸伝』を評す」キャンペーンにおいて、またも計り知れないほど悪意を抱き、出版物を利用しているいわゆる現代の「投降派」や「還郷団」（革命戦争で逃亡した地主らが組織した武装集団）を大々的に批判した。また、プレハーノフ（一八五六―一九一八）や汪精衛（一八八三―一九四四）らの生涯の論評にことよせて、「前半生は革命的、後半生は反動的」などといいなし、下心をもって中央の指導者を攻撃した。ついで、矛先を国務院の工作を主宰していた鄧小平副総理（一九〇四―九七）に向け、一九七六年一月に周恩来総理が亡くなると、「最大の速度」で「鄧小平を批判する」三点の小冊子を大量に印刷、発行し、「鄧小平を批判し、右からの巻き返しに反撃する」キャンペーンを全国で展開した。(5)

要するに、「文化大革命」のとき、林彪と江青の二つの反革命集団は、簒奪した地位と権力を利用して、全力で出版の陣地を支配下に置いて党の指導と権力を簒奪するために奉仕させたのである。この時期に出版した大量の書籍は、政治上きわめて劣悪な影響を及ぼし、思想的、理論的に非常に大きな混乱を引き起こしたばかりか、経済上にも非常に大きな損失をもたらした。「四人組」の壊滅後、これらの年の出版物を全国で整理したが、内容が誤っていたため発売を停止し廃棄処分にした書籍（教科書を含まない）が五千点にものぼり、四万余トンの紙を浪費し、経済的損失は二億余元にのぼった。

暗黒勢力が一時勢いを得たため緊迫した険悪な環境のなかで、周恩来総理が出版事業を支援するために行った困難な工作に特に言及しなければならない。一九七〇年の下半期から、周恩来総理がみずから関与するもとで、出版工作は徐々に回復することができた。周恩来総理が関心を寄せるもとで、一九七一年に全国出版工作座談会を開催し、一九七二年から、出版部門の一部の老幹部があいついで解放、使用され、一部の出版部門の幹部がやっと「五七幹校」からつぎつぎと呼び戻され、「出版口」や、出版、印刷、発行などと関係のある部門の指導と業務を強化することができた。一九七三年九月、国務院の承認を経て、国家出版事業管理局が正式に発足した。一九七四年十月、国家出版事業管理局は北京で少数民族〔漢族以外の民族のこと〕文字図書翻訳出版計画座談会を開催し、漢語以外の民族語による書籍の出版計画を作成した。「文化大革命」が始まってまもなく、『辞海』など、多数の辞書は「大毒草」と批判され、発売を停止され、学生が入学しても使うべき字典がなかった。周恩来総理はこのことをきわめて重視し、一九七一年にみずから人を派遣して専門家グループを組織し、『新華字典』を改訂し、ついで『新華詞典』を編纂し、『辞海』と『辞源』を改訂するよう指示した。このような背景のもとで、一九七五年五月、国家出版事業管理局と教育部は広州で中外語文詞典編写出版計画座談会を開催し、十年以内に中国語と外国語の辞典を百六十点編纂する計画を作成した。この計画は、当時、国務院の工作を主宰していた鄧小平副総理の審査を経て、周恩来総理のもとに送られた。周恩来総理は当時すでに重い病の床に臥していたが、病床で審査のうえ同意し、さらに「病気のために、時間がかかってしまった」と記し、謝罪の意を表した。これは、周恩来総理が生前に出版工作のために行った最後の指示になった。広州会議で作成された辞書編纂出版十年計画には、『辞海』と『辞源』だけでなく、新たに編纂する『漢語大詞典』、『漢語大字典』などの大型の中国語辞典と各種の外国語の大中型辞典も組み入れられていた。残念ながら、周恩来総理は生前にこの計画の実現をみずから目にすることができなかった。計画に組み入れた大半の辞典の編纂は、十年間にわたる努力のすえ、前後して完成し、周恩来総理に対する絶好の記念碑になっている。

ひどく蹂躙された定期刊行物の出版工作は、周恩来総理が関心を寄せるもとで、一九七〇年以後にやや好転のきざしがみられ、「文化大革命」の初期に停刊させられた一部の刊行物が復刊し、さらに新しい定期刊行物をも創刊した。一九七一年の定期刊行物は一九七〇年より五十一点増え、七十二点になり、一九七二年には百九十四点、一九七六年の末には五百四十二点に増加した。しかし、内容が依然として低迷しているものが多く、いわゆる「革命的大批判」の材料を掲載しているものが多く、「四人組」の直接の支配を受け、「あてこすり史学」や「陰謀文学」のたぐいの文章を掲載し、「四人組」が党の指導と権力を簒奪するために大いに反革命の輿論を盛り上げたものもあった。

4　出版事業の繁栄と改革の新時代（一九七七―八九年）

一九七六年十月、江青反革命集団が壊滅し、文化・出版の領域は第二の解放を迎えた。出版系統の広範な職員と労働者は、「四人組」が出版の陣地を支配下に置いて大いに反革命の輿論を盛り上げた犯罪行為と出版系統にもたらした重大な危害を摘発、暴露、批判するとともに、連中が転倒した是非を正した。一九七七年十二月の初め、国家出版事業管理局が北京で全国出版工作座談会を開催すると、参加した代表たちは林彪・江青反革命集団が出版工作者の頭上に無理強いした二つの反革命的な「評価」を批判、打倒し、人びとの重苦しい精神的な束縛を解き放った。この会議ののち、各出版社（当時の出版社は八十九社）は三か年（一九七八―八〇年）と八か年（一九七八―八五年）の出版計画を作成した。「文化大革命」がもたらした深刻な書籍の入手難を緩和するために、国家出版事業管理局は、各出版社が新刊書をたくさん出版すべく全力を尽くすよう促し、それと同時に、十数の省や市の出版部門を組織して長いあいだ出版を禁じられていた大量の良書を再刊した。そのなかには、新中国の建国後に出版した哲学書、歴史書、文学作品、「五四運動」以来出版されてきた革命的な文学作品、内外の古典文学の名著をはじめ、科学技術書、少年児童読物、内外の語学工具書などが百点ちかく含まれていた。それらの大量の書籍は、一九七八年のメーデー〔五月一日〕と国慶節〔十月一日〕の前後にそれぞれあいついで出版、発行され、広範な読者に心から歓迎され、いたるところで書店の前で長蛇の列をなし、躍り上がって本を買い求める感動的な光景がみられた。

出版活動を一日も早く正常に戻すために、国家出版事業管理局は、大学、中学校、小学校に教材を供給し、用紙の節約を繰り広げ、原稿料と補助金の制度を試験的に実施し、あらためて人民出版社、商務印書館、中華書局など数社の大出版社の方針と任務を明確にするとともに、『中国大百科全書』などの出版を計画、準備する面で、実際の活動を少なからず行った。

一九七八年七月十八日、国務院は国家出版事業管理局の「出版工作を強化、改善することに関する報告」を承認し、「出版事業を強化し、目前の書籍と刊行物の点数が少なく、出版の周期が長く、印刷技術が立ち遅れている情況をできるだけ早急に改善する」よう提起した。出版工作者の努力のもとで、出版事業は十年間にわたる災禍という絶望的状態から脱出し、基本的に好転のきざしがみられた。しかし、「左」の誤りと影響を徹底的に正すことができず、まだ突破できない「聖域」があり、人びとの思想がある程度束縛されていたので、「四人組」を粉砕した直後の二年間は、出版工作の進展はけっして速くはなかった。

一九七八年十二月に開催された中共第十一期三中全会〔中央委員会第三回総会〕は、全党の工作の重点を社会主義の現代化建設に移すことを確定した。この総会ののち、中国共産党は実事求是〔事実にもとづいて真理を求めること〕の思想路線を復活、発展させ、「実践は真理を検証する唯一の基準である」という考え方を堅持し、「左」と右の誤りを正し、ブルジョア自由化に反対し、あらためてマルクス主義の正しい路線を確立、実行した。「混乱を鎮めて正常に戻す」という三中全会の一連の政策が人心に深く浸透し、人びとの思想がいっそう解き放たれ、広範な著者、訳者と出版工作者の積極性が非常に大きく引き出され、中国の出版事業はあらためて生気を取り戻し、復興、繁栄、改革の新しい時代を迎えた。

(1) 出版工作の回復、整頓、建設

中共の十一期三中全会ののち、出版部門は真剣に思想解放、実事求是の方針を貫徹し、長期にわたった「左」の思想的束縛を突破し、新しい情勢の要請にもとづいて、積極的に回復、整頓、建設の工作に突入した。

出版部門がかつて樹立したかなり健全な一連の規則と制度は、「文化大革命」中に「取り締まり、締めつけ、押さえつけ」と見なされ、ほとんど破壊し尽くされた。一九七九年以後、国家出版事業管理局は、「書籍の原稿料に関する暫定規定」、「編輯幹部の業務職称に関する暫定規定」、「出版社と印刷工場が印刷契約を締結することに関する原則的意見」、「出版社と新華書店の業務関係に関する若干の原則的規定」など、一部の規定をあらためて制定、補充し、制度上から出版工作の正常な発展を保証した。

一九七九年十二月八日から十九日まで、国家出版事業管理局は長沙で全国出版工作座談会を開催し、新しい時代の出版工作の基本的任務について、著者や訳者を動員、組織して創作、編著、翻訳に携わらせ、国家と人民のために必要な書籍を出版し、マルクス・レーニン主義、毛沢東思想を宣伝し、科学技術の知識と成果を伝播、蓄積し、人民の精神的、文化的生活を豊かにし、全中華民族〔中国の各民族の総称〕の科学と文化の水準を高め、社会主義の四つの現代化〔農業、工業、国防、科学技術の近代化〕を実現するために貢献させることであると提起した。この会議で、「出版社工作条例」を原則的に採択した〔一九八〇年四月、中共中央宣伝部が「暫定条例」として発布〕。この条例は、出版社は四つの基本原則〔社会主義の道、人民民主独裁、中国共産党の指導、マルクス・レーニン主義と毛沢東思想〕を堅持し、人民に奉仕し、社会主義に奉仕し、「百花斉放、百家争鳴」、「洋を中用となし、古を今用となす」〔外国のものを中国の役に立て、古いものを現在の役に立てる〕という方針を実行しなければならないと指摘している。その後、国家出版事業管理局はまた編集、出版、印刷、発行工作などに関する各種の座談会を陸続と開催して、新しい時期の業務工作を展開するなかで解決すべき問題について討議した。たとえば、一九八一年一月中旬に北京で政治理論読物出版工作座談会、三月上旬に北京で農村読物出版発行工作会議を開催するなどした。

書籍の出版点数の増加に伴い、書籍展、書籍見本市など、さまざまな展示即売活動や、優秀図書の各種の表彰活動などもあいついで展開された。たとえば、一九七九年の三月から四月にかけて開催された「全国書籍装幀芸術展覧」、一九八二年の第4四半期に開催された第一回農村読物表彰活動などは、創作を盛んにし出版事業の発展を促進するうえで良好な成果を収めた。

一九八二年十一月二十六日、北京で国家出版委員会が発足した。この委員会は、文化部の党組（共産党フラクション）が中共中央書記処の決定にもとづいて設置した諮問機関で、おもに社会の力を動員し、専門家の役割を発揮させて、政府の出版管理部門が出版の情況を掌握し、出版事業の発展を促進するよう支援した。

一九八二年十二月二十八日から一九八三年一月八日まで、中共中央宣伝部と文化部は共同で北京で全国出版工作会議を開催した。この会議は、中共十一期三中全会以来の出版工作の経験を総括し、中共の第十二回全国代表大会（一九八二年九月に開催した）が提起した全般的な任務と各項の奮闘目標を実現するとともに、社会主義の出版工作の新しい局面で努力すべき方向を切り拓く手はずをととのえた。

一九八三年六月六日、中共中央と国務院は「出版工作を強化することに関する決定」を発布し、新しい時期における出版工作の性質、役割、方針、任務を明確に規定し、出版の隊伍の思想建設と業務建設、印刷と発行の立ち遅れている現状を改善し、出版工作に対する指導を強化、改善するなどの面について、具体的な要求を提起した。この「決定」は、出版工作の指導的な文献で、出版戦線が方針を明確にし、思想を統一することに対して、深遠な影響を及ぼした。

(2) 全国の出版系統の新たな発展

中共の十一期三中全会ののち、全国の出版事業は急速に発展し、中央と地方の出版社は専業化と分業化の原則にもとづいて調整と充実を行い、また多数の出版社を設立したり再建したりした。一九七八年に全国の出版社は百五社であったが、一九八九年の末にはあいついで増加して五百三十六社になった。そのうち、中央レベルの出版社が二百十一社、地方レベルが三百二十五社であった。新設された中央レベルの出版社には、中国大百科全書出版社、民主党派に属する団結、学苑、開明、群言などの出版社があり、多数の専門出版社や高等院校（大学と高等専門学校）の出版社もあり、さらに対外的に文化交流を行う出版公司（社）や軍隊系統に属する出版社もある。創業した地方の出版社はもっと多い。上海は一貫して全国的かつ重要な出版の拠点であった。一九七八年一月一日、上海の出版系統はもとの態勢を取り戻し、大規模な上海人民出版社を解散し、上海市出版局を再建し、その下に十社の専門出版社を設立した（一九八九年の末には三十三社に増加した）。その他の省、自治区、直轄市も、「文化大革命」以前には一社か二、三社しかなかった総合出版社を数社ないし十数社の専門出版社に分割したが、四川省がもっとも多く、二十社であった。瀋陽、大連、長春、ハルビン、南京、青島、武漢、広州、成都、重慶など、計画単列都市（国務院の関連部門が五か年計画や年度計画を立てるときに、省レベルと同格に扱い、単独でプロジェクトを列挙することのできる大都市）も、市レベルの出版社を新設した。内モンゴル、遼寧、吉林（延辺）、黒龍江、広西、四川、貴州、雲南、チベット、甘粛、青海、新疆などの省、自治区（州）は、民族出版社を復活したり設立したりした。上海市の学林出版社と北京の文津出版社は自費出版の業務をも引き受けている。

中共の十一期三中全会ののち、地方出版社の出版方針もただちに調整が行われた。一九七九年に長沙で開催された全国出版工作座談会で、地方出版社の代表は五〇年代に制定された地方出版社の書籍出版に関する「三化」（地方化、大衆化、通俗化）の方針を改めるよう提起し、「自省（区）に立脚し、全国に目を向ける」新方針を提出した。地方出版社の出版する書籍はもはや通俗的な小冊子に限られず、さまざまな書籍の出版が可能になり、工作の範囲ももはや自省（区）に限られず、全国に目を向け、新しい分野を開拓し、空白を埋め、全国的な出版の任務をも引き受けることができるようになった。この方針によって、地方出版社の積極性が非常に大きく引き出された。

十一期三中全会以来、出版の隊伍は非常に大きく発展し、出版社の人員だけでも、一九八九年の末には、全国の出版社はあわせて三万五千五百七十四人の職員と労働者を擁し（中央レベルの出版社が一万六千七百二十三人、地方出版社が一万八千八百五十一人）、そのうち編集と翻訳の人員が一万六千人余りであった。

書籍と定期刊行物の印刷、書籍の発行、出版教育、出版の科学的研究、出版資材の供給、書籍と定期刊行物の対外貿易などの面でも、かなり大きな発展がみられた。たとえば、北京印刷学院、中国出版科学研究所などが新設され、全国と各省、自治区、直轄市は印刷公司、印刷関係の高等院校、印刷の科学研究、出版資材の供給、書籍の輸出入などの部門を新設したり復活したりした。こうして、十年間にわたる回復、整頓、建設を経て、中央の各関係部門から各省、自治区、直轄市にいたるまで、全国的な規模で、編集、印刷、発行、教育、科学研究、資材の供給、対外貿易などを包括する部門がかなり完備し、配置がかなり合理的な出版系統が基本的に形成された。

全国の新聞の発行事業に対する管理を強化するために、国務院は一九八七年一月に中華人民共和国新聞出版署を設置し、国務院の直属機構とし、その指導のもとで新聞の発行系統に対して全国的な行政的管理を実行した。各省、自治区、直轄市と計画単列都市も、新聞発行事業の統一的な行政管理機構として、あいついで新聞出版局を設置した。

(3) 出版構造の変化と書籍の多様化

中国の出版事業が新しい時期を迎えたのち、書籍の出版の面でかなりきわだった進歩は、おもに出版の構造に変化が生じたことに現れている。書籍の内容が豊富多彩になり、かつて企画されたが長期にわたって実現できなかった大型の中核的な企画（大百科全書、大辞典など）があいついで具体化し、すでに豊かな成果を収めているものもある。ついで、書籍の点数、印刷部数、印刷枚数も着実に増加した。一九七九年から一九八九年までの十一年間に、あわせて四十七万五百十点、六百二十三億九千百万冊（枚）発行し、年間の平均は四万二千七百七十四点、五十六億七千二百万冊（枚）である。一九四九年十月から一九七八年までの三十年間に、四十八万八千五百六十九点、五百八十三億五千五百冊（枚）を出版し、年間の平均は一万六千二百八十五点、十九億四千五百万冊（枚）であった。この十一年間をそれ以前の三十年間と比較すると、年間の出版点数が二・六三倍、出版部数が二・九二倍である。この十一年間の出版点数は、四十年間の出版点数の四八・八パーセント、出版部数は五一・七パーセントを占めている。

一九八九年に出版された一般書、教科書、図片〔絵、図、写真、拓本〕を、「文化大革命」開始後の一九六七年、中共十一期三中全会開催以前の一九七八年と比較すると、増加数がきわめて顕著であることを見て取ることができる（表7を見よ）。

さらに、一般書の分類統計から、各種の書籍の十一年間の変化の情況を見て取ることができる（表8を見よ）。一般書、教科書、図片の印刷枚数の統計からは、十一年間の印刷数量の増加の情況を見て取ることができる（表9を見よ）。

新しい時期における十一年間の書籍の出版工作には、つぎのような特色がみられる。

一、一群の大型の重点図書、全集、叢書がすでに出版されたか、まさに編纂中である

中国語版『マルクス・エンゲルス全集』の五十巻本がすでに全巻出版され、中国が独自に編集した新版『レーニン全集』の六十巻本が、一九八四年の冬から出版が始まっており、一九九〇年には全巻が出そろうであろう。このことは、中国がマルクス・レーニン主義の著作の出版についてすでに新たな水準に到達したことを示している。毛沢東とその他のプロレタリア革命家である周恩来、劉少奇〔一八九八―一九六九〕、朱徳〔一八八六―一九七六〕、鄧小平、陳雲〔一九〇五―九五〕、任弼時〔一九〇四―五〇〕、張聞天〔一九〇〇―七六〕らの選集や文集があいついで世に問われ、毛沢東思想が中国共産党の集団の英知の結晶であることを体現している。これらのマルクス・レーニン主義の著作と政治理論書の出版は、中国の「四つの現代化」建設に対し、きわめて重要な指導的意義を有する。学術界が長期にわたって編纂と出版を待ち望んできた『中国大百科全書』（七十余の分野と知識部門を含み、計画では全七十四

表7　図書出版情況（1967，1978，1989年）

年度	一般書籍			教科書			図　版		
	点数		部数（億冊）	点数		部数（億冊）	点数		部数（億枚）
	合計	うち新刊		合計	うち新刊		合計	うち新刊	
1967	1,539	1,066	18.81	36	23	0.51	1,350	1,142	12.98
1978	8,941	7,594	11.56	3,552	2,209	19.19	2,494	2,085	6.98
1989	57,476	45,434	28.48	11,706	4,721	27.13	5,791	5,320	3.29

（注）1967年の一般書籍と図版の部数のなかで，毛沢東の著作と毛沢東像の占める数量は大きい。

表8　書籍分類出版情況（1967，1978，1989年）

年　度		1967	1978	1989
哲学，社会科学	点数	1,129	1,736	16,661
	うち新刊	728	1,503	13,954
	部数（万冊）	141,200	30,000	36,398
自然科学技術	点数	171	3,474	14,977
	うち新刊	147	2,999	10,773
	部数（万冊）	1,100	19,600	18,782
文学，芸術	点数	167	1,750	12,003
	うち新刊	146	1,465	9,998
	部数（万冊）	16,300	13,100	30,340
文化，教育	点数	32	919	25,541
	うち新刊	30	669	15,430
	部数（万冊）	1,000	27,500	470,637

（注）1967年の哲学，社会科学書籍の部数のうち，毛沢東著作の占有率は大きい。1989年の各種書籍には一部教科書を含む。

表9　図書印刷情況（1967，1978，1989年）　（単位：千枚）

年　度	一般書籍	教 科 書	図　版
1967	6,306,836	71,126	671,028
1978	5,584,136	7,180,794	694,256
1989	13,215,552	10,624,426	521,787

巻で出版の予定）は、一九八九年の末にすでに四十五巻を出版し、一九九三年に全巻が出そろうであろう。そのほか、医学、農業、水利、電力、軍事、冶金など、専門的な百科全書が編纂中で、すでに出版を始めたものもある。長年にわたる改訂を経た『辞海』と『辞源』（改訂版）が一九七九年に出版され、『辞海』の新改訂版も一九八九年に出版された。空前の規模を有する大型漢語辞書の『漢語大詞典』（全十三巻）は一九八九年に四巻を出版し、これまでで世界で収録漢字がもっとも多い『漢語大字典』（全八巻）は、一九九〇年に全巻が出そろうであろう。点校本の「二十四史」と『清史稿』は一九七七年に全巻が出そろった。郭沫若（一八九二―一九七八）が主編、胡厚宣（一九一一―　）が総編輯をつとめた『甲骨文合集』（全十三巻）も全巻出版された。「当代中国」叢書（およそ百五十巻、一九八九年までに五十余巻を出版）などの大型叢書があいついで出版されている。「漢訳世界学術名著叢書」はすでにあわせて五集、二百三十点を出版している。四千二百余点、二万三千余巻の仏教の経典を収録する『中華大蔵経』（漢語の部分）もあいついで出版されている。新版の『孫中山全集』、『魯迅全集』、『魯迅手稿全集』、『郭沫若全集』、『茅盾全集』、『巴金全集』なども一巻ずつあいついで出版されている。『中国新文学大系』（一九二七―三七年）と『中国新文芸大系』も前後して一巻ずつ出版されている。歴代の貴重な美術品を集大成した『中国美術全集』（全六十巻）は、一九八九年の建国四十周年のときに全巻が出そろった。これら大型の中核的な企画の出現は、新しい時期における中国の出版事業の初歩的繁栄の道標である。

二、「四つの現代化」建設に直接奉仕する科学技術書の出版が大きく発展した

十一年来、科学技術書をあわせて十万千六百二十二点出版し（そのうち、新刊は七万七千五百七十点、二十二億二千七百万冊）、特色がありレベルが高い優良な多数の著作があいついで世に問われた。そのうち、

華羅庚（一九一〇―八五）、王元（一九三〇―　）共著『近似分析への数論の応用』
侯振挺（一九三六―　）、郭青峰共著『同次行列マルコフ過程』

蘇歩青（一九〇二―　）、劉鼎元共著『計算幾何』
唐敖慶（一九一五―　）ら共著『配位場（リガンド場）理論の方法』
李善邦（一九〇二―八〇）著『中国地震』
鮑文奎（一九一六―　）ら共著『八倍体小黒麦の育種と栽培』
楊楽（一九三九―　）著『値分布論およびその新研究』
張広厚（一九三七―八七）著『整数函数と亜純函数理論――除外値、漸近値、特異方向』
唐孝威（一九三一―　）主編『粒子物理学実験方法』
銭偉長（一九一二―　）著『穿甲力学』
周堯（一九一二―　）著『中国蝳蛉志』
田力著『輻射微循環学』
林巧稚（一九〇一―八三）主編『婦人科腫瘤』
王竹渓（一九一一―八三）著『熱力学』
銭寧（一九二二―八六）ら共著『泥沙運動力学』
銭令希（一九一六―　）著『工事構造の最適設計』
潘菽（一八九七―一九八八）主編『人類の知能』
侯学煜（一九一二―九一）著『生態学と大農業発展』

などは、国内外の科学技術界から高く評価されている。

三、哲学、社会科学の学術研究が空前の活況を呈し、多数の優秀な著作を出版した

十一年来、哲学、社会科学の著作をあわせて六万二千余点（そのうち、新刊は五万一千余点）、三十三億二千余冊出

版し、出版部数は以前よりもかなり大幅に増加し、内容もいちじるしく向上した。たとえば、

任継愈（一九一六―　）主編『中国哲学発展史』（先秦、秦漢、魏晋南北朝の三巻が既刊）

朱光潜（一八九七―一九八六）著『西洋美学史』

楊真著『キリスト教史綱』

胡縄（一九一八―　）著『アヘン戦争から五四運動まで』

銭鍾書（一九一〇―　）著『管錐論』

などが出版され、学術界でかなり大きな反響を引き起こした。経済学関係では、中国の社会主義建設の実情と緊密に結び付け、「四つの現代化」建設のなかで現われる新しい情況と新しい問題を探し求め、価値のある論著を数多く出版した。

薛暮橋（一九〇四―　）著『中国社会主義経済問題研究』

孫冶方（一九〇八―八三）著『社会主義経済の若干の理論問題』

許滌新（一九〇六―八八）著『社会主義の生産、流通、分配を論ず』

などは、経済学界に重視され、何回も増刷され、百万部以上に達したものもある。管理学、科学学、人材学、未来学、情報論、制御理論、システム論など、新しい分野の著作も少なからず出版した。倫理学、社会学、宗教学、人口学、政治学など、かつてはほとんど出版されなかった分野の論著も、日益しに増えている。

四、文学・芸術作品の出版が「百花斉放」の新しい局面を呈した

中長篇小説、報告文学〔ルポルタージュ〕、随筆、詩歌、美術、演劇、映画、テレビドラマのシナリオなども大量の新作が輩出し、題材が広範にわたり、時代の息吹が濃厚で、主題の思想と芸術的手法がともに新たな境地を切り拓いたものもある。外国の文学作品の翻訳も強化され、シェークスピア、バルザック、ユーゴーなど、世界の有名作家の全集や選集も、すでにあいついで出版されている。「外国文学名著叢書」と「二十世紀外国文学叢書」はそれぞれ多数の作品を出版し、文学・芸術界にかなり価値のある手本を提供している。

五、古書の整理と出版が卓越した成果を収めた

一九八一年九月十七日、中共中央は「わが国の古書を整理することに関する指示」を発出し、古書の整理出版工作の方向を指し示した。一九八二年から一九九〇年までの古書整理出版計画を制定した。中華書局、上海古籍出版社など、既存の出版社のほかに、北京、天津、山東、河南、湖南、四川、江蘇、浙江、安徽、陝西など、少なからぬ省や市が古書専門の出版社を新設し、重要な古書の出版任務をも引き受けた。出版点数が急増し、一九八二年から一九八九年までの八年間に整理、出版した古書の新刊はあわせて三千四百八十三点で、一九五〇年から一九八一年までの三十二年間に整理、出版した古書の新刊の一・六倍に相当する。大量の漢語の古書がいっそう計画的、体系的に整理、出版され、科学技術の古書と漢語以外の民族語の古書の整理、出版がきわめて急速に発展し、地方的な特色のある古書の整理、出版がきわだって進展し、古書の整理に関する科学研究と教育も非常に大きな成果を収めている。

六、教材、少年児童読物、農村読物の出版がかなり大きく発展した

各レベルの各種の学校の教材をきちんと出版することは、教育の質の向上と「四つの現代化」建設の人材の育成にかかわる重要なことであり、出版工作の重要な要素でもある。国家の出版の主管部門と教育部門は何回も会議を開き、教材の編纂と出版を改善、強化することについて討議し、教材を優先的に出版する政策を実行した。十一年

来、各種の教材の内容は徐々に向上し、出版点数も年をおって増加した。一九七九年から一九八九年までに、全国に八十余社の高等院校の出版社が新設され、自校に立脚し、自校の教育と科学研究の成果を反映する大量の学術書と教育の参考書を出版しており、教育と科学文化事業の発展に重要な意義を有する。少年児童読物と農村読物の出版もいっそう重視され、この期間に何回も全国少年児童読物出版工作会議と農村読物出版発行工作会議を開催し、この二種の読物の内容をたえず向上させ、数量もかなり大きく増加した。

七、工具書の出版が空前の盛況を呈した

十一年来、各種の大、中、小型の、漢語、漢語以外の民族語、外国語をはじめ、各種の専門的な辞書は、出版点数が、三十年前の辞書の出版点数の三倍余に相当する三千五百余点（そのうち、外国語の辞典が千余点）にのぼり、中国の辞書出版史上かつてない盛況をみせている。全国の大半の出版社が工具書を出版したほかに、上海、湖北、四川が辞書専門の出版社を設立した。年鑑は情報を伝え、資料を蓄積する重要な工具書であり、八〇年代以後、国家の経済的、文化的建設の発展の要求に応えるために、各種の年鑑が雨後の筍のように大量に出版された。一九八〇年には『中国百科年鑑』、『中国出版年鑑』などわずか六点しか世に問われなかったが、一九八九年には三百五十余点に発展し、総合的な年鑑だけでなく、専門的な年鑑も多く、多数の省、自治区、直轄市から市、県、大企業にいたるまで、いずれも年鑑を出版しており、しかも増加する趨勢にあるが、このような情況もいまだかつてみられなかったものである。

八、漢語以外の民族語による翻訳出版事業が非常に大きく発展した

一九八〇年代の末には、全国にすでに漢語以外の民族語の書籍を出版する出版社が三十二社あり、マルクス・レーニン主義の著作、毛沢東の著作、周恩来、劉少奇、鄧小平らプロレタリア革命家の著作をはじめ、中国共産党と国家の重要文献を漢語以外の民族語に翻訳して出版し、大量の哲学書、社会科学書、自然科学書、工具書、科学普及読物をあいついで翻訳して出版した。一九八九年だけでも、全国で漢語以外の二十種の民族語で各種の書籍をあ

わせて三千二百六十点（そのうち、新刊は千七百八十三点）、三千八百五十三万冊（枚）出版し、一九七八年とくらべると、点数で二・四倍、部数で一・二倍になっている。

九、国外の出版社との共同出版が順調に滑りだした

十一年来、すでに百余社の出版社が二十余の国家や地域の二百余の出版社や国際組織と六百余件の出版契約を結び、すでに出版するか、出版を計画中の書籍、刊行物、画帳は千余点にのぼる。出版した書籍のテーマは広範にわたり、観光、美術、文化財、建築、科学技術、歴史、辞書、地図、料理、少年児童読物などが含まれる。『中国美術全集』など、学術的価値が高く影響力が大きい「重点プロジェクト」の共同出版が成功し、中華民族の文化を宣揚し、世界における中国の出版物の影響を拡大し、かなり良好な成果を収めている。

(4) 定期刊行物の隆盛

一九七六年十月、江青反革命集団の壊滅後、十年の動乱中に停刊させられていた定期刊行物があいついで復刊し、それと同時に各方面の要求にもとづいて、中央と地方で新しい定期刊行物も創刊された。一九七七年の末には、全国の定期刊行物は六百二十八点、五億五千九百万冊であった。一九七八年の末には、九百三十点、七億六千二百万冊になり、一九七六年にくらべ、種類で七一・六パーセント、部数で三六・六パーセント増加した。全国の定期刊行物の点数が少なく、内容が単一という局面がいちおう改められた。

中共の十一期三中全会以後、中国の定期刊行物の出版事業は生気溌剌たる空前の繁栄期を迎えた。一九七九年には千四百七十点、十一億八千四百万、一九八八年には五千八百六十五点、二十五億五千万冊にのぼり、一九七八年とくらべると、点数で六・三一倍、部数で三・三五倍であった。一九八九年も、点数がひきつづき増加し、六千七十八点になったが、部数は十八億四千万冊に減少した。組織や部門と関係のある中央レベルの定期刊行物は、一九七八年が四百五十三点、一九八九年が千四百八十二点で、三・二七倍になり、地方レベルの定期刊行物は、一九七

表10　各種定期刊行物増加の統計（1978年，1989年）

類　別	1978年		1989年	
	点数	部数(万冊)	点数	部数(万冊)
哲学，社会科学	13	900	1,359	53,854
文化，教育	29	2,600	653	34,652
文学，芸術	71	7,000	662	26,217
自然科学技術	632	22,700	3,019	23,043
少年児童	28	8,600	83	15,290
図　録	38	1,800	81	2,201
綜　合	119	32,600	221	29,180

八年が四百七十七点であったが、一九八九年には四千五百九十六点にのぼり、九・六四倍になった。一九八九年に、地方レベルの定期刊行物を二百点以上有していたのは遼寧、上海、江蘇、湖北、広東、四川の六つの省、直轄市で、上海がもっとも多く、五百二十七点であった。表10から、部門別の定期刊行物の増加情況を見て取ることができる。

十一年来、定期刊行物の内容も向上し、内容からみると、「よくなった」と「かなりよくなった」が大半を占めており、党の路線、方針、政策を宣伝し、社会主義の精神文明と物質文明の建設を推進する面で、積極的な役割を発揮し、顕著な成果を収めた。しかし、少なからぬ問題も存在し、非常にきわだっている問題もあった。ある時期に、一部の定期刊行物は正しい政治方針から逸脱し、掲載した文章には、ブルジョア自由化の観点を宣揚したり、淫猥な色情、封建的な迷信、凶悪な暴力が満ちあふれたりしているものがあり、広範な読者、とりわけ青少年の読者の心身に重大な害毒をもたらした。各地の出版行政管理部門は、一九八七年の秋と一九八八年の下半期に、定期刊行物の出版、発行、印刷に対して二度にわたって整理、整頓を行ったが、根本から問題を解決することができず、まもなく勢いを盛り返し、しかもますますひどくなった。重大な問題を有し内容が低劣なこの種の定期刊行物が氾濫して大きな災いをもたらしたので、社会的に強烈な反響を引き起こした。そのため、新聞出版署は中央の指示に従い、一九八九年九月から、全国的規模で、定期刊行物の出版工作に対して全面的に圧縮と整頓を行い、重大な政治的誤りを犯したり、淫猥な色情を宣揚したりしていたものを廃刊処分に付し、同類のものが多すぎたり、分布があまり合理的でない定期刊行物に対して、停刊や合併などの行政的措置を講じた。圧縮と整頓を経て、定期刊行物にかなり明確な変化が生じ、定期刊行物の出版事業はあらためて健全な発展の道を歩み始めた。

定期刊行物の行政管理工作を強化するために、新聞出版署はさらに「期刊〔定期刊行物〕管理暫定規定」を制定し、定期刊行物の審査、許可、登記、出版や、定期刊行物の出版社の経営、規定違反の行政処罰などに対して、明確な規定を作成し、一九八八年十一月二十四日に発布、施行した。

(5) 書刊〔書籍と雑誌〕が現代化への発展に向かって喜ぶべき成果を収めた

出版事業の復活と発展に伴い、八〇年代以後、書籍の出版点数と出版部数は年をおって激増し、新たに創刊される新聞や雑誌がたえず増え、書刊の印刷に対する要求も日益しに大きくなった。十年の動乱の傷を癒すために、書刊の印刷企業は非常に努力し、経営管理を改善する、労働規律を整頓する、潜在的な生産力を掘り起こす、国外の先進的な技術を導入するなどして、印刷能力を年をおって増強し、生産が歴史上の最高水準を凌駕するまで回復した印刷工場が少なくなかった。新たな情勢は、書刊がたえず印刷の質を高め、出版の時間を短縮するよう要求している。国家出版局は一九七九年九月に太原で全国書刊印刷工作会議を開催し、国民経済の調整、改革、整頓、向上の方針を徹底的に実行し、書刊の印刷工業を強化する意見と措置を提起した。出版事業の発展と印刷の現代化の要求に応えるために、書刊の印刷工場を新たに発展させること、管理工作を強化し、発掘、革新、改造に努めること、一部の印刷工場を拡張、新設し、印刷機や資材の品種と生産量を増やし、品質を高め、供給を改善すること、印刷の専門教育を発展させ、技術者や管理者を育成すること、科学技術の工作を強化し、技術革新を展開し、国際間の科学技術の交流を展開すること、指導を強化し、規則と制度を健全化し、思想政治工作を強化し、職員と労働者の生活に関心を寄せることなどを要求した。

表11　書籍雑誌印刷業の情況（1949—89年）

年　度	職工人数（人）	工業総生産（万元）	組字数（万字）	印　刷（万令）※	カラー印刷（万色令）	装　丁（万令）
1949	3,925	556	12,192	13	7	11
1952	14,324	4,755	48,976	82	39	54
1957	29,135	16,538	219,448	256	197	225
1965	42,894	30,733	307,021	472	444	507
1976	96,440	45,154	233,885	702	711	713
1989	131,463	211,861	886,471	1,680	1,840	1,496

※印刷用紙の全紙500枚を１令という。

十一年間にわたる努力を経て、全国の書刊の印刷企業はかなり大規模な技術改造を行い、設備を更新して、生産能力と技術水準をかなり大きく向上させた。上記の統計から、一九八九年の書刊の印刷業と代々発展してきた変化の情況を見て取ることができる（表11を見よ）。

一九七九年以後、中国の書刊の印刷は現代化に向かう道を前進し、すでに大きな一歩を踏み出し、喜ぶべき成果を克ち取っている。電子色分解機、電子レーザー組版機、多色刷りオフセット印刷機、全紙オフセット輪転印刷機、自動平綴じ製本機など、先進的な設備がすでに少なからぬ印刷工場に装備されている。七〇年代後期に写植機とオフセット印刷技術を普及させてから、写植とオフセット印刷による生産量が年をおって増加し、一九八九年には写植による植字が十六億三千万字にのぼり、植字全体の一八・四パーセントを占め、オフセット印刷の生産量が書刊の全印刷量の二九・八パーセントを占め、両者の比率はともに一九八五年の二倍余である。

書刊の印刷の管理と技術が科学化、現代化されたのに伴い、印刷の質もたえず向上し、品質が優秀なものの数量が徐々に増え、国外の先進的な水準に到達したものも少なくない。印刷期間がいちじるしく短縮され、一九八九年の全国平均は百三十五日で、一九八二年の全国平均の二百五十二日より百十七日短かった。管理がかなりいい印刷企業では、印刷期間がすでに百日以内になっている。全国の定期刊行物は、おおよそ九六パーセントが期日どおりに出版されるようになった。しかし、出版事業の全体からみれば、印刷は依然として脆弱である。設備が古くさく、技術が立ち遅れ、科学研究の力量が不足し、経営管理がよくなく、製品の品質が悪く、印刷期間が長く、労働生産性がかなり低い印刷工場が少なくない。それゆえ、書刊の質を高め、出版の周期を短縮することが、依然として長期にわたる非常に困難な任務になっている。

一九八四年以後、マクロ・コントロールを失ったため、多数の地区で県や区、郷や鎮の経営する印刷企業が激増し、印刷工場が過剰になり、競争が非常に激しくなり、しかも行政の管理工作が適時に行われなかったので、少数の印刷工場が一面的に利潤を追求し、不法な印刷活動を行い、低級、卑俗ないしエロ・グロの書刊を印刷した。そのため、読者の精神を蝕む出版物が社会に大量に広まり、非常によくない結果をもたらし、きわめて悪い影響を及ぼした。このような混乱した情況を転換し、印刷業に対する管理を強化するために、新聞出版署は公安部、国家工商行政管理局、文化部、軽工業部と共同で、「印刷行業管理暫定弁法」を制定し、印刷企業を設立する条件、申告、審査、承認手続、営業範囲、違法経営の処罰などについて、明確な規定を定めた。この「弁法」が一九八八年十一月五日に公布、施行されたのち、全国の各省、自治区、直轄市の新聞出版局は関係部門とともに地元の印刷企業に対して整頓を行い、上述の「暫定弁法」で定めている、書籍や定期刊行物の印刷を引き受ける条件を具えている印刷企業に対して、書報刊〔書籍、新聞、雑誌〕印刷許可証か書籍、新聞、雑誌のそれぞれの印刷許可証を交付した。一九八九年十二月二十五日、新聞出版署はまたも関連する中央の指示の精神にもとづいて、「書報刊の印刷の管理を強化する若干の規定」を公布し、印刷業を整理整頓し、あらためて書報刊印刷許可証を交付することをふまえて、書刊の定点印刷制度を実行するよう明確に指示するとともに、書刊を印刷する定点企業の条件とその具体的な実施要綱を定めた。

(6) 書籍発行体制の改革が顕著な成果を収めた

一九五〇年代から一九七〇年代までは、全国の書籍発行業務は長期にわたって国営の新華書店が独占していた。

経路が単一で、過度に集中し、融通がきかず、生気と活力に欠けるこの種の発行体制は、新しい時期における「対外開放、対内活性化」という新たな情況にもはや適応しなかった。七〇年代末期から、各地の新華書店の書籍の販売量はいちじるしく増加したにもかかわらず、読者の「書籍の入手難」の情況は根本的に改善されなかった。一九八二年六月、文化部は全国図書発行体制改革座談会を開催し、中共中央宣伝部が原則的に承認した「図書発行体制改革問題に関する報告」にもとづいて、改革の具体的措置について検討した。この会議ののち、書籍の発行体制の改革が全国で徐々に展開され、数年の努力を経て、顕著な成果を収めた。一九七九年から一九八七年までの九年間に、全国の書籍の販売額は四・五倍、国営書店の固定資産は四倍、国営の書店は二倍余りに増えたが、集団や個人の経営する書店は無から有に変わり、二万八千店にのぼった。

しかし、長いあいだに形成された極度の集中化、統一化、行政関与の過多という発行管理体制と経営形式は、依然として根本的に改められなかった。末端の各書店の自主権が少なすぎ、活力に欠けていた。書籍の生産、供給、販売の関係が順調でなく、少なからぬ図書、とりわけ社会科学と自然科学の学術書の供給と販売が連係を欠くという問題が依然として存在していた。書籍の発行体制の改革を加速し、深めるために、中共宣伝部と新聞出版署は一九八八年五月六日に共同で「当面の図書発行体制改革に関する若干の意見」を発出し、改革の基本目標は開放的で、効率がよく、活力に満ちた書籍の発行体制を確立し、発展させることにあることを提起した。さらに、大中都市が専門書店を発展させ、うまく経営することを重視する、農村と辺境地区の発行活動の強化に大いに努める、発行活動に対する指導とマクロ・コントロールを強化するなどの問題に対して、具体的な意見を提起した。

書籍発行の主要経路として、各レベルの新華書店も自身で業務改革に大いに努め、書店の内部で責任、権限、利益を緊密に結び付けた各種の形式とタイプの経営責任制を実行し、一部の書店ではさらに各種の形式の請負責任制を実行し、競争のメカニズムを書店の経営管理に導入した。省、市レベルの書店は徐々に経営権を末端の書店に委譲して、末端の書店の活動を活性化させ、かなりいい成果を収めた。数年にわたる改革を実践するなかで、新しい問題も生じたが、関係方面は、改革のなかで調整と補完を行うのに便利なように、真剣に経験を総括することに意をそそいだ。

一九八九年の末には、全国の書籍の発行拠点は十万五千七百三十九か所になり、そのうち、新華書店が一万二千三百八か所、生産販売協同組合の販売拠点が四万八千四百五十五か所、国営の商業部門の販売拠点が二千七百五十二か所、その他の国営や社会の経営する書店が一万二千六百三十四か所、集団や個人の経営する書店が一万二千五百四十三か所、露天の書店が一万七千四十七か所（人）である。全国の書籍発行業界で働く職員と労働者は二十二万三千九百九十四人、そのうち新華書店の職員と労働者が十万三千八百二人である。一九八九年には、全国であわせて六十億七千五百万冊発行し、販売額は六十八億七千百万元である。一九七八年には三十二億三千七百万冊、九億二千九百万元であったので、部数は八八パーセント増え、販売額は七・四倍になった。

十年来、中国の書籍の輸出入も大きく発展した。書籍や雑誌の輸出入業務を取り扱う企業は、既存の中国国際図書貿易総公司（中国国際書店）のほかに、八〇年代以後、中国図書進出口（輸出入）総公司、中国出版対外貿易総公司、教育図書輸出入公司などをあいついで設立し、北京、上海、天津、黒龍江、江蘇、福建、山東、広東、四川などの省、市もそれぞれ書籍と刊行物の輸出機構を設立し、一九八九年には百以上の国家と地域の千社を上まわる各種のタイプの取次、小売書店、代理販売を行う個人と長期にわたる取引関係を樹立した。関係部門の統計によれば、一九七九年から一九八九年まで、中国はあわせて三億八千五百四十七万冊の書籍と雑誌を対外発行した。毎年、百八十余の国家と地域に書籍や雑誌を発行するとともに、百余の国家と地域から書籍や雑誌を輸入し、毎年、おおよそ十万点を輸入している。

(7) 活気あふれる出版の科学研究

中共の十一期三中全会以後、中国の出版事業が勢いよく発展したのに伴い、出版の科学研究工作も無から有へ、小から大へ発展し、生気が生じ、活気あふれる形象が現れた。

一九八五年三月、国務院の承認を経て、出版の科学研究に従事する中国で最初の学術機関――中国出版科学研究所――が北京に正式に設立され、それ以来、中国の出版の科学研究工作は、専門家の研究と余暇を利用する研究を結び付けた道を歩み始め、編集、出版、発行のベテラン工作者を主力とする出版の科学研究者の隊伍が徐々に形成された。天津、黒龍江、湖北などの省や市も前後して出版研究所（室）を設置し、上海、湖南、安徽、河南、広東などもあいついで編集学会、編集研究会、出版研究会、図書発行研究会など、学術団体や科学研究組織を設立し、多数の省や市がさらに前後して出版科学学術討論会、図書発行研究討論会などを開催し、出版や発行の研究をいっそう深化させるのを促進するよう強力に推進した。不完全な統計であるが、出版の科学研究に従事する全国の専門家の隊伍（出版の科学研究に従事する研究機構と学術界、教育界の人員を含む）は、一九八九年にすでに三百人ちかく、余暇利用の研究者も五百余人になり、一定の学術水準にある論文や著書を発表している。

中国の印刷技術の研究機構は、「文革」以前の北京と上海の二か所から二十か所に発展し、十七の省、市、自治区に分布し、一九八九年には九百余人の科学技術者を擁し、そのうち高、中級の技術者が半数を占め、かなりの水準と科学研究能力を有する印刷技術の研究隊伍を形成している。中国印刷科学技術研究所と北京、上海、遼寧、陝西などの省、市の印刷技術研究所は、さまざまな分野の専門研究室を設置し、かなり完備した実験設備や試験生産工場を擁し、全国と当該地区の印刷の科学研究、生産実験、技術開発、情報のセンターになり、印刷技術の向上と生産の発展を促進することに対してますます大きな機能を発揮している。

十年来、印刷の科学研究と技術の普及はすでに大きな成果を収めている。たとえば、一九八五年から一九八七年にかけて、全国の新聞出版系統が科学技術進歩賞に参加した審査評定で、印刷の科学研究機構が報告した百三十四項目の研究成果のうち、百項目が一九八六年度と一九八七年度の新聞出版署科学技術進歩賞を授与され、受賞した科学技術の成果には国内の先進水準に達していたものが少なくないし、国外の先進水準に到達していたものもある。

⑻ 出版の隊伍の教育、育成工作もかなり大きく発展した

出版の隊伍がたえず強大になり、多数の青年が出版界に進出するのに伴い、出版の優秀な人材を育成し、職員と労働者の素質をたえず向上させ、中国の社会主義の出版事業の健全な発展を保証するために、出版の幹部の教育と育成を強化することが、新しい時期における出版事業の重要な戦略的任務になった。十年来、各レベルの党と政府をはじめ、関係部門が重視、努力するもとで、出版教育の事業もかなり大きく強化され、発展した。

一九七八年十二月、国務院の承認を経て、中央工芸美術学院の印刷工芸系を基礎に北京印刷学院が設立された。一九八四年以後、北京大学、南開大学、復旦大学をはじめ、上海、河南、四川などの高等院校があいついで編集専攻、清華大学と中国科学技術大学が科学技術編集専攻、陝西機械学院と武漢測絵〔測量、製図〕科技大学がそれぞれ印刷技術装備系と印刷製図などの専攻、武漢大学と中央文化管理幹部学院など、八校の大学と高等専門学校が図書発行管理専攻と図書発行専科を設置し、一九八〇年以来、すでに発行部門のために千余人の人材を送り出している。大学院生の育成もすでに五校で行われており、武漢大学の図書発行専攻の大学院生がすでに社会に進出しているほか、南京大学、河南大学なども科学技術や文科の編集人材の育成を目標とする修士過程を試験的に開設している。一九五三年創立の上海印刷学校は、一九八七年に中等専業学校から高等専門学校に昇格し、上海出版印刷専門学校に改称した。三十余年来、四千余人の卒業生が全国に散らばり、書籍や雑誌の印刷業の発展のために重要な役割を発揮している。一九七九年以来、二十の省、市、自治区が出版、印刷、書籍発行に関する中等専業学校と中等技工学校を開校しており、すでに出版部門に一万千九百九十人の中等の専門人材を送り出している。高等と中等の専門学校を発展させると同時に、各レベルの出版部門は出版系統に在職する幹部と職員、労働者の育成工作にも取り組み、全国の書籍や雑誌の印刷業は一九八五年に初級中学〔日本の中学校に相当する〕レベルの文化と技術の補習

の任務を完了し、全国の新華書店は一九八二年から一九八八年の末までにのべ七万人の職員と労働者を輪番で訓練し、中国出版工作者協会と多数の省、市の同協会は、青年の編集者や校正者に対して出版に関するさまざまな基礎知識の教育、訓練工作を行った。

出版教育と出版の科学研究がたえず発展したのに伴い、編集と出版の専門的な基礎教材の面でも豊かな成果を収めた。十年来、印刷部門は全国の印刷技工学校向けの教材二十三点、印刷の中級労働者向けの技術訓練教材二十二点を編集、出版し、新華書店の総店は書籍発行業務の訓練教材十八点の編集、出版を組織した。新聞出版署はさらに印刷、書籍発行関連部門に、専門家と教師を組織して、全国の印刷関係の中等専業学校と高級労働者の訓練教材と、書籍発行関係の高等と中等の専門学校の教材を編纂するよう委託した。一九八九年八月、新聞出版署はさらに中国出版科学研究所に、出版に関する教材の編纂工作を責任をもって組織、主宰するよう委託し、「編輯出版類の高等教材の編纂出版計画に関する初歩方案」を制定し、編集と出版の二つの専門的な教材編審委員会をそれぞれ設置するとともに、第一期教材編集出版計画を作成した。

出版の教育、訓練工作の強化と発展に伴い、出版系統の幹部と職員、労働者の文化レベルに非常に大きな変化が生じ、業務水準がかなり向上した。一九八九年の統計によれば、全国の出版社と雑誌社の専門技術者のうち、すでに高級職称を得ている人が一万六千人（編集者総数の二九パーセントを占める）、大学、高等専門学校以上の学歴を有する人が四万八千人（編集者総数の八七パーセントを占める）、印刷工場と新華書店の職員と労働者のうち、中等専門学校、高級中学（日本の高等学校に相当する）以上に到達した人が八万三千人（職員・労働者総数の四四パーセントを占める）である。新聞出版署は一九八九年四月に「全国新聞出版系統幹部・労働者教育訓練計画（一九八九―一九九一年）」を制定し、関係方面が共同で努力し、全国の新聞出版系統が徐々に、現代的な管理知識、専門知識、科学技術知識を掌握し、かなり高度な政治、業務、文化の素質を有する幹部の隊伍を徐々に形成し、中級技術労働者を主体とし、高級技術労働者、労働者出身の技師を中核とし、素質のかなり高い労働者の隊伍を形成し、配置が合理的で、職場における職員と労働者の訓練を主要な内容とする、さまざまな形式、レベル、ルートによる教育訓練体系を形成して、中国の社会主義の出版事業の繁栄と発展を促進するよう要求した。

編集者に対する育成、審査、合理的使用を強化するために、国家出版事業管理局と国家人事局は一九八〇年十一月に国務院の承認を得て、「編輯幹部業務職称暫定規定」を制定し、編集者に対してはじめて専門技術職称を評定し、一九八六年に国家の職称改革の配置にもとづいて、出版の専門家の職称制度を改め、専門技術職務招聘制度を実行し、編集の専門職務を編審、副編審、編輯、助理編輯の四つの等級に分けた。一般に、正副編審の職務条件と待遇は大学の正副教授、編輯は講師に相当する。一九八六年から、専門職務招聘制度は全国の出版部門で徐々に実行されている。この招聘制度によって、出版の隊伍の構造は徐々に合理化され、出版関係者が業務の研鑽に努めるよう促し、出版事業に献身する積極性を引き出している。

(9) 出版業界の社会団体を徐々に設立した

一九七九年以来、全国で出版業界の社会団体を徐々に設立した。一九七九年十二月にまっさきに発足した中国出版工作者協会は、出版工作者と出版の業務組織が自発的に結成した大衆的な専門団体である。一九八九年十月までに、二十五の省、自治区、直轄市であいついで地方協会が設立された。同協会はさらに、学術工作委員会、教育工作委員会、科技出版工作委員会、国際合作〔共同〕出版促進会、中国図書評論学会をはじめ、連環画〔劇画〕、年画〔旧暦の正月を祝うために貼る吉祥やめでたい気分を表す絵〕、装丁芸術、幼児読物、教育出版、蔵書票などの研究会を設置している。十年来、各地の地方協会と研究会は、幹部の訓練を組織する、出版理論の研究を展開する、優秀な書籍の審査と奨励を主宰する、優秀な編集者を表彰する、対外出版交流工作を展開するなどの面で、少なからぬ工作を行い、かなりいい成果を収めている。

一九八〇年に発足した中国印刷技術協会をはじめ、各省、自治区、直轄市であいついで発足した地方協会は、前後して各種の技術、学術活動を組織し、新技術の開発応用、印刷体制の改革、経営管理、技術者の育成、科学技術知識の普及などにわたり、印刷科学技術工作に対して積極的な役割を果たし、さらに優秀な印刷工作者を表彰する、対外印刷交流を展開するなどの面でも少なからぬ工作を行っている。一九八五年と一九八六年に前後して発足した全国鉄路印刷技術協会と中国人民解放軍印刷工業協会は、それぞれ自系統のなかで活動を展開すると同時に、会員も各地の印刷技術協会の学術、技術交流活動に参加している。

中国の印刷工業と印刷設備工業に長期にわたって存在してきた分散管理、部門分断という立ち遅れた情況を改革するために、一九八二年に国家経済委員会が推進役になって、文化、機械、電子、軽工業、化学工業、冶金の各部が印刷技術装備協調小組を結成し、印刷と設備機材工業を国家の統一計画に組み入れた。一九八五年、中国印刷・設備機材工業協会が発足した。同協会は、印刷とその設備や機材の研究、開発、生産、販売、コンサルティング・サービス、教育に従事する企業や事業部門が結成した、職域や地域をこえた全国的な業界組織で、社会経済団体で、印刷技術装備協調小組の指導のもとで、横の連絡を密にし、業界の管理工作を行っている。

書刊〔書籍、雑誌〕発行体制に対する改革の要求に応えるために、新聞出版署は中国書刊発行業協会を結成することを決定し、その準備事務所が一九八九年四月に発足しており、やがて北京で正式に結成されるであろう。

⑽　国際的な出版交流と共同出版を積極的に展開した

一九七九年以来、中国の改革開放政策の執行と貫徹に伴い、中国の出版界と世界の出版界との交流も日益しに密になっている。十一年来、中国の出版、印刷、書籍発行などの部門は多勢の人員を派遣し、あいついで多数の国家と地区を訪問し、各国の出版界の広範な人びとと接触し、国際的な出版動向を理解し、国外の先進技術と科学管理の経験を学び、それと同時に商談を行い、中国の書籍が国際市場に進出し、有用な書籍や資料を導入するために、積極的な役割を発揮させた。中国の出版界はさらに編集、出版、印刷、書籍発行の関係者をイギリス、アメリカ、イタリア、ドイツ、日本などに送り、留学や研修、実習や専門的な視察を行わせた。それと同時に、外国の出版界も招請に応じて多数の人びとを中国に派遣し、訪問、学術講演、商談を行わせ、相互に出版情報を交換し、業務工作の経験を交流して、中国の出版界との友情と相互理解を強化した。

十一年来、中国の出版界は何回も代表団を派遣し、国外で開催される出版や印刷の重要な国際会議に参加させるとともに、一部の出版社や書籍の輸出入企業などを組織し、国外で開催される各種の書籍の博覧会に何回も参加させたり、海外で、直接、書籍の博覧会を開催したりして、中国の出版物を各国や各地域の広範な読者に紹介した。外国の出版業界も何回も中国で図書展覧即売会を開催した。一九八六年と一九八八年に北京で大規模な「北京国際図書博覧会」を開催したが、参加した外国の出版社は千余社にのぼり、多数の参観者を惹き付けた。この大規模な国際図書博覧会は、今後、二年に一回ずつ開催され、中国の出版界と世界各国の出版界が、じかに接触し、書籍の貿易と出版業務の商談を行うための便宜を提供し、中国の広範な知識人が国外の最新の科学技術と学術研究の成果を理解するためにも、良好な機会を提供するであろう。

一九七九年以来、中国の出版界はさまざまな方式でさまざまな規模、さまざまなレベルの国際的な共同出版を行い、積極的に国際的な書籍市場を開発、拡大し、大きく進展させており、すでに中国の改革開放政策の成果の重要な側面を形成している。不完全な統計であるが、十一年来、中国の百余社の出版社が数十の国家や地域の二百余の出版社や国際組織と六百余件の共同出版協定に調印し、すでに出版するか、共同出版を計画中の新聞、雑誌、画集は千余点に達している。国外との共同出版の方式には、双方が共同でテーマを協議し、共同で編集、印刷、発行するものも、中国側がテーマを提出し、相手側が編集し、中国側が審査するものも、中国の既刊書を改訂したのち相手側が翻訳するか改編して外国語版を出版するものもある。

十一年来、中国が国外と共同出版した書籍はテーマと内容が広範にわたっているが、そのうち内容が中国に関するものが大半を占め、図版を主とする風景、名勝旧跡、古今の建造物、出土文物、工芸美術、動植物などの図録や画集も、文学、歴史、経済、科学技術、中医中薬〔中国の伝統的な医学と薬学〕などの専門書も、各種の言語の辞書、分野別の辞書などもある。学術的な価値が高く、大きな影響力を有する共同出版の「重点プロジェクト」の成功によって、中華民族の文化が発展し、世界における中国出版物の影響が拡大した。たとえば、人民美術出版社などが共同で出版した『中国美術全集』は、ベルギーのハントン中国出版公司と共同でフランス語版を出版し、ヨーロッパとカナダで発行されているし、文物、上海人民美術、人民衛生などの出版社が日本の出版社と共同出版した『中国石窟』（全二十巻）、『中国博物館』（全十六巻）、『中国陶磁全集』（全三十四巻）、『中医文庫』（全八十巻）、『原色中国本草図鑑』（全二十巻）、『中医臨床大系』（全十八巻）などは、出版後に国外から歓迎され、好評を博している。上海人民美術出版社が旧ユーゴースラビアの評論社と共同出版した大型画集の『中国』、中国出版対外貿易総公司と中国撮影出版社がオーストラリアのウイルトン＝ハーディ社と共同出版した大型画集の『中国――長征』は、あわせて七つの言語で出版され、販売数が十万部ちかくに達し、国外の読者にかなりいい影響を及ぼしている。中国大百科全書出版社がアメリカのブリタニカ百科辞典社と共同で翻訳、出版した中国語版の『簡明不列顛〔ブリタニカ〕百科全書』（全十巻）は、国内外で発行したのち、一九八八年の末までに四回増刷し、国内版だけでも販売数が十万セットにのぼっている。商務印書館がイギリス、日本、香港の出版社と共同出版した『精選英漢漢英詞典』、『朗文〔ロングマン〕英漢図解科学詞典』、『現代日漢大詞典』などは、いずれも出版したのち読者から大歓迎されている。科学出版社は一九七九年に国外との共同出版を展開して以来、すでにあいついでアメリカ、イギリス、ドイツなど十数か国の二十数社と共同出版と著作権貸借の業務関係を樹立し、外国語の書籍を百余点、外国語の雑誌を二十種共同出版しており、中国の科学技術関係の書籍と雑誌が世界に進出するのを積極的に促進する役割を果たしており、十年来、三百余万ドルの外貨を獲得し、かなりいい経済的な利益を得ている。上海の出版物も積極的に世界に進出し、かなり大きな成果を収めている。この数年来、上海の出版社はすでに十余りの国家や地域の七十五社の出版社と共同出版をすすめており、すでに出版したか、出版を計画中の書籍は四百十二点にのぼり、中国が国外と共同出版する書籍と雑誌のおおよそ四〇パーセントを占めている。

⑾ 出版法規が日をおって整備された

一九七九年に中国の出版事業が新しい時期を迎えたのち、新聞出版行政の指導部門は一貫して新聞出版方面の法規を整備することを重視している。十一年来、出版を管理する一連の法律、行政上の規則や条例を制定、公布した。たとえば、「出版社工作暫定条例」、「編輯幹部専業職務暫定規定」、「期刊〔定期刊行物〕管理暫定規定」、「印刷行業管理暫定弁法」などで、さらに出版社と書店との関係を調整するための「社店業務関係の規定」もある。また、「新聞法」、「出版法」、「版権〔著作権〕法」など、重要な法規について、長期にわたって起草と度重なる修正をすすめてきた。そのうち、「中華人民共和国著作権法」は起草に十年かけ、二十余回にわたって修正し、すでに国務院に送付されており、全国人民代表大会の常務委員会が採択したのち公布、施行されるであろう。[6] これは中国の法制史における一大事件であり、中国の出版事業発展史における一大事件でもある。「著作権法」の公布と施行は、著者や訳者の合法的な権利と利益を保護し、知識分子の積極性を引き出し、社会主義の精神文明と物質文明の建設に有利な作品の創作と普及を奨励し、中国が知的所有権を保護する法律制度を完璧にし、平等互恵を基礎に経済、文化、科学、技術の対外交流を発展させ、対外開放を促し、社会主義の文化と科学の事業を繁栄させることに対して、重大な意義を有するであろう。

⑿ 著作権保護工作を積極的に展開した

中国と国外との文化交流をいっそう拡大し、中国の出版界と世界各国との共同出版を強化するために、中国は時機が熟するのを待って国際的な著作権条約に加盟するであろう。[7] 国内における著作権の保護は一九八五年から試験的に始まっている。一九八四年六月、文化部は「図書・期刊版権保護試行条例」を公布し、一九七五年から特定の範囲で試験的に施行した。一九八五年七月、国務院が国家版権局の設置を決定し、全国の大半の省、自治区、直轄市もあいついで版権局か版権処を設置した。数年来、国家版権局は、立法機関が「中華人民共和国著作権法（草案）」を起草するのに協力したほか、人材養成などの面で多くの工作をしてきた。また、全国規模の著作権関係者の訓練班を四回開催し、各地は地域的な訓練班や講座を百余回開催しており、学習や訓練に参加した人員はのべ四千人以上にのぼっている。北京大学、中国人民大学、中国政法大学など、高等院校は、著作権を含む知的所有権の専攻課程を設け、中国人民大学はさらに二つ目の学位を授与する知識産権教学研究中心（知的所有権教育研究センター）を開設している。そのほか、関係部門はあいついで人員をアメリカ、イギリス、フランス、日本などに派遣し、著作権業務を学習、研修させた。国際的な著作権組織とユネスコもたえず中国に著作権に関する資料を提供し、中国が著作権訓練班を開催するのを何回も援助している。数年来、二十余か国の著作権関係の専門家や官員が中国を訪問し、講演を行い、中国の著作権の専門家も招聘に応じて一連の国際的な専門家会議に参加し、あいついで十余か国を訪問、視察している。一九八八年四月、北京で中華版権代理総公司が発足したが、民間のサービス的な企業で、台湾、香港、マカオの文学、芸術、科学の著作の著者と出版や著作権の貸借の面でさまざまなサービスを提供することを目的にしている。

⒀　改革を深め、出版工作の新しい局面を切り拓いた

中共の十一期三中全会（一九七八年十二月に開催）以来、とりわけ中共中央と国務院が「出版工作を強化することに関する決定」（一九八三年一月）を発布したのち、中国の出版事業には勢いよく発展する局面が現れた。「文化大革命」がもたらした深刻な書籍飢饉を解決し、広範な読者の切々たる渇望を満たすために、一九七〇年代の末期の数年は、書籍の印刷部数が非常に多く、一回に数十万部、ひいては百万部以上のものさえ少なくなかった。数年間にわたる発展を経て、その主導的な面についていえば、中国の書籍の出版は、点数や部数を増加して、供給が需要に

べき新しい段階に突入し始めている。これは深遠な影響を及ぼす重大な変化である。

情勢の発展に伴い、出版工作にも新しい情況と問題が生じている。社会情勢の影響のもとで、一部の出版社は、格調が低く内容が低俗な書籍、ひいては色情に満ちあふれ淫猥な内容の書籍さえ競い合って出版したり大量に複製したりして、劣悪な影響を及ぼし、広範な大衆の不満を引き起こしている。また、一部の出版社は、利潤を追求するために、出版社の規則制度を厳格に執行せず、分野をこえて出版し、大いに「提携」出版をやり、ひいては書号〔書籍の出版承認番号〕さえ売りに出して、内容が低劣で粗製乱造の書籍を大量に、すばやく出版しているのに、価値のある学術書については、部数が少ないために、出版社が大きな欠損が出るのを恐れて出版を引き受けたがらず、「出版難」が形成されている。これらの問題は、いずれも社会主義の精神文明の建設にきわめて不利である。

一九八五年以後、書籍の流通部門にも、書店の在庫の激増、予約数の激減という消極的な局面が現われ、出版工作の全局面に波及し、各方面の焦慮と不安を引き起こしている。この種の情況が現われる原因は多方面にわたる。たとえば、内容が重複しているものが多すぎ、質が悪く、ひいては粗製乱造のものさえあるし、印刷資材と印刷、製本のコストの高騰のもたらす大幅な値上げが読者の購読意欲を削いでいるし、書店が在庫の増加と資金の調達難によって新刊書の予約を抑えているなどである。これらの問題は、改革のなかで新旧の体制がたがいに適応し合わないために生じたものである。一方では、出版社は徐々に単純生産型から生産経営型に転換しつつあり、それに伴って新華書店との関係に変化が生じ、経済的利益に相互に矛盾が生ずるにいたっている。他方では、書籍発行体制の改革にも、新しい構造が形成されつつあるなかで、政策が整合性を欠いているため、工作が消極的になり、たがいに協調しないという問題が生じ、書籍の販売に影響を及ぼしている。

出版社の改革を加速し深化させるために、中共中央宣伝部と新聞出版署は一九八八年五月六日に共同で「当面の出版社の改革に関する若干の意見」を発出し、出版社の数年来の改革の実践にもとづいて、出版社の改革の指導思想、テーマの適切化、出版する書籍の構造の調整、社長責任制の段階的な推進、さまざまな形式の責任制の積極的な推進をはじめ、改革における素質の高い出版隊伍の建設、出版社の改革に対する指導の強化など、八つの方面の問題に対して意見を提出し、出版部門がひきつづき思想を解放し、勇気をもって模索し、出版社の改革をいっそう推進して、出版事業が中国の特色のある社会主義にいっそう奉仕するよう要求した。

中共の十一期三中全会ののち、工作の重点の移行と改革開放政策を実行したので、中国の出版事業の繁栄のために広大な道が切り拓かれた。この十一年は、中国の社会主義の出版事業が勢いよく発展した十一年であった。出版戦線の広範な職員と労働者は、中国共産党の方針と政策を宣伝し、文化と知識を普及、蓄積し、文化市場を活性化し、人民の文化生活を豊かにするために、多くの心血をそそぎ、大量の工作を行って、出版事業を繁栄させるために貢献した。この十一年来、中国が出版した書籍の点数は五倍、部数は二・五倍に増え、少なからぬ重要図書があいついで世に問われた。中国の書籍はすでに世界に進出し始めており、中国はすでに世界の十大出版大国の一つになっている。一九八九年八月十九日から三十日まで、新聞出版署は北京で「第二回全国図書展覧」を開催したが、展示された三万余点の図書は、過去十年間に出版した四十万点ちかい書籍のなかから精選されたもので、そのなかには優良な書籍が多く、逸品という名に値するものもあり、のべ十六万人の参観者を惹き付け、広範な読者に歓迎され、好評を博した。この図書展覧は出版改革の成果に対する一大検閲であり、一つの側面から改革開放以来の出版事業の繁栄と成果を示しているということができる。

八〇年代にはいってから、中国の出版事業は空前の繁栄と発展の道を歩み、顕著な成果を収めているが、きわだった問題も存在しており、おもに二つの面に現れている。一つは、政治的方向に重大な誤りがあり、思想的傾向がよくない新聞・雑誌と出版社もあり、ブルジョア自由化の観点を宣揚し、その他の重大な誤り、淫猥な色情、低級低俗な内容、封建的な迷信を有する出版物が消えたかと思うとまた現れ、ときには一度に氾濫して害をなしていることである。もう一つは、新聞・雑誌と出版社の発展があまりにも急激であるので、配置が合理的でなく、出版物が氾濫しすぎ、管理能力、編集能力、紙の生産能力を凌駕し、国家にも困難をもたらし、出版物の質をも低下させていることである。

一九八九年六月、動乱の制止と、北京の反革命的暴動〔いわゆる第二次天安門事件〕の鎮圧で決定的な勝利を克ち取ってまもなく、中国共産党は六月二十四日と二十五日に十三期四中全会を開催した。この会議ののち、中共中央と国務院は新聞出版工作を非常に重視し、出版部門に三項目の任務を提起した。すなわち、まず書籍、新聞、雑誌やカセットテープ、ビデオテープの市場を整理、整頓すること、ついで新聞・雑誌と出版社を圧縮、整頓すること、さらに各出版機構の思想建設と組織建設をしっかりやることである。その目的は、中国の出版事業を社会主義思想の堅固な陣地にすることにある。全国の出版部門は、中央の要求と配置に従って、各レベルの党と政府の指導のもと、断固として、旗幟を鮮明にして、すさまじい勢いで「掃黄」〔エロ・グロ一掃〕、「精神的がらくた」の一掃、新聞・雑誌や出版社の圧縮、整頓など、さまざまな工作を展開した。

全国の上下がともに重視し、指導部がみずから手を着け、各方面が一致協力し、断固として強力な措置を講じたので、一九八九年の「掃黄」工作はきわめて大きな成果を収めた。統計によれば、同年の末には、全国で淫猥な色情、凶悪な暴力、封建的な迷信を宣揚する書籍と雑誌を三千九百余万冊、カセットテープとビデオテープを百六十余万ケース押収、摘発し、エロ・グロの作品を制作したり販売したりしていた二千五百余か所の「巣窟」を探し出して破壊した。この闘争は、社会の文化的環境を浄化し、精神文明の建設と社会の安定を維持することに対して重要な役割を果たし、社会の各界から広く好評を博した。

この年、新聞・雑誌と出版社を縮小、整頓する工作の面でも大量の工作がなされた。ごく少数ながら、悪書を出版して重大な誤りを犯していた出版社や、配置が不合理であった出版社は、解散、業務停止、合併を強いられ、政治的方向に重大な誤りがあり、淫猥な色情を宣揚していた雑誌や、配置が不合理な定期刊行物は停刊や合併を強いられた。一九八九年の末には、全国で新聞をあわせて一二・三パーセント、社会科学のたぐいの雑誌を一四パーセント、出版社を八パーセント減らし、そのほかにも十一社の出版社を業務停止にして整頓した。整頓の成果を強固にし、出版に対する管理を強化するために、新聞出版署は一九八九年十二月八日に「出版社の登記注冊の更新に関する通知」を発出し、あらゆる出版社は思想的、組織的整頓を経たのち、あらためて登記しなければならず、出版行政管理機関の審査に合格したのち、登記証を発給すると規定した。この工作は一九九〇年六月末に基本的に終了し、全国の五百一社の出版社が登記の更新を承認された。

「掃黄」と整頓を基礎に、全国の出版部門は、「一方の手で整頓をつかみ、他方の手で繁栄をつかむ」という中央の方針に従って、社会の利益を首位に置き、良書をより多く出版することに努め、書籍と雑誌の質的向上に努め、新たな進展を克ち取った。マルクス主義の古典的著作、現実の政治理論と経済理論を指導する読物、革命の伝統を発展させ、愛国主義と国情の教育を強化する書籍があいついで出版されたし、愛読者に心から歓迎される優秀な書籍を出版した出版社が少なくなかった。関連する出版管理部門は、新刊や増刷の重点書を計画的に割り振ることに着手して、書店が常備書の信頼しうる供給源を確保する便をはかっている。

一九八九年十一月六日から九日まで、中国共産党は十三期五中全会を開催し、討論のすえ、「中共中央のいっそう整理整頓をすすめ改革を深化させることに関する決定」を採択し、ひきつづき断固として動揺することなく整理整頓と改革深化の方針を執行し、三年か、あるいはもう少し長い年月で、基本的に整理整頓の任務を完遂すべきことを明確に提起した。この五中全会は、全国の安定した局面を強化、発展させ、経済面の一時的困難を克服して、社会主義の建設と改革の事業を健全に発展させることに対して、非常に大きな影響を及ぼすであろう。出版工作者は、中共の十三期五中全会の決定を真剣に学習するとともに徹底的に執行し、情勢をはっきり認識し、精神を奮い立たせ、改革の歩みを加速し、深化させ、出版工作の新しい局面を創出するために新たな努力をしている。

中華人民共和国はすでに四十年に及ぶ輝かしい道を歩んできた。共和国の歴史をひもとけば、出版事業は中国共産党のその他の事業と同じように、そのなかの光り輝く一ページを占めている。その一ページには、中国の出版事業が歩んできた艱難と曲折に富む道について、また何回か春雨を浴びたのち、ますます生気がみなぎり、いまや、まさにいっそう繁栄した新天地に向かってあらためて邁進しつつあることが記されている。

四十年間にわたって平坦でない道を歩んできたので、中国の広範な出版工作者は、社会主義の出版事業が社会主義事業の不可欠の一部であり、出版事業の基本的な任務が、人民大衆にマルクス・レーニン主義、毛沢東思想を宣伝し、社会主義の時期における共産党の基本路線、方針、政策を宣伝し、経済、政治、社会の発展に有用なあらゆる科学的、文化的知識を広め、人民の精神的、文化的生活を豊かにし、社会に質の高い精神的製品を提供することであることをいっそう深く認識するにいたっている。それは艱難に満ちているものの光栄な任務である。その任務を引き受けるとともに完遂するのにもっとも重要なことは、揺るぎなく正しい政治方向を有し、社会主義と人民に奉仕する方針を堅持し、自覚的に四つの基本原則を堅持し、ブルジョア自由化に反対し、社会主義思想で出版の陣地を頑強に占領することである。

中国の出版事業がひきつづき社会主義の方向に沿って前進し、ひきつづき「対外開放」政策を執行し、ひきつづき「百花斉放、百家争鳴」の方針を執行し、いっそう優れた書籍と新聞・雑誌をさらに多く出版して、人びとに進歩的で、健全で、人を奮い立たせる精神的な糧をさらに多く提供し、中国人民の現代化建設のためにいっそう大きく貢献すれば、世界文化のためにもさらに大きな貢献をすることになるであろう。

（一九八九年十二月）

注

1章　中国文字の起源と初期の文字記載

(1)『魯迅全集』(人民文学出版社、一九七三年)第六巻九一ページ。
(2) 陝西省西安半坡博物館編『中国原始社会』(文物出版社、一九七七年)四九ページ。
(3) 郭沫若「古代文字之弁証的発展」(『考古学報』一九七二年第一期)。
(4) 大汶口文化は、山東、江蘇北部、河南東部に分布する新石器時代文化で、陶器の符号はその晩期に出現し、年代は前二五〇〇—前二〇〇〇年。
(5) 唐蘭「中国有六千多年的文明史」(『大公報在港復刊三十周年紀念文集』)三一ページ。大汶口文化と陶器の文字の問題については、学界にはさまざまな見解がある。『大汶口文化討論文集』(斉魯書社、一九七九年)を見よ。
(6) 胡厚宣『甲骨文合集』(中華書局)「序」。
(7) 孫心一「訪甲骨学専家胡厚宣教授」(『中州学刊』一九八五年第一期)。
(8) 李孝定『中国文字的原始与演変』(台湾中央研究院歴史語言研究所、一九七一年)。
(9) 仁言「大放異彩的地下〈檔案庫〉」(『文物天地』一九九四年第五期)。
(10) 裘錫圭「殷墟甲骨文研究概説」(『中学語文教学』一九七九年第六期)。
(11)『論語』「八佾」に、「子の曰わく、夏の礼は吾れ能く之を言えども、杞は徴とするに足らざるなり。殷の礼は吾れ能く之を言えども、宋は徴とするに足らざるなり。文献、足らざるが故なり。足らば則ち吾れ能く之を徴とせん」（先生がいわれた、「夏の礼についてわたしは話すことができるが、（その子孫である）杞の国では証拠がたりない。殷の礼についてもわたしは話すことができるが、（その子孫である）宋の国でも証拠がたりない。古記録も賢人も充分ではないからである。もし充分ならわたしもそれを証拠にできるのだが」）とある。

（12）純銅の溶融点はセ氏一〇八四度であるが、錫を一五パーセント加えると九六〇度、二五パーセント加えると八〇〇度に下がる。

（13）徐鴻修「商周青銅器銘文概述」（『文史哲』一九八五年第四期）。

（14）『陝西歴代碑石選輯』（陝西人民出版社、一九七九年）による。

（15）杜廼松「我国古代文化的瑰宝――石鼓」（『光明日報』一九八六年二月十五日付）。

（16）『侯馬盟書』（文物出版社、一九七六年十二月）。

2章　中国最古の書籍

（1）董作賓「商代亀卜之推測」（『安陽発掘報告』第一期）。

（2）奚椿年「商無簡冊考」（『出版史研究』第一輯〔中国書籍出版社、一九九三年〕）。

（3）漢尺の一尺は二十四センチである。

（4）商承祚「〈韋編三絶〉中的韋字音義必須明確」（『大公報在港復刊三十周年紀念文集』〔香港『大公報』社、一九七八年〕）。

（5）陳暁華「也談〈韋編三絶〉的〈韋〉」（『図書館研究与工作』一九八六年第三期）。

（6）裘錫圭「考古発現的秦漢文字資料対於校読古籍的重要性」（『中国社会科学』一九八〇年第五期）。

3章　秦代以前の重要著作

（1）『荘子』「天運」に、「孔子が詩、書、礼、楽、易、春秋の六経を整理した」とあるが、これが「六経」に関するもっ

 とも早い記事である。

5章　製紙法の発明

（1）劉国鈞・鄭如斯『中国書的故事』第三版（中国青年出版社、一九七九年）。
（2）黄河『造紙史話』第二版（中華書局、一九七九年）。
（3）王菊華・李玉華・董芝元「考古新発現不能否定蔡倫造紙」（『光明日報』一九七九年十一月十六日付）。
（4）潘吉星『中国造紙技術史稿』（文物出版社、一九七九年）。
（5）『全晋文』巻五十一。

6章　秦・漢・魏・晋・南北朝時代の重要著作

（1）達爾文（ダーウィン）『物種起源』（科学出版社、一九七二年）二四ページ。

7章　木版印刷術の発明

（1）李致忠「英倫（イギリス、ロンドン）閲書記（上）」（『文献』一九八七年第三期）二二一ページ。
（2）葉再生「値得推薦的学術著作――銭存訓有関中国書籍紙墨及印刷史著述」（『出版史研究』第三輯（中国書籍出版社、一九九五年九月））。原注は、銭存訓『中国書籍、紙墨及印刷史論文集』一二八ページより重引。
（3）銭存訓『中国書籍、紙墨及印刷史論文集』一二九―一三〇ページより重引。
（4）『房山雲居寺石経』。
（5）（唐）范攄『雲渓友議』（全三巻）（『四部叢刊』続編子部）巻下の「羨門遠」。
（6）『旧唐書』巻十七（下）「文宗紀」。
（7）『旧五代史』巻四十三と『唐書』「明宗紀」の注に引く。

8章　五代十国時期の出版

(1) 唐代の「十二経」は、宋代に『孟子』が加えられて「十三経」になった。「開成石経」のなかの『孟子』は清代に補刻したもので、西安の碑林に現存する。
(2) 『冊府元亀』巻六百八「学校部」の「刊校」。
(3) 『五代会要』巻八「経籍」。
(4) 『冊府元亀』巻六百八「学校部」の「刊校」。
(5) 『冊府元亀』巻六百八。
(6) 『新五代史』巻五十四の「馮道伝」。
(7) 沈括『夢渓筆談』巻十八の「技芸」。
(8) 『資治通鑑』巻二百九十一の「后周紀（二）」の注。
(9) T・F・卡特〔カーター〕著、呉沢炎訳『中国印刷術的発明和它的西伝』（商務印書館、一九五七年）六六―六七ページ。
(10) 『五代会要』巻八「経籍」。
(11) 楊守敬『日本訪書志』巻三。
(12) 王国維「五代監本考」（『国学季刊』創刊号〔一九二三年一月〕）。
(13) Paul Pelliot, *Les Débuts de l'Imprimerie en Chine*, Paris, 1953, p. 66-67.
(14) 曇域は『禅月集』の「序」で、貫休は壬申年の十二月に亡くなったと述べている。壬申年は九一二年であるが、十二月は西暦では翌年になっているので、貫休が世を去ったのは九一三年である。
(15) 『旧五代史』巻百二十七。
(16) 『資治通鑑』巻二百九十一の「後周紀（二）」。
(17) （明）焦竑『焦氏筆乗』続集巻四。
(18) 天福年間〔九三六―九四七年〕には十五年はなく、実際は乾祐二年（九四九年）である。

（19）李致忠「英倫閲書記（上）」（『文献』一九八七年第三期）二一九—二二四ページ。
（20）張秀民「五代呉越国的印刷」（『文物』一九七八年第十二期）。

9章　隋・唐・五代の書籍と装丁

（1）『隋書』巻四十九の「牛弘伝」。
（2）同右。
（3）『隋書』「経籍志」の「序」。
（4）同右。
（5）同右。
（6）『資治通鑑』巻百八十二、大業十一年（六一五年）正月。
（7）『玉海』巻五十二に引く『北史』。
（8）『文献通考』「経籍考」。
（9）『隋書』「経籍志」の「序」。
（10）汪受寛「隋代的古籍整理」（『文献』一九八七年第二期）三—一五ページ。
（11）『隋書』「経籍志」。
（12）王明清『揮麈後録』巻七に引く（唐）杜宝「大業幸江都記」。
（13）『新唐書』「芸文志」の「序」。
（14）底柱は砥柱ともいい、三門山〔河南省陝県の北東部にある〕、つまり黄河の三門峡にある人門、神門、鬼門の三つの石島のことである。
（15）『隋書』「経籍志」の「序」。
（16）『旧唐書』「令狐徳棻伝」。
（17）『唐会要』巻三十三。

(18)『唐会要』巻六十六。

(19)『旧唐書』巻百八十九。

(20)『新唐書』巻四十五。

(21)『貞観政要』巻十の「論慎終」。

(22)『資治通鑑』巻百九十二。

(23)『旧唐書』「魏徴伝」。

(24)『新唐書』「芸文志」の「序」。

(25)清代の姚振宗「隋書経籍志考証」によれば、実際には三千二百十二部を記載し、付録として梁代の千五百三十四部を記載し、あわせて四千七百五十七部である。

(26)『隋書』(校刊本〔中華書局、一九七三年〕第四冊)巻三十二—三十五。

(27)『旧唐書』「経籍志」の「序」。

(28)同右。

(29)『新唐書』「芸文志」の「序」。

(30)『旧唐書』「経籍志」の「後序」。

(31)『旧唐書』「経籍志」の「序」。

(32)『文献通考』「経籍考」の「総序」。

(33)『旧唐書』「経籍志」の「序」。

(34)同右。

(35)『新唐書』「芸文志」の「序」。

(36)韋荘「秦婦吟」。

(37)『旧唐書』「経籍志」の「序」。

(38)同右。

(39)『新唐書』の蘇弁、韋述、李元嘉、柳公綽らの伝を見よ。
(40)蔣元卿「中国書籍装訂術的発展」(『図書館学通訊』一九五六年第六期)より重引。
(41)李致忠『中国古代書籍史』(文物出版社、一九八五年)一六八—一六九ページ。

10章　隋・唐・五代の時期の重要著作

(1)『旧唐書』巻百八十九「儒学伝」の「序」。
(2)『旧唐書』の「顔師古伝」による。『新唐書』「儒学伝」には「字は籀」とある。
(3)『旧唐書』巻七十九の「呂才伝」。
(4)韓愈は、祖先が昌黎で暮らしていたことがあるので、みずからも昌黎人と称していた。一説に、昌黎の韓氏が名望家であったので、韓愈はその偉大な名を慕ってみずから昌黎人と称していたという。
(5)『韓昌黎集』巻十一の「原道」。
(6)『韓昌黎集』巻三十九の「論仏骨表」。
(7)『韓昌黎集』巻十一の「原性」。
(8)『韓昌黎集』巻十一の「原道」。
(9)『劉夢得文集』巻十二の「天論」。
(10)(梁)釈僧祐『出三蔵記集』巻七。
(11)趙樸初「仏教和中国文化」(『法音』一九八五年第二期)を見よ。
(12)中国仏教協会編『中国仏教』第一冊を見よ。
(13)慧立『大慈恩寺三蔵法師伝』。
(14)季羨林ら校注『大唐西域記校注』(中華書局、一九八五年)。
(15)黄道立「中古時期中印人民的友好交往」を見よ。
(16)馬祖毅『中国翻訳簡史——「五四」運動以前部分』(中国対外翻訳出版公司、一九八四年)五六—五七ページより重引。

(17) (梁) 慧皎『高僧伝』は、後漢代から梁代までの二百五十七人の僧侶の事績を収め、それに付随して二百人余りに言及している。

(18) 『隋書』巻二「高祖紀(下)」。

(19) 『旧唐書』巻七十一の「魏徴伝」。

(20) 呉兢『貞観政要』巻十。

(21) 『唐大詔令集』巻八十一の「命蕭瑀等修六代史詔」。

(22) 『旧唐書』巻七十三の「令狐徳棻伝」。

(23) 『旧唐書』巻七十一の「魏徴伝」。

(24) 呉兢『貞観政要』巻十。

(25) 『唐代詔令集』巻八十一の「修晋書詔」。

(26) 『冊府元亀』巻五百五十四「国史部」の「恩奨」。

(27) 李延寿『北史』「序伝」によれば、当時は『隋書十志』ともいっていた。

(28) 『晋書』巻四「恵帝紀」。

(29) 『旧唐書』巻六十六の「房玄齢伝」。

(30) 鄭樵『通志』「芸文略」。

(31) 劉知幾『史通』巻十一「史官建置」。

(32) 同右。

(33) 相州は、北魏代には治所が鄴県(現在の河北省臨漳県の南西部)に置かれていたが、隋・唐代には現在の河南省安陽市の西部を管轄していた。

(34) 梁廷燦『歴代名人生卒年表』による。

(35) 李延寿『北史』巻百の「序伝」。

(36) 李延寿「進書表」。『北史』巻百の「序伝」を見よ。
(37) 『司馬文正公伝家集』巻六十三の「貽劉道原書」。
(38) 王溥『五代会要』巻十八「前代史」。
(39) 『旧唐書』巻百二十の「劉子玄伝」。
(40) 范文瀾『中国通史』第二版第四冊（人民出版社、一九七八年）三六一ページ。
(41) 『四庫全書総目提要』巻八十一「史部政書類通典」。
(42) 『旧唐書』巻百四十七の「杜佑伝」。
(43) 中華書局は一九五七年に『四部備要』の紙型を利用して再版し、『李太白全集』と改題した。
(44) 商務印書館は一九五七年に上海図書館所蔵の宋王洙編『杜工部集』を原寸大で影印出版した。
(45) (唐) 元稹『白氏長慶集』「序」。
(46) 『唐書』巻六十六の「李謌伝」。
(47) 『隋書』巻一「高祖紀」。
(48) 『旧唐書』「文苑伝」。
(49) 『韓昌黎集』の「答李翊書」。
(50) 蘇洵「上欧陽内翰書」。
(51) 杜牧「読韓杜集」。
(52) 蘇軾「潮州韓文公廟碑」。
(53) 「唐宋八大家」とは、唐・宋代の八人の著名な散文の作家、つまり唐代の韓愈、柳宗元と、北宋代の欧陽脩、蘇洵、蘇軾、蘇轍、曾鞏、王安石のことである。明代に唐宋八家が列挙されて以来、古文を修める人はこの八人を祖宗とする。『唐宗八大家文鈔』(明代の茅坤（一五一二―一六一〇）の編）も非常に広く流布した。
(54) 柳宗元「答韋中立論師道書」。
(55) 魯迅『中国小説史略』第八篇「唐之伝奇文（上）」。

(56)王国維『人間詞話』。
(57)林大椿編『唐五代詞』(商務印書館、一九三三年)。一九五六年に句読点を施した改訂版を文学古籍刊行社から出版。
(58)『唐会要』巻三十五の「書法」。
(59)『晋書』巻八十。
(60)『旧唐書』巻百九十(中)の「賀知章伝」。
(61)李白「草書歌行」。
(62)『呂衡州集』巻四の「代文武百寮進農書集」。
(63)『旧唐書』「文宗紀」。
(64)石声漢(一九〇七—七一)『中国古代農書評介』によれば、この記事は唐代の末期にはありえない材料であり、南宋代か明代に朝鮮で覆刻するときに挿入された可能性があるという。
(65)中国以外で最初に子午線を実測したのは、アラビアの天文学者で、中国よりも九十年晩かった。
(66)『歩天歌』は、一説に隋代の丹元子の作といわれている。
(67)席沢宗「敦煌星図」(『文物』一九六六年第三期)。
(68)孫思邈『千金要方』「自序」。
(69)ヨーロッパの最古の薬典は、一四九八年にイタリアで出版された『フィレンツェ薬局方』である。世界医薬史上で有名な『ニュルンベルク薬局方』は一五三五年、ロシアの最初の官製薬局方は一七七八年に頒布された。

13章　中華人民共和国の出版事業

(1)黄洛峰「出版委員会工作報告」(一九四九年十月五日)(『全国新華書店出版工作会議専輯』〈新華書店総管理処、一九五〇年七月編印〉)。
(2)毛主席著作出版弁公室・国務院出版口『一九六六—一九七〇年毛主席著作、毛主席像出版統計』による。
(3)周恩来の談話は、いずれも『周恩来選集』下巻(人民出版社、一九八四年)四七〇—四七一ページから引用。

（4）「両校」とは、江青反革命集団が直接支配していた執筆グループ――北京大学・清華大学「大批判写作組」――のこと。

（5）「三冊の小冊子」とは、『評「論全党全国各項工作的総綱」』、『評「関於加強工業発展的若干問題」』、『評「関於科技工作的三個問題」』のこと。

（6）「中華人民共和国著作権法」は、一九九〇年九月七日に第七期全国人民代表大会常務委員会第十五回会議で審議を経て採択し、一九九一年六月一日から施行されている。

（7）中国はすでに「文学芸術作品保護に関するバーゼル条約」と「万国著作権条約」に加入しており、この二つの条約はそれぞれ一九九二年十月十五日と三十日に中国で正式に発効した。

中国出版史年表（前七七〇年—後一九八九年）

前七七〇—前四七六年（春秋時代）

中国古代における最古の正規の書籍は、竹簡や木簡に書かれた「簡策」と縑帛に書かれた「帛書」である。春秋時代には、この竹帛がすでに書籍の主要な材料になっていた。孔子〔前五五一—前四七九〕が整理、編纂した『詩』、『書』、『礼』、『楽』、『易』、『春秋』は、中国でもっとも早く編纂された古典である。

前四七五—前二二一年（戦国時代）

「諸子蜂起、百家争鳴」というように、多数の著作が輩出した。そのうち重要なものは『老子』、『墨子』、『荘子』、『孟子』、『荀子』、『管子』、『韓非子』などで、法典に李悝〔前四五五—前三九五〕の『法経』、史学に『国語』、『戦国策』など、文学に『離騒』など、軍事に『孫子兵法』、『孫臏兵法』など、医学に『黄帝内経』など、天文学に甘徳の『天文星占』、石申の『天文』などがある。

前二三九年（秦王政の八年）

秦の宰相の呂不韋〔?—前二三五〕が賓客に見聞を書かせ、『呂氏春秋』を編んだ。

前二一二年（秦の始皇帝の三十五年）

秦の始皇帝が命令を発して、秦国の史書と医薬、卜筮、種樹の書籍を除いて、『詩』、『書』、百家の言、史書を焼き払わせた。翌年、四百六十名の儒生と、方士を咸陽で穴に生き埋めにして殺させた。いわゆる「焚書坑儒」である。

前二〇六—後二四年（前漢代）

中国最初の詞典『爾雅』が完成した。前漢代の重要な著作には、さらに揚雄〔前五三—後一八〕が著した中国最古の方言辞典である『方言』、董仲舒〔前一七九—前一〇四〕の『春秋繁露』、賈誼〔前二〇〇—前一六八〕や陸賈の政治論文、司馬相如〔前一七九—前一一七〕や揚雄の賦などがある。氾勝之の『氾勝之書』（『種植書』ともいう）は、中国に現存する最古の農書である。

前二〇〇年？（前漢の高祖の七年？）

『周髀算経』が完成。中国に現存する最古の数学書である。

前一九一年（漢の恵帝の四年）

漢の恵帝が詔を発して、蔵書を禁じた秦朝の法律を廃した。

前一四〇—前八七年（前漢の武帝の時代）

漢の武帝が「百家を罷黜し、独り儒術のみを尊んだ」。詔を発して書籍を徴集し、「広く献書の路を開いた」。また、特に国家の蔵書機構を設立し、書写の官を置いた。中国の国家図書館の嚆矢である。

前九三年？（前漢の武帝の太始四年？）

魯の恭王の劉余が孔子の家の壁のなかから『尚書』、『礼』、『論語』、『孝経』などを手に入れた。いずれも漢代以前の篆書で書かれていたので、「古文経」とよばれている。この発見によって、歴史上有名な「今文経学」と「古文経学」との争いが引き起こされた。

前九一年（前漢の武帝の徴和二年）

司馬遷（前一四五か前一三五—？）が『太史公書』（つまり『史記』）を完成。中国の最初の紀伝体の通史である。

前二六—前五年（前漢の河平三年—建平二年）

漢の成帝が陳農を各郡、国に派遣し、散逸した書籍を探し求めさせた。光禄大夫の劉向（前七七—前六）が命を奉じて群書の校訂を主宰し、子の劉歆（？—二三）が協力した。中国の歴史上の大規模な書籍整理の嚆矢である。劉向は整理後の書籍の内容の要点を書き出して『別録』を編み、劉向の死後は劉歆が引き継いで校訂を主宰し、『七略』を完成し、中国古代の書籍の六分法の類例を創始し、『別録』とともに中国の古典の目録学の基礎を築いた。

四年（前漢の元始四年）

長安の太学付近の槐市で、毎月一日と十五日に太学の学生が経書を持ち寄って交換し、中国の最初の書籍市が生まれた。

一八年（新の王莽の天鳳五年）

文学者、哲学者、言語学者の揚雄が死亡。著書の『法言』の「吾子」に、「書が好きであるが、仲尼（孔子）に求めず、書肆に求める」とある。中国の古書でもっとも早く書店に言及した記事である。

二五—二二〇年（後漢代）

後漢代の重要な著作に、

王充（二七—九七？）『論衡』
班固（三二—九二）ら『白虎通』
荀悦（一四八—二〇九）『漢紀』
「漢楽府」
「古詩十九首」
応劭『風俗通義』

張仲景『傷寒論』、『金匱要略』
魏伯陽『周易参同契』
崔寔〔?―一七〇?〕『四民月令』

などがある。

八三年（後漢の建初八年）
班固が『漢書』を完成。中国の最初の紀伝体の断代史である。

一〇〇―一二一年（前漢の永元十二年―建光元年）
許慎〔五八?―一四七?〕が中国の最初の字典である『説文解字』を完成。

一〇五年（後漢の和帝の元興元年）
蔡倫〔?―一二一〕が先人の経験を総括し、樹皮、麻、ぼろ布、古い漁網で植物繊維の紙を作って和帝に献上し、普及することができた。

一五九年（後漢の延熹二年）
桓帝が秘書監を置き、もっぱら図書を管理させる。

一七五年（後漢の延熹四年）
蔡邕〔一三二―一九二〕らが五経（『易』、『書』、『詩』、『礼』、『春秋』）の文字を正して定め、石に刻して洛陽の太学の門外に建てるよう奏請した。世にいう「熹平石経」で、中国の最初の官定の儒教経典である。

二二〇年（三国の魏の黄初元年）
劉劭らが『皇覧』を完成。中国の最初の類書〔さまざまな書籍から事項ごとに摘録したものを内容によって分類、編集して検索の便をはかった書物〕である。

二二〇―二六五年（三国時代）
鄭黙が国家の蔵書の目録である『中経』を編纂した。魏の僧侶の朱士行が編纂した『漢録』は漢訳仏典の最初の目録である。

重要な著作に、
曹丕〔一八七―二二六〕『典論』の「論文」
張揖『広雅』
劉徽『九章算術注』

などがある。

李登の『声類』は、中国の最初の韻書〔文字を韻によって分類、配列した書物〕である。

二四一年（三国の魏の正始二年）
籀（古文、大篆）、小篆、隷の三つの字体で『尚書』、『春秋』、『左伝』の石経を刻し、洛陽の太学の門外に建てた。いわゆる「正始石経」である。

二六五―三一六年（西晋代）
荀勖〔?―二八九〕が『中経新簿』を完成。「四部分類法」による最初の図書目録である。

重要な著作に、
摯虞〔?―三一一〕編『文章流別集』（文学全集）
陸機〔二六一―三〇三〕『文賦』

陳寿〔二三三―二九七〕『三国志』などがある。
王叔和編の『脈経』は世界最古の脈学の専門書、皇甫謐〔二一四―二八二〕の『針灸甲乙経』は現存する最古の針灸専門書、嵆含〔二六三―三〇六〕の『南方草木状』は現存する最古の地域別植物誌。

二七九年（西晋の咸寧五年）

汲郡（現在の河南省衛輝市を中心とする地域）の古墓から、車両数十両にのぼる竹簡が出土。荀勖らが『竹書紀年』、『易経』、『国語』、『穆天子伝』など十六点の古書あわせて七十五篇、十余万字を整理。そのうち、『竹書紀年』は中国に現存する最古の編年体の通史である。

三一七―四二〇年（東晋代）

李充編の『晋元帝四部書目』が経、史、子、集の順序を確立。
重要な著作に、
常璩『華陽国志』（かなり完璧な現存する最古の地方誌）
法顕〔三三七？―四二二？〕『仏国記』（中国ではじめて中央アジアとインドの地理や風俗について記した書籍）
干宝編『捜神記』（現存する最古の神話小説集）
戴凱之『竹譜』（世界で最初の植物譜）
などがある。

四〇四年（東晋の元興三年）

桓玄〔三六九―四〇四〕が命令を発して、簡牘（竹簡と木簡）を廃して、紙に取って代わらせた。

四二〇―五八九年（南北朝時代）

謝霊運〔三八五―四三三〕が『四部目録』を完成。
王倹〔四五二―四八九〕が『七志』を完成。私人による目録の嚆矢。
南斉代の僧祐〔四四五―五一八〕編の『出三蔵記集』は、現存する最古の仏教経典の目録。
阮孝緒〔四七九―五三六〕が『七録』を編纂。
南北朝時代の重要な著作に、
范曄〔三九八―四四六〕編『後漢書』
陳寿〔二三三―二九七〕編、裴松之〔三七二―四五一〕注『三国志』
沈約〔四四一―五一三〕『宋書』
蕭子顕〔四八九―五三七〕『南斉書』
魏収〔五〇六―五七二〕『魏書』
酈道元〔四六六か四七二―五二七〕注『水経注』
楊衒之『洛陽伽藍記』
劉義慶〔四〇三―四四四〕編『世説新語』（中国で最初の軼事筆記小説集）
梁の昭明太子の蕭統〔五〇一―五三一〕編『文選』（現存する最初の詩文全集）

劉勰〔四六五―五三二か、四七〇―五三九〕『文心雕龍』（現存する最初の文学評論書）
鍾嶸〔四六九―五一八〕『詩品』（最初の詩歌評論書）
徐陵〔五〇七―五八三〕編『玉台新詠』（詩歌全集）
謝赫『古画品録』（最初の絵画批評理論書）
雷斅『炮炙論』（現存する最初の薬学書）
龔慶宣『劉涓子鬼遺方』（現存する最初の外科医学書）
賈思勰『斉民要術』（現存する最初の完璧な農書）
などがある。

五八三年（南朝の陳の至徳元年）

陸徳明〔五五〇？―六三〇〕が『経典釈文』の編纂に着手し、唐代初期に完成。現存最古の、経書の文字に注釈を施した重要な工具書。

六〇一年（隋の仁寿元年）

陸法言〔五六二―？〕が『切韻』を完成。現存する最初の韻書である。

六一〇年（隋の大業六年）

巣元方が『諸病源候論』を完成。中国ではじめて臨床各科の病因、病理、症状の分類をかなり体系的に詳述した医書。

六二二年（唐の武徳五年）

欧陽詢〔五五七―六四一〕らが勅命を奉じて類書の『芸文類聚』を編纂。

六二九年（唐の貞観三年）

太宗が史館を設置し、正史を官修する制度を確立。魏徴〔五八〇―六四三〕らが梁、陳、北斉、北周、隋の五王朝の正史の編纂に着手し、六三六年（貞観十年）に『梁書』、『陳書』、『北斉書』、『北周書』、『隋書』を完成（『隋書』の十志だけは六五六年に完成）。

六三〇年（唐の貞観四年）

顔師古〔五八一―六四五〕が勅命を奉じて「五経」の文字を校訂、確定し、全国に頒布し、「五経」の標準的なテキストとする。

魏徴、虞世南〔五五八―六三八〕らが『群書治要』を編纂。

六四三年（唐の貞観十七年）

李延寿が『南史』と『北史』の編纂に着手し、六五九年に朝廷に上奏し、承認を得たのちに流布。

六四五―六六四年（唐の貞観十九年―麟徳元年）

玄奘〔六〇二―六六四〕が七十五部、千三百三十五巻、およそ千三百余万字の仏教経典を漢訳するとともに、『老子道徳経』をサンスクリット語に翻訳し、インドですでに散逸していた『大乗起信録』を漢訳をもとにサンスクリット語に重訳し、さらに『大唐西域記』全十二巻を完成。

六四六年（唐の貞観二十年）

房玄齢〔五七九―六四八〕らが『晋書』の編纂に着手し、

六四八年に完成。

六五二年（唐の永徽三年）

孫思邈〔五八一―六八二〕が『備急千金要方』を完成。中国で最初の臨床医学実用百科事典である。

六五三年（唐の永徽四年）

孔穎達〔五七四―六四八〕が撰定した『五経正義』を公布し、全国的に統一された経学の教科書とした。

六五九年（唐の顕慶四年）

蘇敬らが『新修本草』全五十四巻を編纂。中国ではじめて国家が制定した薬典であり、世界で最初の国定の薬典でもある。

約七世紀（唐代）

中国で木版印刷術を発明。世界の木版印刷の嚆矢である。

約七〇四―七五一年（武則天の長安四年―玄宗の天宝十年）

木版印刷した仏教経典の『無垢浄光大陀羅尼経』が、一九六六年十月に韓国の慶州の仏国寺釈迦塔で発見された。武則天の時期に作られた「制字」が使われているので、専門家は唐代に印刷された経典と見なしている。

七一〇年（唐の景龍四年）

劉知幾〔六六一―七二一〕が『史通』を完成。中国で最初の体系的で完璧な史学理論書。

七五一年（唐の天宝十年）

唐朝と大食国（現在のアラビア）とのあいだで戦争が勃発し、唐軍が敗れ、捕虜のなかの製紙工匠が製紙法を西方に伝えた。

約七六一年（唐の上元二年）

陸羽〔七三三―八〇四〕が『茶経』を完成。中国で最初の茶葉の専門書。

七六二年（唐の宝応元年）

上都（長安。現在の陝西省西安市）の東市の大刁家が暦書を木版印刷して売り出した。

八〇一年（唐の貞元十七年）

杜佑〔七三五―八一二〕の編纂した『通典』全二百巻が完成。中国に現存する最初の政治関係の書物である。

八〇五年以前（唐の貞元年間）

蘇冕〔?―八〇二〕が『会要』全四十巻を完成。中国の史書の「会要」形式を創始した。

八一三年（唐の元和八年）

李吉甫〔七五八―八一四〕が『元和郡県図志』を完成。中国に現存する最古の全国的な地方誌。

八三五年（唐の大和九年）

文宗が道や府に詔を発して、民間が無断で暦書を印刷することを禁止。木版印刷術が発明されたのち、中央政府が出版に関する法令を公布施行した最初の記載。

八六一年（唐の咸通二年）

長安の李家が東市で『新集備急灸経』を印刷。

八六八年（唐の咸通九年）

王玠が『金剛般若波羅蜜経』を木版印刷して広く配布。印刷した日付が明記されている世界で現存最古の書物。

九〇九―九一三年（五代の前蜀の武成二年―永平三年）

任知玄が工人を雇って杜光庭（八五〇―九三三）の『道徳経広聖義』全三十巻の版木を彫り、あわせて四百六十余版になる。

九三二―九五三年（五代の後唐の長興三年―後周の広順三年）

馮道（八八二―九五四）が国子監で儒教の経典を木版印刷して売り出すよう奏請し、「九経」（『易経』、『書経』、『詩経』、『周礼』、『儀礼』、『礼記』、『春秋左氏伝』、『春秋公羊伝』、『春秋穀梁伝』）、唐代の張参の『五経文字』、玄度の『九経字様』を出版。政府主導の出版活動の嚆矢である。

九四五年以後（五代の後蜀の明徳二年以後）

後蜀の宰相の毋昭裔が成都で『文選』、唐代の徐堅（六五九―七二九）ら奉勅撰の『初学記』、唐代の白居易（七七二―八四六）の『白氏六帖』を木版印刷。九五三年にも、学館を開設し、「九経」やさまざまな史書を木版印刷。

九四五年（五代の後晋の開運二年）

劉昫（八八八―九四七）らが『唐書』を完成（宋代に『旧唐書』と改称）。

九四七―九五〇年（五代の後晋の開運四年―後漢の乾祐三年）

曹元忠（?―九八〇）が瓜州（往時の沙州、現在の甘粛省敦煌市を中心とする地域）で『金剛経』（『金剛般若波羅蜜経』）と仏像を木版印刷。敦煌で発見された観音像に「匠人雷延美」の字句があり、中国印刷史上、版木彫り工人に関する最初の記載。

九六三年（北宋の建隆四年）

竇儀（九一四―九六六）らが編纂した『建隆重定刑統』を公布施行。中国で木版印刷された最初の刑事法典である。

九七一―九八三年（北宋の開宝四年―太平興国八年）

太祖が高品と張従信に、益州（現在の四川省成都市を中心とする地域）に赴いて『大蔵経』の木版印刷を監督するよう命じた。あわせて十三万枚の版木を彫り、千七十六部、五千四十八巻、四百八十函からなり、俗に『開宝蔵』といい（『蜀蔵』ともいう）、木版印刷された最初の漢訳仏典全集である。

九七四年（北宋の開宝七年）

薛居正（九一二―九八一）の監修で、盧多遜（九三四―九八五）らが『梁唐晋漢周書』（すなわち『旧五代史』）を完成。

九七七―一〇一三年（北宋の太平興国二年―大中祥符六年）

李昉（九二五―九九六）、王欽若（九六二―一〇二五）らが勅命を奉じて、類書と、既存の文学や史学の文章の全集である『太平御覧』、『文苑英華』、『冊府元亀』、『太平広記』を編纂。いわゆる「宋四大書」である。

九七九—九八六年（北宋の太平興国四年—雍熙三年）
楽史（九三〇—一〇〇七）が『太平寰宇記』全二百巻を完成。

一〇〇五年（北宋の景徳二年）の夏
真宗が国子監に赴いて蔵書を調べ、国子監祭酒の邢昺（九三二—一〇一〇）に印刷した経典の版木の数をきくと、邢昺は「開国の直後には四千枚に及ばなかったのですが、現在は十余万枚あり、経、伝、正義がすべてそろっております」と答えた。九六〇年の建国から一〇〇五年までのあいだに、国子監が木版印刷する経典の版木は二十六倍に増加していた。

一〇三五年（北宋の景祐二年）
朝廷が校正医書局を設置し、医書、数学書、農書を印刷して売り出した。
王堯臣（一〇〇三—五八）らに命じて、北宋朝の蔵書目録である『崇文総目』を編纂させ、一〇四一年に完成。

一〇四一—四八年（北宋の慶歴年間）
畢昇（?—一〇五一?）が粘土活字印刷術を発明。世界で最初の活字印刷術である。

一〇五三年（北宋の皇祐五年）
欧陽脩（一〇〇七—七二）が『新五代史』を完成。

一〇六〇年（北宋の嘉祐五年）
欧陽脩、宋祁（九九八—一〇六一）らが『新唐書』を完成。

一〇六六—八四年（北宋の治平三年—元豊七年）
司馬光（一〇一九—八六）が主宰して『資治通鑑』を完成。中国で最初の編年体通史の大著。一〇八六年に命を奉じて、杭州で木版印刷で発行された。

一〇七二—七四年（北宋の熙寧五—七年。回教暦の四六四—四六六年）
ウイグル族のトルコ語学者であるマフムード・カシュガリーが（アラビア語で）『トルコ語彙集』を完成。中国の最初の、最大規模の非漢語の辞典である。

一〇八二年（北宋の元豊五年）
唐慎微（一〇五六?—九三?）が『経史証類備急本草』を完成。中国古代の本草学を集大成した薬典である。

一一〇三年（北宋の崇寧二年）
李誡（?—一一一〇）が『営造法式』を完成。中国で最初の、きわめて完璧な建築学の専門書である。

一一三〇年（金の天会八年）
金朝が平陽（現在の山西省臨汾市）に経籍所を設置し、経典を出版。

一一四八—七三年（金の皇統八年—大定十三年）
金朝が解州（現在の山西省運城市を中心とする地域）の天寧寺で『金版大蔵経』（現在のいわゆる『趙城金蔵』）を木版印刷し、六千九百余巻の経典を収録。

一一五一年（南宋の紹興二十一年）
晁公武（一一〇五？—八〇？）が『郡斎読書志』を完成。中国に現存する私家版の最初の図書目録である。

一一六一年（南宋の紹興三十一年）
鄭樵（一一〇四—六二）が『通志』全二百巻を完成。

一一七三年（南宋の乾道九年）
袁枢（一一三一—一二〇五）が『通鑑紀事本末』を完成。本末体（特定の事件の経緯や顛末を記す形式）の最初の史書である。

一一九三年（南宋の紹熙四年）
周必大（一一二六—一二〇四）が粘土銅版で自著の『玉堂雑記』を模写印刷。世界に現存する最古の活字印刷本である。

一二〇二年（南宋の嘉泰二年）
兪鼎孫と兪経が『儒学警悟』を完成。中国で最初の叢書。

一二三一—一三二三年（南宋の紹定四年—元の至治三年）
平江府（現在の江蘇省蘇州市を中心とする地域）の陳湖（現在の澄湖）の磧沙（河原）に位置する延聖院が『大蔵経』全六千三百六十二巻の版木を彫った。『磧沙蔵』という。

一二三六年（モンゴルの太宗オゴタイカンの八年）
燕京（現在の北京市）に編修所、平陽に経籍所を設置し、経典や史書を編纂。

一二三七年—四四年（モンゴルの太宗オゴタイカンの九年—乃馬真后の三年）
モンゴルの道士（道教の僧侶）の宋徳方（一一八三—一二四七）と門人の秦志安が、平陽（現在の山西省臨汾市を中心とする地域）で五百人の版木彫り工人を雇って『大金玄都宝蔵』（道教経典の全集）全七千八百巻の版木を彫った。

一二三七年（南宋嘉熙元年）
安吉州（現在の浙江省湖州市）の思渓の法宝資福禅寺が五千七百四十巻の経典の版木を彫って印刷。『資福蔵』という。

一二四一—五一年（モンゴルの太宗オゴタイカンの十三年—メンゲの元年）
モンゴルの楊古が粘土活字で朱熹（一一三〇—一二〇〇）の『小学』、『近思録』などを印刷。

一二四七年（南宋の淳祐七年）
宋慈（一一八六—一二四九）が『洗冤集録』を完成。世界で最初の体系的な法医学書。

一二五三年以前（南宋の宝祐元年以前）
陳景沂が『全芳備祖』を完成。中国に現存する最古の植物学辞典。

一二六九—一三二四年（南宋の咸淳五年—元の泰定元年）
杭州付近の余杭県（現在の浙江省余杭市）の白雲山大普寧寺が『普寧蔵』全五千九百三十一巻の版木を作成。

一二七三年（元の至元十年）
司農司が『農桑輯要』を編纂。
一二九八年（元の大徳二年）
王禎が木製活字を三万余個作り、自分が編纂した『旌徳県志』を百部印刷。一三一三年に、自著の『農書』に「造活字印書法」を付載。世界ではじめて活字印刷術を体系的に叙述した重要な文献である。王禎が設計した回転式植字台は植字技術上の重要な発明である。
一三二九年（元の天歴二年）
広成局をはじめて設置し、もっぱら経書の版木彫りと印刷を管轄させた。
一三三〇年（元の至順元年）
鍾嗣成が『録鬼簿』を完成。中国で最初の戯曲論である。
一三四一年（元の至正元年）
中興路（現在の湖北省江陵県を中心とする地域）の資福寺が、朱墨二色で『金剛経注』を印刷。現存する最古の木版二色刷り印刷物である。
一三四三年（元の至正三年）
脱脱（一三一四―五五）が局を設けて『遼史』、『宋史』、『金史』を編纂するよう奏請。
一三六九年（明の洪武二年）
詔を発して、『元史』の編纂に着手。宋濂（一三一〇―八一）と王禕（一三二二―七三）を総裁に任ずる。
一三七二―一四〇三年（明の洪武五年―永楽元年）
南京で『洪武南蔵』全六千三百十一巻を印刷、刊行。
一四〇三―〇八年（明の永楽元―六年）
解縉（一三六九―一四一五）らが『永楽大典』を編纂。中国の前近代で最大の百科事典式の類書である。
一四〇六年（明の永楽四年）
朱橚らが『普済方』を編纂し、六万千七百三十九件の処方を収録。中国に現存する最大規模の古代の医方書である。
一四二〇―四〇年（明の永楽十八年―正統五年）
北京で『永楽北蔵』全六千三百六十一巻の版木を彫って印刷。
一四四四―四七年（明の正統九―十二年）
『正統道蔵』全五千三百五巻の版木を彫って印刷。現存最古の道教経書の全集。
一四九〇年（明の弘治三年）
無錫の華燧の会通館が銅製活字で『会通館印正宋諸臣奏議』全百五十巻をあわせて五十部印刷。中国に現存する最古の銅製活字印刷本である。
一五二二―一六二〇年（明の嘉靖年間―万暦年間）
有名な長篇小説である『三国演義』、『水滸伝』、『西遊記』、『金瓶梅』をあいついで刊行。
一五七八年（明の万暦六年）
李時珍（一五一八―九三）が『本草綱目』全五十二巻を完

成。一五九六年(万暦二十四年)に刊行。

一五七九—一六七七年(明の万暦七年—清の康熙十六年)

『径山蔵』(『方冊蔵』、『嘉興蔵』ともいう)全一万二千六百巻の版木を彫って印刷。

一五八一—一六四四年(明の万暦九年—崇禎十七年)

湖州の凌、閔両家が百四十四種の書籍を木版で多色刷り印刷。

一五八四年(明の万暦十二年)

朱載堉(一五三六—一六一一)が『律呂精議』を著して出版。世界の音律史上で重要な著作である。

広州でイタリアのルッジェーリ(一五四三—一六〇七)の『天文実録』、肇慶でマテオ・リッチ(一五五二—一六一〇)の『畸人十篇』を出版。中国で最初に出版されたキリスト教の書籍である。

一六〇三—〇七年(明の万暦三十一—三十五年)

徐光啓(一五六二—一六三三)とマテオ・リッチがギリシアのエウクレイデース(ユークリッド。前三世紀?)『幾何原本』(『幾何学教科書』)の前半六巻を共訳。中国で最初に翻訳、出版された西方の数学書である。同書の後半九巻は、李善蘭(一八一〇—八二)とイギリス人宣教師のワイリー(一八一五—八七)が一八五七年(清の咸豊七年)に翻訳。

一六二一—五六年(明の天啓元年—清の順治十三年)

談遷(一五九四—一六五八)が『国権』(編年体の明代史)全百巻を編纂。

一六二六年(明の天啓六年)

王徴(一五七一—一六四四)が『新制諸器図説』を完成。中国で最初の理論的な機械工学の専門書である。

江寧(現在の江蘇省南京市)の呉発祥が『夢軒変古箋譜』を多色刷りで印刷。中国に現存する箋(詩文などを書く小幅の美しい紙片)譜の最古の多色刷りである。

一六二七—四四年(明の天啓七年—崇禎十七年)

胡正言(一五八四—一六七四)が南京で木版で『十竹斎画譜』と『十竹斎箋譜』を多色刷り印刷。

一六三七年(明の崇禎十年)

宋応星(一五八七—?)の『天工開物』を刊行。中国ではじめて工業と農業の技術を総合的に紹介した専門書である。

一六三九年(明の崇禎十二年)

徐光啓の『農政全書』を刊行。中国に現存する古代の最大の農書である。

一六四六年(清の順治三年)

清朝の内府が『満文洪武要訓』の版木を彫って印刷。満洲語による現存最古の書籍である。

一六八〇年(清の康熙十九年)

武英殿の左右の廊廡(主殿に付属する細長い建物)に修書処をはじめて設置し、書籍の印刷や装丁を管轄させた。「殿版(殿本)」の始まりである。

一七〇一—二八年（清の康熙四十年—雍正六年）
陳夢雷（一六五〇—一七四一）が『古今図書集成』の編纂に着手し、一七〇六年に完成。その後、蔣廷錫（一六六九—一七三二）が改訂し、雍正四年（一七二六年）に銅製活字で組版を行い、六十四部、別様の一部を印刷し、一七二八年に完成。正文全一万巻、目録全四十巻、あわせて一億六千字からなり、五千二十冊に分かち、中国の現存最大の類書である。

一七〇五—〇六年（清の康熙四十四—四十五年）
彭定求らが『全唐詩』全九百巻を編纂し、あわせて四万八千九百首を収録。中国で最大の詩歌全集で、曹寅（一六五八—一七一二）の主宰する揚州詩局が刊行した。

一七〇八—一八年（清の康熙四十七—五十七年）
中国ではじめて新しい方法で測量し製図した中国地図の『皇輿全覧図』が完成し、西洋の方式で銅版印刷。

一七一〇—一六年（清の康熙四十九—五十六年）
張玉書（一六四二—一七一一）らが『康熙辞典』を編纂。

一七一一年（清の康熙五十年）
張玉書らが『佩文韻府』を完成。

一七三五年（清の雍正十三年）
張廷玉（一六七二—一七五五）らが『明史』を完成。

一七三五—三八年（清の雍正十三年—乾隆三年）
漢訳『大蔵経』の版木を彫って印刷。俗に『龍蔵』といい、版木は梨の木の両面を使い、あわせて七万九千余枚である。

一七七三—八七年（清の乾隆三十八—五十二年）
清朝宮廷が四庫全書館を開設し、『四庫全書』の編纂を開始し、紀昀（一七二四—一八〇五）を総纂官に任命。一七八二年一月に第一部、一七八七年に全七部が完成。中国最大の叢書である。

一七七三年（清の乾隆三十八年）
武英殿が棗の木で大小の活字をあわせて二十五万三千五百個制作し、あいついで「武英殿聚珍版叢書」百三十四種、二千三百余巻を組版印刷。

一七九一年（清の乾隆五十六年）
程偉元（?—一八一八?）が曹雪芹（一七一五—六三か六四）と高鶚（一七三八?—一八一五）の『紅楼夢』百二十回本をはじめて活字印刷して出版。いわゆる「程甲本」である。翌年、高鶚による改訂本を出版。いわゆる「程乙本」である。これによって、『紅楼夢』の書写の歴史に終止符が打たれ、広範に流布するようになった。

一八一〇年（清の嘉慶一五年）
イギリス人宣教師のモリソン（一七八二—一八三四）が広州で『使徒行伝』を千部木版印刷。

一八一五—二二年（清の嘉慶二十年—道光二年）
中国にやって来たイギリス人印刷工のトーマスが手作業で

金属活字を作り、『モリソン字典』〔漢英辞典〕全六巻を組版印刷。

一八二五―四六年（清の道光五―二十六年）

福州の林春祺が二十数万両の銀を投じて楷書体の銅製活字を四十余万個作り、「音学五書」〔顧炎武（一六一三―八二）の編纂した叢書で、『音論』、『詩本音』、『易音』、『唐韻正』、『古韻表』からなる〕などを組版印刷。

一八三三年（清の道光十三年）

イギリス人宣教師のグツラフ（ギュツラフ。一八〇三―五一）が広州で『東西洋考毎月統記伝』を創刊。外国人が中国で発行した最初の中国語の定期刊行物。

一八四三年（清の道光二十三年）

イギリス人宣教師のメドハースト〔一七九六―一八五七〕が上海で墨海書館を開設し、西方の印刷技術で中国語の書籍の翻訳と出版を開始。

一八四四年（清の道光二十四年）

安徽省涇県の翟金生が粘土活字を十万余個作り、『泥版試印初編』を組版印刷。中国に現存する粘土活字で印刷した最古の書籍。

一八四五年（清の道光二十五年）

アメリカの長老派教会が寧波に美華書館を開設し、鉛製活字で宗教書を出版し、また西方の自然科学書を翻訳出版。

一八五〇―五二年（清の道光三十年―咸豊二年）

広東の仏山鎮〔現在の広東省仏山市〕の唐という印刷工が大小三種類の錫製活字を二十数万個鋳造し、『文献通考』〔元代の馬端臨（一二五四？―一三二三）の編〕などを印刷。

一八五三年（清の咸豊三年）

太平天国〔農民革命の政権〕が天京（現在の江蘇省南京市）を都城とし、鐫刻営を設けて、政府の公文書を管理、発行し、删書衙を設けて儒教経典を削除、改竄。

一八五九年（清の咸豊九年）

アメリカ人印刷技師のギャンブル〔長老派教会の宣教師。？―一八八六〕が寧波の美華書館で中国活字の規格を改善し、七種の基準を制定し、中国語の鉛製活字の基礎を築いた。また、中国語の活字の母型の電気メッキを創始し、元宝〔馬蹄〕式植字台を発明し、中国語の鉛製活字を常用、予備、稀少の三種に分類し、書籍の鉛版印刷の生産性を向上。

一八六二年（清の同治元年）

清朝の宮廷が北京に同文館を設立し、西方の著作を翻訳出版。まず英文館を設け、ついで法文〔フランス語〕館、俄文〔ロシア語〕館、徳文〔ドイツ語〕館、日文館などをあいついで設け、印刷局を付設し、翻訳した書籍を印刷出版。

一八六三年（清の同治二年）

曾国藩〔一八一一―七二〕が南京に金陵書局を創立。各省の官書局の嚆矢である。その後、浙江、安徽、湖北、福建、江西、河南、山西、山東、広東などの官書局があいついで開設された。

一八六七年（清の同治六年）

上海の江南製造局が翻訳館を付設し、おもに製造技術や自然科学に関する著作を翻訳出版。

一八七六年（清の光緒二年）

イギリス人実業家のメイジャーが上海に点石斎石印書局を創立し、西方から石版印刷の技術を導入。メイジャーに続いて、中国の民族資本家も同文書局、蜚英館、鴻宝斎などの石版印刷による出版社を創立。

イギリス人のフライヤー〔一八三九—一九二八〕が上海で『格致匯編』（月刊）を創刊。中国で最初の定期刊行の科学雑誌である。

一八八七年（清の光緒十三年）

イギリス人宣教師のウイリアムスン〔一八二九—九〇〕が上海に「同文書会」を設立。一八九一年以後、李提摩太〔ティモシー・リチャード。一八四五—一九一九〕が主宰し、一八九二年に「広学会」に改称。キリスト教の布教のために上海に設立された出版機関である。

一八八九年（清の光緒十五年）

河南の殷墟〔安陽市の北西部に位置する〕で甲骨文を発見。中国の文字の歴史を数百年繰り上げ、殷代の歴史研究に信頼しうる史料をもたらした。

一八九五年（清の光緒二十一年）

康有為〔一八五八—一九二七〕らの維新派が北京で強学会を結成し、強学書局を付設し、『中外紀聞』（初めは『万国公報』といった）を創刊し、上海に分局を設け、翌年、『強学報』を創刊したが、ただちに発禁処分を受けた。

一八九七年（清の光緒二十三年）

夏瑞芳〔一八七一—一九一四〕、鮑咸恩、鮑咸昌、高鳳池らが上海で商務印書館を創立。

南洋公学が上海で発足し、『蒙学課本』を編集印刷。中国の小学校の教科書の嚆矢である。

一八九八年（清の光緒二十四年）

馬建忠〔一八四四—一九〇〇〕が『馬氏文通』を完成。古代中国語の文法をはじめて体系的に講述した専門書である。

一八九九年（清の光緒二十五年）

敦煌〔甘粛省敦煌市〕で古書を発見。敦煌の石室の秘密の洞窟に秘蔵されていたもので、総数が二万余巻。その大半は仏教と道教の経典で、さらに史、子、集、詩、詞、曲、賦、通俗文学、絵入本、地方誌、医書、暦書などもあり、きわめて広範にわたる。中国の二千年ちかい学術文化の発展を研究するのに貴重な文献である。

上海の広学会が創刊した『万国公報』第百二十一—百二十四期（二—五月に出版）に、李提摩太抄訳、蔡爾康〔一八五八—?〕筆記で『大同学』（イギリスの進化論者のB・キッド（一八五八―一九一六）の著作）の第四章までを掲載。中国の新聞・雑誌でマルクス主義理論をはじめて紹介した。

一九〇〇年（清の光緒二十六年）

商務印書館が日本人が上海で経営していた修文印刷所を買収。中国ではじめて紙型を使った。

一九〇二年（清の光緒二十八年）

鄒容（一八八五―一九〇五）が『革命軍』を上海の大同書局から出版。発行部数がきわめて多いので、清朝政府が震撼。翌年、『革命軍』などを紹介した文章を掲載したため、『蘇報』が告訴され、章炳麟（一八六九―一九三六）、鄒容らが逮捕された。

上海の土山湾印書館が写真製版部を新設し、中国ではじめて写真製版技術を使用。

兪復、廉泉らが上海で文明書局を創立。

上海の『翻訳世界』誌が日本人の村井知至の『社会主義』を編訳して掲載。中国ではじめてヨーロッパの社会主義学説を紹介した中国語の訳本である。

一九〇三年（清の光緒二十九年）

上海の『新世界学報』第二―六期（二月二十七日―四月二十七日発行）が、久松義典著、杜士珍訳『近世社会主義評論』を掲載し、その文中で中国ではじめて「共産主義」という言葉を使用。

上海の広益書局が福井準造著、趙必振訳『近世社会主義』を出版。マルクスの学説を中国語できわめて早く紹介した書籍の一つである。

商務印書館が『小学最新教科書』を編纂出版、半月刊の『繡像小説』（李伯元（一八六七―一九〇六）主編）を創刊、『説部叢書』を翻訳出版、蔡元培（一八六八―一九四〇）訳『哲学要領』（ドイツのケーベル（一八四八―一九二三）の著）、厳復（一八五四―一九二一）訳『群学肄言』（イギリスのスペンサー（一八二〇―一九〇三）の著）、林紓（一八五二―一九二四）ら訳『イソップ寓話』を出版。

一九〇四年（清の光緒三十年）

商務印書館が『東方雑誌』を創刊。旧中国でもっとも長期にわたって出版された大型総合雑誌で、一九四八年十二月に停刊した。

商務印書館が厳復の『英文漢沽』を出版。中国ではじめて新式の句読点の符号を使用し、横書きで鉛版印刷した中国語の書籍で、奥付に厳氏の「版権（著作権）証」が貼られていた。著者が「検印」を捺した最初の書籍である。

一九〇五年（清の光緒三十一年）

商務印書館が厳復訳『天演論』（イギリスのハクスリー（一八二五―九五）の著）を出版。

上海で書業商会が発足し、『図書月報』を出版。

一九〇六年（清の光緒三十二年）

清朝政府が「大清印刷物専律」を公布。

一九〇七年（清の光緒三十三年）

清朝政府、「大清報（新聞）律」を公布。

商務印書館がコロタイプ印刷を開始。

一九〇八年（清の光緒三十四年）

商務印書館が『英華大辞典』（顔駿人主編）、『物理学語匯』、『化学語匯』を出版。後二者は中国ではじめて出版された術語語彙集。

一九〇九年（清の宣統元年）

清朝政府の学部が編訂名詞館を設け、厳復を総纂に任命。また、蒙蔵（モンゴル、チベット）編訳局を設け、モンゴル語とチベット語の教科書を出版。

商務印書館が『教育雑誌』（陸費逵〔一八八六―一九四一〕主編）を創刊、孫毓脩編訳『童話』一、二集（中国ではじめて出版された児童文学の作品集）、『漢訳日本法律経済辞典』（中国で最初に翻訳出版された百科辞典）を出版。

商務印書館がイギリスの『タイムス』社と『万国通史』を共同出版。中国の出版社と外国の出版社との共同出版の最初の試みである。

一九一〇年（清の宣統二年）

清朝政府が「著作権律」を公布。

一九一一年（清の宣統三年）

南京臨時政府が「中華民国臨時約法」（憲法）を公布。「人民は言論、著作、出版および集会、結社の自由を有する」と規定されていた。

一九一二年（清の宣統四年、中華民国元年）

陸費逵、戴克敦、陳協恭、沈知方（一八八二―一九三九）らが上海で中華書局を創業。

一九一三年（中華民国二年）

商務印書館がはじめて電気メッキ銅版を使用。

一九一四年（中華民国三年）

商務印書館がはじめて自動植字機を使用。

袁世凱（一八五九―一九一六）政府が「報紙条例」と「出版法」を公布。

一九一五年（中華民国四年）

国民党政府が「著作権法」を公布。

『青年雑誌』が九月十五日に上海で創刊、群益書社から出版。第二巻から『新青年』と改称し、陳独秀（一八七九―一九四二）が主編に就任。一九二〇年九月一日出版の第八巻から独立し、上海共産主義小組の機関誌になった。

商務印書館がはじめてカラー・オフセット印刷を導入し、アメリカ人技師を招聘して指導を受けた。擬古体活字を創始。カラー・オフセット印刷を開始。函授（通信教育）学社を設立し、張元済（一八六七―一九五九）が社長を兼任。

商務印書館が『辞源』（正編）（陸爾奎、高鳳謙〔一八六九―一九三六〕、方毅ら主編）を出版。中国の新方式の辞書の嚆矢である。

一九一七年〔中華民国六年〕

沈知方が上海で世界書局を創業。

一九一八年〔中華民国七年〕

北洋軍閥政府教育局が注音字母〔漢字音を示すための音標文字で、筆画の簡単な漢字に修正を加えたもの〕を公布。北京の孔徳学校が注音字母を使用して『国語課本』を編纂して発行。

商務印書館が『植物学大辞典』を出版。中国で出版された最初の専門事典。

十二月二十二日、陳独秀、李大釗〔一八八九―一九二七〕、胡適〔一八九一―一九六二〕らが北京で『毎週評論』を創刊。

一九一九年〔中華民国八年〕

七月十四日、毛沢東〔一八九三―一九七六〕主編の『湘江評論』が湖南の長沙で創刊。

商務印書館が「四部叢刊」初編の編纂と発行を開始〔一九二二年に完結し、三百二十三点、八千五百四十八巻を収録〕。『新体国語教科書』八冊を編纂、発行〔荘適、黎錦熙〔一八九〇―一九七八〕らが編纂〕。中国の最初の口語文教科書で、漢字と発音符号を結合した活字の母型を新しく作り、はじめて機械彫りの母型を使用した。

中国語の舒震東式タイプライターをはじめて製造。中国で最初の漢字タイプライターである。

宣紙〔宣州府〔現在の安徽省宣城市を中心とする地域〕産の画仙紙で、檀の樹皮と藁で作り、紙質が密で柔らかで変色しないので、書家や画家に珍重され、湖筆、端硯、徽墨とともに文房四宝とされる〕で十五色刷りの試験に成功。

中華書局が丁輔之の考案した「聚珍仿宋活字」〔聚珍本〔聚珍版ともいい、一七七三年に「四庫全書」のうちの善本を木製活字で印刷したもの〕の活字をもとにしたもの〕で書籍を印刷。

一九二〇年〔中華民国九年〕

中国共産党上海発起小組が月刊理論誌『共産党』を創刊。上海で発行し、李達〔一八九〇―一九六六〕が主編に就任した。

各地の共産主義小組がそれぞれ北京、上海、広州などで労働運動を指導する通俗的な『労動音』、『労動者』、『労動声』、『労動界』、『上海夥友』などを出版。

八月、上海の社会主義研究社が陳望道〔一八九〇―一九七七〕訳、陳独秀・李漢俊〔一八九〇―一九二七〕校閲『共産党宣言』を出版。最初の中国語による全訳である。

春、惲代英〔一八九五―一九三一〕が武昌〔現在の湖北省武漢市の南部〕で利群書社を創立、七月、毛沢東が湖南の長沙で文化書社を創立。

新青年社が上海で創業し、「新青年叢書」を出版。

中華書局が「四部備要」の編纂と出版を開始〔一九二六年

に完結)。

一九二一年(中華民国十年)

九月一日、中共中央の出版機構——人民出版社——が上海で発足し、マルクス主義の著作の計画的な出版を開始。

一九二二年(中華民国十一年)

中国共産党の中央機関紙『響導』(週刊)が九月十八日に上海で創刊。蔡和森(一八九五—一九三一)が主編を担当した。中国社会主義青年団が最初の機関誌『先駆』(半月刊)を一月十五日に創刊。人民出版社が「マルクス全書」、「レーニン全書」、「コミュニスト(共産主義者)叢書」の出版を開始。

湖南の長沙で活版印刷の労働者が賃金の増額と待遇の改善を要求して全員がストライキに突入。出版労働者の最初のストライキである。

一九二三年(中華民国十二年)

中共中央の機関誌『前鋒』(月刊)が七月一日に広州で創刊。瞿秋白(一八九九—一九三五)が主編を担当した。

中国社会主義青年団の中央機関誌『中国青年』(週刊)が十月二十日に上海で創刊。惲代英らが主編を担当した。

中国共産党が十一月に上海に上海書店を設立し、各大都市の中共の党組織もあいついで書店を設立し、上海書店が出版する革命書を販売。

一九二四年(中華民国十三年)

中華全国総工会(工会〔労働組合〕の全国組織)の機関誌『中国工人〔労働者〕』が十月に上海で創刊。

商務印書館の設立した涵芬楼〔図書館〕の新廈〔新ビル〕が落成。一九二六年に「東方図書館」に改組し、外部に開放した。蔵書五十一万冊、図版五千余種を擁し、中国で最大の蔵書を誇っていたが、一九三二年の「一・二八」事変〔上海事変〕のさい、日本帝国主義の爆撃で破壊された。

一九二五年(中華民国十四年)

六月、商務印書館で職工会を結成。陳雲(一九〇五—一九九五)が第一期執行委員会委員長に就任。

十月十一日、中華職業教育社が『生活』(週刊)を上海で創刊。翌年十月、鄒韜奮(一八九五—一九四四)が主編に就任した。

中国共産党が上海で崇文堂印務局を設立。のちに文明印務局に改称した。

一九二六年(中華民国十五年)

二月、上海書店が軍閥の孫伝芳(一八八五—一九三五)によって閉鎖されたので、十一月、武漢に長江書店を設立し、同時に漢口〔現在の武漢市の北東部〕に長江印刷所を設立して、革命書を印刷、出版した。

北洋軍閥政府が「出版法」の廃止を命令。

七月一日、章錫琛(一八八九—一九六九)主編の『新女

性』が上海で創刊。のちに、拡大、改組して開明書店になる。

一九二七年〔中華民国十六年〕

三月、商務印書館の労働者と職員が国民党の北伐軍に呼応する上海労働者の第三次武装蜂起に参加。徐文思、陳安芬、胡材根、王金有、余茂宏、兪敬忠の六人が犠牲になった。

国民党の蔣介石〔一八八七―一九七五〕による「四・一二」反革命クーデターののち、革命と進歩を宣伝してきた大量の出版機関が閉鎖され、多数の出版人が逮捕、銃殺された。

国民党中央宣伝部が創設した正中書局が開業。

中華書局が聚珍彷宋版『四部備要』を出版。あわせて三百五十一種、千百五巻、二千五百冊を収録した。

一九二八年〔中華民国十七年〕

中共中央の機関誌『紅旗』〔週刊、のちに三日刊〕が上海で地下創刊。

国民党政府が「著作権法」を公布。

一九二九年〔中華民国二十八年〕

中国共産党の主宰する出版組織――華興書局――が上海で発足。

国民党中央宣伝部が「宣伝品審査条例」を公布。

商務印書館が「万有文庫」第一集を編纂、発行。千十点の書籍を収録し、二千分冊にした。一九三四年に第二集を編纂、発行。七百点を収録し、二千分冊にした。「漢訳世界名著叢書」の出版を開始。

一九三〇年〔中華民国十九年〕

中国左翼作家聯盟〔左聯〕が上海で結成され、魯迅〔一八八一―一九三六〕主編で『萌芽』〔月刊〕、蔣光慈〔一九〇一―三一〕主編で『拓荒者』〔月刊〕を上海で創刊。

中国左翼文化総同盟が上海で結成され、『世界文化』、『文化月報』、『芸術』〔いずれも月刊〕を創刊。

国民党政府が「出版法」を公布。翌年、「出版法施行細則」を公布。

商務印書館が百衲本〔さまざまな版本を集め、たがいに参酌して一部にした書物〕『二十四史』の出版を開始。張元済が主宰した。

中華書局が聚珍彷宋版『二十四史』を出版。

一九三一年〔中華民国二十年〕

中華ソビエト共和国臨時中央政府が江西の瑞金で成立。ソビエト区中央執行委員会人民委員会のもとに、中央出版局と中央印刷局を設置。

「左聯」が上海で『北斗』、『文学導報』〔ともに月刊〕、『文芸新聞』〔週刊〕を創刊。

一九三二年〔中華民国二十一年〕

「一・二八」事変〔上海事変〕が勃発し、日本帝国主義が呉淞と上海を侵犯。商務印書館の総管理処、総廠〔主工場〕、編輯所、東方図書館、尚公小学校がすべて爆撃で焼失し、甚大な被害をこうむり、操業停止に追い込まれたが、八月一日に操業を再開し、「日出新書一種」（毎日、新書を一点ずつ出版する）を実行した。「大学叢書」の編纂を開始し、『辞源』の続編を出版。

鄒韜奮が上海に生活書店を設立。

「左聯」が上海で『文学月報』と『文学』（月刊）を創刊。

一九三三年（中華民国二十二年）

中共ソビエト区中央局、機関誌『闘争』（週刊）を創刊。

鄒韜奮主編の『生活』（週刊）が国民党政府によって発禁処分。

一九三四年（中華民国二十三年）

中国左翼新聞記者聯盟が新聞理論誌『集納批判』（週刊）を創刊。一九三四年一月七日発行の同誌第二期によれば、江西の中央革命根拠地は新聞四十余紙、雑誌三十余誌、書籍二百余点を出版し、とりわけ絵本と小冊子は数えきれないほど多く、そのうち、雑誌に『猛進』、『紅色戦線』、『火線』、『ソビエト建設』、『マルクス主義講座』、『赤焔』など、週刊に『闘争』、『紅星』など、日刊に『紅色中華』などがあり、その大半は一度に五万部以上発行されていたという。

杜重遠（一八九七―一九四三）と艾寒松（一九〇五―七五）の創刊した『新生』（週刊）、魯迅主編の『訳文』、胡愈之（一八九六―一九八六）、銭亦石（一八八九―一九三八）ら編輯の『世界知識』（半月刊）、陳望道主編の『太白』（半月刊）、李公朴（一九〇二―四六）主編の『読書生活』（半月刊）などがあいついで上海で創刊。

商務印書館が「四部叢刊」続編を編纂、出版し、あわせて八十一点、千四百三十八巻を収録。「四庫全書」珍本初集を編纂、発行し、『嘉慶重修一統志』を影印発行。呉半農訳『資本論』第一巻第一分冊を出版。

中華書局が武英殿版「古今図書集成」を覆刻。中華書局の九龍印刷工場が完成。印刷設備は、当時、極東第一といわれた。

開明書店が「二十五史」（正史の「二十四史」に『新元史』を加える）を編纂、出版し、翌年、「二十五史補編」を続刊。

上海雑誌公司が上海で創立。雑誌専門出版社の嚆矢である。

国民党政府が「図書雑誌審査弁法」を公布するとともに、上海に審査処を設置。

一九三五年（中華民国二十四年）

六月、『新生』が発禁処分を受け、主編の杜重遠に裁判で懲役一年二か月の判決。

十一月、鄒韜奮主編の『大衆生活』（週刊）が創刊され、毎号の発行部数が二十万部に到達。翌年、発禁処分を受け、『永生』と改称し、金仲華（一九〇七―六八）が主編に就任した。

銭俊瑞（一九〇八―八五）らが上海に新知書店を設立。

商務印書館が「叢書集成」を編纂、発行。叢書百種、書籍四千百、おおよそ二万巻を収録。「四部叢刊」三編を編纂、発行。書籍七十三種、千九百十巻を収録。

一九三六年（中華民国二十五年）

商務印書館が「縮本四部叢刊」初編を覆刻。

中華書局が『辞海』（舒新城（一八九三―一九六〇）らが主編）、「四部備要」袖珍彷宋版（精装版百部）を出版。

李公朴らが上海に読書出版社を設立し、のちに読書出版社に改称。

一九三七年（中華民国二十六年）

一月、中共中央が陝北（陝西省北部）の保安から延安に移転。張聞天（一九〇〇―七六）、秦邦憲（一九〇七―四六）、凱豊らで中央党報委員会を構成し、その下に出版科と発行科を置く。四月二十四日、中共中央機関誌『解放週刊』を創刊。中央党報委員会発行科が「新華書局」の名義で発行し、十月三十日から新華書局は「新華書店」に改称。それ以後、陝甘寧（陝西省、甘粛省、寧夏省）、晋綏（山西省、綏遠省）、晋察冀（山西省、チャハル省、河北省）、晋冀魯豫（山西省、河北省、山東省、河南省）、蘇皖（江蘇省、安徽省）、山東など、敵後方地区の根拠地もあいついで新華書店を設立し、編集、印刷、発行業務を統一的に運営した。

七月一日、延安の中央印刷廠が正式に発足。あわせて七十余人の職員と労働者を擁し、そのうち植字部が十六人で、毎月二十万字ちかい組版を行った。廠長に祝志澄（一九〇六―六八）、副廠長に朱華民。

一九三八年（中華民国二十七年）

一月から、中央党報委員会が編纂、翻訳する書籍と雑誌は、一律に「解放社」名義で出版し、新華書店が発売元か取次元になった。

上海の読書出版社が郭大力（一九〇五―七六）、王亜南（一九〇一―六九）共訳の『資本論』全訳本を出版。

上海復社が『魯迅全集』を出版。

国民党中央宣伝部が「戦時図書雑誌原稿審査弁法」、「抗戦期間図書雑誌審査批准」を公布し、重慶に「中央図書雑誌審査委員会」を設置。

一九三九年（中華民国二十八年）

三月二十二日、中共中央が「発行部を設置することに関する通知」を発出し、「中央から県委員会にいたるまで一律に発行部を設立する」よう要求。

五月十七日、中共中央が「宣伝教育工作に関する指示」を発表し、「各中央局、中央分局、区党委員会、省委員会が各種の方法で自己の印刷所を設立して（区党委員会、省委員会は活字鋳造機の設置に努めて）、地方紙を発行し、中央の党機関紙および書籍、小冊子を翻刻しなければならない」と要求。

六月一日、中共中央の発行部が延安で発足し、九月一日に中共中央出版発行部に改称。部長に李富春〔一九〇〇―七五〕（兼任）、副部長に王林〔一九一五―　〕、秘書長に蘇生を任命し、その下に出版、印刷、発行、総務、秘書の五処を設けた。新華書店と中央印刷廠はともに独立した機関になり、出版発行部の直接の指導を受けることになった。

中共中央の主宰する党内雑誌『共産党人』と、中共中央婦女委員会の主宰する『中国婦女』が延安で創刊。

延安辺区造紙廠が四月に操業を開始し、九月末までに土紙〔中国在来の手漉きの紙〕の生産量が月産十万枚に達するとともに、延安振華造紙工業合作社が野生の馬蘭草で作る「馬蘭紙」の日産量が一万枚に達して、辺区の深刻な紙不足を根本的に解決した。

一九三九―四一年〔中華民国二十八―三十年〕

進歩的な生活書店、読書出版社、新知書店の三社が国民党支配地区に開設していた六十余か所の分店と支店は、大半が国民党当局によって閉鎖され、逮捕、投獄された職員が少なくなかった。

一九四〇年〔中華民国二十九年〕

九月十日、中共中央が「中央の文化活動に関する指示」を発出し、「かなり大きな根拠地は、いずれも完備した印刷工場を開設しなければならない。すでに印刷工場のある根拠地は、整備と拡充に努めなければならない。一か所の印刷工場を建設することを、一万ないし数万の軍隊を建設することよりも重視すべきである。新聞、雑誌、書籍の発行工作を組織することに意をそそぎ、専門の輸送機関と輸送を援護する部隊を有し、文化という食糧の輸送を被服や弾薬の輸送よりも重視すべきである」と提起した。

十一月十四日、延安の『新中華報』は「三年来の新華書店」という一文を掲載し、過去三年間に新華書店は延安出版の百七十余点の書籍と雑誌を発行したが、書籍は五十万冊を下らず、新聞と雑誌は数百万部にのぼる」と指摘した。

十二月二十五日、毛沢東は中共中央のために起草した党内指示「政策を論ず」で、「各根拠地がいずれも印刷所を設置し、書籍と新聞を出版し、発行と輸送の機関を組織する」よう要求した。

中共中央職工〔職員、労働者〕運動委員会が主宰する『中国工人』（月刊）と、陝甘寧辺区文化協会の主宰する『中国文化』（月刊、艾思奇〔一九一〇―六六〕が主編）が延安で創刊。

大衆読物社が三月十二日に延安で発足。通俗紙『辺区群衆〔大衆〕報』を主宰するほか、「大衆習作」、「大衆画庫」、「大衆文庫」などの通俗読物を編纂、出版した。

一九四一年〔中華民国三十年〕

六月二十日、中共中央宣伝部が「宣伝煽動工作に関する提綱」を発表し、「新聞と雑誌を作り、書籍を出版することを、党の宣伝煽動工作におけるもっとも重要な任務にしなければならない。中央の機関紙、機関誌、出版機関のほかに、各地方の党も出版機関、新聞、雑誌を主宰すべきである。マルクス、エンゲルス、レーニン、スターリンの著作のほかに、中級読物、補助読物、各レベルの教科書をも大量に出版しなければならない。革命的な各種の書籍と新聞を大量に印刷、発行すべきである」と提起した。

十二月、中共中央は、出版発行事業を強化、統一するために、中央出版発行部を廃して中共中央出版局を設置し、出版、印刷、発行工作を統一的に管理するとともに、各地の関連する出版工作を指導することを決定し、中央出版局局長に博古〔秦邦憲〕(兼任)、秘書長に許之楨〔一八九八―一九六四〕を任命し、出版科と発行科を設置。

蘇商時代出版社が上海で発足し、『時代』(週刊。翌年、半月刊に改めた)と『蘇聯〔ソ連〕文芸』(月刊)を創刊。

十二月八日、太平洋戦争が勃発。日本侵略軍が上海租界を占領し、商務、中華、開明、生活、世界、大東、良友、光明など、出版、発行機関が日本軍によって閉鎖された。

一九四二年〔中華民国三十一年〕

国民党政府が重慶に「中央出版事業管理委員会」を設置し、「書店、印刷廠管理規則」を公布。教科書の出版業務を独占し、正中書局を中心に商務などの出版機関を組織して「教科書聯合発行処」を結成する。

一九四三年〔中華民国三十二年〕

生活、読書、新知、上雑、群益などの出版機関が重慶で「新出版聯合総処」を結成。翌年から、あいついで重慶、成都、武漢などに「聯営書店」を設立した。

一九四四年〔中華民国三十三年〕

晋察冀日報社(鄧拓〔一九一二―六六〕が社長兼総編輯)が最初の『毛沢東選集』を編集、出版し、七月に晋察冀新華書店から発行。

一九四五―四九年〔中華民国三十四―三十八年〕

抗日戦争に勝利。

一九四五年十一月、東北書店が瀋陽で発足。解放戦争期に東北各地に十六か所の分店、百八十五か所の支店、百余か所の分売所をあいついで設置し、東北の全地域にあまねく及ぶ発行網を形成し、一九四九年七月に東北新華書店に改称した。

西北、華北、華東、中原(のちに中南と改称)の各解放区に、新華書店の総店か総管理処をあいついで設置。重慶の解放後、西南新華書店も設置した。

一九四六年〔中華民国三十五年〕

一月、中共中央出版局を廃し、出版発行工作を中央宣伝部に編入。

一九四八年〔中華民国三十七年〕

八月、中共中央が、全国的に統一、集中された出版工作の指導機関を設置するとともに、全国解放後の出版事業の関連する政策に対して指示を発することを決定し、十二月二十九日に「新解放区の出版事業に関する政策指示」を発表。

十月、生活書店、読書出版社、新知書店が香港で合併し、生活・読書・新知三聯書店に改称。

一九四九年〔中華民国三十八年〕

二月、中共中央宣伝部出版委員会が北平〔現在の北京〕で発足。

三月、中共中央が、出版工作は統一、集中する必要があるが、分散経営を基礎に、有利で可能な条件のもとで、計画的に手順よく統一と集中の道を歩まなければならないと指示。

四月二十四日、新中国で最初の大型国営書籍雑誌印刷工場——北平新華印刷廠——が操業式典を挙行。

五月、華北人民政府が教科書編審委員会を設置。国営の新華書店から資金の一部を出すとともに、指導幹部を派遣して、北平と上海の一部の私営の出版社と聯合〔共同〕で二つの聯合出版社〔華北聯合出版社と上海聯合出版社〕を結成し、教科書の出版工作に責任を負った。出版事業における公私合営〔国家と民間資本の共同経営〕の最初の試みであった。

九月二十九日、中国人民政治協商会議第一期全体会議で「共同綱領」を採択。その第四十九条で、「人民の出版事業を発展させるとともに、人民に有益な通俗的な書籍と新聞の出版を重視する」と規定している。

十月一日、中華人民共和国が成立。中央人民政府の政務院のもとに出版総署を設置し、胡愈之を署長に任命。出版総署は十一月一日に正式に発足。

十月三―十八日、「全国新華書店出版工作会議」を北京で開催。毛沢東主席がこの会議のために「真剣に出版工作に取り組もう」という題辞を記した。

十二月五日、中共中央が「中央政府の成立後における党の宣伝部門の工作問題に関する指示」を発出し、「中央政府がすでに成立し、……出版総署のもとに出版局が設置されたので、これまでわが部〔中央宣伝部のこと〕に所属していた出版委員会とその地方組織はただちに解散しなければならず、新華書店は国家書店に改め、出版総署の指導を受けなければならない」と指摘した。

一九五〇年

三月二十五日、出版総署が「全国の新華書店を統一することに関する決定」を発出し、それまで分散経営してきた新華書店を全国的な国営出版企業に統一することを決定。

九月十五―二十五日、出版総署が第一回全国出版会議を開催。出版、印刷、発行事業の分業化専業の問題と公私関係を調整する問題について重点的に討議した。

十月二十八日、周恩来総理が「中央人民政府政務院の全国の出版事業を改善、発展させることに関する指示」に署名して公布。同日、政務院の承認を経て、出版総署が第一回出版会議の五項目の決議（「人民の出版事業を発展させることに関する基本方針」、「出版工作の発展と改善」、「定期刊行物工作の改善」、「書籍と雑誌の発行工作の発展と改善」、「書籍と雑誌の印刷業の改善」）を公布し、同日、さらに「国営の書刊〔書籍、雑誌〕の出版、印刷、発行企業の分業化専業と公私関係の調整に関する決定」をも公布。

十二月一日、分業化専業の決定にもとづいて、新華書店の出版部は人民出版社、印刷部は新華印刷廠、発行部門はもっぱら発行業務を営む新華書店に改組。

十二月、三聯書店、中華書局、商務印書館、開明書店、聯営書店の五社の発行部門が、共同で公私合営的性格の中国図書発行公司を設立。

一九五一年

三月二十一日、新聞総署と出版総署が共同で「全国の報紙期刊〔新聞、定期刊行物〕がいずれも書報〔書籍、新聞〕の評論工作を樹立すべきことに関する指示」を発表。『人民日報』は三月二十三日に「書報の評論は出版工作と報紙工作を指導する重要な方式の一つである」という社説を掲載した。

十月十二日、『毛沢東選集』第一巻を人民出版社が出版。第二、第三、第四巻はそれぞれ一九五二年四月、一九五三年四月、一九六〇年十月に出版。

一九五二年

八月十六日、政務院が「書刊の出版業、印刷業、発行業を管理する暫定条例」と「期刊登記暫定弁法」を公布。

十月二十五―三十一日、出版総署が第二回全国出版行政会議を開催し、出版の計画化の問題について重点的に討論。十一月二十七日、「出版の計画化を実行する初歩弁法」を発表した。

十二月二十八日、郵電〔郵便、電信〕部と出版総署が共同で「出版物の発行工作を改善することに関する共同決定」を発表し、一九五三年一月一日から、新聞と雑誌は郵電局が発行し、図書は新華書店が発行。

一九五三年

三月二十八日、出版総署が「図書、雑誌の版本記録に関する規定」を発表。その後、一九五四年四月一日に図書の版本記録の規定を改訂した。

十二月、出版総署が、中国図書発行公司を解散し、その業務を新華書店に編入することを決定。

この年、中共中央馬克思恩格斯列寧斯大林〔マルクス、エンゲルス、レーニン、スターリン〕著作編訳局が北京で発足。

一九五四年

第一期全国人民代表大会第一回会議が採択した「中華人民共和国憲法」は、「中華人民共和国の国民は言論、出版……

の自由を有する」と規定。

十一月三十日、国務院の決定にもとづいて、出版総署を廃し、出版行政の業務をすべて文化部に移管するとともに、文化部に出版事業管理局を設置し、出版行政の業務を処理させることにした。

一九五四―五六年

全国の私営の出版業、印刷業、発行業は、国家の資本主義工商業に対する改造政策にもとづいて、段取りをおって社会主義改造を始め、一九五六年にいたって基本的に完了。

一九五五年

七月二十二日、国務院が「反動、猥褻、デマの書籍、雑誌、図画を処理することに関する指示」を発表。

十一月八日、全国人民代表大会常務委員会第二十三回会議が「違法な図書、雑誌を処理することに関する決定」を採択。

十二月二十二日、中央編訳局が翻訳した『レーニン全集』中国語訳第一巻を人民出版社から出版。全三十九巻で、一九六三年二月に完結した。

十二月三十日、文化部が「漢文〔中国語〕の書籍、雑誌の横組の原則に関する規定」を発表。

一九五六年

一月二十三日、文化部が「農民の通俗読物の出版発行工作を強化することに関して中央に指示を要請する報告」を発表して、農民の大衆読物は、全面的に計画し、体系的に出版し、農村の各方面の要求を考慮するとともに、徐々に内容を向上させる方針を採用すべきであり、発行の面では、発行工作の全担当者を教育し、農村における発行工作の展開に大いに努めることを、当面のもっとも主要な政治的任務にしなければならないと提起した。

一月三十日、文化部と全国供銷合作総社〔購買販売協同組合本部〕が共同で「農村における図書の発行工作を強化することに関する指示」を発出し、十月二十二日にも連名で「供銷社の農村における図書発行業務を強化することに関する指示」を発表。

二月十八日、文化部が「全国の雑誌、書籍の定価の基準に関する通知」を公布。

二月二十日、中共中央宣伝部が「農民の読物の出版発行工作を強化することに関する報告」を発表。

この年、『マルクス・エンゲルス全集』中国語訳の第一巻を出版。全五十巻で、一九八五年に完結した。新版の『魯迅全集』注釈本の出版を開始。全十巻で、一九五九年に完結した。

一九五七年

全国で展開された「反右派闘争」において、出版界では大量の人びとが誤って「右派分子」に区分され、そのうちの大半の人びとがそれぞれ公職追放、労働教養〔肉体労働によって政治上の誤りを犯した人の思想改造を行うこと〕、党除名などの処分を受けた。一九七八年、中共中央の指示にもとづいて再調査を行い、誤って「右派分子」に区分された人びとに対する誤りを正した。

一九五八年

二月二十五日、国務院科学計画委員会古籍整理出版計画小組が発足。

九月十五日―十月十九日、文化部、教育部、民族事務委員会が共同で全国少数民族〔漢族以外の民族〕出版工作会議を開催。

一九五九年

三月七―二十三日、中央民族事務委員会が少数民族辞書工作会議を開催。

七月三十一日、ライプチッヒ国際書籍芸術展覧会が開幕。中国が出展した書籍が十個の金メダル、九個の銀メダル、五個の銅メダルを獲得。

一九六〇年

一月十九日、中央宣伝部の部長会議が国内外の遺産の出版問題について討論し、五月十―十二日、同会議の主旨を貫徹するために、文化部が中外遺産出版工作座談会を開催。

二月十―十七日、文化部が地方出版社座談会を開催し、地方出版社の方針と任務、出版の範囲、通俗読物の計画問題について重点的に討論。

三月十五日、中共中央が文化部と共青団〔共産主義青年団〕中央の「少年児童読物をさらに改善することに関する報告」に指示を書き込んで転送。その指示は、関連する各党委員会がかならず少年児童読物の創作、編集、出版工作を重視するよう要求している。

四月、レーニン生誕九十周年を記念するために、人民出版社が中国自身が編集した『レーニン選集』四巻本を出版。

十月十一日、中共中央が文化部と中国作家協会の「版税〔印税〕制を廃し、原稿料制度を徹底的に改革することに関する報告」に指示を書き込んで転送。

一九六一年

四月十一―二十四日、中央宣伝部が高等学校〔大学レベルの学校の総称〕文科教材編選計画会議を開催し、大専院校〔高等教育機関の総称〕の文科教材の編纂工作の準備を開始。

四月十三日、文化部が「過去数年間に出版された図書に対して重点的整理を行うことに関する通知」を発出。

一九六二年

十一月、文化部出版局が「出版社工作条例試行草案」を起草。

一九六三年

五月二十日―六月六日、国家科学委員会と文化部が北京で全国科学技術出版工作会議を共催し、科学技術出版工作の方針と任務、出版計画、発行工作の改善などの問題について重点的に討論。十一月九日、中共中央が「国家科学委員会党組〔党フラクション〕と文化部党組の科学技術出版工作をさらに強化することに関する報告」に指示を書き込んで転送。

九月十四日、文化部が「新華書店県店工作条例（試行草案）」を公布。

一九六四年

一月、文化部が農村読物出版工作座談会を開催。四月二十五日、中共中央宣伝部が文化部の「農村読物出版工作座談会に関する報告」に指示を書き込んで転送。

五月、文化部が全国農村図書発行工作会議を開催。

六月二十五日、文化部が全国印刷工作会議を開催し、一九六五年度と第三次五か年計画期における書籍、雑誌印刷事業計画などの問題について討論。

十一月十八日、文化部と中国文字改革委員会が連名で「印刷通用漢字字形表」を公布し、印刷用の標準字体を制定。

一九六五年

一月三十日、文化部と中国文字改革委員会が連名で「漢字の活字字形を統一することに関する連合通知」を発表。

十一月、農村の倶楽部〔クラブ〕（文化室）に内容のかなりいい読物を提供するために、文化部が農村読物出版社に、各出版社の出版した図書のなかから、農村の要求に適合する読物を選抜し、「農村版」を印刷、発行し、定価を引き下げ、大量に印刷、発行するよう指示。第一回の「農村版」の十五点の図書は、年末までにあいついで印刷、発行され、あわせておおよそ千二百万冊に達した。

十一月十日、上海の『文匯報』が姚文元（一九三一―　）の「新編歴史劇『海瑞罷官』を評す」を発表し、ついで小冊子にして出版、発行し、「文化大革命」の序幕を切って落とした。

一九六六―七六年

「文化大革命」中、中国の出版事業は空前の大災禍に遭遇。多数の出版機構が閉鎖され、人員が放り出され、大量の図書が「封建主義、資本主義、修正主義の毒草」というレッテルを貼られた。この時期には、毛沢東の著作を大量に出版したほかには、おもに「革命模範劇」と政治的キャンペーンに奉仕する小冊子を出版するだけで、真に価値のある学術書や文学作品はほとんど出版されなかった。

「文化大革命」の開始後、出版行政工作を主管する文化部出版局は麻痺状態に陥った。

一九六七年五月、「中央文革」（中央文化革命小組）宣伝組が、北京の出版、印刷、物資などの職場の一部の人員を動員して「毛主席著作出版弁公室」を組織した。各省、自治区、直轄市もあいついで同様の組織を結成し、毛沢東の著作やその他の図書の出版に関する出版業務を担当した。

一九六八年十二月、「首都工人、解放軍毛沢東思想宣伝隊」が毛沢東著作出版弁公室に進駐した。

一九六八年十二月三十日、周恩来総理（一八九八—一九七六）が文化部に、業務組を設置し、関連する業務と出版工作を管理させるよう指示を発した。

一九六九年三月、「首都工人、解放軍駐文化部毛沢東思想宣伝隊」の指揮部が生産組を設置し、出版の行政業務工作の責任を負わせた。

一九七〇年五月、国務院が「出版口」の成立を承認し、同年十月、周総理の指示にもとづいて、「毛主席著作出版弁公室」と「出版口」が合併し、「出版口五人指導小組」を結成し、国務院当直室の管轄とした。

一九七三年七月、国家出版事業管理局が発足し、国務院の管轄になった。

一九七一年

三月十五日—七月二十二日、国務院の指示にもとづいて、「出版口」が北京で出版工作座談会を開催。会議後、中共中央が座談会の報告を伝達した。つまり、（一九七一年）四十三号文献である。

四月二日、周恩来総理が、「二十四史」と『清史稿』（趙爾巽（一八四四—一九二七）の主編で、全五百二十九巻）を整理、校点（校訂して句読点を付す）し、中華書局が責任を負うよう指示し、顧頡剛（一八九三—一九八〇）に統括するよう要請。工作は五月から始まった。

一九七三年

六月二十六日、国家計画委員会が「出版口」の「図書定価の試行標準に関して指示を要請する報告」を転送。

一九七四年

十一月四日—十二月十九日、国家出版局が北京で少数民族文字図書翻訳出版計画座談会を開催。国務院が一九七五年三月二十九日に会議の報告に指示を書き込んで関係機関に転送。

一九七五年

一月五—十三日、国務院科学教育組と国家出版事業管理局が、天津で聯合国文件翻訳（国連の文書の翻訳に関する）座談会を共催。

五月二十三日—六月十七日、国家出版事業管理局と教育部が広州で中外語文詞典（中国語と外国語の辞典）編写出版計画座談会を共催し、一九七五—八五年に中国語と外国語の百六十種の辞典を出版する十年計画を制定し、周恩来総理と鄧小平副総理（一九〇四—九七）の承認を経て、国務院が八月二十二日に会議の報告に指示を書き込んで関係機関に転送。

一九七七年

十二月三—十七日、国家出版事業管理局が北京で全国出版工作座談会を開催。会議の席上、林彪（一九〇七—七一）と「四人組」がでっち上げた「黒い糸による専制」論を批判し、反革命的な二つの「評価」を覆し、出版工作の路線、方針、政策の問題について討論するとともに、一九七八―八〇年の出版計画と一九七八―八五年の出版計画の構想を提起。

一九七八年

三月、中華書局が二十年ごしに出版してきた「二十四史」の校点本が完結。

三月七日、国務院が国家出版事業管理局と国家科学委員会の「科学技術図書出版工作の強化に大いに努めることに関する報告」に指示を書き込んで転送。

六月、中共中央が国家出版事業管理局、中国科学院、中国社会科学院の「『中国大百科全書』の出版を準備することに関して指示を要請する報告」を承認し、胡喬木〔一九一二―九二〕を主任とする『中国大百科全書』総編輯委員会の設置を承認。その後まもなく、『中国大百科全書』出版社を設立し、一九八〇年から、『中国大百科全書』を一巻ずつ出版し始めた。

七月十八日、国務院が国家出版局の「出版工作を強化、改善することに関する報告」を承認。

八月十一―十九日、国家出版事業管理局が石家荘で全国科学技術書発行工作会議と印刷科学研究工作会議を開催。

十月十一―二十二日、国家出版事業管理局が廬山で全国少年児童読物出版工作座談会を開催。

十二月二十一日、国務院が国家出版事業管理局、教育部、文化部、共青団中共、全国婦聯〔婦女聯合会〕、全国文聯〔文学芸術工作者聯合会〕、全国科協〔科学技術協会〕の「少年児童読物出版工作を強化することに関する報告」に指示を書き込んで転送。

十二月二十八日、国務院が北京印刷学院の設立を承認。

一九七九年

九月、上海辞書出版社が大型辞書『辞海』〔一九七九年改訂版〕を出版。商務印書館が『辞源』〔改訂版〕第一分冊を出版。一九八三年に全四分冊の出版が完結した。

十二月八―十九日、国家出版事業管理局が湖南の長沙で全国出版工作座談会を開催。

十二月二十―二十一日、中国出版工作者協会が長沙で創立大会を挙行。百三十八人の理事を選出して第一期理事会を構成し、胡愈之を名誉主席、陳翰伯〔一九一四―八八〕を主席に選出した。

一九八〇年

三月十二―十三日、中国印刷技術協会が北京で創立大会を挙行。六十五人の理事を選出して第一期理事会を構成し、王益〔一九一七―　〕を理事長に選出した。

四月二十二日、中共中央宣伝部が国家出版事業管理局の『出版社工作暫定条例』を発布することに関して指示を要請する報告」を転送。

五月四―九日、国家出版事業管理局が北京で全国出版工作座談会を開催。会議は三年来の全国の出版工作の情況を回顧し、いかにして出版工作に対する党の指導を強化、改善し、社会主義出版の方針の貫徹と、経済法則にもとづく業務との関係を正確に処理する問題について意見を交換し、社会において書籍や雑誌をむやみやたらに編纂、印刷するのを制止し、出版の管理を強化することに関する文書を採択した。

五月二十四日、中共中央宣伝部が国家出版事業管理局の制定した「書籍の稿酬〔原稿料〕に関する暫定的規定」を公布。一九八〇年七月一日から実施。

六月七—十二日、全国書刊〔書籍、雑誌〕印刷先進集体〔集団〕、先進個人代表会議を北京で開催。

六月二十二日、国務院が国家出版事業管理局、公安部、財政部など八機関の「書籍や雑誌をむやみやたらに編纂、印刷するのを制止し、出版管理工作を強化することに関する報告」に指示を書き込んで転送。

六月、全日制十年制中小学の全国通用教材の編纂がすべて終了し、あいついで人民教育出版社から出版。

十一月十三日、国務院が国家出版事業管理局と国家人事局の制定した「編輯幹部の業務職称暫定規定」に指示を書き込んで転送。

十一月二十七日—十二月六日、国家民族委員会と国家出版事業管理局が北京で全国少数民族文字図書出版工作座談会を共催。会議は重点的に新しい時期における民族〔漢族以外の民族〕出版工作の方針と任務について討論し、民族出版事業を支援する主要な措置を研究し、今後三年以内に漢族以外の民族の文字で出版する重点図書のテーマと計画を制定した。

一九八一年

三月九—十七日、国家出版事業管理局が北京で全国農村読物出版発行工作会議を開催。

五月、中国出版工作者協会が北京で「一九八〇年度全国書籍装幀優秀作品評選」を開催。

五月九—十六日、国家出版事業管理局が成都で対外合作出版〔外国との共同出版〕工作座談会を開催。

九月、魯迅生誕百周年の前夜に、人民出版社が新版の『魯迅全集』を出版。

十一月二十五日、中共中央宣伝部が国家出版事業管理局の「政治理論書の発行工作を強化することに関する報告」を転送。

一九八二年

三月十七—二十四日、全国古籍整理出版計画会議を北京で開催。一九八二—九〇年における古籍整理出版企画のあわせて三千百十九点を決定した。

四月、第五期人民代表大会常務委員会第二十三回会議の決定にもとづいて、国家出版事業管理局がふたたび文化部に編入され、文化部出版事業管理局に改称。

六月十二—十八日、文化部が北京で全国図書発行体制改革座談会を開催し、七月十日に「図書発行体制改革工作に関する通知」を発表。

十一月二十六日、社会の力量を動員し、専門家の役割を発揮させ、出版事業に対する指導と管理を強化するために、文化部党組（党フラクション）が中央書記処の決定にもとづいて国家出版委員会を設置し、王子野（一九一六―　）を主任委員に任命。

十二月二十八日―一九八三年一月八日、中共中央宣伝部と文化部が北京で全国出版工作会議を共催。党の十一期三中全会（一九七八年十二月に開催された第十一期中央委員会第三回総会のことで、いわゆる「改革開放政策」を決定）以来の出版工作の経験を総括し、党の第十二回全国代表大会（一九八二年九月に開催）が提起した総任務と各項の奮闘目標を実現する手はずをととのえ、「出版工作を強化することに関する決定」、「一九八三―一九九〇年図書出版計画を制定することに関する意見」など、いくつかの文書の草案について討論した。

一九八三年

二月五日、文化部が「一九八三―一九九〇年図書出版計画を制定することに関する意見」を発出。

二月二十八日、文化部が「『一九八一―一九九〇年全国出版事業発展計画要綱（草案）』を印刷発行することに関する通知」を発表。

三月二十五日―四月四日、新華書店総店が北京で全国新華書店先進表彰大会を開催。

六月六日、中共中央と国務院が「出版工作を強化することに関する決定」を発表。

七月一日、中共中央文献編輯委員会の編んだ『鄧小平文選（一九七五―一九八二年）』を人民出版社から出版。

十二月二十六日、毛沢東生誕九十周年を記念するために、人民、人民文学、文物、新華などの出版社が『毛沢東書信選集』、『毛沢東書信手蹟選』、『毛沢東新聞工作文選』などを出版。

一九八四年

六月二十一―二十七日、文化部がハルビンで全国地方出版工作会議を開催。

九月二十四日、中国がみずから編纂、翻訳した最初の『レーニン全集』を中央編訳局が編訳し、人民出版社が出版（第一―四巻）。全六十巻で、一九九〇年に完結。

十月十九日、文化部が「書籍原稿料の試行規定に関する通知」を発出し、十二月一日から試行を開始。

一九八五年

一月十五―十九日、中央宣伝部出版局と文化部出版局が天津で通俗読物出版工作座談会を共催。
五月十五―十八日、中央宣伝部出版局が済南で全国図書評論工作会議を開催。
七月二十五日、国務院が、文化部に国家版権（著作権）局

を設置し、文化部の出版事業管理局を国家出版局に改称することを承認。

九月一日、チベット自治区成立二十周年に際して、『蔵漢〔チベット語―漢語〕大辞典』を民族出版社から出版。

十一月二十六日―十二月二日、国家出版局が太原で全国出版社総編輯会議を開催。

十二月四―八日、国家民族委員会が北京で全国少数民族古籍整理工作会議を開催。

十二月十二―二十二日、中国出版工作者協会が三聯書店、中華書局、商務印書館の香港総管理処と共同で「中国書展」を香港で開催。

一九八六年

三月六―九日、中国出版工作者協会が第二回会員代表大会を北京で開催。中国出版工作者協会規約（改訂稿）について討論して採択し、百七十一人からなる第二期理事会を選出し、陳翰伯を第二期名誉主席、王子野を主席に選出。

三月二十八日―四月六日、中国出版工作者協会と中国美術家協会が北京で「第三回全国書籍装幀芸術展覧」を共催するとともに、評定活動を行い、あわせて百二十九点の作品に奨励賞を授与した。

四月二十日―五月四日、国家出版局が北京で全国図書展覧を開催。

四月二十五日―五月三日、国家出版局が北京で全国図書発行工作会議を開催。

五月五日、中国の翻訳出版界が三十年間にわたる努力のすえ、中国語版『マルクス・エンゲルス全集』全五十巻を完成。

六月二十三―二十八日、全国少数民族古籍整理出版計画会議を瀋陽で開催。

七月十四日、国家出版局が「『中国標準書号（書籍の整理番号）』を実施することに関する通知」を発表し、一九八七年一月一日から全国で実施。

九月五―十一日、第一回北京国際図書博覧会を北京で開催。

九月九日、国家出版局が「集団、個人経営の書店を発展させ管理を強化することに関する原則的規定と通知」を発表。

九月十日、『中国大百科全書』出版社とアメリカの『ブリタニカ大百科全書』出版社が共同出版した中国語版『簡明ブリタニカ百科全書』全十巻が完結。

十月六日、国務院が、国家出版局と国家版権局が文化部から独立し、国家出版局が国務院の直属機関に戻ることを承認。

十月十四日―十一月二十五日、古今の漢字と漢語を集大成した大型語文辞典――『漢語大字典』と『漢語大詞典』――が十年間の日時を費して編纂を終了し、それぞれ四川、湖北辞書出版社と上海辞書出版社が出版を開始。北京と上海で第一巻の出版記念式典を挙行。

十月二十四日、中国で最初の新聞出版記念館――延安の清涼山新聞出版革命紀念館――が延安の清涼山に完成し、その開館式が挙行された。

十一月十二日、中華書局が出版してきた新編『孫中山全集』の正文全十一巻が完結。

十二月十四―十九日、国家出版局が南寧で全国出版局（社）長会議を開催。出版事業は改革を深め、図書の内容の向上に努め、発行機構を調整し、いっそう社会主義現代化に奉仕しなければならないと提起。

一九八七年

一月、国務院が、国家出版局を廃し、中華人民共和国新聞出版署を設立し、国務院の指導に直属させることを決定。

四月二十四日、新華書店の創立五十周年記念日。北京、天津、上海などの発行部門が記念活動を開催し、新聞出版署が新華書店の勤続三十年の労働者と職員に栄誉証書を授与した。

五月九日、新聞出版署が「報紙（新聞）、期刊（定期刊行物）と出版社があらためて登記注冊することに関する通知」を発表。

七月六日、国務院が「非法出版活動に厳しい打撃を与える通知」を発表。

九月九日、中国出版工作者協会が北京で第一回韜奮（鄒韜奮）出版奨（賞）の授賞大会を開催。王仰晨ら十人の受賞者に韜奮出版奨の賞牌、受賞証書、賞金を授与した。

十一月三日、中国印刷技術協会が北京で第一回「畢昇奨」、「森沢信夫印刷奨」授賞大会を開催。王選（一九三七―　）ら七人の受賞者に賞牌、受賞証書、賞金を授与した。

十二月、新聞出版署と中国出版工作者協会が連名で、出版機関の勤続三十年の出版工作者に栄誉証書を授与。

一九八八年

三月二十二日、新聞出版署が「書刊（書籍、雑誌）印刷業の国家級企業等級基準（試行）」を公布。

四月一―二日、「中華人民共和国出版法」起草小組が北京で発足。

四月二十日、中華版権（著作権）代理総公司を北京に設立。

五月六日、中共中央宣伝部と新聞出版署が「当面の出版社改革、図書発行体制改革に関する若干の意見」を発表。

十一月五日、新聞出版署、公安部、国家工商行政管理局、文化部、軽工業部が共同で「印刷行業管理暫定弁法」を発表。

十一月二十一―二十五日、新聞出版署が成都で第二回全国辞書編纂出版計画座談会を開催。「一九八八―二〇〇〇年の全国辞書編纂出版計画（草案）」について討論し、制定。

十一月二十四日、新聞出版署が「期刊（定期刊行物）管理暫定規則」を公布。

一九八九年

六月三日、北京で重大な反革命暴乱が勃発。中共中央と国務院が果断な措置を講じて鎮圧した（「六四」、第二次天安門事件）。六月十三―二十日、人民、長征、新生などの出版社が『旗幟を鮮明にして動乱に反対しなければならない』、『社会主義共和国を防衛せよ』、『北京の六月の風波』など、中国語と外国語の一連の書籍を出版。

七月五日、国務院が新聞出版署署長である杜導正（一九二三―　）を解任し、後任に宋木文（一九二九―　）を任命。

八月十九―三十日、新聞出版署が北京で第二回全国図書展覧を開催。

八月二十日、人民出版社が中共中央文献編輯委員会の編んだ『鄧小平文選（一九三八―一九六五年）』を出版。

九月五日、『中国美術全集』全六十巻が完結。新聞出版署が北京の人民大会堂で発行記念式典を開催した。

九月十五―二十日、中共中央宣伝部と新聞出版署が北京で全国報刊（新聞、雑誌）、出版社整頓圧縮会議を共催。

九月十六日、中共中央弁公庁と国務院弁公庁が「書報刊（書籍、新聞、雑誌）、音像（録音、録画）市場を整頓、整理し、犯罪活動に厳しい打撃を与えることに関する通知」を発表。

九月二十八日、国務院が全国労働模範大会を開催。新聞出版界から十七人が出席し、三十日、新聞出版署は十七人を招いて座談会を開催した。

十月十七日、『人民日報』が、全国の「掃黄（ポルノ一掃）」がはじめて成果を収めたと報道。九月末までに、禁令に違反した書籍と雑誌を三千余万冊、録音テープと録画テープを四十余万ケース押収し、三百余か所の犯罪拠点に手入れを行った。

十月三十日―十一月三日、最高人民法院、国家版権（著作権）局、国連の世界知的所有権機構が北京で「アジア太平洋地区知的所有権審判訓練セミナー」を共催。アジア太平洋地区の十三の国家と地区の十六名の裁判官、弁護士、著作権専門家と、中国の高級、中級法院（裁判所）の裁判官、版権局の行政管理機関の幹部ら、百余名の関連部門の人員が参加し、世界知的所有権機構委員長のパオクシュ博士が開幕式に出席した。

十二月二十日、第七期全国人民大会常務委員会第十一回会議が北京で開催。国務院の李鵬総理（一九二八―　）が、「中華人民共和国著作権法（草案）」を審議するよう国務院が要請する議案を提出し、国家版権局の宋木文局長が国務院の委託を受けて法案について説明し、二十一―二十三日、会議に出席した委員が「著作権法」の草案について審議した（「中華人民共和国著作権法」は、一九九〇年九月七日に第七期全国人民大会常務委員会第十五回会議で採択され、一九九一年六月一日から施行された）。

十二月二十五日、新聞出版署が「書報刊（書籍、新聞、雑誌）の印刷管理を強化することに関する若干の規定」を発表。

この年、不完全な統計ではあるが、一九八〇年から八九年までの十年間に、さまざまな言語で鄧小平の著作あわせて二十六点を出版し、一億余冊を発行した。

この年の年末までに、全国であわせておよそ百九十紙の新聞を停刊にし、五十余誌の社会科学関係の定期刊行物を停刊にしたり合併したりした。この整理、整頓を経ても、全国で正式に登記されている新聞は依然として千四百余紙、社会科学関係の定期刊行物は二千八百七十余誌にのぼっていた（自然科学、技術関係の定期刊行物の整理は、国家科学委員会が新聞出版署と共同で別に行った）。一九八九年第4四半期から、淫猥で色情的な書籍や雑誌と、公然とブルジョア自由化の観点を宣揚する書籍や雑誌はいちおう消え失せ、書籍や雑誌には顕著な変化がみられた。

全国の出版社の登記登録の更新は一九九〇年中に実施されるであろう。

参考資料

張静廬（一八九八―一九六九）輯注『中国近代出版史料』二編（群聯出版社、一九五四年）。

張静廬輯注『中国出版史料補編』（中華書局、一九五七年）。

中国出版工作者協会編『中国出版年鑑』（一九八〇―八六年版）（商務印書館、一九八〇―八六年）。

中国出版工作者協会・中国出版科学研究所編『中国出版年鑑』（一九八七―九一年版）（中国書籍出版社、一九八八―九三年）。

張秀民（一九〇八―　）編『中国印刷史大事年表』（『中国印刷年鑑』（一九八四―八六年版）所載、印刷工業出版社、一九八七年）。

（一九八八年十二月初稿、一九九三年十二月改訂）

付録1　統計数字から見た中国の図書出版

人びとはつねに「汗牛充棟」（蔵書が多くて、牛車で運べば牛が大汗をかくし、家のなかに入れれば棟まで届く）や「浩《おお》きこと煙海の如し」（書籍や資料が霧の立ち込めている海のように多い）という言葉で中国の書籍が多いことを形容する。昔から現在まで、中国がどのぐらいの書籍を出版してきたのか、おおまかな数字を出せるのであろうか。

新中国の建国以後については、国家の出版機構が出版統計制度を樹立しており、全国で、毎年、何点の書籍を出版し、何冊印刷し、どれだけの紙を使ったのか、信頼しうる明確な数字を有している。しかし、中国の古代から建国以前にいたる出版数量を調べるには、主として書籍目録を通しておおまかな情況を理解するしかない。

1　中国の古書の概数

漢代から清代末期までの二千余年来、中国が代々編纂、出版した図書目録は、官修の目録、史志の目録、私家の目録、専門の目録などを含めると、三百種ちかくになるであろう。一九四六年四月一日に出版された『新中華雑誌』復刊第四巻第七期に、楊家駱の「中国古近著作名数統計」が掲載されているが、楊家駱は歴代の各種の目録に

時　代①	点　数	巻　数	部数不明，巻数だけ
前漢まで	1,033	13,029②	408
後　漢	1,100③	2,900③	……④
三　国	1,122	4,562	……
晋	2,438	14,887	……
南北朝	7,094	50,855	764
唐	10,036	173,324	547
五　代	770	11,750	……
宋	11,519	124,919	316
西夏遼金元	5,970	52,891	305
明	14,024	218,029	728
清	126,649	1,700,000③	……
総　計	181,755	2,369,046	3,068

楊家駱の原注①各時代の収書範囲が異なることは，すでに説明ずみ。
②篇と巻を併用。
③概数。
④巻数のない本，特に総数中に計数不可能なものがある。

もとづいて中国古代に出版された書籍の数量統計を整理している。

上記の数字は、楊家駱が歴代の正史の「芸文志」、「経籍志」と志を補足する清代の書籍にもとづいて集計したもので、中国の歴史上、産み出された著作の数である。歴代の兵火や人災による被害のために、現在まで伝えられなかった著作が少なくない。それでは、中国に現存している古書の数量はどのぐらいなのであろうか。このことについては、学界にはさまざまな見解がある。

一、七万点から八万点という説

『文匯報』一九六一年十一月一日付が掲載した李詩の「わが国の古書について」は、中国に現存する古書はおよそ七万点から八万点と見なしているが、李詩が提起している根拠はつぎのとおりである。

(1)　古書の叢書に収録されている単行本は、上海図書館が全国の四十一の主要図書館の蔵書にもとづいて編纂した『中国叢書綜録』（「仏蔵」、つまり仏教経典の大規模な叢書の各版は含まない）によって行った集計数は三万八千八百九十一点で、四万点ちかい。

(2)　叢書に収録されていない単行本の古書のうち、清代の著作は孫殿起〔?―一九五八〕の『販書偶記』〔一九三六年刊〕によればおおよそ一万点、清代以前に残っていた単行本は推定で一万点を下まわらないであろう。

(3) 現存する地方誌は、朱士嘉〔一九〇五― 〕が中国内外の主要な図書館や研究機関の蔵書について全面的に調査して編纂した『中国地方志綜録』にもとづいて集計すると、七千四百十三点、十万九千百四十三巻である。

以上の三つの数字を合わせると、七万点ちかい。さらに大量の通俗小説、戯劇、唱本〔芝居の歌や歌謡の歌詞を印刷した小冊子〕や、仏教経典、家譜、金石文の拓本などは、あまり正確な数字ではないし、それと同時に、この三つの数字のあいだにもいささか重複がある。増減すると、おおよそ七万点から八万点という推定数が得られる。

国務院古籍整理計画小組弁公室の『古籍整理出版情況簡報』一九八一年第二期に掲載された呉楓の「中国古籍数量述略」は、「目下、現存するわが国の古書は、八万点を下まわらない」と指摘している。呉楓はその主要な根拠を四つあげている。

(1)『中国叢書綜録』に収録されている古書が四万点ちかい。

(2) 孫殿起の『販書偶記』とその続編に収録されている清代人の単行本の著作が一万六千余点である。

(3) 清代以前の単行本の著作が一万点を下まわらない。

(4) 一九七八年の一斉調査によれば、全国百八十余の図書館の所蔵する地方誌が八千五百点前後である。

以上の四つの数字を合わせると、七万五千余点になる。そのほかにも、大量の随筆、伝奇、小説、戯曲、唱本、宝巻〔韻文と散文をまじえた説唱文学（語りと唱からなる芸能）の一種で、初期のものは仏教説話が多いが、明代以後は民間の故事や日常的な題材が多い〕や、譜牒〔家系図〕、金石文の拓本などがあるが、集計には含まれていない。それゆえ、「わが国に現存する古書は八万点を下まわらないという推計には、根拠があるのである」。呉楓はさらに、中国の古書が伝統的な経、史、子、集の四部の書籍を主体にしていることにもとづいて、現存する経部の古書は五千点、史部の古書は六千点を下まわらず、子部の古書はおおよそ七千点、集部の古書はおおよそ八千点であると提起している。農書と医書は代々子部に属するが、目録に記載されているのは非常に少ない。現存する農書は毛君雍の『中国農書目録匯編』によれば二千点前後であるし、一九六一年に中医研究院と北京図書館が主宰し、全国の五十九の図書館の蔵書にもとづいて編纂した『中医図書聯合書目』は、中国に現存する中医関係の古書と文献をあわせて七千六百六十一点としている。

二、十万点説

『歴史研究』一九八二年第四期に掲載された胡道静〔一九一三― 〕の「古書の一斉調査と情報について」は、羅竹風〔一九一一― 〕が『古籍書訊』第三期に発表した、現存する古書総数に対する推計数を重引して、おおよそ十万点前後としている。その根拠は、

(1)『中国叢書綜述』による基本数字が三万八千八百九十一点である。

(2) 上述の仏蔵[1]と叢書を補足すれば推計で一万点前後増える。

(3) 単行本は叢書収録の数量に相当する、つまり推計で五万点前後であるが、その根拠は、

・地方誌は一万二千八百六十三点であるが、『中国叢書綜録』に収録されているおおよそ二百点前後の方志類は除外すべきである。

・清代の著作の単行本と、宋・元・明代の著作の珍本を記載する『販書偶記』正、続両篇の記載数は一万七千点前後であるが、そのうち、単行本として記載されているが、叢書の総数にも含まれているものは除外すべきである。

・通俗小説、民間の唱本、地方劇の台本、家譜、碑帖〔書の手本用の拓本〕、地図、兄弟民族の言語による書籍は、推計でおおよそ二万余点である。

三、十五万点説

『世界図書』一九八二年第一期に掲載された李克西の「中国の古典と文献はどのぐらい知られているか」による

と、中国に現存する、木版印刷の発明から辛亥革命までの古書と文献は、二十万件の石刻資料を除き、推計で十五万点前後であるが、その根拠はつぎのとおりである。

(1) 孫殿起の『販書偶記』とその続編に記載されている古籍と文献は一万七千点前後、記載されていない清代の著述が推計でさらに一万余点ある。

(2) 『中国叢書綜録』には三万八千八百九十一点が記載されているが、記載されていない清代以前の単行本と、仏教経典、新式叢書、記載して補足すべき叢書が推計でさらに二万余点ある。

(3) 北京天文台天文資料組の『中国地方志綜録』に記載されている方志は、あわせて一万二千八百六十三点である。

(4) 一九六一年に中医研究院と北京図書館が共編した『中医図書聯合目録』に記載されている中医の古典は七千六百六十一点であるが、調査に参加しなかった機関の蔵書、大衆の手中にある孤本〔一冊しか現存していない珍しい古書〕、その後の研究と発見を加えれば、総数はおおよそ一万点以上にのぼる。

(5) 農業出版社が一九六四年に出版した『中国農学書録』は、六百余点の古農書を記載している。

(6) 通俗小説、民間の唱本、地方劇の台本、宝巻、鼓詞〔宋代に興った雑劇の一種で、太鼓で拍子をとりながら語りと唱をまじえてまとまった物語を演ずる〕の台本、家譜、仏教や道教のほかのさまざまな宗教の書籍の総数も、推計で一万余点にのぼる。

(7) その他の碑帖、地図、兄弟民族の言語による書籍などが、あわせて二万余点にのぼる。

李西克は、「以上の集計数字は実数といささかかけ離れているかもしれないが、実際には今日まで伝わってきた古典と文献の総数はこれより少ないことはありえず、まちがいなく多いにちがいない」と指摘している。

四、二十万点以上説

『百科知識』一九八一年第十二期に掲載された王樹偉の「わが国の古書はどのぐらい知られているか」は、「わが国の古書は七、八万点よりはるかに多い」という意見に基本的に同意している。まず、『中国叢書綜録』、『四庫全書』、『販書偶記』正続両篇の三者の書籍数を合計し、表にまとめ、探求の根拠とし、この表についてつぎのように説明している。

類　別	実　数	百 分 比
易　類	1,514	2.30%
書　類	600	0.94%
詩　類	742	1.16%
春秋類	1,036	1.62%
小学類	1,857	2.90%
その他経部各類	4,157	6.50%
以上経部総計	**9,906**	**15.51%**
各体史書	3,823	5.99%
伝　紀	2,913	4.56%
政治書と政令	1,737	2.72%
地方誌書	1,835	2.87%
その他地理書	2,863	4.48%
目録金石	1,352	2.12%
以上史部総計	**14,523**	**22.74%**
農家類	421	0.66%
医家類	2,255	3.53%
暦算類	657	1.03%
雑家類	3,041	4.76%
類書類	452	0.71%
小説類	2,136	3.35%
釈道類	2,338	3.66%
その他子部各類	5,744	9.00%
以上子部総計	**17,044**	**26.70%**
楚辞類	127	0.20%
別集類	15,986	25.04%
総集類	2,076	3.25%
詩文評類	916	1.43%
詞曲類	3,275	5.13%
以上集部総計	**22,380**	**35.05%**
四部総計	**63,853種**	

これはおおまかな集計にすぎず、実際の問題を説明するには充分ではなく、しかも重複があるにちがいない。その実数はあまり意味がなく、おもに百分比をみるべきである。今日編纂されている総目録によれば、地方誌の総数は八千五百種であるが、この表の百分比は二・八七パーセントにすぎないので、この百分比にもとづいて推計すれば、総数は二十九万点のはずである。また、中医書は七千六百点であるが、この表の百分比は三・五三パーセントにすぎないので、この百分比にもとづいて推計すれば、総数は二十一余万点である。

わたしが全国の書籍の総目録を編纂したときの経験によれば、最初に計画を作成したときの推計数は、つねに最後に得られる実数よりも下まわっていた。ましてや、上記の三つの書籍目録に、含まれていない大量の古書があるのである。たとえば、

(1) 蒙古、チベット、ウイグル、ハサック、キルギス、シボ、満、朝鮮、イ、タイ、チンポー、リス、ナシ、回鶻、西夏……など、兄弟民族には現在まで伝えられている一定数の古書がある。

(2) 各省、市、自治区が探し求めた地方の文献。

(3) 台湾と香港の図書館や学術組織は大量の中国語の古書を所蔵している。

(4) 戯曲、小説、弾詞〔三弦、琵琶、月琴などに合わせて唱う語り物の台本〕、宝巻は、公的機関や私人が大量に所有している。

(5) 土地改革以来、出てきた大量の家譜。

(6) 仏蔵の細目。

(7) 地図。

(8) 外国に現存する中国語の古書。

以上の八種には、金石文の拓本のたぐいは算入していない。全国に保存されている拓本のたぐいは、推計で十万点を下まわることはない。

以上の各項目の推計にもとづいて、わたしは現存する中国語の古書の総数は二十万点以上と考える。

2　中華民国時代の図書出版統計

一九一一年の辛亥革命から一九四九年十月の中華人民共和国成立までの書籍の出版数量は、依然として完全な統

計資料が不足しており、北京図書館編の『民国時期総書目』からおおまかな情況を推測するしかない。

一九六一年、文化部出版事業管理局がよびかけ、上海市出版局の支持を得て、文化部出版局版本図書館と上海市出版文献資料編輯所が、上海図書館の協力のもと、上海図書館の蔵書を基礎に書籍カードを作成し、『民国時期総書目』を編纂しようと試みた。しかし、その後、「文化大革命」のために停止せざるをえなかった。一九七三年、国家の出版行政機関の同意を得て、そのカードは北京図書館に移管された。五年後、北京図書館はそのカードを整理して計画を立て、特に編輯組を編成し、書籍目録の編纂工作を開始した。専門領域にもとづいて、哲学、宗教、社会、政治、法律、軍事、経済、文化教育、語言文字、文学、芸術、歴史地理、理学、医学、農学、工学、総類などに分け、全書あわせて二千万字で、二十冊に分けてあいついで出版する計画を立てた。[2] 一九八六年、『民国時期総書目』の第一分冊——語言文字分冊——が出版された。各方面の努力によって、その他の分冊も一九九二年までにいずれも決定稿が完成しており、書目文献出版社から陸続と出版されることであろう。

『民国時期総書目』は、北京、上海、重慶の三つの図書館の所蔵する、一九一一年から一九四九年九月までに出版された中国語のさまざまな書籍を十二万四千四十点記載している。しかし、以下のようないくつかの原因のもたらした手抜かりによって、民国時代に出版された書籍の総数は提出することができなかった。

1　歴代の「芸文志」や「経籍志」と異なり、とりわけ観点が異なり、どの書籍も詳細な事項とともに内容の提要を記載しなければならないので、目にしていない書籍はすべて記載していない。

2　北京図書館、上海図書館、重慶図書館の蔵書にもとづいて記載しているので、この三つの図書館にもともと収蔵記録があったものの、カードを作成する以前にすでに紛失していた書籍、つまり「目録はあるが書籍がない」ものは記載していない。

3　線装本、漢語以外の民族語による書籍、少年児童読物、図片〔事物の説明に使う図画、図面、絵、写真など〕、連環画のたぐいは、線装本を除き別に記載する措置を講じたので、それらの書籍はいずれも『民国時期総書目』に記

類　別	記載点数	百分比%
哲学，心理学	3,450	2.78
宗教	4,617	3.72
社会科学総類	3,526	2.84
政治，法律	19,065	15.37
軍事	5,563	4.48
経済	16,034	12.92
文化科学	1,585	1.28
教育，体育	14,324	11.55
語言文字	3,861	3.11
文学	21,023	16.95
芸術	2,825	2.28
歴史，地理	11,029	8.89
自然科学	3,865	3.12
医薬衛生	3,859	3.11
農業科学	2,455	1.98
工業技術	2,760	2.23
交通運輸	720	0.58
綜合図書	3,479	2.80

載されていない。

4　台湾で一九四五年以後に出版された書籍や、辺境の省で出版された書籍は、三つの図書館が収蔵していないか、目録に記載されていないので、集計にははいっていない。

中華民国の時期に出版された書籍のあらゆる情況を把握するために、編輯組は最初に「語言文字」、「外国文学」両分冊を編纂し、平心が編み生活書店が出版した『全国総書目』と突き合わせたところ、『民国時期総書目』の記載率はおおよそ九〇パーセント前後であった。編纂の過程で、編輯組は南京、広州と東北地区で調査を行い、『民国時期総書目』の記載漏れの情況を調べたが、得るところははなはだ少なかった。この二つの調査は、十二万余点という数字は実際の総数よりも少ないけれども、一面その差があまり大きくないことを物語っている。

『民国時期総書目』の常務副総編を担当した邱崇丙が中華民国の時期における書籍の分類体系と記載情況を分析しており、われわれがこの時期の出版情況を理解するのに役立つ。[3]

『民国時期総書目』の各種の書籍の記載点数とその百分比は、右上の表のとおりである。

記載されている書籍の総数は十二万四千四十点である。これらの書籍のうち、社会科学書と文芸書が絶対多数を占め、科学技術書はわずか一一パーセントにすぎず、社会科学書と文芸書のうち、文学、政治、経済のたぐいが多く、この三種の数量が総数の四五パーセントを占めている。中華民国の時期には、上海が最大の出版センターで、ついで北京と重慶であった。『民国時期総書目』の「語言文字分冊」に記載されている書籍は三千八百六十一点で、そのうち六五パーセントが上海で出版されたものである。北京は七パーセント、重慶は四パーセントにすぎない。地区別にみると、華東地区の出版能力がもっとも強大で、ついで華北地区、もっとも脆弱なのが西北地区であった。

この時期の図書出版統計には、参考に供すべきつぎのような数字もある。

1　書籍の出版が多かったのは一九三六年で、あわせて九千四百三十八点出版し、あわせて一億七千八百万冊印刷、発行した。

2　商務印書館は、一九〇二年から一九五〇年までのおよそ五十年間に、あわせて一万五千百十六点の書籍を出版した。

3　生活書店が一九三五年に出版した『全国総書目』には、三十年間に全国で出版された書籍がおよそ二万点（古書、絶版書、宗教書などは含まない）と記載されている。

そのほか、この時期に中国共産党指導下の各解放区で出版された図書は、不完全な統計によれば、一九四〇年から一九四九年八月までに、各地の新華書店からおよそ五千三百点、四千四百七十四万冊が出版されている。

3　中華人民共和国の図書出版統計（一九四九年十月―八九年十二月）

一九四九年十月の中華人民共和国の建国から一九八九年十二月までの四十年間に、全国で出版された書籍は九十五万九千七十九点（そのうち、六十六万九千三十六点が初版）、千二百七億二千四百万冊（枚）で、印刷に要した紙は四千百二十二億九千万印張〔一冊の書籍に要する紙の量を計算する単位で、新聞紙の大きさの半分が一印張〕であった。年度別の出版数は次ページのとおりである。(4)

上記の図書出版統計を、書籍、教科書、図片の三種類に分けると、

全国図書出版統計（1949年—89年）

年　度	点　数		冊数（億冊〔枚〕）	印張数（億枚）
	合　計	うち新刊		
総　計	**959,079**	**669,036**	**1,207.24**	**4,122.90**
1949	8,000	—	1.05	—
1950	12,153	7,049	2.75	5.91
1951	18,300	13,725	7.03	12.63
1952	13,692	7,940	7.86	17.01
1953	17,819	9,925	7.54	21.40
1954	17,760	10,685	9.39	25.23
1955	21,071	13,187	10.79	28.06
1956	28,773	18,804	17.84	43.57
1957	27,571	18,660	12.75	35.00
1958	45,495	33,170	23.89	51.08
1959	41,905	29,047	20.92	54.47
1960	30,797	19,670	18.01	48.69
1961	13,529	8,310	10.16	29.24
1962	16,548	8,305	10.85	30.73
1963	17,266	9,210	12.93	37.18
1964	18,005	9,338	17.07	45.63
1965	20,143	12,352	21.71	56.16
1966	11,055	6,790	34.96	65.99
1967	2,925	2,231	32.32	70.48
1968	3,694	2,677	25.01	39.98
1969	3,964	3,093	19.12	39.44
1970	4,889	3,870	17.86	37.00
1971	7,771	6,473	24.21	62.05
1972	8,829	7,395	23.89	72.81
1973	10,372	8,107	28.01	84.18
1974	11,812	8,738	29.89	88.26
1975	13,716	10,633	35.76	101.77
1976	12,842	9,727	29.14	89.97
1977	12,886	10,179	33.08	117.71
1978	14,987	11,888	37.74	135.43
1979	17,212	14,007	40.72	172.50
1980	21,621	17,660	45.93	195.74
1981	25,601	19,854	55.78	217.68
1982	31,784	23,445	58.79	221.95
1983	35,700	25,826	58.04	232.41
1984	40,072	28,794	62.48	260.61
1985	45,603	33,743	66.73	282.74
1986	51,789	39,426	52.03	220.31
1987	60,193	42,854	62.52	261.25
1988	65,962	46,774	62.25	267.03
1989	74,973	55,475	58.64	243.62

注：①1949年の数字は不完全な資料による推定。
②1967—70年の数字は事後報告で，完全なものではない。
③印張数には抜き刷りを小冊子にしたものの用紙も含まれる。

書　籍――あわせて六十九万四千七百七十六点（そのうち、五十一万四千三十点が初版）、五百四十九億九千八百万冊を出版した。

教科書――あわせて十五万五千六百四十四点（そのうち、七万十八点が初版）、四百六十五億四千二百万冊を出版した。

図　片――あわせて十万七千六百五十九点（そのうち、八万四千九百八十八点が初版）、百九十一億八千四百万枚を出版した。

書籍の分野別の統計はつぎのとおりである。

哲学、社会科学のたぐいの書籍は、あわせて十二万千八百五点（そのうち、十万二千三百六十点が初版）、百六十億三千七百万冊を出版した。

自然科学、技術のたぐいの書籍は、あわせて二十一万三千三百十五点（そのうち、十五万七千三百二十二点が初版）、四十五億三千七百万冊を出版した。

文学、芸術のたぐいの書籍は、十七万五千九百九点（そのうち、十三万二百六点が初版）、二百三十億五千二百万冊を出版した。

文化、教育のたぐいの書籍は、十四万八百二十四点（そのうち、九万七千二百四十五点が初版）、二百三十億五千二百万冊を出版した。

一九五〇年には、全国で一万二千百五十三点、二億七千五百万冊（枚）を出版した。

一九八九年には、全国で七万四千九百七十三点、五十八億六千四百万冊を出版しており、点数が六・一六倍、冊数が二十一・三倍に増加している。

一九五〇年に全国で書籍と教科書に使われた紙は一・三八万トンであった。

一九八九年に全国で書籍と教科書に使われた紙は五十三万二千七百トンで、三十八・六倍に増加している。

年度別出版数量（1950年—89年）

年度	点　数	年度	点　数	年度	点　数	年度	点　数
1950	6,408	1960	14,848	1970	2,088	1980	13,366
1951	12,655	1961	3,870	1971	3,300	1981	15,338
1952	6,799	1962	5,246	1972	3,604	1982	18,648
1953	8,568	1963	6,082	1973	4,609	1983	20,156
1954	9,309	1964	6,258	1974	5,528	1984	22,007
1955	11,694	1965	8,536	1975	6,684	1985	26,501
1956	16,751	1966	4,596	1976	6,268	1986	31,457
1957	16,227	1967	1,066	1977	6,436	1987	34,041
1958	28,358	1968	1,465	1978	7,594	1988	37,342
1959	23,774	1969	1,595	1979	9,524	1989	45,434
総計							514,030

一九四九年から一九八九年までに全国で出版された図書のうち、教科書、図片、書籍の重版を除くと、一般書の新刊（重要な改訂を施した重版も新刊に含めた）の年度別の出版数はつぎのとおりである（一九四九年に全国の図書の出版数は八千点であるが、そのうちの新刊の点数は不詳である）。

この四十年間で、全国の図書（書籍、教科書、図片を含む）の出版点数がもっとも多かったのは一九八九年（七万四千九百七十三点で、そのうち五万五千四百七十五点が初版）であり、冊数がもっとも多かったのは一九八五年（六十六億七千三百万冊（枚）で、用紙量は六十三万二千四百トン）で、冊数がこの四十年間で最高の水準に達したばかりか、中国の出版事業が有史以来もっとも多くの冊数を印刷、出版した年でもあった。

一九七九年から一九八九年の十一年間は、新中国の出版事業が新しい時期を迎えて飛躍的に発展した十一年間で、とりわけ出版点数が人びとの注目を集めた。一九七九年に全国で一万七千二百十二点の図書を出版したが、一九八九年には七万四千九百七十三点に達し、この十一年間に累計で四十七万五百十点、六百二十四億九千百万冊（枚）を出版した。この十一年間に出版した図書の点数は、この四十年間の四九・〇六パーセントを占めている。

この四十年間に、少年児童読物を六万二千百六十八点（そのうち、四万四千六百四十四点が初版）、九十億五千三百万冊出版した。さらに、漢語以外の二十四種の言語の図書を五万六千五百九十九点（そのうち、四万三千八十七点が初版）、八億五千二百八十九万冊（枚）出版した。

（一九九〇年十月）

注

（1）胡道静は、任継愈教授（一九一六―　）によれば、現存する漢語の仏教の経典や書籍の総数はおおよそ四千百余点である（手稿の「二十二種大蔵経通検」の総数は四千百七十五点である）と注を付している。

（2）王潤華「『民国時期総書目』編纂の縁起と経過」（『中国出版』一九九一年第一―二期合併号）。

（3）邱崇丙「民国時期の図書出版調査」（『出版史研究』第二輯（北京、中国書籍出版社、一九九四年））。

（4）『中国出版年鑑』（一九八〇―一九九〇年）所載の出版統計による。

付録2　中国出版史研究書誌目録

中国の出版事業には悠久な歴史があるが、出版史に関する研究工作は非常に脆弱である。早くも十世紀の初めに、中国ではすでに出版事業がかなり繁栄しており、書坊〔書籍を印刷、出版、販売したところ〕の林立する出版の中心地が生まれ、書籍を大量かつ計画的に出版する出版人がいた。しかし、非常に長い千余年のあいだ、出版史について論述した著作は一冊もなかった。印刷史料に関する記事も、随筆、雑文、断片的な短文のなかに散見されるにすぎなかった。二十世紀の初頭になって、ようやく専門書があいついで出版されるにいたった。しかし、初期の出版史の研究は、大半が近代以前の書籍の編纂、校勘、目録、版本などの考証と論述を重んじ、しかも史料を積み上げただけのものが多く、科学的な分析や体系的な解明が乏しかった。出版史に対するかなり体系的な研究は、やはり新中国の建国後にやっと徐々に展開し始めたのである。

一九七九年以来、出版史の研究工作には喜ぶべき進展がみられ、関連する専門書の出版が徐々に増加し、この方面の工作に関心を寄せる熱心な同志も増えてきた。一部の高等学校〔大学と高等専門学校〕や出版部門は、編集出版専攻や訓練班を開設していて、かなり体系的で、完備した、全面的な資料を提供して、さらに一歩進んだ出版史の研究を展開するための参考に供するよう要望している。それゆえ、現に見聞の及ぶかぎり、現在までに出版されている、出版史の研究に供しうる書籍を整理し、あわせて三百九十五点の「中国出版史研究書誌目録」を作成した。おおまかに図書史〔図書の版本の知識を含む〕、出版史、新聞雑誌史、印刷史の四種類に分け、それぞれ関連するテーマと出版された時期の前後にもとづいて配列した。資料は一九九五年十二月の末までのものである。

個人の見聞には限りがあるので、この「目録」には少なからぬ遺漏があるにちがいない。読者から補充と訂正を得られるよう希望する。

1　図書史

『書林清話』（付『書林余話』）（葉徳輝〔一八六四―一九二七〕著、長沙、観古堂、一九一一年。北京、古籍出版社、一九五七年。北京、中華書局、一九五九年）

中国の書籍史研究の分野で最初に現われた著作である。随筆の形式で、木版の書籍の版片の名称、歴代の書籍の規格と材料をはじめ、人件費と材料費の比較、印刷、装丁、鑑別、保存などの方法を含めて、中国古代の書籍に関する多数の歴史知識を紹介するとともに、古代の活版印刷と多色刷り印刷の創始と伝播、歴代のきわめて有名な版本、刻書〔出版〕、鈔書〔書写〕、売書、蔵書の多数の故実について記述しており、資料が豊富で、のちに編まれたり著されたりした書籍史の著作は、材料を本書から取っているものが少なくない。現在でも、出版史の研究工作にとって依然として参考にすべき重要な価値を有する。

『書林清話』全十巻は、清代の末年に出版され、その後、三回の改訂を経ている。『書林余話』全二巻は、もともと未完の稿本で、著者が一九二七年に死亡したのち、甥の葉啓崟が整理して刊行したもので、内容は主として宋―清代の随筆中の、出版に言及している記述である。一九五七年に古籍出版社が両書を合本にして発行し、巻末に一九三六年に『文瀾学報』に掲載された李洣の「書林清話校補」を収録し、書中の誤りを補足、訂正している。おおよそ二十一万字である。

『中国雕版源流考』（笛庵編、上海、商務印書館、一九一八年）

『中国雕版源流考』（孫毓脩著、上海、商務印書館、一九三四年）

この二著は、雕版〔木版〕印刷の発明と発展について考証したもので、中国の書籍史を体系的に講述したかなり初期の研究書である。

『古書源流』（李継煌編、上海、商務印書館、一九二六年）

書籍の源流に関する古人の著述を輯録し、総述、経部源流、子部源流、史部源流、の四章に分けている。

『中国文献学概要』（鄭鶴声〔一九〇一―八九〕・鄭鶴春著、上海、商務印書館、一九三〇年。〔影印版〕上海、上海書店、一九八三年）

序言のほかに、結集〔編集〕、審訂、講学、翻訳、編纂、刻書などの章に分け、それぞれその源流と発展を論述しており、中国図書のそれらの面での発展の情況がわかる。

『中国書史』（陳彬龢〔一八九七―　〕・査猛済著、上海、商務印書館、一九三五年。〔台湾第二版〕台北、文史哲出版社、一九八四年）

「書史」と命名した最初の通史的な著作である。「導言」を含めて全二十章で、それぞれ文字の創造、竹簡時代の書冊制度（殷周）、巻軸時代から木版時代までの書冊制度（秦漢隋唐五代）、宋代の刻書の題識と特徴、宋代の刻本の欠点、宋代の蔵書家の歴史、元代の刻書の中興、元代の刻書の優れた点、元代の蔵書の専門家、明代の藩府における刻書の発達、明刻の逸品、明代の私刻と坊刻、明代の刻書の陋弊、明代の私家の蔵書、清代の「四庫全書」の価値、清代の蔵書家の刻書、清代の蔵書家の盛況などについて記している。おおよそ十四万字で、大量の資料を体系的に整理し、中国の図書の発生、発展の歴史過程を詳述している。

『古今典籍聚散考』（陳登原著、上海、商務印書館、一九三六年。台北、楽天書局、一九七一年〔『中国典籍史』と改題〕。〔影印版〕上海、上海書店、一九八三年）

古今の典籍の集散を記し、政治、兵燹、蔵棄、人事、の四巻に分かれている。別称を『芸林四劫』という。

『中国書史』（王利器〔一九一一―　〕編、北京、北京大学図書館学系、一九五〇―五一年）

新中国の建国後に最初に編纂された書籍史で、編者が北京大学図書館学専修科のために講じた「中国書史」の講義録である。製紙術の発明、古書の版式、木版印刷術の創始、刻本の制度、版刻など、書史上の関連するテーマについて考証風の紹介をする。謄写版印刷で、正式には出版されなかった。

『中国印本書籍展覧目録』（北京図書館編、北京、中央人民政府文化部社会文化事業管理局、一九五二年）

北京図書館が一九五二年十月に北京で「中国印本書籍展覧」を開催したときに編纂した。巻頭に鄭振鐸〔一八九八―一九五八〕の「引言」があり、「展覧説明」で中国の古代から現代まで発展してきた中国の書籍の歴史を紹介し、「展覧目録」で殷代の甲骨文字から一九五二年までの全出展品について詳述している。そのうち、第一室に陳列された近代以前の精刊本〔印刷や装丁が精巧で美しい書物〕は、建国後に多数の蔵書家が中央人民政府に献納した宋・元代の精本の名著である。展示された近代以前の書籍の資料と実物はあわせて七百二十点で、目録には書名、著者、出版年代とともに逸品の書影〔書物や刊行物の版式と内容の一部を示す印刷物〕が掲載されている。第二室に陳列された一九一九年から一九五二年までに出版された一部の書籍と刊行物にも、貴重な出版物が少なくなく、人民の革命的出版事業が困難な闘争のなかで成長し、強大になった歴史を示している。

『可愛的中国書』（劉国鈞〔一八九九―一九八〇〕著、北京、建業書局、一九五二年）

『中国書的故事』（劉国鈞著、北京、中国青年出版社、一九五五年。〔第三版、劉国鈞・鄭如斯著〕北京、中国青年出版社、一九七九年。〔英語版〕北京、外文出版社、一九五八年）

この二著は、中国の書籍の発展史を紹介する通俗読物である。後者の『中国書的故事』は、前者の『可愛的中国書』を基礎に補足、改訂したもので、一九五五年に出版されたのち、何回も増刷を重ねた。一九七八年に中国青年出版社がひきつづき増刷することを通知したところ、劉国鈞先生はすでに八十歳の高齢であり、しかも病身であったため、鄭如斯同志に協力を要請し、共同で章節や提綱を決定し、再版本を基礎にして、鄭如斯が補足、改訂し、おもに再版以後に新たに発見された考古学的な材料を補充した。一九七九年八月、本書の第三版が世に問われたが、劉国鈞先生は不幸にも翌年六月に病気で亡くなった。第三版は全八章で、文字と図書の起源から近現代の書籍まで論じており、あわせて六万五千字である。『中国書的故事』の発行部数は累計で十万冊をこえており、書籍史の著作のうちで発行数が最大である。

『中国図書史講義』（皮高品〔一九〇〇―　〕著、〔謄写版本〕武漢、武漢大学図書館学系、一九五六年。〔改訂増補、活字本〕一九六四年）

『中国図書史綱』（皮高品著、長春、吉林省図書館学会、一九八六年）

もと『中国図書史講義』といい、皮高品先生が武漢大学図書館学系で講義した教材で、新中国の建国後に、マルクス・レーニン主義を指導思想とし、唯物史観の観点で執筆された最初の体系的な著作である。まず一九五六年に書かれ、謄写版で印刷され、一九六四年に改訂増補したのち活版印刷された。まず、社会発展の五種の形態にもとづいて中国の書籍史の発展を時代区分している。およそ十六万字である。「緒論――図書の社会的意義」のほか、⑴図書誕生以前における文字の発生と発展、⑵中国図書の誕生と発展（紀元前から二世紀まで）、⑶紙の発明から木版印刷の発明までの図書（二世紀から六世紀まで）、⑷木版印刷の発明から活字印刷の輸入期までの図書（六世紀から十九世紀まで）、⑸旧民主主義革命期の図書（一八四〇―一九一九年）、⑹新民主主義革命期の図書（一九一九―四九年）、⑺⑻解放後の国民経済復興期から第一次五か年計画期までの図書出版事業（一九四九―五七年）、の八章からなる。

吉林省図書館学会が一九八六年六月に一九六四年版を改訂し、『中国図書史綱』と改称して出版した。

『中国書史簡編』（劉国鈞著、北京、高等教育出版社、一九五八年。［鄭如斯による増補改訂版］北京、書目文献出版社、一九八二年）

新中国の建国後に最初に出版された「中国書史」の大学用教材である。歴史的な発展を背景とする中国図書の発展史の体系を提出し、図書の思想的な内容と物質的な形態の二つの面から、かなり全面的かつ弁証法的に中国の図書の誕生、発展、社会的機能を明らかにしようと試みている。八章からなり、歴史区分は、⑴文字の発生から一世紀末まで、⑵二世紀から八世紀まで、⑶九世紀から十三世紀の末期まで、⑷十三世紀の末期から十九世紀の中葉まで（元代から阿片戦争〔一九四〇年〕まで）、⑸十九世紀の中葉から「五四運動」〔一九一九年〕の前夜まで、⑹「五四運動」から新中国〔一九四九年〕の成立まで、⑺一九四九年十月から一九七九年まで、になっている。

『書的故事』（北京市女子第三中学語文組編、北京、中華書局、一九六一年）

通俗読物で、「中国歴史小叢書」の一冊である。

『中国古代書籍史話』（劉国鈞著、北京、中華書局、一九六二年）

「知識叢書」の一冊で、全十篇からなり、第一篇は中国の書籍の起源と発展、第二篇は奴隷社会の書籍、について記し、第三篇から第十篇までは、問題を中心にして、封建社会の書史の発展における重大な事件と情況を簡潔に記している。台北の西南書局が一九七八年に『版本学』の上篇として出版している。

『中国書綱』（高越天〔一九〇四―　〕著、台北、維新書局、一九七一年）

『中国書籍考論集』（蔣復璁〔一八九八―　〕ら著、香港、中山図書公司、一九七二年）
『中国書籍演変論集』（李文䄍ほか著、香港、中山図書公司、一九七二年）
『中国図書知識』（武漢大学図書館学系編、武漢、武漢大学図書館学系、一九七二年）
『中国書史講稿』（北京大学図書館学系古書整理教学小組編、北京、北京大学図書館学系、一九七四年）

この二著は、「文化大革命」期に編纂された書籍史の教材である。当時、多数の課程が簡素化されていたので、前者の『中国図書知識』は書史的な内容のほかに、その他の課程が開設すべき内容をも含み、知識性を重んじている。後者の『中国書史講稿』は、実際には王重民先生〔一九〇三―七五〕の著作であるが、当時はまさに「四人組」が「評法批儒〔法家を評価し儒家を批判する〕」を大いに煽り立てていたので、いささか影響を受けている。

『中国図書史略』（昌彼得〔一九二一―　〕著、台北、文史哲出版社、一九七四年）

殷代以来の中国図書の歴史を簡冊時代、紙書巻軸時代、印刷書冊時代、西洋印刷術影響時代の四段階に分け、この四段階をさらにそれぞれ四節に分けて論述している。

『晩周繒書考証』（蔡季襄著、台北、芸文印書館、一九四四年）
『書於竹帛』（英語）（銭存訓著、アメリカ、シカゴ大学出版社、一九六二年）
『中国古代書史』（銭存訓著、香港、香港中文大学、一九七五年）
『中国古代書籍史　竹帛に書す』（日本語）（銭存訓著、宇都木章ら訳、日本、法政大学出版局、一九八〇年）
『印刷発明前的国書和文字記録』（銭存訓著、鄭如斯増訂、北京、印刷工業出版社、一九八八年）
『書於竹帛』（銭存訓著、台北、漢美図書公司、一九九五年）

銭存訓博士〔一九〇九―　〕は、アメリカのシカゴ大学の極東言語文化学部、図書館学大学院の名誉教授兼極東図書館の名誉館長である。『中国古代書史』は、広く考古学の発掘報告、古物、銘のある法帖〔有名な書家の筆跡を模刻したもの〕と拓本を収集するとともに、先人の研究成果と古物に対する研究者の研究や解釈を参考にして著したものである。

著者は前十四世紀から後七〇〇年前後に印刷術が始まるまでを中国書籍史の濫觴期とし、本書はおもにこの時期における中国の書籍の発展史を研究対象にしており、九章に分かれている。第一章の「緒論」は、卜占文字、官書〔政府が編纂したり刊行したりした書物〕、檔案〔役所が分類して保存するさまざまな文献や資料〕、私家の著述と蔵書など、中国古書の価値をはじめ、その断えざる発展を促した社会的背景と学術的要素に対して、広範にして深く立ち入った検討を加えている。

第二章から八章までは、年代順に、甲骨文字、金文および陶文、玉石刻辞、竹簡および木簡、帛書、紙巻、書写道具をそれぞれ紹介し、各時代の書写の主要な材料、制度とその特質をそれぞれ述べるとともに、書写のさまざまな道具の変遷を検討している。

最後の「結論」の章は、書写材料の類別、古代文献の伝承、各種銘文の年代、中国の書籍の起源と発展、書写と複製の技術、中国文字の変遷、中国文字の書写の順序、図書と文字記録を促した要因などに対して、概括的な結論と解釈を行っている。

本書の原名は *Written on Bamboo and Silk* で、一九五七年の年末に原稿が完成し、一九六二年にアメリカのシカゴ大学出版社から出版された。一九七五年に香港の中文大学から周寧森による中国語訳が『中国古代書史』として出版され、内容にいささか増補改訂がなされた。一九八〇年に日本の法政大学出版局から日本語訳が出版された。一九八八年に中国の印刷工業出版社から、北京大学図書館学系の鄭如斯教授が上記の三つの版を基礎に増補した中国語訳が『印刷発明前的中国書和文字記録』として出版された。増補改訂した内容はおもに過去十数年来の最新の考古学的発見であり、その資料は本文に挿入するか注記に付し、付録として、原書の「後序」のほかに、本書に対する内外の学者の論評と意見を代表する、英語、中国語、日本語の書評か序文を一篇ずつ収録している。

著者は、本書を執筆するのに、内外、新旧のあわせて四百余点の著述を参考にしている。巻末に二十八点の図版を付している。

『中国古代亀卜文化』（劉玉健著、桂林、広西師範大学出版社、一九九二年）

中国古代の文献と古書のなかの亀卜に関する記述を体系的に整理、収録している。

『帛易説略』（韓仲民著、北京、北京師範大学出版社、一九九二年）

帛書に関する専門書で、内容は帛『易』概述と『易』説八篇の二つの部分に分かれ、付録として帛『易』の釈文と校注を付している。

『中国書籍史話』（葉松発著、台北、白荘出版社、一九七八年）

(1)連綿と続く知識（中国独特の文化を検討）、(2)上古の書籍（甲骨卜辞、青銅器銘文などの記事材料を紹介）、(3)書籍材料の変遷と発展（特に紙の発明以後の書籍の形式を重視）、(4)中国の書籍の装丁の変遷、(5)書籍の焼失と保存、(6)書籍の構成、の六章からなる。

『本的歴史』（孫宝林・唐乃興編著、済南、山東人民出版社、一九七九年）

『中国書的歴史』（荘葳著、上海、上海人民出版社、一九八〇年）

この二著は、中国の書籍史を紹介する通俗読物である。

『中国書史参考文選』（北京大学図書館学系目録学教研室「中国書史」教学小組編、北京、北京大学図書館学系目録学教研室、一九八〇年）

『中国書史参考資料』（武漢大学図書館学系古籍整理小組編、武漢、武漢大学図書館学系、一九八〇年）

この二著は、「中国書史」課程のために編纂した副教材である。前者の『中国書史参考文選』は、古代と近代の資料を主とし、「早期の中国書」、「紙と写本」、「印刷術と版本」、「中国古代の書籍装丁制度の変遷」、「中国の初期の新聞と雑誌」、「近代印刷術の伝来と利用」、「党指導下の革命的な書籍と雑誌の出版と発展」の七つの部分からなり、あわせて三十六篇の資料を収録している（抄録のものもある）。後者の『中国書史参考資料』は、木版印刷を重視し、主として雑誌論文から選定しているが、専門書からも抄録している。学術的な論争にかかわる問題については、対立する論点をともに収録するよう注意し、あわせて五十一篇の資料を収録し、巻末に「参考資料索引」を付している。

『晦庵書話』（唐弢〔一九一三―九二〕著、北京、生活・読書・新知三聯書店、一九八〇年）

著者が四〇年代から晦庵という筆名で執筆してきた書話や雑文を集めたものである。

『書海漫遊』（程亜男・彭慶元著、貴陽、貴州人民出版社、一九八一年）

『本的故事』（鍾宝良著、ハルビン、黒龍江人民出版社、一九八一年）

この二著は、少年児童向けの読物で、物語を語る形式で古代から現代までの書籍の歴史的変遷を体系的に紹介している。

『中国書籍史』（李更旺編著、長春、東北師範大学図書館学系、一九八一年）

『中国図書史（初稿）』（査啓森編著、武漢、武漢大学図書館学系、一九八二年）

この二著は、図書館学系の「中国書史」のために編纂された新しい教材である。李氏のものは謄写版刷りで、先人の著作を基礎にして、考古学的な発掘で発見された最新の実物資料やマイクロフィルム、コピーなど最新の内容を補足している。査氏のものは、おもに過去の研究成果を採り入れるとともに、書史研究に関する近年の新しい発見と観点をも採り入れ、時代区分などの問題に独自の見解を提起している。

『中国図書知識』（何卜吉編著、南寧、広西人民出版社、一九八二年）

中南五省（区）の六か所の省レベル公共図書館の「業務研究討論会」が編纂した図書館専攻学生向けの研修教材の一つである。十章からなり、文字の誕生と中国初期の図書の出現から、古代、近代、現代（一九八一年六月まで）にいたるまで、図書の発展史の知識を紹介し、各章の章末に復習問題を付している。

『明代版刻綜録』（杜信孚編、揚州、広陵戸籍刻印社、一九八三年）

『中国書史簡説』（胡継森・鍾昌嗣著、成都、四川省中心図書館委員会、一九八四年）

四川省図書館学会主編の「図書館学知識叢書」の一冊である。甲骨文字、金文と陶文、玉石刻辞、竹簡と木牘、帛書、紙巻と印刷術、書籍に与えた印刷術の影響、の七章からなる。発見されている古代のさまざまな形態の図書に重点を置いているが、甲骨文、簡冊、帛書、石刻の図書をもかなり詳しく紹介している。

『中国古代書籍史』（李致忠著、北京、文物出版社、一九八五年）

(1)緒論、(2)文字の起源と書籍の誕生、(3)書籍の生産、(4)中国古代の書籍の装丁芸術、(5)中国古代における書籍の生産と流通に対する管理、からなり、それぞれ近代以前の中国における書籍の形成条件、制作材料、制作方法、装丁技術、管理方式などについて述べ、テーマごとに時代をおって記しており、著書がみずから「紀事本末体（史書の体裁の一つで、事件ごとにその本末をまとめて記し、年代にかかわらない記述法）の中国古代書籍史」になぞらえている。

『書的故事』（方厚枢・章爾揚・沈栄驥改編、成都、四川少年児童出版社、一九八五年）

映画を連環画（劇画）にしたもので、蛾眉映画撮影所が一九八〇年に制作した科学教育カラー映画である『書的故事』（シナリオは方厚枢と章爾揚）にもとづいて改編しており、ある図書館の館長の語りを通じて、近代以前の中国における結縄記事（縄を結んで事を記録する）、甲骨文、簡策、帛書、製紙術と印刷術の発明から、現代の図書にいたるまでの発展史を紹介し、さらに動く絵本『七十二変』の印刷過程とさまざまな現代の新しい児童図書をも紹介している。

『中国古代書籍史』（北京図書館・上海師範大学・上海戯劇学院共同制作、一九八六年）

北京図書館が主催した「中国古代書籍史」展覧を基本構想にして撮影した科学教育ビデオで、文字の誕生と変遷、初期の書籍、正規の書籍の誕生の歩みをはじめ、製紙術、木版印刷術、活字印刷術が書史を推進、発展させたことを紹介し、中国で名高い多数の貴重な古書の風貌を伝えている。

『中国年画発展史略』（阿英〔銭杏村。一九〇〇―七七〕著、北京、朝花美術出版社、一九五四年）

『中国年画史』（蔣松年著、瀋陽、遼寧美術出版社、一九八六年）

『中国連環画史話』（阿英著、北京、中国古典芸術出版社、一九五七年）

『太平天国印書』（南京太平天国歴史博物館編、南京、江蘇人民出版社、一九五九年）

『中国版刻綜録』（楊縄信編、西安、陝西人民出版社、一九八七年）

『中国図書和図書館史』（謝灼華主編、武漢、武漢大学出版社、一九八七年）

武漢大学、北京師範大学、華東師範大学の図書館学系の一部の同志が集団で編纂したもので、一九八五年に湖北省高等学校〔大学、専門学校〕図書館工作委員会と武漢大学図書情報学院〔学部〕が『中国図書史与中国図書館史』として出版した。一九八六年の年末に編者が原書を大幅に改訂し、一九八七年に高等学校文科の教材として現在の書名で出版した。「緒論」のほかに、簡帛書の時期の図書と蔵書（殷代から両漢代まで）、写本の時期の図書と蔵書（魏・晋代から隋・唐代まで）、印本の時期の図書と蔵書（宋代から清代中葉まで）、機械印刷の時期の書籍、雑誌と図書館（一八四〇―一九四九年）、の四編からなる。

『中国書史』（鄭如斯・蕭東発編著、北京、書目文献出版社、一九八七年）

『中国書史教学参考文選』（鄭如斯・蕭東発編、北京、書目文献出版社、一九八七年）

『中国書史教学指導書』（鄭如斯・蕭東発編、北京、書目文献出版社、一九八七年）

この三書は、中央広播電視〔放送テレビ〕大学の図書館学専攻のためのものである。『中国書史』は全二十一万字で、八章からなる。「緒論」のほかに、中国の図書事業の発展を六つの時代、すなわち、(1)萌芽と奠基の時期（前二十一世紀から後二世紀まで）、(2)初興と発展の時期（二世紀から九世紀まで）、(3)壮大と興盛の時期（九世紀から十九世紀中葉まで）、(4)応時と改革の時期（一八四〇―一九一九年）、(5)転変と闘争の時期（一九一九―一九四九年）、(6)繁栄と創新の時期（一九四九年から現在まで）に分けている。資料は一九八五年までのもので、最後の章は、中国の八〇年代における図書事業の新たな成果を反映するとともに、さらに特に「新技術革命と図書の未来」の一節を設けている。

『中国書史教学参考文選』は、中国の文字の起源、甲骨金石刻辞、簡帛、紙巻、および印刷術の発明後における図書出版事業の発展情況に関する著述か資料をあわせて二十二篇、十九万字収録し、おおむね中国書史の教科課程の内容と体系にもとづいて配列している。収録した文章は、ごく少数のものが抄録であるのを除いて、大半は全文を原文どおり収録している。

『中国書史教学指導書』は、各章の内容の要点、授業の方針、閲読の範囲を示すとともに、復習参考問題を付している。

『中国書籍編纂史稿』（韓仲民著、北京、中国書籍出版社、一九八八年）

中国の書籍の形式と内容、考古学的に発掘された実物と文献資料の記述を結び付けて、書籍の誕生から発展までの全過程を体系的に明らかにしている。全二十五余万字で、「緒文」のほかに、「簡冊篇」、「写本篇」、「刊本篇」の三篇からなり、最初の文字記録から清代中葉までの中国の重要な書籍の編纂情況と編纂経過を紹介するとともに、さまざまな学術流派と思想的観点をも紹介している。巻末に「大事年表」を付し、前十三―前十一世紀から清の道光十四年（一八三四年）までの重要な古書の編纂情況などを記載している。

『中国古代図書事業史』（来新夏ら著、上海、上海人民出版社、一九九〇年）

書史、目録学史、図書館史などを一体に扱い、前二〇七年から一八四〇年までを五章に分けて記している。

『歴代刻書考述』（李致忠著、成都、巴蜀書社、一九九〇年）

『中国図書』（蕭東発著、北京、新華出版社、一九九一年）

「神州文化集成叢書」の一冊で、十章に分け、漢字の誕生、図書の起源から清代までの歴代の重要な図書の編纂、版木彫りの情況を記し、巻末に「中国文化をもっとも体現しうる図書」という結語を付す。

『中国古代書籍史話』（李致忠著、北京、商務印書館、一九九一年）

「中国文化史知識叢書」の一冊である。

『中国書籍、紙墨及印刷史論文集』（銭存訓著、香港、香港中文大学、一九九一年）

著者の過去三十年間の主要な著述を集中的に反映する十六篇の論文を選び、古代の典籍、紙墨、印刷、影響の四章に分けて収録する。付録の十一篇は、印刷史に関するおよそ五百種の中国語、英語、日本語、韓国語の専門書と論文から選んだものである。

『中国古籍知識啓蒙』（彭邦炯著、北京、知識出版社、一九九二年）

「最近発見された初期の書籍」、「古代の類書」、「古代の叢書」の三つの部分に分けて中国の古書を紹介し、さらに内外の学者による中国の古書に対する研究の成果と動向をも紹介している。

『中国古代編輯家小伝』（伍杰編著、北京、中国展望出版社、一九八八年）

編集活動に従事し卓越した業績を残している中国史上の有名人のなかから百余名を選び、生年順に並べ、その伝記を記している。書籍の内容と編集に対する考え方と方法を分析、紹介することを通じて、それらの編輯家の編輯工作における主要な成果を総括している。

『中国現代著名編輯家編輯生涯』（丁景唐〔一九二〇―　〕主編、北京、中国展望出版社、一九八八年）

一九一九年の「五四運動」以後の三十一名の著名な編輯家の編輯活動について記している。

『中国編輯史』（姚福申著、上海、復旦大学出版社、一九九〇年）

高等学校〔大学、専門学校〕の書刊〔書籍、刊行物〕編輯専攻のための教材の一冊で、上、下二編に分かれている。上編は古代を対象とし、編集活動の起源、歴代の書籍の構成の変遷、著名編集者の業績をはじめ、社会の政治、経済、文化などの要素が古代の編集、出版活動に及ぼした影響に重点を置いて詳述している。下編は近現代を対象とし、おもに一八四〇年のアヘン戦争から新中国成立前夜までの編集、出版活動を詳述し、半植民地半封建の社会形態のもとでの編集業務の発展について論評し、進歩的な文化事業のために重大な貢献をした近代の編集者を紹介している。

『中国古代編輯史論稿』（靳青万著、鄭州、河南大学出版社、一九九二年）

中国における編集の萌芽、形成、発展、繁栄など五つの面から、中国の古代の編集史について体系的に論述している。

『中国科学文献翻訳史稿』（黎難秋著、合肥、中国科学技術大学出版社、一九九三年）

中国の科学文献の翻訳史を体系的に叙述し、数学、物理、化学、天文学、地球科学、医薬学、マルクス主義学説など、近代科学の主要な分野が翻訳書の出版を通じて中国に伝播できたことを論述するとともに、科学文献の翻訳が中国の言語学、近代教育、図書館事業、科学情報工作などの領域に与えた影響について論述している。

『中国図書史資料集』（劉家璧編纂校訂、香港、龍門書店、一九七四年）

一九一一年の辛亥革命以後における現代中国の学術界の、図書史に関する六十三篇の研究論文を収録している。中国文字の起源とその変遷、甲骨文、竹木簡、石経、帛書などの情況、歴代の書籍の著述とその存逸の情況、中国目録学の分類、書籍の装丁と形式、版本の変遷、印刷術の発明とその進展などを含む。

『中国図書・文献学論集』（王秋桂・王国良編、台北、明文書局、一九八三年。〔増訂新版〕一九八六年）

中国の図書学と文献学に関する三十七篇の論文を収録し、(1)図書の形状と保管、(2)目録版本学、(3)校勘考証、(4)類書と叢書、(5)文献学、の五つに分けている。収録した論文の内容は、書史、目録学、版本学、校勘学、弁偽〔真贋の鑑定〕、輯逸〔散逸してしまった書籍を、他の書籍に引用されているものを集めて再構成すること〕学、類書や叢書の考証や解釈、地方誌学、譜牒〔家系図〕学などにわたる。

『中国図書文史論集』（銭存訓先生八十生日祝寿〔生誕八十周年記念〕論文集編輯委員会編、北京、現代出版社、一九九二年。台北、亜中書局、一九九一年）

中国の図書や文史〔文学、歴史〕についての専門的な研究を有する三十四人の中国とアメリカの専門家や教授の、中国図書の各方面について研究した論文、中国古代における印刷術、印刷版権の起源、粘土製活字による印刷、製紙術、版本の鑑定などに対する研究、中国の文史の考証に対する研究を収録し、付録として銭存訓先生の経歴と著作目録を付している。収録されている論文は、銭存訓先生が五十年間にわたって中国の図書事業のために苦難に満ちた貢献をしたことを記念して執筆されたものである。

『中国図書論集』（程煥文編、北京、商務印書館、一九九四年）

(1)緒論、(2)簡帛文化、(3)写本文化、(4)印本文化、(5)近代図書文化、(6)現代図書文化、(7)中国図書の数量と装丁芸術、の七つの部分からなり、内容は中国の書史研究の各方面にわたる。巻頭に「中国図書文化の変遷とその意義」という長文を配して序文に代えている。

『書籍装幀芸術簡史』（邱陵編著、ハルビン、黒龍江人民出版社、一九八四年）

工芸美術高等院校（大学レベルの学校の総称）の書籍装丁専攻の教材で、六〇年代の初めに脱稿した。(1)書籍の誕生と書籍美術、(2)中国の古籍の装丁芸術とその発展（四世紀初めから二十世紀初めまで）、(3)「五四運動」から抗日戦争までの装丁芸術（一九一九―三七年）、(4)抗日戦争から解放前夜までの装丁芸術（一九三七―四九年）、の四章からなり、巻末に付録として、版本の分類と名称の説明、百十六点の図版と写真を付している。

『書籍装幀芸術史』（邱陵編著、重慶、重慶出版社、一九九〇年）

上記の『書籍装幀芸術簡史』の増補改訂版で、四章から十一章に増やし、新中国の建国後における装丁芸術の発展と書籍芸術界の関連するさまざまな活動などを増補し、チベット、新疆、青海、内モンゴルなど、漢族以外の民族の書籍の装丁芸術について特に一章を設けて紹介している（中央工芸美術学院書籍芸術系の青年教師である林華の執筆）。巻頭に十六ページにわたって書籍の表紙のカラーとモノクロの写真を掲載している。

『版本通義』（銭基博〔一八八七―一九五七〕著、上海、商務印書館、一九三三年。北京、古籍出版社、一九五七年）

商務印書館の「百科小叢書」の一冊で、一九五七年に著者が改訂して古籍出版社から出版した。中国出版史の研究について参考すべき価値がある。

『版本与書籍』（周越然著、上海、知識出版社、一九四五年）

『図書版本学要略』（屈万里〔一九〇七―七九〕・昌彼得〔一九二一―　〕著、台北、中華文化出版事業委員会、一九五三年）

『古籍版本浅説』（陳国慶著、瀋陽、遼寧人民出版社、一九五七年。〔改訂本〕北京、中華書局、一九六四年）

中国の古書の印刷と版本の基礎知識を簡潔に紹介している。(1)総論、(2)版本の名称、(3)版本の款識（款は陰文で、文字を彫り下げて刻し、識は陽文で、浮き出して刻す）、(4)書籍の装丁の変遷、(5)書籍の装飾と付属品、の五章からなる。

『歴代図書版本志要』（羅錦堂著、台北、中華叢書編審委員会、一九五八年）

『古書版本常談』（毛春翔著、上海、中華書局上海編輯所、一九六五年。香港、中華書局、一九七三年。［再版］上海、上海人民出版社、一九七七年）

縦横の二つの面から、中国の古書の版本の知識を論述している。縦の面では、唐・五代から清代にいたるまで、歴代の刻本の概況と優劣を詳論し、横の面では、巾箱本（巾箱（布貼りの小箱）にはいるぐらい小型の書籍で、細字で印刷）、校定本から仏教や道教の経典にいたるまで、さまざまな刊本のおおまかな様子と価値を紹介している。一九七四年に台湾の楽天書局が『古書版本学』と改題して翻刻し、一九八〇年に台湾の南岳出版社が『中国古書版本研究』と改題して「中国古籍研究叢刊」に収録し、一九八四年に台湾の新文豊出版公司が「語萃探原」叢書の一冊として『中国古書版本研究』と改題して影印出版している。

『版本目録学論草叢』（第一、二輯）（昌彼得著、台北、学海出版社、一九七七年）

『中国図書版本学論文選輯』（学海出版社編、台北、学海出版社、一九八一年）

一九一一年以後に中国の大陸、香港、台湾の学術刊行物に発表された、図書史と版本学に関する三十一篇の論文を収録している。

『古籍版本鑑定叢談』（魏隠儒・王金雨編著、北京、印刷工業出版社、一九八四年）

十章に分け、古書の版刻史略、分類、術語、用紙、印刷、鑑定方法などの面から、古書の版本の鑑定について詳述し、版本学、目録学など、関連する内容と、版本の鑑定において注意すべき問題について簡単で要を得た紹介をしている。巻末に、「古書の版本と目録学を研究するのに具えるべき知識」を付している。

『古書版本鑑定研究』（李清志著、台北、文史哲出版社、一九八六年）

⑴鑑定法総論、⑵歴代版刻字体の研究、⑶歴代版刻版式の研究、⑷歴代印書紙墨の研究、⑸歴代写刻の避諱研究、⑹その他の版本類型の鑑定法、の六章からなり、巻末に歴代の各地の代表的な版本の書影を七十余点付している。

『古籍版本概論』（畢佐之著、上海、華東師範大学出版社、一九八九年）

『版本学概論』（戴南海著、成都、巴蜀書社、一九八九年）

『古書版本学概論』（李致忠著、北京、書目文献出版社、一九九〇年）

『中国古籍版本学』（曹之著、武漢、武漢大学出版社、一九九二年）

『清代版刻一隅』（黄裳著、済南、斉魯書社、一九九二年）

清代の版刻の書籍を百九十五点収録し、順治、康熙、雍正、乾隆、嘉慶、道光、咸豊、同治、光緒、宣統の十輯に分け、いずれの書籍にも書影と題記を付しており、木版工芸美術の角度から清代の版刻の特徴を研究することができる。

『中国古代史籍校読法』（張舜徽〔一九一一―　〕著、上海、上海古籍出版社、一九七九年）

中国古代の史書をいかに校訂するかを紹介する普及書で、文字、版本、校勘〔書物の内容や字句の異同などを調べること〕、弁偽〔真贋の鑑定〕、輯逸〔散逸した書籍を、他の書籍に引用されているものを集めて再構成すること〕などの常識を記しており、中国古代の史書を閲読、整理する初学者には参考にすべき価値がある。

『校勘学史略』（趙仲邑編、長沙、岳麓書社、一九八三年）

六章からなり、緒論、校勘事業の創始、衰退、復興、全盛の略史が含まれる。第六章で、校勘学の歴史的な発展のなかから総括したいくつかの問題、つまり校勘の目的と方針、校勘の条件と方法について論じている。

『校讎学史』（蔣元卿著、合肥、黄山書社、一九八五年）

六章からなり、緒論、校讎〔校勘〕の開始、校讐学の創始、衰退、復興、全盛の略史が含まれる。

『広校讎略』（張舜徽著、北京、中華書局、一九八六年）

『古代文献知識』（趙振鐸著、成都、四川人民出版社、一九八〇年）

八章からなり、古書の部類、書籍の制度、古書の文章の構成、古書の注釈、版本概説、文字の校讎、偽書の鑑別、逸書の探究などの知識が含まれる。

『中国古典文献学』（呉楓著、済南、斉魯書社、一九八二年）

『中国文献学』（張舜徽著、鄭州、中州書画社、一九八二年）

『文献学講義』（王欣夫著、上海、上海古籍出版社、一九八六年）

『古籍基礎知識問答』（倪波・程徳璋編、北京、書目文献出版社、一九八四年）

四十二の問題を取り上げ、問答形式を採用し、中国の古書に関する基礎知識を紹介している。

『我国古籍之最』（張文玲著、福州、福建人民出版社、一九八三年）

中国の古書のなかで「ナンバー・ワン」の特徴をもつ二百三十八点を選び、その時代、著者、篇目、内容、批評、影響、版本の流伝の情況を簡単にして要を得た紹介をしている。それらの古書は、中国古代の各分野、各領域の知識について記し、創始、鼻祖、濫觴、先駆などの特徴を有する。それゆえ、さまざまな古書の源流関係を理解、認識するとともに、中国のさまざまな学説や流派の伝統、人類の知識の継承や発展の情況を認識するのに、一定の手がかりを得ることができる。六十余種の古書の写真を配しているが、そのなかには珍しい版本の書影が少なくない。

『中国図書之最』（常仲哲著、北京、中国旅遊出版社、一九八九年）

『中国古籍之最』（張召奎編著、合肥、安徽少年児童出版社、一九九一年）

青少年向けの普及読物で、人文科学書、自然科学書、工具書の三大類、十一の部門、あわせて二百五十六項目に分け、中国で最初（現存するもので最古か、文字どおりの最初）、最大、もっとも完璧、もっとも傑出した書籍を選び、簡単にして要を得た説明を付している。

『中国古代蔵書与近代図書館史料（春秋至五四運動前後）』（李希泌〔一九一八―　〕・張椒華編、北京、中華書局、一九八二年）

あわせて二百二十五篇（付録のものは算入せず）の史料を収録し、(1)古代の官私の蔵書、(2)蔵書楼の出現と近代的な図書館への移行、(3)近代的な図書館の誕生、(4)近代的な図書館の発展、(5)図書館史に関する研究、の五章からなり、史料は内容に応じて各章節におおむね年代順に配されているが、同一の地区や機関のものは一か所にまとめ、年代順に並べられている。収録されている史料は一次史料が多く、中国の出版史の研究にはすこぶる参考にすべき価値がある。

『蔵書紀事詩』（〔清代〕葉昌熾〔一八四七―一九一七〕著、上海、古典文学出版社、一九五八年）

五代の末期から清代の末期までの蔵書家の事績を記した専門書で、関連する七百余人の人物を収録している。引用する資料の多くは正史、筆記〔随筆〕、地方誌、および官私の目録、古今の文集などの文献から採録するとともに、一人か関連する数人について記した関係資料はそれぞれ著者自身の絶句〔五言か七言の四句からなる詩〕でつなぎ合わせ、その間に著者の評語を配しており、実際には資料集成風の蔵書家辞典である。それと同時に、歴代の刻書〔出版〕、校書〔校勘〕、抄書〔書写〕、読書などの資料を収録しているので、中国の目録、版本、校勘、および印刷技術の変遷と発展の研究には一定の史料的な価値があり、「蔵家の詩史、書林の掌故〔故実〕」と讃えられている。出版したのち、かなり大きな影響を及ぼし、あいついで増刷され、光緒二十三年（一八九七年）に編纂された『霊鶼閣叢書』の六巻本と宣統元年（一九〇九年）の自家版の七巻本が伝えられている。本書は一九〇九年版に句読点を付して出版したものである。

『**続補蔵書紀事詩**』（王謇著、李希泌注、北京、書目文献出版社、一九八七年）

百二十五首の紀事〔記録〕詩を収録し、清代の百三十二人の学者と蔵書家について伝える。江蘇、浙江両省に詳しい。

『**蔵書絶句　流通古書約　古歓社約　蔵書十約**』（〔清代〕楊守敬（一八三九―一九一五）ら著、上海、古典文学出版社、一九五七年）

古書の版本と収蔵に関する四種類の著作の合本である。清代の楊守敬の『蔵書絶句』は、それぞれ各種の版本を詠じたもので、あわせて三十二首を収録している。上海の蟫隠廬刊の足本〔完全な書物〕を底本に校勘している。清代の曹溶（一六一三―八五）の『流通古書約』は、もともと「知不足斎叢書」本の『澹生堂蔵書約』の巻末に付されていたもので、光緒二十二年（一八九六年）に繆荃孫（一八四四―一九一九）が『藕香零拾』を出版するときに抜き出して収録しており、その『藕香零拾』所収のものを底本にしている。清代の丁雄飛の『古歓社約』は、『藕香零拾』所収のものを底本にしている。『蔵書十約』は清代末期の葉徳輝（一八六四―一九二七）の作である。

『**澹生堂蔵書約　蔵書記要**』（〔明代〕祁承㸁・〔清代〕孫慶増著、上海、古典文学出版社、一九五七年）

『澹生堂蔵書約』は、清代の鮑氏〔鮑廷博（?―一八一三）〕の「知不足斎叢書」第五集本を底本とし、繆荃孫の『藕香零拾』本を参考にして校勘している。『蔵書記要』は、黄丕烈（一七六三―一八二五）の「士礼居叢書」所収のものを底本に、清代の張潮（一六五〇―?）の「昭代叢書」所収のものと『藕香零拾』所収のものを参照して校勘している。

『**芸風堂再続蔵書記**』（〔清代〕繆荃孫著、北京、中華書局、一九六二年）

宋―明代刻本、鈔本、校本、影写本などの百余種の目録を収録し、版本の特徴と来歴を略述している。

『**皕宋楼蔵書源流考**』（〔日本〕島田翰著、上海、古典文学出版社、一九五七年）

『武林蔵書録』（〔清代〕丁申著、上海、古典文学出版社、一九五七年）

宋代から清代までの杭州の官私の蔵書、刻書、采書、地方の進書の概略、私家の蔵書の故実、仏寺や道観〔道教寺院〕が経典の版木を収集した経過について記している。清の光緒二十六年（一九〇〇年）の嘉恵堂本を底本にしている。

『古代蔵書史話』（許碚生編著、北京、中華書局、一九八二年）

「中国歴史小叢書」の一冊で、中国古代の蔵書に関する知識を紹介している。

『中国古代蔵書史話』（焦樹安著、北京、商務印書館、一九九一年）

「中国文化史知識叢書」の一冊である。

『清代図書館発展史』（英語）（譚卓垣著、上海、商務印書館、一九三五年）

『清代蔵書楼発展史』（譚卓垣著、徐雁訳、譚華軍校閲、沈陽、遼寧人民出版社、一九八八年）

英語版の中国語訳である。

『江浙蔵書家史略』（呉晗〔一九〇九—六九〕著、北京、中華書局、一九八一年）

『近代蔵書三十家』（蘇精著、台北、伝記文学出版社、一九八三年）

『中国蔵書家考略』（楊立誠・金歩瀛著、台北、文海出版社、一九七一年。〔兪運之校閲補筆版〕上海、上海古籍出版社、一九八七年）

もと『中国蔵書家小史』といい、中国ではじめて歴代の蔵書家の事績を体系的に総括した伝記辞典である。

『中国著名蔵書家伝略』（鄭偉章・李万健編著、北京、書目文献出版社、一九八六年）

『浙江蔵書家蔵書楼』（顧志興著、杭州、浙江人民出版社、一九八七年）

浙江に代々蔵書家が多く、蔵書楼が多いことは、浙江の文化的な特色の一つである。本書は七章からなり、宋代以前から近代まで（中華民国の初期を含む）の浙江の蔵書家と蔵書楼をそれぞれ紹介するとともに、専門の一章を設けて中国文化に対する浙江の蔵書家の貢献について論述している。付録として、「文瀾閣与『四庫全書』」、「浙江書院学府蔵書」など四篇を付している。

『郡斎読書志校証』（〔宋代〕晁公武〔一一〇五?—一一八〇?〕撰、孫猛校証、上海、上海古籍出版社、一九九一年）

『郡斎読書志』は、解題を具えている中国の現存最古の私家の蔵書目録で、千四百九十二種の書籍を記載しており、そのなかには散逸してしまい、本書でしかその概要をうかがい知れないものが少なくない。世に伝えられてきた二種の版本に句読点を付して校訂するとともに、関係資料を付していっそう利用しやすくしている。

『永楽大典考』（郭伯恭著、上海、商務印書館、一九三八年）

『永楽大典史話』（張忱石著、北京、中華書局、一九八六年）

『四庫全書纂修考』（郭伯恭著、上海、商務印書館、一九三七年）

『四庫全書考証』〔清代〕王太岳〔一七二一―八五〕ら纂輯、上海、商務印書館、一九四一年）

『四庫全書薈要纂修考』（呉哲夫著、台北、故宮博物院、一九七六年）

『四庫全書史話』（劉漢屏著、北京、中華書局、一九八〇年）

『四庫全書纂修研究』（黄愛平著、北京、中国人民大学出版社、一九八九年）

豊富な資料、とりわけ大量の歴史文書を利用して、清代前期の社会的背景と学術の情況を結び付け、『四庫全書』の編纂過程とその影響を全面的に研究し、そのなかで言及する禁書や文字獄〔筆禍事件〕などの関連問題についても深く立ち入って検討している。

『清代禁毀書目研究』（呉哲夫著、台北、嘉興水泥〔セメント〕公司文化基金会、一九六九年）

『清代文字獄』（孔立著、北京、中華書局、一九八〇年）

『清代康雍乾三朝禁書原因之研究』（丁原基著、台北、華正書局、一九八三年）

『中国禁書大観』（安平秋・章培恒〔一九三四―　〕主編、上海、上海文化出版社、一九九〇年）

中国の各歴史的時期の「禁書」を全面的に紹介し、大きく三つの部分に分けてその全貌を示している。簡史の部分では、「禁書」を縦糸にしてパノラマ的な歴史の旅を行い、総目の部分では、三千余点のさまざまな「禁書」について詳述し、解題の部分では、非常に大きな影響を及ぼした二百余点の「禁書」について、内容と観点、およびその特色と得失を含めて、現代的な観点で分析している。あわせて、文化遺産としての価値がある「禁書」の版本、書影、挿絵の写真を二百余点収録している。

『中国的類書、政書与叢書』（戚志芬〔一九一九―　〕著、北京、商務印書館、一九九一年）

「中国文化史知識叢書」の一冊である。

『《毛沢東選集》出版史珍聞』（金田著、北京、広播学院出版社、一九九二年）

『《毛沢東選集》出版的前前后后』（劉金田・呉暁梅著、北京、中共党史出版社、一九九三年）

2　出版史

『中国出版界簡史』（楊寿清著、上海、永祥印書館、一九四六年）

『中国近代出版史料初編』（張静盧〔一八九八―一九六九〕輯注、上海、上雑出版社、一九五三年）

一八六二年に清朝政府が京師同文館を創設したときから、「五四運動」の前夜である一九一八年までの、五十余年間における出版事業に関する重要資料を収録し、官弁翻訳事務、図書期刊〔定期刊行物〕、教科書、印刷技術、法令の五巻に分け、あわせて二十三万字である。

『中国近代出版史料二編』（張静盧輯注、上海、群聯出版社、一九五四年）

一八九六年の「維新変法」から一九一八年までの出版資料を収録し、官弁編訳出版事務、一般図書期刊、印刷装丁技術、出版関係法令の四巻に分け、付録として出版大事年表（一八六二―一九一八年）を付し、あわせて三十万字である。

『中国現代出版史料甲編』（張静盧輯注、北京、中華書局、一九五四年）

一九一九年の「五四運動」から一九二七年の第一次革命戦争の終結までの出版資料を四巻に分けて収録している。第一巻は、「五四運動」以後の進歩的、代表的な雑誌の発刊の辞、重要な大衆団体の宣言と規約をはじめ、中国共産党創立後の主要な刊行物の発刊の辞、革命的な出版機関の史実と出版物の目録などを収録している。第二巻は、清代末期から一九二九年の年初までにおける外国の文学作品の中国語訳の目録である。第三巻は、関連する国際間の著作権交渉や事件の資料を収録している。第四巻は、古書の整理と重版の情況、出版界の故実に関する資料を収録している。付録として、「上海印刷労働者の経済生活」、「上海商務印書館の職員、労働者の経済闘争」、「李大釗先生〔一八八九―一九二七〕著述年表」を付している。あわせて三十一万五千字である。

『**中国現代出版史料乙編**』（張静盧輯注、北京、中華書局、一九五五年）

一九二七年の「八一」南昌蜂起から一九三七年の「七七」事変（盧溝橋事件）の前夜まで、つまり第二次国内革命戦争の時期の出版資料を四巻に分けて収録している。第一巻は、革命的な出版物の目録、文化団体の宣言、左聯（左翼作家聯盟）の時期の文化界の動向の記述などを重点的に輯録している。第二巻は一般的な書籍や刊行物の目録と出版概況に関する資料、第三巻は古書の整理と重版の情況に関する資料、第四巻は国民党政府の出版関係の法令を収録している。あわせて三十五万七千字である。

『**中国現代出版史料丙編**』（張静盧輯注、北京、中華書局、一九五六年）

抗日戦争と解放戦争の時代を含めて、一九三七年から一九四九年九月までの出版資料を四巻に分けて収録している。第一巻は、文化、出版工作者の反動政権に対する抗争の史料と、国民党政府が書籍や刊行物を発禁処分に付し、新聞、出版事業を壊滅させた史実に関する史料を収録している。第二巻は解放区と敵占領区の文化、出版工作の建設と成果に関する資料、第三巻は印刷、装丁技術の改善と確信に関する資料、第四巻は国民党政府の出版関係の法令を収録し、付録として「瞿秋白同志（一八九九－一九三五）年表」を付している。あわせて三十六万二千字である。

『**中国出版史料補編**』（張静盧輯注、北京、中華書局、一九五七年）

既刊の各編に採録していない出版資料を補充し、一八六二年から一九四九年十月までを二巻に分け、上巻が近代、下巻が現代で、付録として、商務印書館と中華書局の大きなできごと、中国の製紙、出版業の年表（一九一八－一九四九年）を付している。あわせて三十九万九千字である。

『**中国現代出版史料丁編**』（張静盧輯注、北京、中華書局、一九五九年）

『中国現代出版史料』の再増補版で、「五四運動」から中華人民共和国の建国までの三十年間の出版史料を収録している。収録した資料は新聞事業に重点を置き、とりわけ抗日戦争の時期に各解放区と上海の陥落後に共産党の指導のもとで出版された革命的、進歩的な新聞と刊行物の発展情況と闘争の史実を重んじており、これまで公開発表されていない資料や特別に編纂、執筆を依頼した資料もある。付録として、「一九四九年全国公私営図書出版業調査録」を付している。全二冊で、あわせて四十八万四千字である。

『中国近代出版史料』と『中国現代出版史料』は、あわせて七編、おおよそ二百五十万字で、きわめて参考にすべき価値のある重要な史料を含み、きわめて貴重で得がたい一次史料が豊富である。張静盧先生（一八九八―一九六九）は、収集、整理、輯注工作に二十年の歳月をかけ、中国の出版史の研究に大きく貢献した。

『**中国出版史概要**』（張召奎著、太原、山西人民出版社、一九八五年）

著者が一九八二年に合肥聯合大学中文系編輯出版専攻で中国出版史を担当したときに用意した講義原稿を改訂、増補したもので、八章からなる。概論と結語の二章を除いて、その他の六章は、それぞれ中国の出版の萌芽時代、歴代の出版事業の発展、近代の出版事業の形勢、現代の出版事業の誕生と成長、社会主義出版事業の発展概況について記している。一九八二年の年末までの資料を収録している。

『**中国出版史**』（宋原放〔一九二三―　〕・李白堅著、北京、中国書籍出版社、一九九一年）

文化の発展を背景にして中国出版史のマクロ的な考察に力を入れ、中国出版史の発展の筋道、出版事業のおおまかな輪郭とその興亡の契機を描いており、中国の書籍史や印刷史の伝統的な執筆方法といささか異なっている。巻末に「中国出版史大年表（前十四世紀前後から一九一一年まで）」を付している。あわせて二十二万五千字である。

『**中国出版簡史**』（吉少甫〔一九一九―　〕主編、上海、学林出版社、一九九一年）

六章からなり、第一編は中国の古代の出版事業、第二編は中国の近代前期の出版事業、第三編は中国の近代後期の出版事業で、中国における図書の出版、印刷、発行事業の発展史を簡略に記している。一九四九年九月の建国までの資料を収録している。あわせて三十九万九千字である。

『**当代中国的出版事業**』（王子野〔一九一六―　〕主編、北京、当代中国出版社、一九九三年）

現代中国の出版史に関する最初の大型専門書で、「当代中国叢書」の一冊である。大量の史料によって、かなり全面的かつ体系的に新中国建国後の四十年間の出版事業の成果を紹介するとともに、その歴史的経験を総括している。おおよそ百四十万字で、上、中、下の三冊からなる。

『**中国出版史**』（張煜明編著、武漢、武漢出版社、一九九四年）

書写出版の時期、木版出版の時期、近代的な技術による出版の時期に分け、各時期の特徴を総括するとともに、特に中国出版史上の重要な人物、重要な出版機関、重大な事件の紹介に力を入れている。あわせて四十万字である。

『**中国近代現代出版史学術討論会文集**』（中国近代現代出版史編纂組編、北京、中国書籍出版社、一九九〇年）

一九八九年十一月初旬に湖南の大庸で開催された中国近代現代出版史学術討論会の論文集で、出版、発行、印刷のそれぞれの歴史を含み、太平天国の出版事業、清代末期の官書局、中国におけるキリスト教の出版活動、中華民国時代の出版情況、革命根拠地、解放区、中国共産党指導下の国民党支配地区における進歩的な新聞、出版事業、発禁と反発禁との闘争、少数民族〔漢族以外の民族〕の出版情況、出版人など、清代末期から現代までの各歴史段階についての六十六篇の論文を収録しており、そのなかには出版史研究の新たな成果を反映した論文もある。あわせて四十八万五千字である。

『**新民主主義革命時期出版史学術討論会文集**』（中国近代現代出版史編纂組編、北京、中国書籍出版社、一九九三年）

一九九一年十二月に太原で開催された新民主主義革命時期出版史学術討論会の論文集で、あわせて六十四篇を収録している。新中国成立以前における中国共産党指導下の出版事業の史実を伝えている。あわせて五十万字である。

『**近現代中国出版優良伝統研究**』（中国出版科学研究所科研弁公室編、北京、中国書籍出版社、一九九四年）

一九九二年五月に中国出版科学研究所と上海、広西両出版工作者協会が、広西の桂林で共催した「第七回全国出版科学学術討論会」の論文集で、あわせて四十八篇の論文を収録しており、そのテーマは近現代中国における出版の優良な伝統である。

『**中国出版業的発展与経済政策研究**』（呉江江・石峰・鄔書林・朱福錚・孟東著、武漢、湖北人民出版社、一九九四年）

中国の出版事業（「中国の出版業の歴史」など五節からなる）、中国の出版経済の発展、出版業に対する経済政策の沿革、出版業に対する経済政策の研究の四つの部分からなり、付録として出版経済の政策に関する文献（一九八八―一九九三年）を付している。

『**出版史研究**』（葉再生主編、北京、中国書籍出版社、〔第一輯〕一九九三年、〔第二輯〕一九九四年、〔第三輯〕一九九五年）

この叢刊の趣旨は、出版史の研究情報、研究成果の発表、学術討論の展開、研究体験の交流にある。

第一輯は、「モリソンの中国語文字典、中国最初の近代的な出版社、中国近代出版史の時代区分の問題について」（葉再生）、「出版志簡論」（倪波）、「商〔殷〕無簡冊考」（奚椿年）、「中国共産党の出版史料徴研活動の回顧と思考」（余甘澍）、「『文化書社』研究の新成果」（胡昭鎔）、「五四時期の学術著作翻訳出版概観」（鄒振環）、「周恩来と新中国の出版」、「楊家駱とその編輯、出版の特色について」（徐蘇）などを収録している。

第二輯は、「晩清の西書中訳と中国文化への影響」（鄒振環）、「十年内戦時期のソビエト区出版簡史」（葉再生）、「二十四史の二百五十年版本史」（汪家熔）、「民国時期の図書出版調査」（邱崇丙）、「西夏雕版〔木版〕印刷概況」（徐荘）、「雕版印刷術発明時期の論争」（奚椿年）などを収録している。

第三輯は、「十年内戦時期のソビエト区出版物とその特徴について」（葉再生。付録として「ソビエト区出版物通覧」を付し、六百九十五点の書籍を記載）、「当代中国出版史上の特殊な一ページ――文化大革命期の『毛主席著作出版弁公室』始末記略」（方厚枢）、「秦漢出版業考述」（章宏偉）、「ふたたび出版委員会について」（魏玉山）、「簡策制度の若干の問題について」（奚椿年）、「推薦に値する学術著作――銭存訓の中国の書籍、紙墨、印刷史に関する著述」（葉再生）などを収録している。

『商務印書館大記事』（陳原〔一九一八―　〕ら編、北京、商務印書館、一九八七年）

商務印書館は、中国近代の出版事業のなかで歴史のもっとも古い出版社である。一八九七年二月十一日に上海で創業し、一九八七年に創業九十周年を迎えた。本書は編年体で一八九七年から一九八七年までの九十年間の大事件を記し、一年を見開き二ページにまとめ、左ページが大事件の記録で、右ページに関係資料を収録している。

『商務印書館九十年――我和商務印書館』（北京、商務印書館、一九八七年）

商務印書館の創立九十周年記念文集で、同社の出版史の角度から編集した史料集でもあり、あわせて七十八篇を収録し、別に「商務印書館大事年表」を付している。同社の創業者と一部の有名編集者の業績と資料の記事があり、さらに「私と商務印書館」というテーマで、同社と関係がかなり密接であった著訳界と読書界の知名人から集めた文章もある。

『商務印書館九十五年――私和商務印書館』（北京、商務印書館、一九九二年）

商務印書館の創立九十五周年記念文集で、一九八七年に出版した『商務印書館九十年』の続編でもあり、あわせて八十二篇を収録し、付録として四篇を付し、一八九七年の創立以来の年表もある。

『張元済日記（一九一二―一九二六年）』（陸廷玨・汪家熔・金雲峰・朱蔚伯校閲・標点、北京、商務印書館、［上、下二冊］一九八一年）

『張元済書札』（北京、商務印書館、一九八一年）

『張元済傅増湘論書尺牘』（商務印書館編、北京、商務印書館、一九八三年）

一九一二年から一九四七年まで、張元済（一八六七―一九五九）と傅増湘（一八七二―一九五〇）とのあいだで古書の校閲、版本や目録学の研究に関して交わされた書簡集である。

『蔡元培張元済往来信札』（台北、中央研究院、一九九〇年）

『張元済年譜』（張樹年主編、柳和城・張人鳳・陳夢熊編著、北京、商務印書館、一九九一年）

『近代出版家張元済』（王紹曾著、北京、商務印書館、一九八四年）

『大変動時代的建設者――張元済伝』（汪家熔編著、成都、四川人民出版社、一九八五年）

『従翰林到出版家――張元済的生平与事業』（［ニュージーランド］葉宋曼英著、張人鳳・鄒振環訳、香港、商務印書館［香港］有限公司、一九九二年）

葉宋曼英女史が一九八五年に商務印書館から出版した英語版の中国語訳である。

張元済先生（一八六七―一九五九）は、中国の近代において遠大な卓識と豊かな才能を有する先駆者、出版人であった。一九〇一年から商務印書館の出版活動に加わり、一九〇三年に商務印書館に入社し、編訳所の所長に就任し、一九二四年に経理を辞任したのち、監理に就任し、一九二六年八月に董事長に当選し、一九五九年八月に上海で逝去した。商務印書館の創業の元老であり、生涯を通じて中国の文化、出版事業の発展、民族の文化遺産の整理と出版のために、卓越した貢献をした。上記の日記、書簡、年譜をはじめ、先生の業績を紹介する伝記材料は、いずれも中国の近現代における出版史の研究にとって参考にすべき価値のある史料である。

『王雲五先生年譜初稿』（王寿南主編、台北、商務印書館、一九八八年）

『回憶亜東図書館』（汪原放著、上海、学林出版社、一九八三年）

上海の亜東図書館は、中国の現代における新興出版業にかなり影響を及ぼした出版社である。その前身は蕪湖の科学図書社で、一九〇三年から一九五三年まであわせて五十年間の歴史を有する。一九一九年の「五四運動」から一九二五―二七年の「大革命」〔第一次国内革命戦争〕までが同社の黄金時代であった。『独秀文存』、『胡適文存』などの文集、句読点を付して整理した一群の古典の白話小説、「五四運動」以後に輩出した新しい詩集、蔣光慈〔一九〇一―三一〕らの初期の革命的な文学作品を出版し、新しい文化と思想を広めるのに一定の貢献をした。

本書の著者汪原放〔一八九七―一九八〇〕は、出版界の大先輩で、一九二七年に漢口〔現在の武漢市の北東部〕で中共中央出版局の局長をつとめた。自分自身の体験にもとづいて一九五三年に本書を執筆し、一九六五年に改訂と増補を行った。この回想録は大量の一次資料を提供しており、現代中国の革命史、文化史、出版史の研究にとって、非常に価値のある参考資料である。

『回憶中華書局』〔中華書局編輯部編、北京、中華書局、〔上、下編〕一九八七年〕

中華書局は一九一二年の創立で、悠久の歴史を誇る出版社の一つである。本書は、一九八二年と一九八七年に創立七十周年と創立七十五周年のときに編集、出版した記念文集である。上編は四十二篇の文章を収録し、それぞれの側面から一九一二年から一九四九年九月の建国前夜までの同社の概要を描いている。下編は三十七篇の文章を収録し、建国から一九六六―七六年の十年間の大災禍〔文化大革命〕までの中華書局の工作の回顧に重きを置き、一九五八年の国務院古籍整理出版計画小組の成立と中華書局が古書整理に従う専門出版社になってからの時期に重点を置いている。そのうち、斉燕銘〔一九〇七―七八〕、金燦然〔一九一三―七二〕、徐調孚〔一九〇〇―八一〕、章錫琛〔一八八九―一九六九〕ら、古書の整理、出版事業に情熱的に献身した一群の同志の文章は、先輩の開拓精神に対する次世代の者の深遠な敬意を呼び起こすことができる。

『文化書社――中国早期伝播馬克思主義的書刊発行機構』〔湖南省新聞出版局出版志編写組編、長沙、湖南出版社、一九九一年〕

文化書社は、中国で早期にマルクス主義を広めた書刊〔書籍、雑誌〕の発行機関で、一九二〇年八月に毛沢東〔一八九三―一九七六〕が湖南の長沙で創立した。広範囲にマルクス主義を広め、新文化運動の発展の推進、また中国共産党の創立の思想的準備に対して、一定の役割を果たした。

本書は、湖南省新聞出版局の『出版志』編写組が文化書社の情況を深く立ち入って調査したのちに執筆したもので、(1)当時の多数の新聞や雑誌にみられる文化書社の文章と資料、(2)文化書社の九つの支社の紹介、(3)すでに発表されている文化書社に関する回想文、(4)文化社の文章に対する論評と研究、の四つの部分に分かれている。

『上海商務印書館職工運動史』（上海市新聞出版局上海商務印書館職工運動史編写組編、北京、中共党史出版社、一九九一年）

『中華書局総廠職工運動史』（上海市新聞出版局中華書局総廠職工運動史編写組編、北京、中共党史出版社、一九九一年）

『中央革命根拠地新聞出版史』（厳帆著、南昌、江西高校出版社、一九九一年）

歴史的な文献資料とソビエト区で出版された革命的な新聞、雑誌、書籍を拠りどころにして、中央革命根拠地の新聞、出版事業を論述、紹介している。(1)中央革命根拠地の新聞出版略史、(2)中央革命根拠地の出版物、(3)中央革命根拠地の新聞、出版、印刷、発行史年表（一九二九―一九三四年）、の三編からなり、付録として中央革命根拠地新聞出版文献史料選を付している。

『桂林文化城概況』（広西社会科学院・広西師範大学主編、南寧、広西人民出版社、一九八六年）

抗戦期の桂林文化運動年表、抗戦期の桂林の文芸誌、新聞、通信社、文化人名簿、出版された文芸書の目録、書店、出版社、印刷工場一覧表、文芸公演団体一覧表、公演プログラム一覧表などの資料からなる。

『六十年出版風雲散記』（趙暁恩著、北京、中国書籍出版社、一九九四年）

著者自身の体験と見聞にもとづいて、関連する文史（文学、歴史）資料と結び付けて整理、研究して執筆した回想録で、三〇年代以来の出版戦線の重要人物と重大事件、新中国の出版事業の確立などについて、記述、論評している。

『新知書店的戦闘歴程』（『新知書店的戦闘歴程』編輯委員会編、北京、生活・読書・新知三聯書店、一九九四年）

新知書店は、中国共産党が創立して直接指導した宣伝出版組織で、一九三五年八月に上海で創業した。本書は、一九三五年八月に上海で創立の準備を始める前後を上限に、一九四八年十月に香港で生活書店、読書出版社と全面的に合併し、生活・読書・新知三聯書店を創立するまでを下限にしている。八十二篇の回想録を収録し、九編に分け、代序として徐雪寒〔一九一一―　〕の「五十年後の反省――新知書店の工作に対する私の考え」を付している。

『生活書店史稿』（生活書店史稿編輯委員会編、李文主編、北京、生活・読書・新知三聯書店、一九九五年）

本書の執筆者たちは、いずれも生活書店の創業時や各時期に書店の工作に参加していた。おおよそ四十一万字である。

『万衆矚目清涼山――延安時期新聞出版文史資料』（第一輯）（延安清涼山新聞出版革命紀念館編輯・出版、延安、一九八六年）

陝西の延安の清涼山は、抗日戦争と解放戦争の時期に、中国共産党中央の新聞、放送、出版の指導機関と主要な組織の所在地であった。本書は、当時、同地で工作していた一部の古参の同志が執筆した回想録を編纂したもので、あわせて九十三篇を収録している。

『生活・読書・新知三聯書店工作概況』（生活・読書・新知三聯書店編印、北京、一九四九年）

生活書店、読書出版社、新知書店は、中国の現代の出版史において非常に大きな影響力を有していた出版、発行組織で、一九四八年の年末に合併して三聯書店になった。本書は、一九四九年十月に開催された全国出版工作会議のために編纂したもので、三聯書店の概況、編集、審査工作の概況、出版工作の概況、発行工作の制度と経験、企業管理の主要な規則と制度、の五つの部分からなり、三聯書店の歴史的な沿革と具体的な工作経験を理解するために、すこぶる参考にすべき価値がある。

『生活・読書・新知三聯書店成立三十周年紀念集』（生活・読書・新知三聯書店香港分店、香港、一九七八年）

『生活書店・読書出版社・新知書店革命出版工作五十年（一九三二―一九八二）』（生活書店・読書出版社・新知書店革命出版工作五十年紀念会編刊組編、北京、中国出版工作者協会、一九八二年）

四篇の記念の文章を収録し、三社が五十年間にわたって革命的な出版事業に尽力してきた闘争経過を紹介している。付録として、三社が解放以前に出版した図書と定期刊行物の簡単な目録を付している。

『生活書店・読書出版社・新知書店革命出版工作五十年紀念集』（中国出版工作者協会編印、北京、一九八四年）

一九八二年に北京と上海で三社が革命的な出版工作に五十年間にわたって従事したことを祝った記念会の講演と文章、三社の略史などの資料を収録している。

『鄒韜奮年譜』（復旦大学新聞研究室編、上海、復旦大学出版社、一九八二年）

『鄒韜奮』（穆欣編著、香港、生活・読書・新知三聯書店、一九七八年）
鄒韜奮〔一八九五―一九四四〕の生涯を紹介し、とりわけブルジョア民主主義者から科学的共産主義者に変わるために体験した長期にわたる、曲折に富む、困難な過程を重点的に紹介している。
『韜奮画伝』（曹辛之〔一九一七―　〕編、北京、生活・読書・新知三聯書店、一九八二年）
『韜奮与出版』（銭小柏・雷群明編著、上海、学林出版社、一九八三年）
鄒韜奮と、生活書店の歴史、および編集、出版、印刷、発行、経営管理の面における特徴と経験をかなり体系的に紹介し、付録として、韜奮の出版活動年表、韜奮の著書、訳書、編集した書籍の目録、生活書店の出版した全定期刊行物の紹介と図書目録を付している。
『以筆代剣的英雄鄒韜奮』（鄒華義著、石家荘、花山文芸出版社、一九九〇年）
伝記文学の形式により、百五の物語で、鄒韜奮が剣を筆に持ち替えて、民族解放、民主政治、進歩的な文化事業のために奮闘してやまなかった革命精神と、誠心誠意人民に尽くし、大衆の利益をはかった崇高な気品を描いている。
『鄒韜奮伝』（兪潤生著、天津、天津教育出版社、一九九四年）
『胡愈之印象記』（費孝通〔一九一〇―　〕・夏衍〔一九〇〇―　〕ら著、北京、中国友誼出版公司、一九八九年）
社会各界の七十人の知名人の記念文を収録し、さまざまな時期、さまざまな角度から、胡愈之〔一八九六―一九八六〕の曲折に富む輝かしい生涯を伝えている。
『我的回憶』（胡愈之著、南京、江蘇人民出版社、一九九〇年）
「わが生涯」、「往事を憶う」、「故人を憶う」、「韜奮を憶う」の四篇からなり、そのなかに商務印書館、生活書店、開明書店、桂林文化供応社、三聯書店などの往事に関する回想や、鄒韜奮らを回想する文章がある。
『記胡愈之』（陳原著、香港、商務印書館、一九九三年。北京、生活・読書・新知三聯書店、一九九四年）
著者は胡愈之と数十年にわたる交友歴を有し、胡愈之を懐かしむ文章と回想を三十四篇収録し、付録として「胡愈老の出版工作に関する三回の談話」を付している。
『編輯出版家葉聖陶』（徐登明著、北京、中国書籍出版社、一九九四年）

（上）葉聖陶（一八九四―一九八八）の編集、出版思想について、（中）葉聖陶の編集、出版工作年表（一八九四―一九八八年）、（下）葉聖陶の編集、出版著作目録（一九一一―一九八五年）、の三篇からなる。

『憶念出版家徐伯昕』（中国民主促進会・中国出版工作者協会編、太原、書海出版社、一九八八年）

徐伯昕（一九〇五―八四）は長期にわたって革命的な出版事業に尽力してきた。鄒韜奮の親しい協力者で、生活書店の経理、生活・読書・新知三聯書店の総経理をつとめ、建国後は中央人民政府出版総署弁公庁副主任、発行管理局局長兼新華書店総経理、中国民主促進会中央委員会常務副主席などを歴任した。この記念文集は二つの部分に分かれ、第一部は徐伯昕の生前の友人や仕事を共にした人の記念の文章、第二部は徐伯昕自身の文章を収録している。

『新文化出版家徐伯昕』（邵公文（一九一三―　）主編、北京、中国文史出版社、一九九四年）

「徐伯昕出版業務文選」二十八篇、「徐伯昕業務経験専輯」七篇、「生活書店同人の追想」八篇、「民主党派と政協〔政治協商会議〕同志の回想」七篇、「親族の哀悼文」八篇からなり、巻末に「徐伯昕年譜」を付している。

『報人出版家陳翰伯』（高崧・胡邦秀編、人民日報出版社、一九九〇年）

陳翰伯（一九一四―八八）を記念する文章を九篇収録するとともに、陳翰伯の作品を二篇、口述による国民党支配地区の新聞戦線における回想と自伝を収録している。

『出版家黄洛峰』（馬仲揚・蘇克塵著、北京、光明日報出版社、一九九一年）

黄洛峰（一九〇九―八〇）は読書出版社の創立者の一人で、長年にわたって総経理をつとめ、一九四八年に生活・読書・新知三聯書店が発足したのち、管理委員会主席になり、一九四九年以後、中央宣伝部出版委員会主任委員、中央人民政府出版総署出版局局長、出版総署弁公庁主任、文化部出版局局長、文化部部長助理、文化学院院長などを歴任した。本書はこの出版人の生涯を紹介している。

『我与開明（一九二六―一九八五）』（中国出版工作者協会編、北京、中国青年出版社、一九八五年）

開明書店の前身は一九二五年の年頭に創業した『新女性』雑誌社で、一九二六年に開明書店に改名し、一九五三年に青年出版社と合併して中国青年出版社になった。開明書店は進歩的な出版方針を堅持し、謹厳な編集作風を培い、中国の現代出版史において重要な地位を占めていた。本書は、一九八五年に開明書店の創立六十周年を記念して出版した文集で、開明書店と密接な関係にあった年輩の作家や編集者らが寄稿した回想と記念文を六十八篇収録している。

『開明書店紀事』（王知伊著、太原、書海出版社、一九九二年）

『全国新華書店出版工作会議専輯』（新華書店総管理処編印、北京、一九五〇年）

全国新華書店出版工作会議は一九四九年十月三日から十九日まで北京で開催された。建国後最初の全国出版工作会議である。本書は、この会議に関する文献を収録しており、そのうち「全国出版事業概況」と出版委員会工作報告、国民党支配地区における革命的な出版工作の報告、東北、華北、西北、華東、華中などの地区における新華書店と三聯書店の工作報告は、現代の出版史を理解、研究するのに貴重な史料である。

『第一届全国出版会議紀念刊』（第一届全国出版会議秘書処編、北京、人民出版社、一九五一年）

一九五〇年九月十五日から二十五日まで北京で開催された第一回全国出版会議の関連文献、工作報告、参加した代表の発言などを収録しており、一九四九年十月から一九五〇年九月までの全国の出版工作の概況を伝えている。

『新華書店五十春秋』（鄭士徳主編、北京、新華書店総店、一九八七年）

新華書店は一九三七年四月二十四日に延安で創立され、一九八七年に成立五十周年を迎えた。本書は新華書店の総店と各省、自治区、直轄市の新華書店が執筆した略史を収録し、新華書店が革命の戦火のなかで誕生し、抗日戦争、解放戦争、建国後の社会主義建設の時期の発展を経験した壮大な歴史を回顧している。

『新華書店五十年』（新華書店総店編輯・出版、北京、一九八七年）

この写真集は千二百葉の写真を収録し、新華書店の五十年間の栄光の歴史を形象的に記録している。巻頭に党と国家の指導者である李先念（一九〇九―九二）、陳雲（一九〇五―九五）らをはじめ、関係部門の責任者が新華書店創立五十周年のために記した題辞、党と政府の指導者である毛沢東（一八九三―一九七六）、朱徳（一八八六―一九七六）、鄧小平（一九〇四―九三）らがかつて新華書店のために記した題辞を収録するとともに、「新華書店簡史」と「新華書店五十年年表」をも収録している。

『書店工作史料』（新華書店総店編輯・出版、北京、［第一輯］一九七九年、［第二輯］一九八二年、［第三輯］一九八七年、［第四輯］北京、中国書店、一九八九年）

新華書店総店がかつて同社で働いていた古参の同志を動員して執筆してもらった回想録などの史料集で、「五四運動」ののち、中国共産党の創立前夜に毛沢東が創立した文化書社の歴史から、建国後に「四人組」を粉砕するまでの史料を収録しているが、もっとも多いのは出版、発行工作に従事していた人びとが自分自身の体験にもとづいて執筆した回想録である。

『新華書店在延安』（趙生明編著、西安、華岳文芸出版社、一九八八年）

新華書店の一九三七年から一九四九年の建国前夜までの各時期の困難に満ちた創業史で、六十余葉の写真を付している。

『中原——中南新華書店史（一九四八—一九五四）』（『中原——中南新華書店史』編輯委員会編、武漢、湖北人民出版社、一九九一年）

『東北解放区出版発行工作回顧』（周保昌著、沈陽、遼寧人民出版社、一九八八年）

著者が自分自身の経験にもとづいて執筆した回想録で、東北解放区の出版、発行工作が解放戦争の時代に、巨大な困難を克服し、無から有へ、小から大へとたくましく成長してきた過程を回想している。

『山東新華書店回憶』（王益〔一九一七—　〕ら著、済南、山東人民出版社、一九九一年）

『中国図書発行簡史与発行芻議』（呉柏齢著、合肥、黄山書社、一九九二年）

『中国図書発行的昨天与今天』（汪軼千著、北京、中国大百科全書出版社、一九九四年）

『新華書店総店史（一九五一—一九九二）』（本書編輯委員会編、北京、人民出版社、一九九六年）

新華書店総店の、新中国の建国から一九九二年の年末までの創業、開拓、発展の過程を記している。

『発行家列伝』（中国共産党中央宣伝部出版局組織編写、瀋陽、遼寧人民出版社、［全四巻］一九九〇—一九九四年）

『北京出版史志』（『北京出版史志』編輯部編、北京、北京出版社、［第一輯］一九九三年十二月、［第二輯］一九九四年三月、［第三輯］一九九四年九月、［第四輯］一九九四年十二月、［第五、六輯］一九九五年三月、十一月）

『近現代上海出版印象記』（朱聯保著、上海、学林出版社、一九九三年）

『天津出版史料』（孫五川・林吶・李樹人主編、天津、百花文芸出版社、［第一輯］一九八八年、［第二輯］一九九〇年、［第三輯］一九九一年）

『中国共産党晋察冀辺区出版史』（河北省新聞出版局出版史志編輯委員会・山西省新聞出版局出版史志編輯委員会編、石家

荘、河北人民出版社、一九九一年）

『中国共産党晋察冀辺区出版史資料選篇』（河北省新聞出版局出版史志編輯委員会編、石家荘、河北人民出版社、一九九一年）

『河北古代書林』（駱志安編、石家荘、河北人民出版社、一九八九年）

『明清両朝直隷書籍梓行録』（杜信孚編、石家荘、河北人民出版社、一九九一年）

『河北古今編著人物小伝』（馬保超編著、石家荘、河北人民出版社、一九九一年）

『河北古今書目』（雷光照・駱志安・馬保超・李遠杰編、石家荘、河北人民出版社、一九九二年）

秦代以前から一九八九年の年末までに河北で編纂、執筆、出版された図書二万九百五十八点を記載している。

『河北編著出版紀事（春秋――民国）』（馬保超・駱志安・劉国慶編、石家荘、河北人民出版社、一九九二年）

『河北省出版大事記（一九四九－一九九〇）』（河北出版史志編輯部編、石家荘、河北人民出版社、一九九二年）

『山西出版史』（山西省出版局編志弁公室編輯・出版、太原、一九八三年）

宋代から中華人民共和国の成立までの千余年間の山西における出版事業の概況を記し、七編に分かれている。第一、二編は宋代から清代までの山西における刻書と近代的な書刊（書籍、刊行物）の出版概況、第三、四編は中華民国から抗日戦争以後までの出版、印刷の概況、第五、六、七編はそれぞれ晋綏根拠地、晋察冀辺区、晋察魯豫（太行、太岳）辺区の出版概況を記している。付録として、一八七九年から一九四九年までの山西の出版年表を付している。全書の三分の二は、中国共産党指導下の山西の革命的な出版事業の紹介にあてられている。

『江蘇刻書』（江澄波・杜信孚・杜永康編著、南京、江蘇人民出版社、一九九三年）

宋代から中華民国までの江蘇の出版を概説している。

『江蘇民国時期出版史』（張憲文・穆緯銘主編、南京、江蘇人民出版社、一九九三年）

『江蘇出版大事記（一九四九－一九九二）』（兪洪帆・穆緯銘・柯光勤主編、南京、江蘇人民出版社、一九九三年）

『江蘇革命出版活動紀事』（傅義桂・曹耀芳主編、南京、江蘇人民出版社、一九九四年）

『江蘇出版史（民国時期）学術討論会文集』（江蘇省出版史志編輯部編、南京、江蘇人民出版社、一九九一年）

『浙江出版史研究——中唐五代両宋時期』（顧志興著、杭州、浙江人民出版社、一九九一年）

『浙江出版史研究——元明清時期』（顧志興著、杭州、浙江古籍出版社、一九九三年）

『浙江出版史研究——民国時期』（寿勤沢著、杭州、浙江大学出版社、一九九四年）

『山東省志・出版志』（山東省地方史志編纂委員会編纂、済南、山東人民出版社、一九九三年）

書刊〔書籍、雑誌〕出版、書刊印刷、図書発行、出版管理の四篇に分かれ、付録として「山東歴代出版書刊簡目」を付している。記述の上限は一般に清代の順治年間〔一六四四―六一年〕であるが、事物の発端までさかのぼっている部分もあり、下限は一九八七年までである。

『湖南省志・新聞出版志・出版』（湖南省地方志編纂委員会編纂、長沙、湖南出版社、一九九一年）

「北宋から民国までの湖南の出版事業」、「中華人民共和国建国後の湖南の出版事業」、「宋代から一九八六年までに湖南で出版した図書、期刊〔定期刊行物〕要目」、の三篇からなる。

『紅色号角〔ラッパ〕——川陝蘇区新聞、出版、印刷、発行工作』（洪栄華・王明淵・朱宗玉主編、成都、四川人民出版社、一九九二年）

中国共産党が第二次国内革命戦争の時期に樹立した革命根拠地の一つ——川陝蘇区〔四川・陝西ソビエト区〕——の新聞、出版、印刷、発行工作を紹介している。

『新民主主義革命時期雲南革命出版史料選編』（雲南省新聞出版局・中共雲南省委員会党史研究室編、昆明、雲南人民出版社、一九九四年）

3　新聞、報刊史

『先秦伝播事業概要』（朱伝誉著、台北、台湾商務印書館、一九七三年）

『宋代新聞史』（朱伝誉著、台北、台湾政治大学新聞研究所、一九六七年）

『中国明代新聞伝播史』（尹韻公著、重慶、重慶出版社、一九九〇年）

『中国新聞発達史』（蔣国珍著、世界書局、上海、一九二七年）

『新聞事業進化小史』（黄汝翼著、上海、中央日報社、一九二八年）

『浙江新聞史』（項士元著、杭州、之江日報社、一九三〇年）

『外人在華新聞事業』（趙敏恒〔一九〇四―六一〕著、上海、中国太平洋国際学会、一九三二年）

『中国新聞教育史』（呉憲増著、石家荘、石門新報社、一九三四年）

『上海新聞事業史的発展』（胡道静〔一九一三―　〕著、上海、上海通志館、一九三四年）

『中国近代新聞界大事記』（余戻林著、成都、新新新聞報社、一九四一年）

『武漢新聞史』（秋虫著、武漢、中国文化協会武漢分会、一九四三年）

『中国新聞事業史講義（新民主主義革命時期）（初稿）』（復旦大学新聞系新聞事業史教研組編著・出版、上海、一九六二年）

もと『中国新民主主義革命時期新聞事業史講義（初稿）』といい、一九六〇年に脱稿し、一九六二年に活版印刷し、同新聞系の教科書として使用していた。一九七八年に再版するときに、いささか増補するとともに、一部の章や節を削除して調整した。

『中国新民主主義時期新聞事業史』（杭州大学新聞系編著・出版、杭州、一九六二年）

『中国新聞事業史（新民主主義革命時期）』（中国人民大学新聞系編輯・出版、北京、一九六五年。〔改訂版〕一九七九年）

『中国新聞史』（曾虚白〔一八九五―　〕主編、台北、三民書局、一九六六年）

『中国新聞史』（馮愛群〔一九二四―　〕著、台北、台湾政治工作幹部学校教育処、一九六六年）

『中国新聞伝播史』（頼光臨著、台北、三民書局、一九七八年）

『中国新聞史』（李瞻主編、台北、学生書局、一九七九年）

『中国新聞事業簡史』（方漢奇〔一九二四―　〕、陳業劭・張之華編著、北京、中国人民大学出版社、一九八三年）

中国人民大学新聞系が一九六五年に学内の教科書として出版した『中国近代報刊簡史』と『中国新聞事業史（新民主主義革命時期）』を一冊にまとめるとともに改訂を施し、公刊したものである。

『中国新聞業史（古代至一九四九年）』（梁家禄・鍾紫・趙玉明・韓松著、南寧、広西人民出版社、一九八四年）

『中国新聞事業稿』（李龍牧著、上海、上海人民出版社、一九八五年）

『新聞学基礎』（余家宏・寧樹藩・葉春華主編、合肥、安徽人民出版社、一九八五年）

新聞理論、新聞業務、中国新聞史の三編からなる。そのうち、新聞史の部分は十二章に分け、古代の新聞から一九四九年の建国までの新聞事業史について重点的に記述している。

『簡明中国新聞史』（復旦大学新聞系新聞史教研室編写、福州、福建人民出版社、一九八六年）

『中国新聞史』（李炳炎編著、台北、陶氏出版社、一九八六年）

『中国近代新聞思想史』（胡太春編、太原、山西人民出版社、一九八七年）

『抗日戦争時期的中国新聞界』（中国社会科学院新聞研究所編、重慶、重慶出版社、一九八七年）

『中国新聞史（古近代部分）』（十四所高等院校（十四大学）『中国新聞史』組編著、北京、中央民族学院出版社、一九八八年）

『中国現代新聞史簡編』（許煥隆編著、鄭州、河南人民出版社、一九八九年）

『中国新聞事業史』（丁淦林主編、武漢、武漢大学出版社、一九九〇年）

『中国新聞事業通史』（第一巻）（方漢奇主編、北京、中国人民大学出版社、一九九二年）

前二世紀から一九八〇年代末期までの新聞事業の通史で、新聞、定期刊行物、通信社、ラジオ、テレビ、報道写真、ニュース映画、新聞漫画、新聞法制、新聞広告、新聞教育、新聞社の経営管理、新聞思想、各時代の有名な記者と報道人の活動について記している。

『中華人民共和国新聞史』（張濤著、北京、経済日報出版社、一九九二年）

『上海報紙小史』（姚公鶴著、上海、商務印書館、一九一七年）

『新聞報三十周年紀念刊』（陳伯虞編、上海、新聞報館、一九二二年）

『中国報学史』（戈公振（一八九〇―一九三五）著、上海、商務印書館、一九二七年。北京、生活・読書・新知三聯書店、一九五五年）

漢代、唐代以来の邸報（邸鈔ともいい、諸侯や地方の長官が都城の出張宿泊所から詔勅や法令などを本国に通知する報告書）から近代の報刊（新聞、雑誌）までの発展史で、材料の考証と叙述を重視し、史料が豊富で、考証がかなり詳細である。

本書は出版後に、日本語に翻訳されて出版された（『支那新聞学史』〔小林保訳、人文閣、一九四三年〕）。また、日本の研究者の『中華新聞発達史』〔上田屋書店、一九三七年〕、林語堂（一八九五―一九七六）が英語で執筆した『中国の新聞業および輿論の歴史』〔*A History of the Press and Public Opinion in China*, Shanghai, 1937〕、中国系アメリカ人である燕京大学新聞系の白瑞華教授の『中国報業』などは、いずれも本書の材料にもとづいて書かれたものである。中華人民共和国の建国以前に四回、建国以後に二回増刷されており、中国の出版史の研究には参考にすべき重要な価値がある。

『中国報紙進化之概況』（戈公振著、上海、国聞周報社、一九二七年）

『中国的新聞紙』（張静廬（一八九八―一九六九）著、上海、光華書局、一九二八年）

『申報二万号紀念冊』（陳冷（一八七七―一九六五）主編、上海、申報館、一九二八年）

『上海之報界』（上海日報公会編輯・出版、上海、一九二九年）

『梁発――中国最早的布道者』（胡簪雲訳、上海、広学会、一九三二年）

『馬礼遜伝』（〔イギリス〕梅益盛〔アイザック・メイソン。一八七〇―一九三九〕著、周雲路訳、上海、文華書局、一九三二年）

『馬礼遜小伝』（清潔理著、上海、広学会、一九三五年）

馬礼遜（モリソン。一七八二―一八三四）はイギリスのロンドン伝道会の宣教師で、近代で最初に（一八一五年に）中国語の新聞（マラッカの『察世俗毎月統紀伝』）を創刊した外国人の一人である。梁発（梁亜発ともいう）（一七八九―一八五五）は近代で最初の印刷工人の一人で、近代的な新聞事業に従事した最初の一人でもある。この三冊は、かなり早く出版された、モリソンと梁発の人柄と業績を紹介した読物で、中国近代の新聞出版史を研究するのに参考にすることができる。

『戈公振年譜』（洪惟杰著、江蘇人民出版社、一九九〇年）

『上海的日報』（胡道静著、上海、上海通志館、一九三三年）

『上海的定期刊物』（胡道静著、上海、上海通志館、一九三五年）

『申報概況』（申報館編輯・出版、上海、一九三五年）

『全国報刊社調査録』（許晩成編、上海、龍文書店、一九三六年）

『全国日報調査録』（李文裿編、北京、北京市第一普通図書館、一九三六年）

『漢口中西報万号紀念刊』（王鳳文ら編、漢口、中西報館、一九三六年）

『中国報紙簡史』（英語版）（馬蔭良〔一九〇五―　〕著、上海、申報館、一九三七年）

『中国近代之報業』（趙君豪〔一九〇三―六六〕著、上海、商務印書館、一九四〇年）

『近百年来中国報紙之発展及其趨勢』（章丹楓著、上海、開明書店、一九四二年）

『戦時的中国報業』（程其恒〔一九一八―　〕編、桂林、銘真出版社、一九四三年）

『新民報社史』（新民報社史編輯委員会編、重慶、新民報社、一九四四年）

『中国現代革命報刊史講義』（中共中央高級党校新聞班・中国人民大学新聞系・復旦大学新聞系編、北京、一九五五年）

『中国報業小史』（袁昶超著、香港、新聞天地社、一九五七年）

『中国現代報刊史講義（初稿）』（北京大学中文系新聞専攻撰写、北京、一九五八年）

『晩清文芸報刊述略』（銭杏邨〔阿英。一九〇五―七七〕著、上海、古典文学出版社、一九五八年）

『中国現代報刊史講義』（中国人民大学新聞系編、北京、中国人民大学出版社、一九五九年）

『五四時期期刊介紹』（第一、二、三集）（北京、生活・読書・新知三聯書店、一九五八年）

『辛亥革命時期期刊総目』（上海図書館編輯・出版、上海、一九六一年）

『中国近代報刊簡史』（方漢奇著、中国人民大学新聞系編輯・出版、北京、一九六五年。〔改訂版〕一九七二年、一九八二年）

『《東方雑誌》之刊行及其影響之研究』（黄良吉著、台北、商務印書館、一九六九年）

『報刊史話』（方漢奇編著、北京、中華書局、一九七九年）

『新華日報的回憶』（四川人民出版社編輯・出版、成都、一九七九年）

『新華日報的回憶（続集）』（石西民〔一九一二―八七〕・范剣涯編、成都、四川人民出版社、一九八三年）

『新華日報史』（韓辛茹著、重慶、重慶出版社、一九九〇年）

『梁啓超与近代報業』（頼光臨著、台北、商務印書館、一九八〇年）

『中国古代的報紙』（方漢奇編写、北京、中国人民大学新聞系、一九八〇年）

『人民的喉舌――韜奮論報刊』（復旦大学新聞系編、福州、福建人民出版社、一九八〇年）

『中国近代報刊史』（方漢奇著、太原、山西人民出版社、一九八一年）

一八一五年から一九一九年までの百余年間における中国の報刊の発展史を全面的かつ体系的に論述し、言及されている新聞は五百紙、報道人は千五百人にのぼり、さらに近代新聞史に関する先人の論述の二百ちかい誤りを訂正している。上、下二冊からなる。

『中国近代報刊史参考資料』（中国人民大学新聞系編輯・出版、北京、一九八二年）

中国近代の報刊史を研究するのに参考にすべき百五十篇の史料を七編に分けて収録し、巻末に収録しなかった文章と資料の目録を付している。

『報海旧聞』（徐鋳成〔一九〇七―九一〕著、上海、上海人民出版社、一九八一年）

『旧聞雑憶』（徐鋳成著、成都、四川人民出版社、一九八一年）

『旧聞雑憶続編』（徐鋳成著、成都、四川人民出版社、一九八二年）

『旧聞雑憶補編』（徐鋳成著、成都、四川人民出版社、一九八四年）

『辛亥革命時期期刊介紹』（第一、二集）（丁守和主編、北京、人民出版社、一九八二年）

『北京日報三十年』（北京日報社編輯・出版、北京、一九八二年）

『浙江報刊史初探』（詹文元著、杭州、浙江省新聞工作者協会、一九八二年）

『報人生涯三十年』（張友漁〔一八九九―一九九二〕著、重慶、重慶出版社、一九八二年）

『人民新聞家鄧拓』（北京、人民出版社、一九八三年）（鄧拓〔一九一二―六六〕）

『書報話旧』（鄭逸梅著、上海、学林出版社、一九八三年）

清代末期から中華民国初期の上海における一部の新聞、雑誌の概況を含めて、近代の上海における出版界と新聞界の情況を伝えている。

『中国古代報紙探源』（黄卓明著、北京、人民日報出版社、一九八三年）

『中国近代報刊発展概況』（楊光輝ら編、北京、新華出版社、一九八六年）

『中国報刊史話』（王鳳超著、北京、商務印書館、一九九一年）

『中国人民軍隊報刊史』（北京、解放軍出版社、一九八六年）

『晋察冀日報大事記』（群衆出版社、北京、一九八六年）

『中国報刊発行史料』（第一輯）（『中国報刊発行史料』編輯組編、北京、光明日報出版社、一九八七年）

(1)中共中央の報刊（新聞、雑誌）発行工作に関する指示、(2)報刊発行工作に関する方針と政策、(3)報紙期刊（新聞、雑誌）の「郵発合一」（郵便行政の業務と新聞雑誌の発送作業を一つにする制度）に関する文献、(4)全国報刊会議に関する文献、(5)「郵発合一」初期における報刊発行工作に関する論述、(6)革命戦争の時期における新聞発行工作、(7)報刊発行統計資料、の七つの部分からなる。

『東北日報簡史』（遼寧日報社編輯・出版、瀋陽、一九八八年）

『我們同党報一起成長――回憶延安歳月』（丁済滄（一九一八―　）・蘇若望主編、北京、人民日報出版社、一九八九年）

『海外華文報刊的歴史与現状』（方積根・胡文英編著、北京、新華出版社、一九八九年）

一八一五年八月に『察世俗毎月統計伝』が世に問われて以来、海外で出版された千余種の中国語の報刊（新聞、雑誌）の歴史と現状を紹介し、重要な報刊については論評を加えている。

『二十六種影印革命期刊索引』（中国革命博物館編輯、北京、人民出版社、一九八九年）

人民出版社などが影印出版した『星期評論』、『少年中国』、『中国軍人』、『中国農民』、『人民周刊』、『紅旗周報』、『解放』、『中国文化』など二十六種の革命的な定期刊行物の全目録を収録し、中国現代史上における関連する事件、問題、人物などの資料を検索する便宜を供している。

『北京婦女報刊考』（姜偉堂・劉守元主編、北京、光明日報出版社、一九九〇年）

一九〇五年から一九四九年までに北京で出版された百十点の女性向け報刊（新聞、雑誌）を紹介し、さまざまな側面から近代における北京の女性運動の歴史的な脈絡を示しており、北京の女性向け報刊を体系的に紹介した最初の専門書である。

『河北省近現代期刊綜録』（戴国林編、石家荘、河北人民出版社、一九九〇年）

『滄州報刊史料（一九二四―一九九〇・六）』（李継光編、石家荘、河北人民出版社、一九九〇年）

『江蘇報刊編輯史』（倪波・穆緯銘主編、南京、江蘇人民出版社、一九九三年）

4　印刷史

『近代印刷術』（賀聖鼐・頼于彦著、上海、商務印書館、一九四七年）

『中国印刷術的発明和它的西伝』（［アメリカ］カーター（T. F. Carter）著、呉沢炎訳、北京、商務印書館、一九五七年。胡志偉訳、台北、商務印書館、一九六八年）

外国人が中国の印刷術の発明とその変遷、西方への伝播を体系的に研究した最初の著作である。著者のカーター（一八八二―一九二五）はスコットランド系のアメリカ人で、清の光緒三十二年（一九〇六年）に中国にやって来て、安徽の懐遠に三か月滞在し、中国人から中国語を習い、帰国後もひきつづき独学して修得し、もっぱら中国の印刷史の研究に尽力した。一九二四年にアメリカのコロンビア大学中国文化学科の主任に就任し、翌年、病気のために亡くなった。本書は、一九二五年に亡くなる前にコロンビア大学の出版部から出版されたもので、原題は *The Invention of Printing in China and Its Spread Westward* という。中国語、朝鮮語、日本語、アラビア語の大量の文献を利用し、印刷術（製紙術を含む）の発明と世界への伝播の情況について簡単明瞭に、しかも全面的に叙述するとともに、製紙術と印刷術はともに中国が最初に発明し、ヨーロッパの製紙、印刷事業の開始に決定的な影響を与えたという、論争の余地のない結論を提起している。

本書の最初の中国語訳は、一九二八年に上海の商務印書館から、劉麟生（一八九四―一九八〇）の訳で『中国印刷術源流史』と題して「漢訳世界名著」叢書の一冊として出版された（一九三六年に再版）。しかし、訳文が文語文で、内容もすこぶる省略が多く、原著の特徴の一つである注記も全訳されていない。その後、向達（一九〇〇―六六）が数章を訳し、『図書館学季刊』の第一巻第四期、第二巻第一―二期合併号、第五巻第三―四期合併号、第六巻第一期、第四期に連載した。商務印書館が一九五七年に出版した呉沢炎（一九一三―　）の中国語訳は、原著の第一版にもとづいてあらためて翻訳したものである。原著の注記を全訳するとともに、訳者が多数の訳注をも付け加え、読者の閲読にきわめて大きな便宜を供している。

一九六五年、グッドリッチ（I. C. Goodrich）博士がカーターの原著に増補を施して出版した。一九六八年に台湾の商務印書館が出版した胡志偉の中国語訳は、この増補版にもとづいて翻訳したものである。

『中国印刷術的発明及其影響』（張秀民著、北京、生活・読書・新知三聯書店、一九五八年。人民出版社、一九七八年）

中国人が印刷術の発明とその影響を体系的に研究した重要な著作である。著者の張秀民は、一九〇八年生まれで、浙江の出身である。早くも廈門（アモイ）大学に在学中に印刷史の研究論文を発表し、一九三一年の秋に卒業するや、北京図書館（当時は国立北平図書館といった）に入って工作を開始し、四十年間にわたって中国の印刷史の研究に打ち込んできた。本書は、「印刷術の起源」と「アジア各国、アフリカ、ヨーロッパへの影響」からなり、付録として「世界印刷術発展年表」、「朝鮮金属活字史料」などを付している。著者は本書で木版印刷の発明は唐代初期の貞観年間（六二七―六四九）という説を提起している。広山秀則による日本語訳が京都で出版されている（『中国の印刷術』（関書院、一九六〇年））。

『中国的印刷』（劉国鈞（一八九九―一九八〇）著、上海、上海人民出版社、一九六〇年。［第二版］一九七九年）

中国印刷術の発明と発展の歴史をわかりやすく紹介している。七章からなり、木版印刷術、版画、活字印刷術、彩色と多色刷りの発生と発展、印刷術の国外への伝播、機械化された近代印刷術の採用と発展などが含まれている。

『中国印刷術起源』（李書華著、香港、新亜書院、一九六〇年）

『活字印刷史話』（張秀民・龍順宜編著、北京、中華書局、一九六三年）

「中国歴史小叢書」の一冊で、中国の活字印刷の発明と発展の情況、歴史上の成果と影響をわかりやすく説明している。

『中国印刷発展史』（史梅岑（一九〇七―　）著、台北、商務印書館、一九六六年）

『中国印刷簡史和現況』（台湾印刷学会編、台北、一九六八年）

『図書印刷発展史論文集』（喬衍琯・張錦郎編、台北、文史哲出版社、一九七五年）

図書印刷史に関する論文三十二篇を収録し、(1)製紙、印刷術、図書の形状の概要、(2)甲骨、簡牘、金石、帛書、璽印など、印刷術発明以前の文字の伝播、(3)木版印刷の変遷、(4)活字印刷、多色刷り印刷、(5)中国の影響を受けた外国の印刷術、(6)図書の形状、の六つの部分に分かれる。

『図書印刷発展史論文集続編』（喬衍琯・張錦郎編、台北、文史哲出版社、一九七七年）

図書印刷史に関する論文十六篇を収録している。

『中国印刷史話』（秀川編写、香港、商務印書館香港分館、一九七七年）

『唐宋印刷術』（李興才著、台北、華岡出版部、一九八二年）

『印刷沿革与中華文化』（史梅岑著、台北、文儒堂出版社、一九八四年）

『中国古籍印刷史』（魏隠儒編著、北京、印刷工業出版社、一九八四年）

三編からなり、木版印刷の発明以前の古書、古書の木版印刷発展史、活字印刷術の発明と活字印刷業の発展の三つの面から、中国の古書の印刷史を詳しく紹介している。著者は長年にわたって北京の中国書店で工作してきており、本書は大量の古書資料を閲読、整理したことを基礎に編著され、古書の版本の変遷の法則と刻印の特徴について独自の見解を少なからず提起している。

『印刷職工運動資料』（上海市新四軍歴史研究会印刷印鈔組・上海市軽工業局党校政治教研室・上海中医学院馬列〔マルクス・レーニン〕主義教研室編輯・出版、上海、［第一輯］一九八四年、［第二輯］一九八五年、［第三輯］一九八六年）

中共党史の区分した歴史的時期に応じて編纂されており、それぞれの時期について論述した、印刷職工運動史に関する回想録、専門研究、工場史、人物伝、新聞報道、報刊〔新聞、雑誌〕資料等からなる。

『中国革命印刷史資料』（第四輯）（上海市新四軍歴史研究会印刷印鈔分会、上海、一九八七年）

『印刷職工運動資料』の続編である（第四輯から改称した）。

『中国印刷史資料匯編』（上海市新四軍歴史研究会印刷印鈔組編印、上海、［第一輯］一九八五年、［第二輯］一九八六年、［第三輯――中国刻版専輯］一九八六年）

『中国印刷機械行業発展史』（北京印刷機械研究所編印、北京、一九八六年）

北京印刷機械研究所が五十四の企業とともに編纂したもので、旧中国の印刷機械製造業の歴史的概況、新中国成立以後の印刷機械工業の発展過程、建国以後三十三年間における主要な成果と格差、経験と教訓、将来への展望の六章からなり、付録として年表、工場の紹介、歴代の先進、模範人物の業績、各工場の毎年の基本情況の統計表などを付している。

『中韓両国古活字印刷技術之比較研究』（曹炯鎮著、台北、学海出版社、一九八六年）

『烽火年代的印刷戦線』（新四軍暨華中抗日根拠地研究会北京印刷聯絡組編、北京、解放軍出版社、一九八八年）

『延安中央印刷廠編年紀事』（張彦平編、西安、陝西人民出版社、一九八七年）

『張秀民印刷史論文集』（印刷工業出版社、北京、一九八八年）

『中国印刷史』（張秀民著、上海、上海人民出版社、一九八九年）

長年にわたって中国印刷史を研究してきた著者の最新の成果で、王朝順に、唐代初期の貞観年間〔六二七―六四九年〕に印刷術が発明されてから清代末期までの千三百余年間における、刻書と印刷の全過程を論述するとともに、紙幣、新聞、茶塩引〔茶商や塩商が税金を納付した引き換えに政府から交付される売買許可証〕など各種の印刷物の歴史をはじめ、歴代の印刷工匠の事績、印刷材料、世界各国に対する中国の印刷術の影響、西洋式の石版印刷と鉛版印刷の伝来なども含まれ、巻末に「中国印刷史大年表〔六一八―一九〇九年〕」を付している。あわせて九十余万字である。

『中国印刷史簡編』（張樹棟・張耀崑編著、上海、百家出版社、一九九一年）

『中国印刷之最』（張樹棟・張耀崑編著、上海、百家出版社、一九九二年）

『中国的印刷之最』（張樹棟・張耀崑編著、台北、設計家出版発行公司、一九九五年）

『払暁的軍号声――印刷戦線革命闘争故事』（燕平著、上海、百家出版社、一九九二年）

『中国科学技術史（第五巻第一冊：紙与印刷）』（英語）（李約瑟〔ジョゼフ・ニーダム。一九〇〇―九五〕主編、銭存訓〔一九〇九―　〕著、ロンドン、ケンブリッジ大学出版社、一九八五年。〔第三次改訂版〕一九八七年）

『中国科学技術史（第五巻：化学及相関技術。第一分冊：紙和印刷）』（中国語）（李約瑟主編、銭存訓著、劉祖慰訳、北京、科学出版社、上海、上海古籍出版社の聯合出版、一九九〇年）

あわせて十節からなり、中国古代の製紙術と印刷術の起源と発展から、十九世紀の末期にこの二つの手工業技術が徐々に近代的な技術に取って代わられるまで記している。内容は歴史上のあらゆる時期にわたっており、工芸、美学、用途、全世界への伝播と影響に言及している。二千点ちかい参考文献と、およそ二百点の挿図と写真を収録している。

『中国之科学与文明：造紙与印刷』（中国語）（銭存訓著、台北、商務印書館、一九九五年）

『雕版印刷源流』（上海新四軍歴史研究会印刷印鈔分会編、北京、印刷工業出版社、一九九〇年）

『活字印刷源流』（上海新四軍歴史研究会印刷印鈔分会編、北京、印刷工業出版社、一九九〇年）

『歴代刻書概況』（上海新四軍歴史研究会印刷印鈔分会編、北京、印刷工業出版社、一九九一年）

『装訂源流和補遺』（上海新四軍歴史研究会印刷印鈔分会編、北京、中国書籍出版社、一九九三年）

以上の四冊は「中国印刷史料選輯」叢書の第一―四輯で、あわせて二百篇弱、およそ百五十万字の印刷史料を収録しており、この百年来の、印刷史の研究概況、印刷史の研究成果に関する文集であり、「中国科学技術史国際会議」に関連する学術論文を含めて最新の研究成果を収集するとともに収録している。

『中国装訂簡史』（劉冰著、台北、漢華出版社、一九六九年）

『中国古代印刷史』（羅樹宝編著、北京、印刷工業出版社、一九九三年）

十二章からなり、中国古代の印刷術の発明と発展の概況を全面的かつ体系的に紹介している。

『中国印刷術的起源』（曹之著、武漢、武漢大学出版社、一九九四年）

『中国印刷近代史（初稿）』（范慕韓〔一九一七―　〕主編、万啓盈〔一九二〇―　〕・張樹棟（常務）副主編、北京、印刷工業出版社、一九九五年）

中国における各種の印刷の発生、伝播、発展史を紹介し、十九世紀の初めにおける西方の鉛活字印刷術の伝来から、コンピューターを印刷に利用するとともに発展を加速し始めた一九八〇年前後までを扱っており、あわせて六十余万字である。

『江蘇図書印刷史』（張志強著、南京、江蘇人民出版社、一九九五年）

『明代版本図録初編』（潘承弼・顧廷龍〔一九〇四―　〕編、上海、開明書店、一九四一年）

『中国版刻図録』（北京図書館編、北京、文物出版社、一九六〇年）

中国の唐代から清代までの代表的な刻版〔木刻〕書籍、活字版書籍、版画あわせて五百五十余点を収録し、中国に現存する版刻の精華を一堂に集めている。影印版の線装〔和綴じ〕で、一函八冊である。第一冊は「中国の版刻の概況」と「版刻の図録、目録、説明」で、各書籍の刻印の淵源、標準的な形式、歴代の伝播の情況について要点を扼えて説明し、中国の版刻印刷事業の発展の情況をかなり体系的に反映しており、中国古代の印刷史と版画芸術の研究に貴重な材料を提供している。

『中国版画史略』（郭味蕖著、北京、朝花美術出版社、一九六二年）

『明代挿図本図録』（日本語）（長澤規矩也〔一九〇二―八〇〕編、東京、山本書店、一九六二年）

『中国版画集成』（日本語）（樋口弘編、東京、味燈書屋、一九六七年）

七集からなり、中国の三百二十六点の版画の図版を収録し、別冊として解説を付している。

『明代版画選』（昌彼得〔一九二一―　〕編、台北、漢華出版社、一九六九年）

『徽派版画史論集』（周蕪編著、合肥、安徽人民出版社、一九八四年）

明代の版画は中国の版画芸術の全盛期で、その成果は宋代と元代をはるかに凌ぎ、清代の版画も及ばない。統計によれば、歴代の挿絵入りの書籍は四千余点あるが、明代のものがその半ばを占めている。著者は二十余年に及ぶ研究のすえ本書を執筆し、徽〔安徽〕派の版画芸術の歴史的な情況をかなり詳しく伝えている。百三十六点の図版を収録し、一つ一つ説明を付している。

『武林挿図選集』（周蕪編著、杭州、浙江人民美術出版社、一九八四年）

百二十余種の古書から杭州（もと武林といった）に関する挿絵を二百六十八点収録している。宋・元代と明・清代の二つの時期に分け、大半が明代末期から清代初期にかけての作品で、戯曲の挿絵がもっとも多い。図版を中心にしており、巻末に「武林版画史叙録」を付している。

『中国古代木刻画選集』（鄭振鐸〔一八九八―一九五八〕編著、北京、人民美術出版社、一九八五年）

唐代から清代末期までの五百八十四点の木刻〔木版〕画を収録している。文学書の挿絵を中心にしているが、採録されている題材はきわめて広範にわたり、宗教、歴史、建築、庭園、山水、花鳥、武術、武器、医薬、農事、食膳、器物をはじめ、県志、楽書、墨譜、礼器、民間習俗、皇室式典……など、大半のものを網羅している。しかし、おもに表現されているのは人間生活であり、しかも描写が具体的で活き活きしており、作品の芸術的風格も多種多様である。全十冊で、最後の一冊が「中国古代木刻画史略」で、おおよそ十万字で中国の木刻画の歴史を詳しく紹介するとともに、各時期の成果と欠点について論述し、重要な流派と作家については非常に詳しく紹介している。とりわけ、これまで知られていなかった「雕版匠人」に高い評価を与えている点は、既存の美術史の著作にはみられないもので、近代以前の中国の印刷史を研究するにも参考にすべき価値がある。出版後に中国の内外の文化界の人びとに高く評価され、日中芸術研究会は人民美術出版社に「出版功労杯」を授与した。一九八七年の秋にライプチッヒで開催された世界優良図書博覧会でも、「世界優美図書銀メダル」を獲得している。

『中国版画史図録』（周蕪編、上海、上海人民美術出版社、一九八七年）

上、下二巻からなり、四百余点の書籍、千二百余点の版画と木版の挿絵を記載し、年代と内容によって分類し、各時期の代表的な作品と各地の木版の名手の作品を選定している。とりわけ、明代は各派が林立し、史料が豊富であり、名手の佳作を網羅している。収録している作品については、いずれも書籍の巻数、版面の寸法、著者と発行人の姓名、年代まで記しており、近代以前の中国の印刷史と版画史を研究するにはすこぶる参考にすべき価値がある。

『中国古代版画叢刊』（鄭振鐸編著、上海、上海古籍出版社、一九八八年）

四冊からなり、第一冊は『三礼図』、『天竺霊籤』、『太音大全集』、『聖跡図』、『歴代古人像賛』、『武経総要前集』、第二冊は『救荒本草』、封建時代の小学生の教科書であった『日記故事』、明代の『忠義水滸伝挿図』、民衆の日常ハンドブックであった『便民図纂』、第三冊は五百八十一人の神仙の伝記である『列仙全伝』、東晋代の顧愷之（三四五？—四〇六）から明代の董其昌（一五五五—一六三六）までの百六人の有名画家の作品を収めている『顧氏画譜』、『酣之斎酒牌』など、さらに『天工開物』など四種、第四冊は戯曲の酒牌（カルタ）集である『元明戯曲葉子』、偉大な詩人の屈原（前三三九—前二七八？）を描いた『離騒図』、『凌煙閣功臣図』、『無双譜』、『向岳凝煙』など六種を収録している。

『古籍宋元刊工姓名索引』（王肇文編、上海、上海古籍出版社、一九九一年）

宋・元代の三百六十九点の善本から得られた四千五百人の刊工（版木を彫る工匠）を収録し、「宋元刊工姓名索引」と「採用書版本簡介」の二つの部分からなる。「簡介」には書名、編著者、版本、版式、刊工、収蔵者などを記載している。版本学と中国の印刷史を研究するのに参考にすべき価値がある。

（一九八八年一月初稿、一九九五年十二月増補、改訂）

後記

私は一九四三年に商務印書館に入社し、一九九三年に停年退職するまで、半世紀のあいだに職場は何回も変わったけれども、終始一貫して出版戦線を離れたことがなく、書籍を愛することから書籍を研究することへ、長くてはてしない過程を経験した。とりわけ、六〇年代の初めに、国の出版管理部門に移って工作を始めてから、中国の出版史料を整理、研究する考えが芽生え、意識的にさまざまな出版史料を収集、蓄積した。八〇年代の初めにいたって、指導部と同志たちの激励と支持のもとで、『中国出版簡史』を試験的に書き始め、まず『出版工作』に連載し、おもに余暇や休日を利用して断続的に隋・唐・五代まで書き継いだときに、当時、『中国出版年鑑』の主編という繁雑な職務に就いていたため、同時に双方を配慮する余裕がなくなって中断した。八〇年代の後期と九〇年代の初期に、あいついで『中国大百科全書』の「新聞出版」巻（出版学科）、『中国出版百科全書』、『当代中国の出版事業』の原稿の編集工作に参加するとともに、一部の章節や項目を執筆した。この小著に収録した文章は、三十余年来、私が中国の出版史を学習、研究してきた未熟な報告にほかならない。

この小著に収録した文章は、「中国出版史話」と「中国出版史年表」の二つの部分に分かれる。これらの文章を一連のものとして読むと、中国の出版事業の三千余年にわたる発展の輪郭がおおよそわかる。

個人の学識の水準には限界があるので、これら文章は広大な書籍の大海をのんびり漂って残した小波としかいえず、読者から御批判と御叱正をいただけるよう心から願っている。

最後に、この小著を出版する機会を与えてくださった東方出版社に感謝するとともに、長年にわたって私といっしょに工作し、無私の援助を与えてくれた呉道弘同志が本書のために序文を書いてくださったことに感謝する。

一九九五年十月

著　者

訳者あとがき

本書は方厚枢著『中国出版史話』（東方出版社、一九九六年刊）の翻訳である。著者の略歴は序文に載っているとおりなので、省いた。この本を選んだ理由は、殷周の時代から現代中国にいたる約三千年の出版の歴史を包括的に扱い、とりわけこれまで知られていなかった文化大革命期（一九六六—七六年）における出版の情況を詳述しているためである。また、中国出版史に始めて接する読者のために、必要文献を網羅し、出版統計、年表も完備していたからである。中国の歴史叙述は一九一一年を区切りとし、これ以前を古代といい、これ以後を近現代といっていて、この両者を通観したものは数が少ない。しかし、本書はこの壁を突き抜けていて、われわれのような外国人には格好の入門書だったからである。

さて、私のような初学者がこのような翻訳書を出版することができたわけは、多くの方々の協力と援助があったおかげであることを、まず最初に明記しておきたい。なかでも、私の拙い訳文を全部レビューし、いちいち添削をしてくださった友人の鈴木博氏のお名前をあげたい。氏は中国語の翻訳家で、『蔣介石書簡集』全三巻、『中国飲食文化』、『中国性愛文化』などの大著を次から次へと精力的に翻訳出版されている。ご多忙の日程をさいて、友情に報いてくださったことを心から感謝したい。

次に、翻訳ができたとしても、この不況下、このような本を出してくれるところがなければ、出版はとうてい不可能である。幸にも、大学時代からの友人、新曜社の堀江洪氏が手を差し伸べてくれた。氏は出版社の社長業のかたわら、自ら『出版、わが天職』のような出版文化についての翻訳書を出版している出版人である。氏に『中国出版史話』をみせたところ、出版を快諾してくれた。それればかりか、逸材の編集者鷲北繁房氏を選んでくれた。また、二玄社元専務取締役畑義則氏に紹介の労をとってくださった。そのおかげで、文中の鮮明な写真を用意することができた。三氏に心からお礼を申し上げたい。

このほか、私と中国とのご縁をとりもってくれ、著作権関係でも援助をしてくださった新潮社元出版部長大門武二氏にもお礼を申し上げたい。氏とのご縁で、私の前著も出版することができ、また長い私の中国囲碁行脚がはじまったのである。首都（北京）文芸界囲棋聯誼会秘書長の李洪洲氏、同副秘書長の葛康同氏と知り合えたのも、大門氏のおかげである。そして、この葛氏の紹介で幸運にもすぐに『中国出版史話』の著者本人と会うことができた。李、葛両氏は映画「未完の大局」のシナリオ・ライターである。また、中国に行った時の私の中国語の先生でもある。

縁は不思議なものだ。中国に行き、囲碁を打つようになると、どうしても中国語が必要になる。東京で中国語のＡＢＣから手ほどきをしてくださった孔婉麗、鐘慧玲母娘先生との出会いも全くの偶然だった。たまたま孔中国語学院が電車の乗り換え駅にあったのでその門を叩いたところ、この良師に出会えたのである。ここは中国の才媛の梁山泊？とも言えるところで、母娘先生以外にも呉英偉先生をはじめ多くの優れた先生方が教鞭をとっておられる。孔中国語学院のみなさま本当にありがとうございました。

では、なぜいま中国出版史なのかである。二つの理由がある。その一つは私が社会に出て今にいたるまで、終始編集、出版、印刷にかかわる仕事をしてきたからである。その二は、定年後出版を実務ではなく、理論として知るには、先学の書を読まなくてはと、手にとったのが、*Dahl's History of the Book*（Third English Edition）だったからである。この本はいわば米国の大学の教科書である。よい本ではあるが、ひとつ驚いたことがあった。近代の印刷出版の歴史が始まるのは、グーテンベルクからだというのは分かるが、その前史、中国における紙の発明、木版印刷、活版印刷の発明とその西方への伝播などについては、ほんの一段落しか書いてないのである。しかも、活版印刷は十五世紀にグーテンベルクによって「再発明」されたと書いてあった。実際、東西で紙の使用が始まった時間差は約千年、木版印刷は八百年、金属活字印刷は三百年の開きがある（潘吉星著『中国金属活字印刷技術史』による）。これらのことを無視して、印刷、出版を語ってもよいものだろうか。このような疑問から、中国出版史に興味をもったのである。

この本をめぐる因縁話をしてきたが、ここでお名前をあげた方以外にも多くの友人知人の助言と励ましを受けた。これがなかったなら、到底この本は上梓の運びとはならなかっただろう。あらためて、すべての皆様に紙上をかりて御礼を申し上げたい。なお、浅学の私が難事に立ち向かったので、さぞかし誤りが多いことだろうと思っている。これはひとえに私の無謀さに起因している。すべて私一人の責任である。大方のご教授、ご叱正をお願いする次第である。

二〇〇二年十月

前野昭吉

訳者紹介

前野昭吉（まえの・しょうきち）

フリー編集者

1932年東京生まれ。1956年東京大学仏文科卒業。日本アイ・ビー・エム株式会社勤務。雑誌「無限大」を編集。1992年定年退職。著書『編集長のあとがき』新潮社刊。

著者方厚枢氏（左）と訳者
（撮影：大門武二氏，於北京1999年10月）

新曜社

中国出版史話

初版第1刷発行　2002年11月29日©

著　者　方　厚枢

訳　者　前野昭吉

発行者　堀江　洪

発行所　株式会社　新曜社

〒101-0051　東京都千代田区神田神保町2-10

電話(03)3264-4973(代表)・Fax(03)3239-2958

URL http://www.shin-yo-sha.co.jp/

印刷　太洋社　　Printed in Japan

製本　イマヰ製本所

ISBN4-7885-0825-7　C1022